DR. JOSEPH v. ASCHBACH

DIE WESTGOTEN

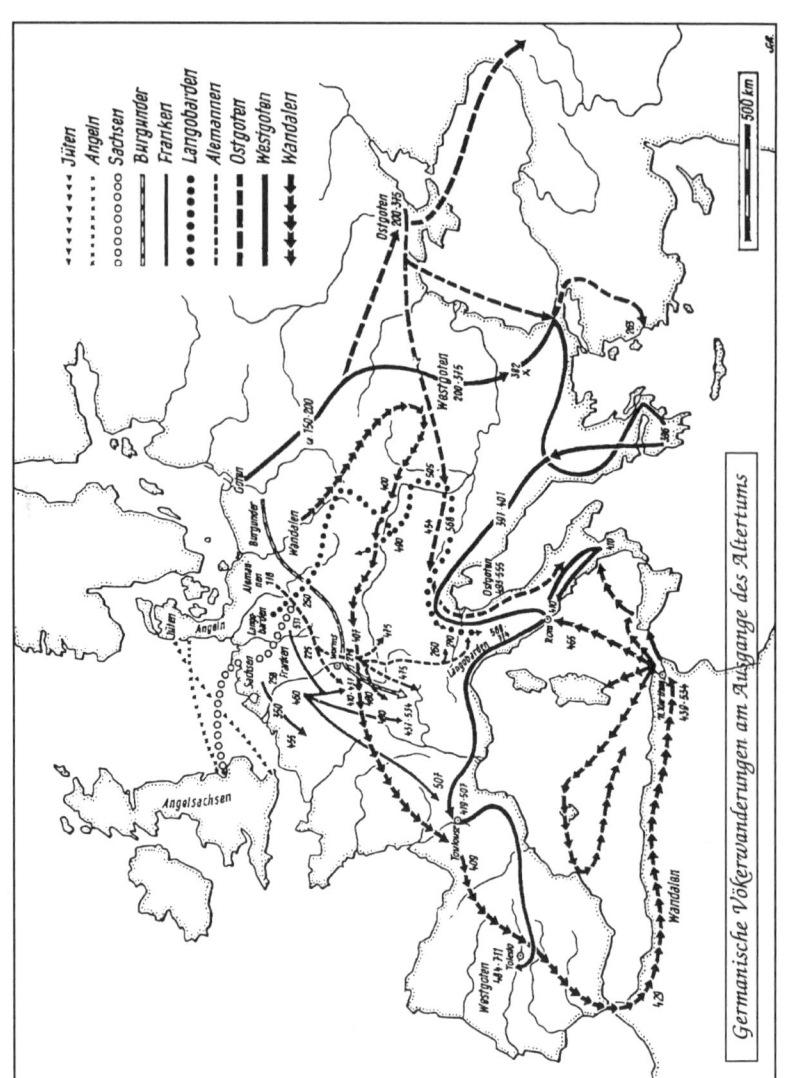

Germanische Völkerwanderungen am Ausgange des Altertums

DR. JOSEPH v. ASCHBACH

DIE WESTGOTEN

VON DR. JOSEPH v. ASCHBACH
PROF. AN DER UNIVERSITÄT FRANKFURT

AKADEMISCHE
VERLAGSGESELLSCHAFT

Neu bearbeitete Ausgabe der zuletzt im Verlag Heinrich Brönner
erschienenen Ausgabe von 1827.

Gesamtherstellung: Millium Media Management
Printed in Germany

ISBN 3-88851-217-4

Inhaltsverzeichnis

VIERTER ABSCHNITT

Westgotisches Wahlkönigreich in Spanien

Vorbericht

Wenn die Bedeutung und Wichtigkeit eines Volkes von seinem Einflusse auf die Weltgeschichte abhängt, so kann keine germanische Nation der früheren Zeit den Goten gleichgestellt werden. Selbst nach ihrer Trennung in zwei große Volksstämme war jeder Teil so mächtig, daß er gegen die ersten Völker der damaligen Zeit siegreich auftreten konnte. Hat auch Theodorich der Große durch die weite Ausdehnung seiner Herrschaft und durch seine Einrichtungen über die Ostgoten einen vorzüglichen Glanz verbreitet, so stehen die Westgoten doch ihren Stammgenossen bei weitem voran, man mag auf die Dauer der Herrschaft, oder auf die Einwirkung in das Weltgetriebe, oder auf Eroberungen und Siege, oder auf Bildung und Staatseinrichtungen sehen. Dem Weg, den die Westgoten bei ihren Wanderzügen gezeigt hatten, folgten die Ostgoten. Diese hatten bei der Gründung ihrer Herrschaft es nicht wie jene mit dem ganzen weströmischen Reiche, sondern mit einem aus seinen Trümmern noch nicht geordneten Staate zu tun: nach Theodorichs Tod unterlagen sie innerhalb einiger Dezennien dem griechischen Reiche, welches über die Westgoten nie bedeutende Vorteile errang. Kein Volk kann sich wie diese rühmen, die Thermopylen, die Alpen, die Pyrenäen überschritten zu haben: keines durchzog so siegreich Griechenland, Italien, Gallien und Spanien, und zwar nicht als rohe Zerstörer, sondern als Erhalter der Kunstschätze und mit menschenfreundlichem Sinne, was ihren Kriegsruhm noch verherrlichte. Sie waren die erste germanische Nation, welche das Licht des Evangeliums bei sich aufnahm, und ihre Sprache durch die Schrift ausbildete. Sie hemmten Attilas des Welteroberers verheerende Züge und retteten dadurch Europa von der hunnischen Barbarei. Die Einrichtung des westgotischen Wahlreiches in Spanien gibt ein Vorbild des späteren heil. römischen Reiches mit seinen gewählten Königen, geistlichen und weltlichen Kurfürsten, mit seinen Reichstagen und Ämtern und Würden, wie auch ein Vorbild der geistlichen und weltlichen Macht im Mittelalter. Wenn auch die Westgoten aus der Reihe der Völker verschwunden sind, so haben sie doch durch vieles, was von ihrer Kultur und ihrem ausgebildeten Gesellschaftsleben zeugt, ein bleibendes Andenken an sich hinterlassen. Selbst der Ausdruck „gotisch" in der Baukunst gibt noch jetzt die Anerkennung, daß großartiger, ausgebildeter, auf das Höhere hindeutender Sinn vorzugsweise den Goten eigen gewesen.

Die Ostgoten, Vandalen, Franken und andere deutsche Völkerstämme haben besondere Beachtung und geschichtliche Bearbeitung erhalten, nicht so die Westgoten, obschon die Wichtigkeit des Volkes und seine anziehungsreiche Geschichte gleich einladend dazu sind. Die Abgerissenheit und trockene Kürze der Quellen hat ohne Zweifel von der Bearbeitung der westgotischen Geschichte abgeschreckt. Sind auch für die frühere Zeit noch erträgliche Schriftsteller Führer, so hört diese Annehmlichkeit bei dem Fortgange der Geschichte fast gänzlich auf, und zuletzt muß man aus den trokkensten und geschmacklosesten Chroniken entstellte Tatsachen einer verworrenen Zeit ordnen, berichtigen und in Zusammenhang bringen. Daher wird es nicht überflüssig sein, hier die bedeutendsten Quellschriftsteller, die bei der Ausarbeitung des vorliegenden Werkes benutzt wurden, in chronologischer Ordnung, mit kurzen Bemerkungen begleitet, anzuführen: wobei jedoch alle Geschichtsschreiber der Kaiserzeit, alle Kirchenväter, Panegyriker und Chronisten etc., bei welchen nur hie und da oder nur an einzelner Stelle von den Westgoten die Rede ist, übergangen werden. Im Buche selbst aber ist am gehörigen Orte ihrer gedacht worden.

Ammian Marcellin, der letzte Römer, der den Namen Geschichtsschreiber verdient, hat einige Kapitel des 27sten Buches und fast das ganze 31ste Buch seines Werkes den Goten gewidmet. An ersterer Stelle erzählt er den Krieg Athanarichs mit Kaiser Valens, an der er den andern den Donau-Übergang der von den Hunnen verdrängten Goten, ihre Schicksale in Thrakien bis auf den Tod des Valens. So unnatürlich die Sprache dieses Geschichtsschreibers ist, so wahr und getreu ist seine Erzählung. Es ist wahrscheinlich, daß er von vielen Begebenheiten Augenzeuge war. Daß er manches vom römischen Standpunkt aus falsch beurteilt, und dadurch einigemal den Goten zu nahe tritt, ist ihm um so eher zu verzeihen, als er ihnen sonst Gerechtigkeit widerfahren läßt.

Weit hinter ihm zurück steht in dieser Hinsicht der Dichter *Claudian*. Seine historischen Gedichte, besonders das, welches, *de bello Getico* betitelt, in 970 Versen den ersten Einfall Alarichs in Italien beschreibt, müssen aus Mangel anderer ausführlichen Nachrichten freilich als Quellen gebraucht werden, allein mit vieler Vorsicht: denn offenbar schmeichelt er seinen römischen Helden zuviel. Man sollte daher die nach ihm hauptsächlich angenommene Meinung, daß Alarich bei Pollentia geschlagen worden, verwerfen, da andere Nachrichten widersprechen, und die Schlacht bei Verona oder doch wenigstens ihren für die Goten unglücklichen Ausgang in großen Zweifel ziehen.

Für die Geschichte von Ulphilas und den Goten zur Zeit ihrer Niederlassungen in Thrakien wie auch über ihre Züge nach Italien und Gallien geben die damals lebenden Schriftsteller der Kirchengeschichte *Philostorgius*[1], ein Arianer aus Kappadokien, und die beiden Fortsetzer der Eusebischen Kirchengeschichte, *Hermias Socrates* und *Sozomenus Scholasticus*[2], manche schätzbare Nachrichten, jedoch für die frühere Zeit bessere als für die spätere, weil ihnen dann die Westgoten zu entfernt waren.

Nur kurze, aber doch zuverlässige und unverdächtige Nachrichten hat uns über Alarich, Ataulph, Siegreich und Wallia der Geschichtsschreiber *Olympiodor* mitgeteilt[3].

Obwohl ihn, wie zwei andere nicht zu verwerfende Geschichtsschreiber, den *Dexippus* und *Eunapius*, *Zosimus*[4] in der gotischen Geschichte zu Führern wählt, so folgt er ihnen doch nicht getreu. Er ist für die frühere gotische Geschichte bis zur dritten Belagerung Roms durch Alarich, womit das verstümmelte sechste Buch seines Werkes endigt, von großer Wichtigkeit, da er viele Vorfälle mit größerer Ausführlichkeit erzählt als irgend ein anderer

Schriftsteller. Allein da er leichtgläubig, parteiisch, unkritisch, mit einem Worte ein schlechter Geschichtsschreiber ist, so müssen seine Nachrichten beständig mit denen anderer Schriftsteller verglichen werden, und wenn solche fehlen, können die seinigen nur dann als unverdächtig angenommen werden, wenn keine Leidenschaftlichkeit dabei einwirkend gedacht werden kann, die er besonders als Feind des Christentums häufig zeigt. In der Angabe der Orte begeht er oft Irrtümer: bei wichtigen Dingen ist er häufig sehr kurz, bei unbedeutenden ausführlich. Im fünften Buche scheint eine große Lakune zu sein, da er von den Vorfällen bei dem ersten Erscheinen Alarichs in Italien nichts erzählt, ja selbst nicht einmal von der Schlacht bei Pollentia spricht.

Der vor Zosimus lebende *Orosius*[5], dessen allgemeine Geschichte bis auf das Jahr 417 n. Chr. reicht, ist in den letzten Kapiteln des siebenten Buches für Alarichs, Ataulphs und Wallias Geschichte von Wert; jedoch ist er oft unkritisch, und nach seinen besonderen Zwecken bei Vorfällen, die auf die christliche Religion Bezug haben, ausführlich, bei den wichtigsten Staatsereignissen aber kurz und nur andeutend.

Die Chronik des Bischofs *Idatius*[6] von Lamego (oder Tuy) in Gallizien, die mit dem J. 469 endigt, ist ungeachtet ihrer Kürze wegen der genauen und zuverlässigen chronologischen Angaben sehr schätzbar. Sie ist besonders für die Geschichte der Sueven in Spanien und für die Kriege derselben mit den Goten wichtig, da Idatius als Augenzeuge erzählt.

Sidonius Apollinaris[7], Bischof im Lande Auvergne († 488), gibt in seinen Gedichten und Briefen die beste Schilderung von dem tolosanischen Reiche unter der Regierung des Theodorich II. und des Eurich. Obwohl er als eifriger Katholik und patriotischer Römer aus übertriebenem Religionshaß und großer Vaterlandsliebe nicht ganz unparteiisch sein konnte, so verdankt man ihm doch viele Nachrichten, die zum Vorteil der arianischen Goten sprechen, und daher desto unverdächtiger sind.

Cassiodor, der bedeutendste Staatsmann am Hofe Theodorichs des Großen, ist in seinen vermischten Aufsätzen (Variarum libb. XII.) für die Geschichte der letzten Zeit des tolosanischen Reiches von großer Wichtigkeit. Seine Chronik ist sehr kurz und daher von keinem großen Wert. Sehr zu beklagen ist es aber, daß seine Geschichte der Goten verlorengegangen ist.

Der wichtigste Schriftsteller für die Goten sollte eigentlich der gotische Bischof *Jornandes* (richtiger *Jordanes*) von Ravenna sein, da seine Geschichte (de rebus Geticis)[8] ihnen ausschließlich gewidmet ist. Allein aus mehrfachen Gründen ist er nicht voranzustellen. Er brachte Cassiodors gotische Geschichte in einen Auszug und setzte sie fort bis 552, so daß er mit dem ostgotischen Könige Vitiges und mit dem westgotischen Könige Athanagild das Werk beendigt. Es ist in mancher Hinsicht sehr schätzbar, insofern er von der früheren Geschichte nach heimischen Überlieferungen vieles aufbewahrt hat, was wir aus keinem griechischen und römischen Schriftsteller wissen; allein auf der andern Seite ist es als eine unkritische, von Fabeln und Unwissenheit strotzende Geschichte fast nicht zu beachten. Ihm ist hauptsächlich die Verwechslung der Goten, Geten und Skythen, wozu ihn die Belesenheit in früheren römischen und griechischen Geschichtsschreibern verleitete, zuzuschreiben. Daher schrieb er den Goten alles zu, was die Alten von den Skythen und Geten berichten, weswegen er ihre Auswanderung von den Küsten der Ostsee in die entfernteste Vorzeit hinaufrückt. Aber auch in Folgendem zeigt Jornandes, daß er ein schlechter Geschichtsschreiber ist, und die wichtigsten Vorfälle seiner Nation nicht recht kennt oder gar nichts davon weiß, wie z. B. von dem Kriege Athanarichs mit Kaiser Valens: was fast die Vermutung zur Gewißheit steigert, daß er weder den Ammian Marcellin noch den Zosimus gekannt hat. Die Nachrichten über die Niederlassungen der Goten am Schwarzen Meere und ihre ausgedehnte Herrschaft unter Hermanrichs Regierung ist noch eine der besten Partien des Buches, denn ohne Jornandes oder vielmehr Cassiodor, der hier gewiß gotische Überlieferungen benutzt hat, wüßten wir fast nichts davon. Die ersten Einfälle der Goten in das römische Reich werden nicht genau geschieden: Alarichs Geschichte ist kurz und mit vielen Irrtümern erzählt; ebenso die Geschichte seiner Nachfolger. Besonders sind die Begebenheiten sehr untereinander geworfen, so daß oft das früher Geschehene dem später Vorgefallenen nachgesetzt wird. Einiges, das sich nur bei ihm findet, wie das zweite Erscheinen Attilas in Gallien und seine abermalige Niederlage durch die Westgoten, ist als verdächtige Nachricht zu verwerfen. Seine Vorliebe für die Goten legt er an den Tag, und stellt sie als gute, sanfte, aber tapfere Männer dar, die beständig von den Römern zum Krieg gereizt, durch die Not gezwungen, die Provinzen durchziehen, und so ihre Wanderungen bis an den atlantischen Ozean fortsetzen. Daß Jornandes hauptsächlich in diesem Werk die ostgotische Geschichte habe geben wollen, wie einige Gelehrte behaupten, möchte eine verwerfliche Ansicht sein; da er offenbar die westgotische, wenn auch etwas kürzer, in sein Buch aufgenommen hat. Daß er aber Theodorichs des Großen Stammtafel angibt, und nicht die von Alarich, ist leicht begreiflich, weil erst durch diesen westgotischen König die Familie der Balten ausgezeichnet wurde und so großen Glanz erhielt, daß sie nach den Amalern für die erste gehalten wurde.

Der Text, den wir von Jornandes besitzen, ist noch sehr verdorben, besonders in den Namen, und daher einer kritischen Bearbeitung bedürftig; nach der Vergleichung der besten Handschriften würde er uns gewiß in einer ganz neuen Gestalt erscheinen.

Procopius[9] in seiner griechisch geschriebenen Geschichte des Vandalen- und Gotenkrieges ist mehr für die Ostgoten als die Westgoten wichtig. Auch ist er in der Geschichte jener viel mehr wegen seiner Treue und Genauigkeit zu empfehlen als in dem, was er über Roms dritte Einnahme durch Alarich, und was er über den Sturz des tolosanischen Reiches erzählt. Seine Nachrichten über Theudes sind besser, obwohl auch nicht ganz ohne Irrtum.

Das Chronicon des *Victor Tunnunensis*[10], welches bis auf das Jahr 563 geht, ist eigentlich für die westgotische Geschichte keine Quelle, allein es befindet sich dabei eine Appendix (historische Randbemerkungen), die für manche Vorfälle bei den Westgoten guten Aufschluß gibt, auch für die Bestimmung der Chronologie gute Dienste leistet: Jedoch muß man in letzterer Hinsicht, bei abweichender Angabe von andern Schriftstellern, vorsichtig sein, da die Randbemerkungen manchmal zu den unrechten Jahren geschrieben sind. Eine Fortsetzung dieser Chronik verfaßte *Johann von Biclar*[11], welche bis auf die ersten Regierungsjahre Reccareds I (von 566 bis 590) geht. Sie zeichnet sich durch größere Ausführlichkeit vor den andern Chroniken aus, wie auch durch genaue Angabe der Chronologie. In der so verworrenen und widerspruchsvollen Zeit der Regierung Leovigilds ist er der beste Zeuge, und dem *Gregor von Tours*[12] vorzuziehen, der bei den Verhältnissen und Kriegen der fränkischen Könige mit den gotischen der Vorfälle in Spanien bald kürzer, bald ausführlicher bis 495 erwähnt. Auch zeigt dieser offenbar zu große Parteilichkeit für die Franken und haßt die Goten, so lange sie Arianer sind. Sein Fortsetzer *Fredegar*[13], der freilich später lebte (seine Chronik endigt um die Mitte des siebenten Jahrhunderts), gibt uns gelegentlich auch Berichte über die westgotischen Könige, die um so schätzbarer sind, da sie gerade die Zeit betreffen, wo uns fast alle einheimischen Quellen verlassen. Seine Nachrichten sind zwar mehrenteils nicht sehr zuverlässig, und manche offenbar irrige Angabe ist von ihm gegeben, allein von Sisenands Thronbesteigung an (631) bis zu Chindasuinths Zeit ist er Hauptquelle, und in der letzteren Geschichte sind gewiß seine Nachrichten die zuverlässigsten, wie sehr die Spanier dieses auch bestreiten wollen, und ihm widersprechende Fakta angeben.

Eines der wichtigsten Werke für die westgotischen Könige in Spanien ist von dem Erzbischofe von Sevilla, dem hl. *Isidorus*[14], unter dem Namen Chronicon Wisi-Gothorum verfaßt. Er ist eigentlich Fortsetzer des Idatius, den er auch fast wörtlich aufgenommen hat; daß er das verlorene Werk des Bischofs Maximus von Saragossa (Historia de iis, quae temporibus Gothorum in Hispania acta sunt) benutzte, läßt sich nicht bezweifeln, da Isidor im Leben dieses Bischofes sagt, daß er das Werk kenne. Isidors Chronik geht bis auf den König Suinthila. Sie ist in einer sehr einfachen Sprache geschrieben, die oft in den Chronikstil verfällt. Noch kürzer sind die historiae Suevorum und Vandalorum abgefaßt, die ihm auch beigelegt werden. Im allgemeinen kann Isidor als zuverlässiger Zeuge betrachtet werden, nur möchte er in Leovigilds Geschichte dem Johann von Biclar nachgesetzt werden müssen; und am Schlusse der Chronik scheint er entweder Schmeichelei oder Selbstbetrug zu verraten. Der Text ist sehr verdorben und in den verschiedenen Ausgaben unvollständig gegeben, indem die eine manche Stellen hat, welche der andern fehlen, und so umgekehrt. Besonders sind die Namen sehr entstellt und verfälscht.

Der hl. *Ildephons* setzte Isidors Chronik fort bis zum J. 667. Obwohl diese Chronik als verloren betrachtet wird, so scheint es doch, daß wir sie noch größtenteils bei Lucas von Tuy[15] im Anfang des dritten Buches seiner Weltchronik lesen: so auch bei dem Erzbischof Roderich von Toledo[16] am Ende des zweiten Buches seiner spanischen Geschichte, wo er mit bestimmten Worten sagt, daß Ildephons vom fünften Regierungsjahre des Suinthila (626) bis zum achtzehnten des Königs Reccesuinth (also bis 667) die Vorfälle in Spanien niedergeschrieben habe. Im Ganzen scheint er die Manier des Isidorus beibehalten zu haben und unparteiischer als die folgenden Chronikschreiber zu sein.

Außer der ganz kurzen Chronologia et Series regum Gothorum[17], den historischen Andeutungen in den *toletanischen Konzilienbeschlüssen*[18] und dem *westgotischen Gesetzbuche*,[19] das unter Reccesuinth als ein geschlossenes Ganzes erscheint, haben wir für die letzte Zeit des westgotischen Reiches noch folgende Quellen, die alle entweder falsche und entstellte, oder doch so kurze und dunkle Nachrichten mitteilen, daß die Geschichte immer schwieriger und verworrener wird.

Die erste Stelle unter ihnen verdient die Historia Wambæ[20], von dem Erzbischofe Julian von Toledo aufgesetzt, die zwar nicht das Magere und Trockene einer Chronik hat, aber das Geschmacklose derselben. Dabei scheint der Verfasser nicht ganz frei von Schmeichelei seines Herrn zu sein, den er später doch mit verraten hilft. Lucas Tudensis hat diese Geschichte mit einigen Zusätzen in einem Auszuge in seine Chronik aufgenommen. Dem Erzbischofe Julian wird auch ein sehr kurzes Chronicon regum Gothorum[21] beigelegt, welches die Spanier unter dem Namen Vulsa anführen; es geht bis auf die Krönung des Egiza, den der Verfasser *seinen gnädigen Herrn* nennt.

Die Verfasser der Chronik Alphonsi Magni und der Chronik von Albayda lebten von den Begebenheiten zu entfernt, als daß sie für die gotische Zeit zuverlässige Nachrichten liefern könnten. Näher lebte, und manches als Augenzeuge beschrieb *Isidorus Pacensis*, dessen Chronik oft in fast unverständlichem, barbarischen Latein die Vorfälle von 610 bis 754 in Spanien enthält.[22] Aus Mangel anderer Quellen aus jener Zeit bleibt er ungeachtet seiner Kürze freilich Hauptzeuge, allein ihm volles Vertrauen schenken darf man deswegen doch nicht: Er begeht eine Menge Irrtümer, besonders in der Chronologie, enthält viele Widersprüche und Namensverfälschungen, und scheint mit Parteilichkeit die innern Streitigkeiten um die Königskrone zu Wittizas Zeit zu beschreiben. Er ist daher mit vieler Vorsicht zu gebrauchen, und beim Sturz des westgotischen Reiches genau mit den arabischen Nachrichten zu vergleichen, die wir bei *Cardonne, Murphy* und *Conde* lesen[23]. Allein da diese auch voneinander abweichen, so wird es nicht überflüssig sein, etwas über sie zu sprechen. Cardonne ist am unvollständigsten, da er zu wenig arabische Manuskripte miteinander verglichen hat; der oft unsichere Noveiri ist sein Hauptführer; viel mehr leistete Murphy, da er viele historische Werke der Araber, wenn auch nicht immer mit historischem Takt, doch mit Gelehrsamkeit benutzte und zusammenstellte. Conde hätte am meisten leisten können, wenn er nicht die unglückliche Idee gefaßt, von den christlichen Berichten ganz abzugehen, und mit Hintenansetzung aller historischen Grundsätze im Gewande und Geiste eines Arabers zu schreiben, und demgemäß nicht sowohl auf Wahrheit, sondern auf orientalische Ausschmückung und Übertreibung zu sehen.

In mancher Hinsicht können auch die beiden spanischen Geschichtsschreiber Mariana und Ferreras[24] zu den Quellschriftstellern gerechnet werden, da sie mehrere Handschriften benutzen, die bis jetzt noch nicht gedruckt sind. Obwohl Mariana über kirchliche Angelegenheiten weniger befangen und parteiisch spricht als Ferreras, so steht er diesem doch bei weitem nach an Gründlichkeit, Gelehrsamkeit und an der historischen Kritik. Beide aber fehlen darin in ihren Werken, daß sie die Tatsachen zu wenig geordnet, und das Wichtige von dem Unbedeutenden nicht gehörig geschieden haben. Besonders ist Mariana geneigt, jede Erzählung, die etwas Romanhaftes enthält, auch wenn sie ganz unwahr ist, in seine Geschichte aufzunehmen: Auch in der Chronologie begeht er grobe Verstöße, und man darf ihm daher viel weniger folgen als dem Ferreras.

ERSTER ABSCHNITT

Älteste Geschichte der Goten bis auf den Einfall der Hunnen in Europa

———— ••◆•• ————

ERSTES KAPITEL

Einfälle der Goten ins oströmische Reich bis auf Hermanrichs große Gotenherrschaft

Die Urgeschichte eines jeden Volkes ist in das undurchdringliche Dunkel des Altertums gehüllt. Aus Liedern und Sagen, die, von Geschlecht zu Geschlecht vererbt, die Heldentaten der Vorfahren im Munde des Volkes erhalten, dämmert das erste historische Licht. Auch die Geschichte der Goten[1] ist ihrem Anfange nach ganz unbekannt, und die ersten Nachrichten, die wir von ihnen haben, sind aus Liedern und Sagen geschöpft. Wenn man denselben nun Glauben schenken will, wie die beiden Geschichtsschreiber des gotischen Volkes, Cassiodor und Jornandes, so leitet man die Goten aus der großen Halbinsel Skandinavien oder Schweden, worin noch jetzt eine Provinz Gotland heißt. Wann und durch welche Veranlassung sie ihr Vaterland verließen, ist unbekannt; nur so viel ist gewiß, daß diese Auswanderung über die Ostsee an die beiden Ufer der Weichsel, wo nun ihre Wohnsitze angegeben werden, vor der christlichen Zeitrechnung stattgefunden haben muß, da der Massilier Pytheas, der um das Jahr 320 vor Chr. eine Seereise nach der Bernsteinküste in der Nähe der Weichselmündung machte, die Bewohner dieser Gegend Guttonen nennt.[2]

Wahrscheinlicher möchte es jedoch sein, daß die Goten wie die andern germanischen Volksstämme von Osten her in früher Vorzeit einwanderten, daß sie ihre Wohnsitze an der Ostsee bei der Weichselmündung aufschlugen, von hier aus aber als kühne Seefahrer zu dem benachbarten Schweden übersetzten, wo ein Teil von ihnen sich niederließ und Name, Sprache und Sitten der Vorälteren bewahrte.

Die an der Weichsel zurückgebliebenen Goten, durch Übervölkerung oder durch Einwanderung nordöstlicher Völker gedrängt, zogen die Ufer dieses Flusses hinauf.[3] Im Westen wohnten kriegerische germanische Nationen, im Norden und Osten die mächtigen Volksstämme der Wenden. Die Richtung der Wanderung nach Süden bestimmte größere Fruchtbarkeit des Bodens, angenehmeres Klima und Leichtigkeit der Besiegung der Völker, da dieselben, durch lange Kriege mit den Römern geschwächt, dem Andrang der nordischen Feinde nicht Widerstand leisten konnten. Der Gebrauch runder Schilde und kurzer Schwerter machte die Goten fürchterlich im nahen Gefechte; die Herrschaft erblicher Könige gab ihnen Einheit und Stärke.[4]

Hat einmal die Wanderung eines Volkes begonnen, die oft ohne allen Plan gemacht wird, so pflegt sie so weit fortgesetzt zu werden, bis ein starker Damm dem gewaltigen Strome Schranken setzt. So kamen die Goten am Ende des zweiten Jahrhunderts an die Ufer des Schwarzen Meeres.

Einzelne Streifzüge waren jedoch schon viel früher von der Weichsel aus gegen die Donau hin von gotischen Heerführern unternommen worden. Der erste, der uns bekannt ist, geschah unter der Regierung des Tiberius (19 Jahre nach Chr.). Marbod, der König der Markmannen im heutigen Böhmen, wurde von Catualda, einem jungen Anführer, der sich bei den Gothonen ein Heer gesammelt hatte, überfallen und vertrieben: Der Sieger erfuhr nicht lange nachher gleiches Schicksal durch die Hermunduren.[5]

Daß Decebalus, König der Daker, zur Zeit der Regierung des Domitian durch gotische Hilfsvölker seine mehrmaligen Siege über die Römer erfochten habe, ist eine sehr unglaubwürdige Nachricht.[6] Ebenso wenig zuverlässig wissen wir, ob Goten am markmannischen Kriege teilnahmen und den Kaiser Marcus Aurelius gegen seine heftigsten Feinde an der Donau unterstützten.[7] Schon mit größerer Bestimmtheit wird von ihnen zur Zeit des Kaisers Caracalla gesprochen. Auf einem Zuge in den Orient soll er sie in einigen Treffen besiegt haben, die wohl nicht sehr bedeutend waren, weil davon nur kurze und zufällige Nachricht gegeben wird.[8] Doch kann man daraus ersehen, daß sie schon die Ufer der Weichsel verlassen und sich südlicher gezogen hatten. Folgt man dem Jornandes, der schon früher einen gotischen König, den Berig, in den Wohnsitzen an der Ostsee nennt, so herrschte Filimer, Gundarichs Sohn, über die Goten, als sie an das Schwarze Meer kamen, und sie hätten sich, wie früher an der Weichsel, nach der Lage der Wohnsitze in Ost- und Westgoten unterschieden.[9]

Der Kaiser Alexander Severus erfuhr bald die Nähe des kriegerischen und mächtigen Volkes. Die Provinz Dakien, jenseits der Donau durch keine natürliche Grenze gesichert, wurde durch häufige und verheerende Einfälle von den Goten beunruhigt. Durch bedeutende Geldsummen, welche ihnen Menophilus, der Statthalter von Mösien, bezahlte,[10] erhielt man zwar unter Alexanders Regierung den Frieden, steigerte aber bei den Goten das Gefühl der Stärke und Übermacht. Daß Kaiser Maximin von gotischer Herkunft gewesen sei,[11] scheint nicht glaubwürdig. Während seiner Regierung unternahmen die Goten nichts gegen die römischen Provinzen, richteten aber die Waffen gegen die benachbarten Völkerschaften, und verstärkten ihre Macht und ihren Mut durch die Niederlage der Besiegten.

Nun waren sie nicht mehr zufrieden mit dem fruchtbaren Lande an den Ufern des Don und des Dnjepr. Die Provinz Dakien, reich an den Ergebnissen der Natur, aber durch ihre Lage jedem feindlichen Einfalle preisgegeben, lockte die Raublust der Goten, und ohne Widerstand unterlag sie dem ungestümen Andrang dieses kriegerischen Volkes. Die leichte Eroberung machte kühner und verwegener und vergrößerte die Zahl der Streiter; Furcht und Schrecken verbreitete sich vor ihren Schritten, so daß selbst die römischen Soldaten die wichtigsten Plätze verließen und durch ihre Feigheit den Zug der Feinde beschleunigten. Die immer mehr anwachsende Menge der Goten setzte nun über die unbewachte Donau und erschien unter ihrem Könige

Ostrogotha in Mösia secunda vor den Mauern der Hauptstadt Marcianopel. Nur durch eine große Summe Geldes erkauften sich die erschrockenen Einwohner Leben und Eigentum. Von dem Glücke ihrer Waffen befriedigt, kehrten die Goten in ihre Wohnsitze zurück und regten durch die gemachte reiche Beute sich und die Zurückgebliebenen zu neuen Zügen auf. Dieses war unter Kaiser Philipp vorgefallen (244–249).[12]

Die Goten würden wahrscheinlich nicht sobald zurückgekehrt sein, wenn sie nicht auf einer andern Seite sehr bedroht worden wären. Die Gepiden, auch ein gotischer Volksstamm, waren westlich von den Goten gegen die Donau gezogen. Ihr König Fastida hatte das Glück, die Burgunder, ein benachbartes Volk, zu überwinden, und dieser Sieg hatte ihn so übermütig gemacht, daß er den König Ostrogotha zum Krieg reizte, indem er gegen die Wohnsitze der Goten vorrückte. In der blutigen Schlacht unterlagen die Gepiden, die, nun unbedeutend, eine Zeitlang ganz aus der Geschichte verschwinden.[13]

Kaum hatten die Goten diesen Krieg glorreich beendigt, als sie wieder an der römischen Grenze erschienen, von Kniva, Ostrogothas Nachfolger angeführt, über die Donau setzten, und in der Provinz Mösia große Verheerungen anrichteten. Von der Stadt Rovi, welche sie belagerten, entfernte sie der römische General Gallus. Unterdessen rückte der Kaiser Decius, Philipps Nachfolger, an der Spitze eines zahlreichen Heeres heran, und traf die Goten mit ihren germanischen Hilfsvölkern 70 000 Mann stark bei Nicopolis am Flusse Iatrus. Bei der Annäherung der Römer hob Kniva die Belagerung der Stadt auf und zog sich, von Decius beständig angegriffen, mit dem Verluste der bisher gemachten Beute ins Hämusgebirge zurück. Decius folgte ihm auf dem Fuße nach, doch nicht mit der gehörigen Vorsicht. Durch Eilmärsche hatte er sein Heer ermüdet: Er durfte ihm die Erholung nicht versagen, welcher es sich bei Beräa sorglos hingab, da der Feind auf der Flucht war. Allein der Gotenfürst, der schon Philippopolis, eine Stadt am Hämusgebirge, mit einer Belagerung erschreckt hatte, wandte sich plötzlich um und stürzte sich auf die sorglosen Römer. Das Lager ist erobert: Der Kaiser rettet kaum sein Leben, unter dem ungeordneten Haufen seiner Soldaten fliehend.[14] Die Stadt Philippopolis, die sich anfänglich hartnäckig verteidigt hatte, wurde nun mit Sturm genommen, und die Einwohnerschaft von den aufgebrachten Siegern niedergehauen.[15] Daß Decius von Generalen verraten wurde, ist wahrscheinlich: denn sogleich nahm Priscus, Statthalter von Makedonien, auf die Hilfe der Goten gestützt, den kaiserlichen Purpur.[16]

Ohne an den Rückzug zu denken, überschwemmten nun die Goten Makedonien und drangen bis an die Thermopylen vor. Da diese aber gut bewacht waren, mußten sie sich wieder nördlich wenden. Unterdessen hatte Decius mit viel Klugheit und Umsicht Anstalten getroffen, ihnen die Rückkehr abzuschneiden, um sie zu vernichten. Durch mehrere vorteilhafte Gefechte waren die römischen Soldaten wieder ermutigt worden, die Befestigungswerke waren wieder hergestellt, die Gebirgspässe besetzt worden, so daß die Goten bald auf allen Seiten von den römischen Waffen bedroht oder angegriffen wurden. Geschwächt durch die lange Belagerung von Philippopolis und in der Furcht, durch Mangel an Lebensmitteln aufgerieben zu werden, würden sich die Goten gegen ihre ganze Beute und Auslieferung aller Gefangenen gern einen freien Rückzug erkauft haben. Allein Decius hatte die Zuversicht, die früher erlittene Schmach durch eine gänzliche Niederlage der Feinde auszutilgen, merkte jedoch nicht den Verrat, womit ihn sein General Gallus umstrickte, der die Befestigungswerke der Donau zu bewachen hatte. Dieser ehrgeizige Mann nämlich, der seiner Leidenschaft das Wohl des Reiches aufopferte, schickte an die Feinde Gesandte und versprach, mit ihnen gemeinschaftliche Sache gegen Decius zu machen. Diese nahmen das Anerbieten mit Freuden auf und entschlossen sich zur Schlacht, die ihnen Freiheit und Leben rettete. In Mösien bei Abrutum oder bei Forum Trebonii wurde gestritten (251). Gleich beim Beginn der Schlacht fiel des Kaisers Sohn, der junge Decius, von einem Pfeil getroffen. Heftiger entwickelte sich nun auf beiden Seiten der Kampf. Lange schwankte der Sieg und schien sich endlich auf die Seite der Römer zu neigen. Schon war die erste und zweite Schlachtreihe der Goten geworfen. Die dritte, durch einen Sumpf geschützt, wurde nun auf den hinterlistigen Rat des Gallus angegriffen. Der Kaiser, der das Lokale nicht kannte, drang mit seinem Heere vor. Bald sank man immer tiefer: Decius stürzte vom Pferde in den Sumpf, und zugleich eilten die Goten herbei, welche von allen Seiten ihre Geschosse auf die Römer richteten, die vergeblich sich aus dem Moraste herauszuarbeiten suchten. Der Kaiser und der größte Teil des Heeres ging so elendiglich zu Grunde. Nicht einmal der Körper des Decius konnte aufgefunden werden.[17]

Gallus, der nun seine Absicht erreicht und den Purpur erhalten hatte, war jetzt darauf bedacht, die Goten zu entfernen, möchte es auch noch so viel kosten. Mit ihrer ganzen Beute und allen Gefangenen durften sie ungestört abziehen, er versprach ihnen, auch eine Summe Geldes jährlich zu zahlen, wenn sie das römische Gebiet nicht mehr durch Einfälle beunruhigten.

Ungeachtet dieser Aufopferungen war man vor den Einfällen der Goten doch nicht gesichert, da ihnen durch Gallus Nachgiebigkeit nur die Schwäche des römischen Reiches desto offenbarer wurde. Neuen Raubzügen wurde freilich an der Donau durch die Siege des Ämilianus, Statthalters von Pannonien und nachherigen Kaisers, Einhalt getan. Allein das Glück der Feldzüge gegen Decius hatte ihnen doch so viel Vertrauen auf ihre Macht eingeflößt, daß sie Größeres unternahmen: jedoch nach einer andern Richtung hin.[18]

Unter der Regierung des Valerian und Gallienus (von 253–268), wo das römische Reich durch die Einfälle der Franken und der Alemannen und durch die Kriege mit Persien und die inneren Streitigkeiten mit den Usurpatoren im allgemeinen Sturm unterzugehen schien, waren auch die Goten nicht müßig: Ja, sie hätten Rom den Todesstoß gegeben, wenn nicht innere Teilungen unter ihnen eingetreten wären.

Am Schwarzen Meere hatten sich bisher die Goten immer mehr ausgedehnt und sogar den Kimmerischen Bosporus erobert. Zugleich hatten germanische Völkerstämme, Karper, Boranen, Burgunder die Macht der Goten verstärkt und Veranlassung gegeben, neue und größere Wohnsitze zu suchen. Durch die Eroberung des Bosporus hatten sie eine Schiffsmacht erhalten, die sie an die Küste Asiens übersetzen konnte, wo viele reiche Städte, durch den langen Frieden verweichlicht, den nordischen Völkern keinen Widerstand zu leisten vermochten. Bald segelten diese (253) mit großer Kühnheit in vielen flachen Fahrzeugen nach Pityus, einer Festung an der äußersten Grenze der römischen Provinzen; die Stadt wurde von den raublustigen, aber der Belagerung unkundigen, Goten eingeschlossen. Durch die tapfere Gegenwehr der

Besatzung unter ihrem kriegserfahrenen General Successianus verloren die Belagerer viele Leute. Ungeduldig, vor den Mauern der Stadt zu sitzen, schifften sie wieder ihren Wohnsitzen zu. Da man nun für Pityus keine Gefahr mehr befürchtete, wurde Successianus abberufen. Die Goten, davon in Kenntnis gesetzt, erscheinen zum zweitenmal vor der sorglosen Stadt, die, auf diesen plötzlichen Überfall nicht vorbereitet, in die Hände der Feinde fällt. Hierauf wurde das wohlbefestigte und von einer starken Besatzung verteidigte Trapezunt belagert. Nachlässige Bewachung und allzu großes Vertrauen auf die doppelten Befestigungswerke war ihm verderblich. In der Stille der Nacht erstiegen die Goten die nicht bewachten Mauern und verbreiteten mit dem Schwert in der Hand Tod und Verderben unter den unglücklichen Einwohnern. Unermeßliche Beute fiel in die Hände der Feinde. Die ganze Umgegend hatte ihre Habseligkeiten nach Trapezunt geflüchtet. Außer einer großen Anzahl von Gefangenen führten sie eine große Flotte, welche sie im Hafen der Stadt fanden, mit sich fort und kehrten so nach dem besten Erfolge ihrer Waffen und dem Antrieb zu neuen Raubzügen in ihre Niederlassungen an den See Mäotis (das heutige Asowsche Meer) zurück (258).

Die Folge dieser mit Glück ausgeführten Unternehmung war bald eine zweite, die noch zahlreicher an Mannschaft und Schiffen war. Indem ein Landheer an der Küste hin marschierte, segelte die Flotte an den Ausflüssen des Dnjepr, Dnjestr und der Donau vorüber und näherte sich dann dem Thrakischen Bosporus oder der jetzigen Straße von Konstantinopel. Die Besatzung von Chalcedon, welche auf einem Vorgebirge, welches den Eingang zur Straße beherrschte, aufgestellt war, verließ, ungeachtet sie gar nicht schwach war, schmählich ihre vorteilhafte Stellung und ergriff die Flucht. Chalcedon, angefüllt mit Waffen und mit Geld, fiel den Feinden in die Hände. Durch einen Flüchtling aus Nicomedia, Chrysogonus, wurde die Eroberung dieser Hauptstadt Bithyniens als eine reiche Beute gepriesen und daher der Zug dahin gerichtet. Diese Stadt war 12 Meilen von Chalcedon gelegen und wurde ohne Widerstand eingenommen. Dasselbe Schicksal hatte Nizäa, Prusa, Apamea, Cius. Das durch einen langen Frieden in Weichlichkeit und Luxus versunkene Volk dieser Städte öffnete sogleich den nordischen furchtbaren Gestalten ihre Tore. Cycicus, stark befestigt auf einer kleinen an Asiens Küste gelegenen Insel, fand nur durch die regnerische Jahreszeit und die dadurch veranlaßten Überschwemmungen des Flusses Rhyndacus Rettung. Nachdem die Goten Nizäa und Nicomedia in Asche gelegt, zogen sie mit vieler Beute, von dem Beherrscher von Palmyra Odenatus vergeblich verfolgt, der Seestadt Heraclea zu; schifften sich hier ein und segelten noch zufriedener als bei der ersten Unternehmung nach Hause (259).

Viel verheerender und gefährlicher für das römische Reich war aber der dritte Zug, der mit 500 Schiffen unternommen wurde. Mit diesen segelten sie gerade auf den Thrakischen Bosporus zu und von da in die Propontis oder ins heutige Meer von Marmora. Hier landete man an Cycicus und zerstörte diese alte und reiche Stadt, die so lange der ganzen Macht des Mithridates Widerstand geleistet hatte. Durch den Hellespont oder die jetzigen Dardanellen fuhren sie in das Ägäische Meer, wo die Inseln des Archipelagus auf Asiens und Griechenlands Seite geplündert und verheert wurden. Endlich landete die gotische Flotte bei Athen im Hafen des Piräus. Die Festungswerke der Stadt, die seit Sullas Zeit verfallen waren, wurden zwar in der Eile, so gut als möglich, von Cleodamus wiederhergestellt: doch umsonst. Athen fiel in die Hände der Goten. Daß ihnen ein bedeutendes Heer entgegengestellt wurde, um ihren schrecklichen Verheerungen Einhalt zu tun, ist nicht wahrscheinlich. Nach Trebellius Pollio wären die Goten von dem Geschichtsschreiber dieser Zeit, dem General Dexippus, der in Attika ein kleines Heer zusammenbrachte, womit sich Cleodamus vereinte, geschlagen worden. Allein offenbar ist diese Nachricht falsch. Mag es auch sein, daß Dexippus die Kühnheit hatte, die Flotte anzugreifen, während die Goten sich in der Stadt der Plünderung und Unmäßigkeit überließen, so war er doch zu schwach, mit seinem aus Bauern und Soldaten zusammengesetzten Heere, etwas Bedeutendes zu unternehmen; ein solcher Versuch reizte nur der Feinde Zorn, die jetzt vom Lande Attika bis nach Epirus, von der südlichen Spitze des Peloponneses bis nach Thessalien, alles verheerten und verbrannten. Sie waren bereits in die Nähe Italiens gekommen und bedrohten es mit ihren Verheerungen, als endlich der Kaiser Gallienus aus seiner Untätigkeit und seinem in Wollust und Weichlichkeit versunkenen Halbleben erwachte. Die Gefahr war groß: Schleunige Hilfe war nötig. Wenn auch selbst der Kaiser in den Waffen erschien und durch seine Gegenwart zum Kampf ermunterte – so wäre dieses doch alles vergeblich gewesen, da Furcht und Schrecken vor den Goten jede Ausführung des kaiserlichen Befehls hinderte. Allein unversehens sah man sich von so schrecklichen Feinden durch ihre eigenen Teilungen befreit.[19] Ein Teil, müde der langen Gefahren und Anstrengungen, kehrte zu Lande über Mösien und die Donau in ihre Heimat zurück; die übrigen begaben sich zu Schiffe, verheerten die Küste von Kleinasien und zerstörten den herrlichen Tempel der Diana zu Ephesus, den Jahrhunderte hindurch Perser-, Makedonier- und Römerkriege geschont hatten. Dann segelten sie auf dem Weg zurück, auf dem sie gekommen waren.[20]

Unterdessen Roms Herrschaft durch die 30 Tyrannen zersplittert zu werden schien, ruhten die Goten einige Jahre von ihren Raubzügen. Doch war die innere Ruhe noch nicht ganz hergestellt, als sie, vereint mit ihren germanischen und sarmatischen Hilfsvölkern, zur neuen Beute und zu neuen Eroberungen eine ungeheure Flotte, nach Trebellius Pollio von 2000, oder wenn wir Zosimus und Zonaras glauben, von 6000 Schiffen ausrüsteten (269). 320000 Barbaren werden auf dieser Flotte angegeben. Doch diese größte der bisherigen Unternehmungen fiel für die Goten unglücklich aus. Die Städte Tomi und Marcianopolis, durch starke Mauern geschützt, wurden vergeblich angegriffen. Im Thrakischen Bosporus, wo die unkundigen Steuerleute durch die Gewalt des Stromes fortgerissen wurden, gingen viele Schiffe zu Grunde. Nach diesem Unfalle machten die Goten in Asien und Europa Landungen, fanden aber überall hartnäckigen Widerstand, so daß sie sich meistens mit Verlust auf ihre Schiffe zurückziehen mußten. Der schlechte Fortgang in den Unternehmungen, für rohe Barbaren, die selten Ausdauer haben, sehr entmutigend, erzeugte Unzufriedenheit und Teilung unter den Führern. Ein Teil segelte nach Kreta und Zypern und verwüstete diese Inseln. Jedoch die größte Anzahl richtete ihre Fahrt gegen den Berg Athos und belagerte Cassandria und Thessalonich. Schon hatten sie diese Städte hart bedrängt und beinahe zur Übergabe genötigt, als sie von der Annäherung des Kaisers *Claudius* Kunde erhielten. Sie brachen sogleich auf und zogen dem römischen Heere entgegen. Der Kaiser faßte den verzweifelten Entschluß, ungeachtet sein Heer in keinem sehr guten Zustande war, den viel zahlreicheren Feinden eine Schlacht zu liefern. In der Gegend von *Naissus*, einer Stadt von Dardania, wurde gestritten. Anfangs wichen die Römer der gotischen Übermacht: Ohne die Besonnenheit des Kaisers wäre die Schlacht verloren gewesen. Allein er wußte das Treffen wiederherzustellen, fiel die Feinde unerwartet auf der unbedeckten Seite an und brachte ihnen eine Niederlage bei, in der sie 50 000 Mann einbüßten. Durch diesen glänzenden Sieg des Claudius, der davon den Beinamen Gothicus erhielt, waren die Goten gezwungen, den Rückzug anzutreten. Daß man es aber schon damals so gut verstanden wie in neuerer Zeit, die Niederlage der Feinde zu vergrößern, zeigt der Brief des Kaisers an den Junius Brocchus, Statthalter von Illyrien, den uns Trebellius Pollio (in Claudio c. 8) mitteilt. Hier heißt es: „Wir haben 320 000 Goten vernichtet, 2000 Schiffe versenkt. Die Flüsse sind mit Schildern, Schwertern und Lanzen bedeckt wie auch alle Ufer. Auf den Feldern sieht man nur Gebeine, alle Wege sind mit Blut besudelt, die ungeheure Wagenburg steht verlassen. Wir haben eine solche Menge Weiber gefangen, daß jeder Soldat 2 bis 3 Sklavinnen zu seinem Anteil erhalten kann."

Daß dieser Bericht von der Schlacht bei Naissus übertrieben ist, wissen wir aus Zosimus (I, 45), einem unverdächtigen Zeugen in dieser Geschichte. Nach der Schlacht zogen sich die übrigen Goten unter dem Schutz ihrer Wagenburg zurück nach Makedonien. Aus Mangel an Lebensmitteln aber kamen hier viele um. Claudius hatte den Probus mit einer Flotte abgeschickt und die meisten Schiffe der Feinde zerstören lassen; die Goten waren daher gezwungen, den Weg in ihre Heimat zu Lande zu machen. Sie zogen sich an das Hämusgebirge. Claudius verfolgte sie und suchte sie unter beständigen Gefechten immer mehr einzuschließen, wobei freilich die Römer auch manche Niederlagen erlitten. Dem Mangel, Elend und den ansteckenden Seuchen, welche sich über das ganze Land verbreiteten, unterlagen endlich die Goten mehr als dem Schwerte des Claudius. Die meisten starben, von der Krankheit ergriffen, dahin. Viele wurden den römischen Legionen beigemischt, nur sehr wenige erreichten ihre Heimat. Auch der Kaiser Claudius wurde ein Opfer der überall verbreiteten Seuche.[21] Unter der ganzen kurzen Regierung seines Bruders Quintillus wurde der Rest der Goten, die noch in Thrakien zurückgeblieben waren, von den Landesbewohnern aufgerieben.[22]

Da man die Truppen, welche die Gebirgspässe des Hämus und die Ufer der Donau besetzten, anderswo brauchte, so war die Grenze neuen Einfällen preisgegeben. Die gotischen und vandalischen Stämme benutzten diese Gelegenheit und überschwemmten die Länder an der Donau. Des Quintillus Nachfolger, Aurelian, zog herbei und kämpfte mit ihnen in Thrakien in einer blutigen Schlacht, wobei 5000 Goten blieben. Von beiden Seiten, des Krieges müde, sehnte man sich nach Ruhe. Die Goten verstanden sich dazu, sich über die Donau zurückzuziehen und wurden gegen Bezahlung mit Lebensmitteln versehen. Die große Provinz Dakien aber, welche der Kaiser doch nicht mehr schützen konnte, überließ er den Goten (272). Zur stärkeren Befestigung des Friedens ließ er sich die Söhne und Töchter der Häupter als Geiseln geben. Erstere wurden in der Nähe des Kaisers in den Waffen geübt, letztere ließ er gut erziehen und verheiratete sie an seine Hauptleute.[23]

Zum Glück für das durch die Stürme der inneren Kriege stark erschütterte Reich unterblieben die Streifzüge der Goten ins römische Gebiet fast 50 Jahre.[24] Die großen Anstrengungen in den vier aufeinanderfolgenden Zügen, besonders aber die durch Claudius erlittene Niederlage und noch mehr die ansteckenden Krankheiten hatten die gotische Nation so geschwächt und erschöpft, daß sie nicht einmal nach der ersten Generation einen ähnlichen Zug unternehmen konnte: Und nachdem sie sich ein wenig erholt hatte, mußten erst die benachbarten Völker der Sarmaten, Gepiden, Burgunder, Vandalen, Alanen etc., wovon die meisten früher den Waffen der Goten unterlegen waren oder doch wenigstens als Streitgenossen folgten, wieder bekriegt werden. Unter der Regierung des Diocletian (285–305), der die Grenzen des Reichs von seinen streng disziplinierten Truppen sichern ließ, wagten die Germanen an der Donau nicht, in das römische Reich einzufallen; sie wandten daher ihre Waffen gegeneinander und bekriegten sich selbst.[25] Die Ostgoten unterwarfen sich die Burgunder, und mit diesen vereint, griffen sie die Alanen an: Die Therwinger und Taifalen aber, d. i. die Westgoten, kriegten mit den Vandalen und Gepiden. Aus diesem Kampfe gingen die Goten siegreich hervor und wurden dann den Römern doppelt fürchterlich.[26]

Erst nachdem Constantin fast alle seine Gegner überwunden hatte (322), erscheinen die Goten wieder im Kriege mit den Römern. Jedoch haben wir darüber so kurze und abgerissene Nachrichten, daß es schwer ist, etwas Bestimmtes über das erste Zusammentreffen Constantins mit den Goten anzugeben. Könnte man annehmen, daß Zosimus[27] sich geirrt und die Sarmaten anstatt der Goten genannt habe, so wären sie über die Donau gegangen und hätten mehrere Städte belagert, bis der Kaiser ihnen entgegenrückte. Dieser fiel sie sogleich an, brachte ihnen eine bedeutende Niederlage bei und zwang die übrigen, über die Donau zu fliehen. Um sie aber auf längere Zeit von neuen Einfällen abzuschrecken, ging Constantin über die Donau und brachte die Feinde in Dakien so ins Gedränge, daß diese den Tributgeldern, welche sie früher von den Römern erhielten,[28] entsagten, um Friede flehten, und sich viele erboten, in der kaiserlichen Armee zu dienen. Der Kaiser bewilligte ihnen den Frieden; daß aber schon damals 40 000 Mann Goten als Foederati im kaiserlichen Heere aufgenommen seien, wie Jornandes (c. 21) angibt, ist nicht zu glauben.[29] Wenn der gotische Geschichtsschreiber sich nicht geirrt und das Bündnis Constantins mit dem des Theodosius verwechselt hat, so ist dieser Vertrag Constantins mit der gotischen Nation auf jeden Fall später zu setzen. Da er bei der Besiegung des Licinius (323) gotische Hilfsvölker hatte, so mag dieses zu jener Angabe Veranlassung gegeben haben.

Die Goten, an den Krieg gewöhnt, haßten die Ruhe. Die benachbarten Völker wurden daher mit Krieg überzogen: Und die geschlagenen Vandalen entgingen nur durch die Vereinigung mit den Sarmaten, einem kriegerischen Volke, nördlich von der Donau, einer gänzlichen Abhängigkeit. Allein auch vereint mit den Sarmaten konnten sie der Übermacht der Goten nicht widerstehen und wurden in mehreren blutigen Schlachten besiegt. Um nicht ganz zu unterliegen, wandte man sich an den Kaiser und flehte ihn um Hilfe an. Constantin, der schon lange mit Mißfallen die wachsende Macht der Goten bemerkte, nahm sich gern der Schwächeren an und hoffte, aus dieser Uneinigkeit unter den Germanen für sich die größten Vorteile zu ziehen. Er hatte noch nicht ein Heer an der Donau zusammengebracht, als der gotische König Ararich, benachrichtigt von des Kaisers Allianz mit den Sarmaten, plötzlich (331) die Donau überschritt und die Provinz Mösia mit Schrecken und

Verheerung erfüllte. Der Kaiser führte in eigener Person sein Heer gegen die Feinde, hatte aber den Verdruß, seine Leute vor einer unbeträchtlichen Anzahl Goten fliehen zu sehen, und wollte Constantin nicht in die Hände der Feinde fallen, so mußte er den Flüchtlingen folgen.

Die Stärke der Goten beweist die folgende zweite Schlacht, welche zwar die Römer gewannen, allein der Krieg war damit noch keineswegs beendigt. Erst nach mehreren hartnäckigen Gefechten wurden die Goten zum Rückzug genötigt. Dieser war jedoch nicht sowohl durch die Waffen der Römer veranlaßt worden, als vielmehr durch ihre Bundesgenossen, die Chersoniten, auf der heutigen Halbinsel Krim. Diese hatten nämlich eine bedeutende Seemacht zusammengebracht und griffen die Goten auf einer Seite an, wo sie keinen Krieg vermuteten. Fast von jeder Seite mit Feinden umgeben, zogen sie sich in die Gebirge zurück, wo gegen hunderttausend durch Kälte und Hunger ihr Leben verloren haben sollen. Erst dadurch erschöpft, verstanden sie sich dazu, mit Constantin einen Frieden zu schließen. Der König Ararich mußte seinen ältesten Sohn als Geisel geben, und der Kaiser suchte, durch Freigebigkeit gegen die ersten Führer, die Goten zu gewinnen. Die Sarmaten und die Vandalen, vom Kaiser gerettet, vergaßen bald, was sie ihm schuldig waren; sie fielen, entweder gedrängt oder aus Raublust, verheerend ins römische Gebiet[30] (334). Nicht ungern sah es daher Constantin, daß Geberich, Ararichs Nachfolger, dieselben in einer entscheidenden Schlacht schlug.[31]

ZWEITES KAPITEL

**Hermanrichs großes Gotenreich und Athanarich,
Richter der Therwinger**

Durch Constantin waren die Waffen der Römer bei den Goten wieder in Achtung gesetzt worden. Die Schwierigkeit, bei der Menge von Kastellen und Festungen im römischen Gebiete Eroberungen zu machen, hielt sie vielleicht mehr ab, innerhalb 30 Jahre feindlich an der Grenze zu erscheinen, als der Vertrag, den sie mit Constantin geschlossen hatten und den sie auch beobachteten, solange die Familie dieses Kaisers auf dem Thron saß (bis ins Jahr 363). Allein in untätiger und unkriegerischer Ruhe verblieben deswegen die Goten doch nicht. Ihnen war Krieg führen Bedürfnis, um so mehr, da ein Kriegsheld wie Hermanrich an ihrer Spitze stand. Zu keiner Zeit, die unter Theodorich dem Großen etwa ausgenommen, scheint die Gotenherrschaft den Glanz und die Ausdehnung erreicht zu haben, wie grade in diesem Zeitraume. Daher ist es nicht wenig zu beklagen, daß wir nur so spärliche und kurze Nachrichten über diese glänzende Seite der gotischen Geschichte besitzen. Wenn wir nicht aus Jornandes oder vielmehr Cassiodor, der gewiß Sagen und Lieder benutzte, eine Schilderung, wenn auch eine unvollkommene, von der damaligen Gotenherrschaft hätten, so wüßten wir davon wenig oder nichts. Denn den römischen Schriftstellern, die nur die deutschen Völker insoweit kennen, als sie kriegführend mit den Römern in Berührung kommen, ist diese Zeit der Zurückgezogenheit der Goten vom Kriege mit ihnen ganz unbekannt, und wir wenden uns vergeblich an sie, über das große

Reich im Norden der Donau und des Schwarzen Meeres Aufschluß zu erhalten. Wir wollen nun hier versuchen, geleitet durch des Jornandes Nachrichten,[32] diese Heldenzeit des gotischen Volkes näher anzugehen, freilich nach manchen Mutmaßungen und Wahrscheinlichkeiten, wozu uns nicht zu verwerfende Andeutungen und Angaben wie auch innere Gründe des Volkslebens bestimmten.

Seitdem das Gotenvolk sich von den Ufern der Weichsel in die fruchtbaren Länder nördlich vom Schwarzen Meere gezogen hatte und oft die römischen Provinzen durch schreckliche Einfälle verheerte, mögen wohl einzelne Männer, welche die Kriegszüge leiteten und welche von Jornandes als Könige angeführt werden, die Herrschaft über den größten Teil des Volkes gehabt haben. Allein es ist sehr wahrscheinlich, daß die einzelnen Stämme ihre besonderen Führer hatten, die dem jedesmal mächtigsten Führer als Verbündete folgten. Ohne anzunehmen, daß Goten und ihre verwandten Stammvölker, Gepiden, Victofalen, Taifalen, Scirren, Boranen, Carpen, Peuciner einen förmlichen Bund unter sich errichteten, liegt es schon in der Natur der Sache, daß Völkerstämme von gleicher Sprache, denselben Sitten und Gewohnheitsrechten durch enge Bande von selbst zusammengeschlossen bleiben. Jeder Stamm war selbständig und hatte sein erbliches Oberhaupt, dessen Familie die erste des Stammes war: Sobald ein großes Unternehmen ausgeführt werden sollte, hatte der Führer, welcher allgemein das größte Ansehen vermöge seiner Tapferkeit und Einsicht im Kriege genoß, den Vorzug; die andern Häupter der Stämme, die an dem Zuge teilnahmen, übertrugen ihm die Leitung des Ganzen und erkannten ihn gleichsam als Oberherrn, welches Verhältnis in Friedenszeiten gewiß wieder aufhörte. In solchen losen Verhältnissen konnte sich die Trennung und Selbständigkeit der einzelnen Stämme erhalten, ohne daß doch das gemeinsame Band, welches alle Goten als ein Volk zusammenhielt, verlorenging. Jedoch hatten einzelne Stämme zueinander eine engere Verbindung, teils wegen der Lage der Wohnsitze, teils auch wegen der Freundschaft und Verwandtschaft ihrer Führer untereinander.

Demnach teilte sich die ganze gotische Nation in zwei große Volksstämme, in die Ostgoten und Westgoten.[33] Ob diese Namen in der damaligen Zeit von den Goten selbst gebraucht worden seien, hat man bezweifeln wollen und behauptet, daß sie von den Römern erfunden worden; jedoch ohne hinreichende Gründe. Wäre das Zeugnis des Jornandes gewichtig, der sie schon nach diesen Namen an den Ufern der Weichsel und dann bei ihrer Ankunft ans Schwarze Meer so unterscheidet, so wäre es überflüssig, nähere Beweise dafür vorzubringen. Allein da dieser Geschichtsschreiber leicht die Ansicht und die Namen, die man in seiner Zeit von dem gotischen Volke hatte, in die frühere Geschichte desselben übertragen konnte, so ist es notwendig, anderwärts Beweise herzuholen. Schon zur Zeit des römischen Kaisers Claudius war der Name Ostgoten (Austrogothi) den Römern bekannt: Dies ersieht man aus Trebellius Pollio:[34] Nun ist es höchst unnatürlich, daß die Römer, die wenig oder gar keine Kenntnis von der deutschen Sprache hatten, einem Volke einen Namen mit deutscher Wurzel nach seiner geographischen Lage gegeben haben sollten. Daß aber solche geographischen Benennungen unter den deutschen Völkern sehr gewöhnlich waren, ersieht man aus den Namen West- und Ostfalen und bei den Sachsen in England, Sussex, Wessex, Essex,

Ostangeln. Zosimus und Ammian Marcellin kennen diese Namen und Abteilung des gotischen Volkes nicht: Dafür kommen bei ihnen, besonders bei dem letzteren, häufig die Namen Gruthunger oder Greuthunger und Therwinger[35] vor, welche Namen dem gotischen Geschichtsschreiber gänzlich fremd sind. Wenn auch nicht die Gruthunger[36] alle Ostgoten bezeichneten, so ist doch höchst wahrscheinlich, daß es der vorzüglichste Stamm unter denselben war, so wie die Therwinger der erste unter den Westgoten: Da die Führer aus diesen beiden Stämmen über die andern eine große und bleibende Autorität ausübten, erhielten sie eine solche Macht, daß das Ansehen der andern Führer fast ganz verschwand. Größe des Volksstammes, vorzügliche Tapferkeit und eine Reihe ausgezeichneter Helden, in ihrer Sprache Amaler, Makellose,[37] genannt, die daher auch als Ansen oder Halbgötter geehrt wurden, erhoben das Volk der Gruthunger über alle anderen Stammgenossen, und sie verbreiteten einen solchen Glanz um ihren Führer, daß sich seiner Herrschaft sämtliche gotischen Völker entweder freiwillig oder durch Übermacht geschreckt unterwarfen. Dieser mächtige Abkömmling des Heldengeschlechts der Amaler war der tapfere und kriegerische Hermanrich,[38] dessen Namen den Römern nicht unbekannt ist, obwohl sie nie mit ihm in Krieg kamen. Als er auch die Westgoten und ihre Führer, die nun den Namen Richter erhielten, unter seiner Herrschaft vereinigt hatte, war der mächtige König allen benachbarten germanischen und sarmatischen Völkerschaften furchtbar und verderblich. Mit den Römern im Frieden lebend, nach dem Vertrag der mit Constantin früher abgeschlossen worden, wendete er seine Waffen gegen Norden, Osten und Westen: Er führte sein Volk von Sieg zu Sieg: Zwölf Völker,[39] deren Namen wir weder früher noch später in der Geschichte hören, unterlagen dem Eroberer. Außer diesen unterjochte er die am Don wohnenden Alanen und die Rorolanen, das mächtige und gewandte Volk der Heruler am mäotischen See, und im Nordwesten die Weneder (Wenden) und Esten. Die Herrschaft des gotischen Königs umfaßte die Länder vom Schwarzen Meere bis an die Ostsee mit unbestimmten Grenzen gegen Osten und Westen.[40]

Bei diesem Umfang der Herrschaft Hermanrichs war er nicht imstande, alles selbst zu übersehen. Er überließ daher nicht nur die Bewachung der Südgrenzen, sondern auch fast unbeschränkte Herrschaft über die Westgoten dem Athanarich, Richter[41] der Therwinger, die zwischen dem Dnjestr und der Donau ihre Wohnsitze hatten. Jedoch stand dieser Führer immer noch mit seinem Volke im Verband mit dem großen Reiche und wagte nicht, sich unabhängig zu machen, aus Furcht vor dem gewaltigen Herrscher.

So war das Gotenreich den Römern unbekannt, gewachsen und mächtig, als Julian, der letzte Kaiser aus der Constantinischen Familie, starb (363). Sein Nachfolger Jovian regierte nur acht Monate. Dann erhob man den tapferen und strengen General Valentinian auf den Thron; um besser die Zügel der Regierung zu führen, herrschte er im Okzident, seinen Bruder Valens ließ er in Konstantinopel als Kaiser des Orients. Procopius aber, ein Verwandter des Kaisers Julian, pflanzte die Fahne des Aufruhrs auf. Durch die Hilfe der nahen Goten hoffte er, sich gegen seine mächtigen Gegner zu behaupten. Er schickte daher zu den ihm am nächsten wohnenden Therwingern Gesandte und ließ ihren Führer Athanarich als den Verbündeten der Constantinischen Familie um Hilfstruppen ersuchen. Die Goten, Procopius als den rechtmäßigen Kaiser betrachtend, zogen, wahrscheinlich mit größerer Anzahl[42] als dieser verlangte, über die Donau, plünderten Thrakien und verzögerten dadurch ihren Marsch. Unterdessen wurde Procopius in Phrygien von Valens gefangen und hingerichtet. Sobald dieser Kaiser von den gotischen Hilfstruppen hörte, faßte er den Entschluß, sie zu vernichten. Auf den Rat seines Bruders und nach eigener Einsicht rüstete er sich gegen sie: Jedoch schickte er zuvor an Athanarich den Reitergeneral Victor, um die Ursache ihrer Feindseligkeiten gegen die rechtmäßigen Kaiser zu erfahren. Der Richter der Therwinger berief sich auf Briefe des Procopius, worin dieser als Verwandter des Constantinischen Hauses sein Recht auf den Thron behauptete. Er hätte daher geglaubt, ihm Hilfe leisten zu müssen, und zur Bekräftigung des Gesagten ließ er dem Kaiser des Procopius Briefe vorzeigen.

Mit dieser Erklärung begnügte sich Valens nicht, weil er Krieg und Züchtigung der Goten wünschte. Er ließ die noch in Thrakien befindlichen Goten von der Donau abschneiden, schloß sie von allen Seiten ein und zwang sie, sich bald zu ergeben, da ihnen alle Lebensmittel fehlten. Die zahlreichen Gefangenen wurden in die Provinzen verteilt und erregten durch ihre großen Gestalten überall viel Aufsehen. Athanarich ließ durch Gesandte vergeblich die Gefangenen zurückfordern, indem er anführte, daß die Goten im Glauben, für den rechtmäßigen Kaiser zu streiten, ausgezogen wären und daher aus Irrtum gefehlt hätten. Als Valens darauf keine Rücksicht nahm und die Antwort zurückschickte: Im Kriege werde als Feind behandelt, wer sich mit den Waffen entgegenstelle –, so nahm dieses Athanarich als Friedensbruch, und man rüstete sich auf beiden Seiten zum Kriege.

Valens zog an die Donau und suchte lange vergeblich die Goten, von Athanarich angeführt, aus ihren festen Stellungen zu vertreiben. Der Krieg, der 3 Jahre dauerte, wurde von beiden Seiten mit großer Heftigkeit und großen Hilfsmitteln geführt. Obwohl die Römer angreifend zu Werke gingen und der Schauplatz des Kriegs auf gotischem Gebiete war, scheinen sie doch im großen Nachteil gewesen zu sein, so viel sich wenigstens aus den unvollkommenen Berichten der Alten schließen läßt. Von einem bedeutenden Verluste der Goten erzählt außer Zosimus kein Schriftsteller; seine Angabe ist verdächtig, weil er den ganzen Krieg in einem Zug als abgetan erzählt, und zwar mit höchst unwahrscheinlichen Nebenumständen, da doch der viel gewichtigere Ammian nur von unbedeutenden Treffen spricht und uns dabei den dreijährigen Krieg ausführlicher erzählt.[43] Im ersten Jahre (367) ging das Heer der Römer über die Donau, fand aber beim Weiterrücken große Schwierigkeiten. Die Ebene konnten sie zwar ungehindert verheeren und auch einzelne zerstreute feindliche Heerhaufen mit den leichten Truppen auffangen: Allein da Athanarich die Übermacht des Römerheeres in der Schlacht erkannte, so benutzte er seinen Vorteil, den ihm das sumpfige und waldige Land darbot, nur verteidigungsweise zu Werke zu gehen und den Feind so weit ins Land zu locken, bis er ihn einschließen und durch das Schwert oder den Hunger vernichten könnte. Der Kaiser, der die ihm drohende Gefahr einsehen mochte, kehrte nach großen Verheerungen über den Fluß zurück und rüstete sich auf das folgende Jahr zu einem neuen Zug, den aber Überschwemmungen der Donau verhinderten. Erst im dritten Jahre wurde der Krieg von den Römern mit mehr Nachdruck geführt. Von Marcianopel aus, wo der Kaiser sein Winterlager gehabt hatte, zog er (369) an die

Donau, ging bei Roviodunum über den Fluß und rückte weit ins Land hinein. Das kriegerische Volk der Gruthunger,[44] welches wahrscheinlich von Hermanrich dem Richter der Therwinger zu Hilfe geschickt wurde, widersetzte sich dem weiteren Vordringen des Kaisers. Ob Valens diese besiegt und Athanarich nach unbedeutenden Treffen zur Flucht genötigt habe, wie Ammian[45] erzählt, ist zu bezweifeln, da der Friedensschluß sehr damit in Widerspruch steht, wo die Goten gar nicht die Sprache von Besiegten, sondern von Siegern führen.[46] Mehr würde noch des Zosimus Bericht für sich haben, wenn der Schluß davon nicht auch parteiisch lautete. Denn wie dieser erzählt, hätten die Goten sich bei dem Vordringen des Kaisers hinter Sümpfe verborgen und wären oft unerwartet aus ihrem Hinterhalte über einzelne Römer hergefallen. Daher hätte der Kaiser alle Troß-Knechte zusammengerufen und jedem ein Goldstück versprochen, der den Kopf eines Barbaren brächte. Die Knechte, durch den Gewinn gereizt, hätten sich dann in die Wälder und Sümpfe begeben, viele umgebracht, dem Kaiser die Köpfe geliefert und von ihm das versprochene Gold erhalten. Auf diese Weise hätten die Goten großen Verlust erlitten und daher um Frieden gebeten.[47]

Daß man auf beiden Seiten zum Frieden geneigt war, beweist, daß keine entscheidende und große Schlacht vorfiel, wie auch, daß jeder Teil bei der Fortsetzung des Krieges nichts mehr zu gewinnen hoffte. Der Kaiser hatte nun aus mehreren Zügen die Erfolglosigkeit seiner Anstrengungen gesehen; die Goten waren des Krieges müde, weil er auf ihrem Boden geführt wurde und sie keine Beute machen konnten.

Man schickte sich daher gegenseitig Friedensvorschläge zu, die auch angenommen wurden. Um sie noch mehr zu bestätigen, sollten der Kaiser und Athanarich eine Zusammenkunft halten. Valens hielt es für die kaiserliche Würde entehrend, auf feindlichem Boden zu unterhandeln, der Führer der Therwinger aber weigerte sich, über die Donau zu gehen, da ein Eid und Befehle seines Vaters ihm verboten, den römischen Boden zu betreten. Um sich gegenseitig nichts zu vergeben, fuhren die beiden Fürsten, jeder mit einer Anzahl Bewaffneter, in die Mitte der Donau zur Unterredung, verständigten sich wegen des Friedens und stellten sich zur beiderseitigen Sicherung und Erfüllung der Bedingungen Geiseln.[48]

Das Nähere der Unterredung und die dabei stattfindenden Umstände hat der Philosoph Themistius,[49] der selbst zugegen war, mit oratorischem Wortschwall und lobpreisender Schmeichelei so entstellt, daß es schwer sein möchte, das Wahre herauszufinden und von dem Falschen zu sichten. Allein so viel scheint doch daraus zuverlässig hervorzugehen: Athanarich war mit vielen Führern der Westgoten (Themistius nennt sie Könige der Barbaren) und mit zahlreichem Volke an die Donau gekommen; nur mit einer mäßigen Anzahl fuhr er dem Kaiser auf dem Strome entgegen. Die Unterhandlungen dauerten den ganzen Tag; lange wollte Athanarich sich nicht zu den gemachten Bedingungen verstehen; oder er machte solche Forderungen, welche ihm die Römer nicht einräumen wollten. Die Einsicht, Klugheit und Schärfe des Verstandes leuchtete überall bei dem Richter der Therwinger hervor. Endlich siegte der zum Frieden geneigte Sinn der Zusammengekommenen: Ein Vertrag wurde geschlossen, von dem nur kurz bemerkt wird, daß er nicht schimpflich für die Würde des römischen Volkes gewesen,[50] woraus zur Genüge zu ersehen ist, daß die Goten nicht in Nachteil kamen. Sehr wahrscheinlich ist es, daß der Frieden auf dem Fuße des Vertrages mit Constantin dem Großen wiederhergestellt wurde und die Goten also im Ganzen siegreich aus dem Kampf herausgingen.

Die Folgen dieses Krieges waren für die Therwinger von zweierlei Art. Hermanrich, der schon hochbejahrt und zu sehr damit beschäftigt war, die unterjochten germanischen und sarmatischen Völker in Gehorsam zu erhalten, hatte erst bei dem letzten Zug, als Athanarich in Gefahr kam, Hilfe geschickt, ihm sonst aber die Führung des Krieges ganz überlassen, und nach der Beendigung desselben trat er ihm auch die Herrschaft über die Westgoten in der Art ab, daß er, ihn als Verbündeten und Herrscher eines befreundeten Volkes betrachtend, in Not und Gefahr Hilfe und Unterstützung zu leisten versprach und im Fall der Notwendigkeit Gleiches von ihm erwartete. Die andere Folge war nicht minder wichtig: Es war die Einführung des Christentums unter den Westgoten, wodurch bei ihnen innere Kämpfe und Verfolgungen entstanden, die bei aller Unbestimmtheit der historischen Angaben in keine andere Zeit als in diese (v. 369–375) zu setzen sind. Es möchte vielleicht nichts mehr Widersprechendes und Dunkles in dieser halberleuchteten Gotenzeit geben, als die Geschichte, wann und auf welche Veranlassung das Christentum unter den Goten eingeführt wurde und, was damit zusammenhängt, ob sie zuerst mit der katholischen, d. i. nizänischen, oder zuerst mit der arianischen Lehre bekannt wurden.

DRITTES KAPITEL

Das Christentum bei den Westgoten – ihr Bischof Ulphilas

Von der alten Religion der Goten, der Verehrung Wodans oder Odins, sprechen wir nicht, weil nichts oder nur sehr Zweifelhaftes davon bekannt ist:[51] Mit der christlichen Lehre mögen sie zuerst durch Gefangene bekannt geworden sein, die sie auf ihren großen Seeunternehmungen aus Griechenland und Kleinasien mit sich wegführten. Nach des Philostorgius freilich unglaubwürdiger Nachricht stammte selbst der berühmte Bischof Ulphilas von solchen Gefangenen aus Kleinasien ab.[52] Mehr Eingang scheint das Christentum zu Constantius des Großen Zeit gefunden zu haben, als dieser Kaiser im Krieg mit den Goten in allen Schlachten das Kreuz vortragen ließ und so seine Siege erfocht. Nach Eusebius hatten sich die gotischen Völker nicht nur dem Kaiser unterworfen, sondern auch, erstaunt über die wunderbare Kraft des Kreuzes, sich der christlichen Religion zugewendet.[53] So übertrieben diese Angabe ist, so kann doch so viel als wahr angenommen werden, daß sich von nun an das Christentum bei den Goten immer heimischer machte; denn bei den Unterschriften der Bischöfe auf dem Konzil zu Nizäa (325) findet sich auch der Name eines gotischen Bischofs, des Theophilus.[54] Daher scheint auch die katholische Lehre den Goten früher als die arianische bekannt gewesen zu sein. Im langen Frieden bis zur Regierung des Kaisers Valens, wo die Goten in wenigen Verkehr mit den Römern kamen, behauptete sich die alte Religion gegen die neue Lehre. Allein als Valens über die Donau setzte, wurde Wodans Dienst an vielen Orten verdrängt, um so mehr, als innere Streitigkeiten unter den Häuptern der Volksstämme ausbrachen und dieselben für und gegen das Christentum mit Heftigkeit stritten.

Wenn wir den Griechen Socrates[55] und Sozomenus[56] Glauben schenken, und nichts berechtigt uns dazu, ihre Nachrichten zu verwerfen, waren die Westgoten, d. i. die Therwinger und ihre Stammgenossen unter verschiedenen Führern, in zwei Parteien geteilt. An der Spitze der einen stand der mächtigste Führer, der schon oft genannte Athanarich; ihm gegenüber Fridigern, der zwar auch einen westgotischen Stamm befehligte, der aber von dem therwingischen unterschieden gewesen scheint. Was Ursache der Streitigkeit war, ist unbekannt. Religion war gewiß nicht Veranlassung; wahrscheinlicher ist es, daß Fridigern nicht in Abhängigkeit von dem Richter der Therwinger sein wollte: Da er jedoch nicht die Mittel besaß, mit seinem schwächeren Stamme dem mächtigeren Gegner die Spitze zu bieten, so mag er bei Valens um Hilfe angesucht haben. Dieser durfte sie nicht öffentlich geben, ohne den erst mit Athanarich geschlossenen Frieden zu verletzen. Da Fridigern und sein Volk, wovon schon viele der christlichen, und zwar katholischen, Religion zugetan waren, sich geneigt zeigten, dem Heidentum zu entsagen und Christen zu werden, so schickte der Kaiser, der sehr für die Lehre des Arius eingenommen war, ihnen arianische Bischöfe[57] und Priester, wodurch der Arianismus bei den Goten die erste Grundlage erhielt. Daß er aber auch Truppen abgesendet habe, um die neuen Glaubensgenossen zu unterstützen, ist nicht glaubhaft, obwohl es Socrates mit deutlichen Worten sagt. Athanarich, ein Mann voll Einsicht und Klugheit, versöhnte sich mit seinem Gegner, um nicht den Römern Gelegenheit zu geben, sich in innere Streitigkeiten zu mischen und so beide Parteien zu vernichten. Aber mit bitterem Haß gegen den treulosen Valens und die neue Lehre erfüllt, suchte er das von den Römern gebrachte Christentum, das bei den Therwingern schon vielen Eingang gefunden hatte, gänzlich auszurotten. Der strenge Mann glaubte, es seinen vaterländischen Göttern schuldig zu sein, die Untertanen mit dem Schwert wieder zur Verehrung der alten Religion zurückzubringen. Mit vieler Grausamkeit verfolgte er daher unter den Therwingern die Christen, und wer die heimischen Gottheiten nicht anbetete und ihnen nicht Opfer brachte, der mußte mit dem Blute seinen Übertritt zum Christentum büßen. Es wird von den Kirchenvätern gerühmt, daß sich die Christen unter den Goten durch Athanarichs grausame Verfolgung nicht abschrecken ließen und sowohl durch die Reinheit ihrer Lehre als auch durch die Duldung der größten Leiden, ja selbst des Todes, sich als würdige Nachfolger der ersten Märtyrer zeigten. Daß neben der arianischen Lehre die katholische oder rechtgläubige bei den Goten Anhänger fand, beweisen die übereinstimmenden Zeugnisse mehrerer Schriftsteller.[58]

Als die ersten Apostel, die den Goten das Evangelium verkündeten, werden Ascholius, Bischof von Thessalonich,[59] und die Priester Audius, Uranius und Sylvanus genannt.[60] Als Märtyrer werden angeführt der heilige Sabas[61] und Ricetas, wovon Athanarich den einen, Sabas, ins Wasser werfen (im J. 372) und den andern ans Kreuz schlagen ließ.[62]

Während so bei den Therwingern Athanarich gegen die Christen wütete, begünstigte Fridigern bei seinen Westgoten die neue Lehre immer mehr. Kein Mann hatte aber zur Verbreitung derselben mehr Verdienste als der gotische Bischof Ulphilas oder Wulphilas. Daß er von griechischen Gefangenen herstammte, ist eine sehr unsichere Nachricht.[63] Es ist viel wahrscheinlicher, daß seine Vorfahren Goten waren; schon sein Name scheint dafür zu sprechen.[64] Keiner hatte ein solches Ansehen beim Volke wie er. Daß er vom Eusebius, wie Philostorgius erzählt, zum Bischof ordiniert worden, ist nicht glaublich, wohl aber die Nachricht, die Sozomenus gibt, daß er der Synode, welche die arianischen Bischöfe Eudoxius und Acacius im Jahr 359 in Konstantinopel hielten, beiwohnte und das Glaubensbekenntnis mit unterschrieb. Da die gotischen Christen sich teils an das nizänische Glaubensbekenntnis, teils an die Lehre des Arius hielten und viele in Zweifel waren, was das Richtige sei, so wandten sie sich an Ulphilas, um von ihm Entscheidung in dieser Gewissenssache zu erhalten. Ohne anzunehmen, daß Ulphilas sich von Valens oder arianischen Bischöfen habe durch Worte und Geschenke gewinnen lassen, erklärte er vielleicht nach seiner Überzeugung: Es sei zwischen beiden Glaubenslehren eigentlich kein Unterschied; der Streit drehe sich bloß um Worte.[65] Die Goten beruhigten sich bei diesem Ausspruche ihres hochgeachteten Bischofs und entschieden sich größtenteils für die arianische Lehre, da Ulphilas ihr zugetan war.

Soviel Unsicheres und Widersprechendes auch in allen diesen Nachrichten ist, so stimmen doch die Schriftsteller[66] darin überein, daß Ulphilas sich die größten und dauerndsten Verdienste um sein Volk erwarb durch die Erfindung der gotischen Buchstabenschrift und die Übersetzung der ganzen heiligen Schrift in die gotische Sprache. Jedoch bemerkt Philostorgius, habe er es nicht für ratsam gehalten, die Bücher der Könige zu übersetzen, um durch das Lesen derselben den ohnehin schon kriegerischen Sinn der Goten nicht noch mehr aufzuregen.

Was die Erfindung der gotischen Buchstaben betrifft, so hat man die Angaben der Schriftsteller[67] sehr in Zweifel gezogen, weil in einer ganz neuen Zeichenschrift eine Übersetzung der Bibel nicht leicht möglich und auch nutzlos gewesen wäre. Denn dann dürfte dieselbe nicht allein als Quell der Religionswahrheiten betrachtet werden, sondern man müßte sie zugleich auch als Buch der ersten Leseübung ansehen, was sich nicht leicht denken ließe. Es scheint, daß man das Wort *erfinden* zu streng genommen, daß man aber weder historische noch innere Gründe hat, den gegebenen Nachrichten zu widersprechen. Offenbar zeigt die Form der meisten Buchstaben in allen noch vorhandenen Überresten, denen das Alter und die Echtheit nicht abzusprechen ist, daß sie nach den griechischen gebildet sind[67a]. Angenommen, daß die Goten früher eine eigene Schrift, vielleicht eine runenartige, hatten, was aber noch sehr zu bezweifeln ist[68]; so wurde doch diese ganz verlassen, und neue Zeichen wurden aufgenommen, deren Form jedoch schon einem großen Teil der Nation nicht ganz fremd war. Durch die Bekanntschaft mit den Römern und ihrer Bildung gewannen nicht wenige Männer unter dem Gotenvolke Liebe zur wissenschaftlichen Welt. Bei den öftern Einbrüchen in die römischen Provinzen wurden die Goten mit der Lebensweise und Sprache der Griechen allmählich bekannt; der Anblick der alten Denkmäler, der Statuen, der Bücher ließ freilich die große Masse der Barbaren ohne Eindruck; einzelne bessere Geister aber, die selbst in ganz rohen Zeiten ein jedes Volk hat, regte diese Anschauung auf zur Forschung und näherem Verständnisse. An den zahlreichen Kriegsgefangenen fanden sie willige Lehrer. Der Nutzen der erworbenen Kenntnisse bei Verträgen und beim Verkehr und

Tafel 1

Gotisches Alphabet des Ulphilas	Alphabet in den neapol. Urkunden	Runen	Griechisches Alphabeth	Aussprache der gotischen Buchstaben	Zahlenwert der gotischen Buchstaben
			A	a	1
			B	b	2
			Γ	g	3
			Δ	d	4
			E	e	5
				qu	6
			Z	z	7
				h	8
			Θ	th	9
			I	i	10
			K	k	20
			Λ	l	30
			M	m	40
			N	n	50
				j	60
				u	70
			Π	p	80
					90
			P	r	100
			Σ	s	200
			T	t	300
			Y	w (y)	400
			Φ	f	500
			X	ch	600
				hw	700
			Ω	o	800

Handel mit den benachbarten Römern leuchtete in die Augen und gewann viele, dem Beispiele der Vorangegangenen zu folgen. Noch mehr wurden die Goten auf die griechische Sprache hingeleitet, als das Christentum unter ihnen sich zu verbreiten anfing, und bei den Unterrichteten, welche meistens Priester waren, wurde der Wunsch rege gemacht, auch ihrem Volke den Vorteil einer passenden Zeichenschrift zu geben. Da die griechischen Buchstaben durch den öftern Anblick der Inschriften auf Denkmälern, Münzen, Steinen vielen bekannt waren, so konnten sie sich mit weniger Anleitung leicht hineinfinden, ihre Sprache mit solchen Zeichen geschrieben zu lesen. Wenn Ulphilas auch nicht der erste war, der sich der griechischen Buchstaben[69] in der gotischen Sprache bediente, so kann doch mit vieler Wahrscheinlichkeit behauptet werden, daß er das bisher mangelhafte gotische Alphabet vervollständigte und einige neue Zeichen hinzufügte, wo das Griechische für die gotischen Laute nicht ausreichte[70] und so der Erfinder der gotischen Schrift mit Recht genannt werden muß.

Er konnte dieser Erfindung keinen bleibenderen Wert sichern und sich kein größeres und länger dauerndes Denkmal gründen, als dadurch, daß er die heilige Schrift in der gotischen Sprache aufsetzte. Die Schwierigkeiten, die er zu besiegen hatte, wären für einen jeden andern Mann abschreckend gewesen, der nicht wie er ganz von dem Gedanken erfüllt und durchdrungen war, sein Volk mit den höchsten Religionswahrheiten bekannt zu machen und es zugleich aus dem ungebildeten Zustande herauszuziehen. Wo die rauhe, aber bildsame Sprache der Goten, wegen ihrer bisherigen Unbekanntheit mit vielen Begriffen und Sachen oder mit mancherlei Verhältnissen, ohne Bezeichnung war, schöpfte der Übersetzer entweder aus dem reichen Borne seiner Muttersprache neue Wörter und versah die bekannten zum größeren Verständnisse des Ausdrucks in manchen Beziehungen mit bestimmter Endung; oder er nahm griechische Wörter, die durch den mancherlei Verkehr schon dem Volke verständlich waren, in seine Sprache auf. Zugleich bemühte er sich, mit der größten Gewissenhaftigkeit zu übersetzen: Er übertrug Wort für Wort, so daß er Dunkles dunkel, Zweifelhaftes zweifelhaft wiedergab in der Konstruktion und Folge der Worte des griechischen Originals, und daher er denn auch von den heimischen Eigentümlichkeiten und Wendungen, wenn sie sich vom griechischen Ausdruck entfernten, wenig oder nichts offenbarte.

Daß Ulphilas die heilige Schrift ins Gotische übersetzt habe, erleidet nach den bestimmten Nachrichten keinen Zweifel, wohl aber möchte noch sehr darüber zu streiten sein, ob der Text, den wir gegenwärtig als den Ulphilanischen besitzen, wirklich von ihm herrührt, ja, ob nur die Sprache, die darin sich befindet, altgotisch ist[71]. Wir haben nämlich unter dem Namen der silbernen Handschrift (Codex Argenteus) eine sehr alte, deutsche Evangelienübersetzung. Es wird ihrer zuerst am Ende des 16. Jahrhunderts erwähnt; sie befand sich damals in dem Kloster zu Verden in Westfalen. Zur Zeit des dreißigjährigen Kriegs kam sie nach Prag, wo sie der Graf von Königsmark bei der Einnahme der Stadt im Jahr 1648 erbeutete und sie dann der Königin Christine nach Stockholm schickte. Schon im Jahr 1655 nahm Isaak Vossius, ungewiß, ob als Geschenk oder mittelst eigenmächtiger Zueignung, das Manuskript aus Schweden mit sich fort nach Holland, wo es der Graf Magnus Gabriel de la Gardie von Vossius für 400 Taler kaufte. Er ließ es in massives

Silber binden und schenkte es im Jahr 1669 der Universität Uppsala, wo dasselbe sich gegenwärtig noch befindet.

Daß diese altdeutsche Bibelübersetzung, wobei weder der Name des Verfassers noch sonst eine Andeutung zu finden ist, dieselbe Ulphilanische sei, von welchen die obigen Nachrichten sprechen, hat zwar viel Wahrscheinlichkeit; jedoch mit Gewißheit kann es nicht behauptet werden. Schon der Ort, wo der Codex Argenteus aufgefunden wurde, fällt auf, da man nicht recht weiß, wie Norddeutschland irgend mit Goten in Berührung gestanden habe und wie diese Handschrift dahin gekommen sein sollte. Die schon von Wachter aufgestellte Meinung, nach der Stelle des Gregor von Tours L. III. c. 10[72], sie könnte eines von den zwanzig mit Gold und Edelgesteinen verzierten Evangelienbüchern sein, welche der fränkische König Childebert im Jahr 631 bei der Einnahme der westgotischen Stadt Narbonne erbeutete, und könnte dann später an die Abtei Verden geschenkt worden sein, hat viel für sich; sie bewiese aber nur, daß die Sprache darin gotisch ist. Durch Vergleiche mit den wenigen andern Überresten der alten gotischen Mundart[73] hat man endlich denn auch mit ziemlicher Klarheit ausgemittelt, daß der Text der silbernen Handschrift wirklich alte gotische Schrift und Sprache enthält, jedoch mit einiger Abweichung, sowohl in der Form der Buchstaben als im Laut der Worte. Auch ist es mehr als wahrscheinlich, daß wir nicht die Sprache des Ulphilas, sondern einen mehr als hundertfünfzig Jahre später geschriebenen Text haben: was schon die einzelnen Verbesserungen nach der lateinischen Übersetzung der Bibel beweisen, da Ulphilas offenbar bloß nach dem Griechischen übersetzt hat[74].

Der Kodex, der ursprünglich aus 320 Quartblättern bestanden hat, wie man noch aus der Bezeichnung sehen kann, hat sehr durch die Zeit und nachlässige Aufbewahrung gelitten. Es fehlen am Anfange und in der Mitte viele Blätter, so daß er gegenwärtig deren nur noch 188 hat[75]. Die Schrift ist in goldenen oder silbernen Unzialbuchstaben[76] auf die dünnen und glattpolierten, meistens purpurfarbigen Pergamentblätter eingeschrieben oder eingebrannt, fast so, daß man glauben sollte, daß ein ähnliches Verfahren stattgefunden, wie wenn die Buchbinder den Titel auf die Bücher drucken.

In einem Codex rescriptus in der Bibliothek zu Wolfenbüttel, welcher die Origines des Isidorus Hispalensis enthielt, entdeckte Knittel im Jahr 1756 auf einigen Pergamentblättern den mit gotischen Buchstaben geschriebenen Brief Pauli an die Römer, nebst einer alten lateinischen Übersetzung. Das Manuskript erhielt den Namen Codex Carolinus: Die Buchstaben sind denen im Codex Argenteus gleich, doch nicht mit dem Fleiß und der Pracht geschrieben. Auch die Sprache stimmt in beiden überein[77]. Daher sieht man dieses Bruchstück auch als einen Bestandteil der Ulphilanischen Übersetzung an.

Schon hatte man lange die Hoffnung aufgegeben, noch etwas von dem Ulphilanischen Werke aufzufinden, als der glückliche Entdecker alter Handschriften, Angelo Majo, im Jahr 1817 in der Ambrosianischen Bibliothek in Mailand auf mehreren Codicibus rescriptis viele große Bruchstücke einer alten Bibelübersetzung entdeckte und von seinem Funde Proben dem Publikum mitteilte[78]. Da die Schrift und die Sprache der Ambrosianischen Palimpsesten mit der Bibelübersetzung der silbernen Handschrift außerordentlich übereinstimmt und dabei auch ein Fragment eines alten gotischen Kalenders

1 Aperit claudit & claudit aperit ꝑ... Aperit uiñ... conꝑ... de xᴘ̄o dñi

2 Ego uobiscum sum omnibus | usque ad consummationem seculi | saeculi ∴

3

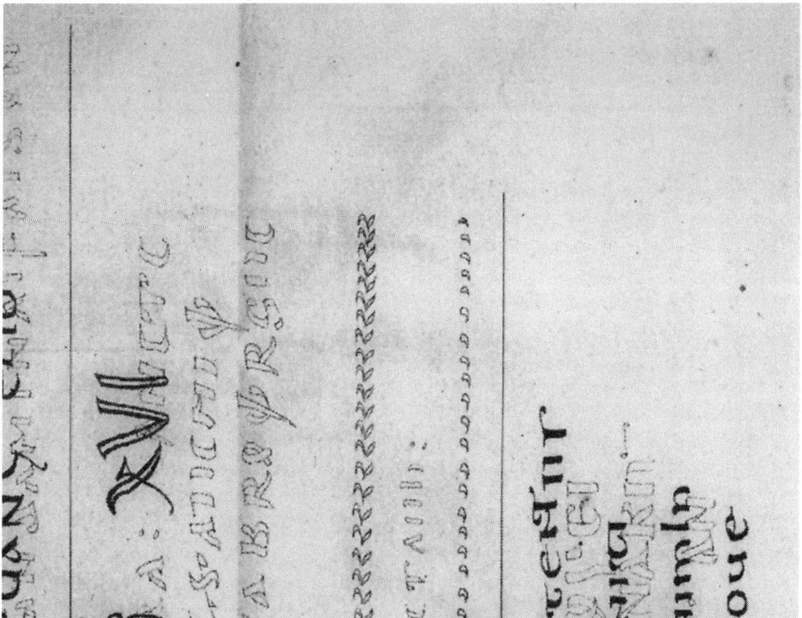

sich befindet, so hat man sie nicht nur für einen Bestandteil der Übersetzung gehalten, welche der Codex Argenteus gibt, sondern auch durch das beigefügte Kalenderstück einen neuen Beweis für die Echtheit der gotischen Sprache und Schrift in diesen alten Handschriften gefunden.

Nach der Bekanntmachung des Angelo Majo sind die entdeckten Bruchstücke sehr zahlreich und finden sich in fünf verschiedenen Handschriften. In einem Codex rescriptus in 4to von 204 Seiten, worauf S. Gregorii Magni homiliae in Ezechielem zu lesen sind, entdeckte er die Briefe Pauli an die Römer, an die Korinther, an die Galater, an die Epheser, an die Philipper, an die Kolosser, an den Timotheus, an Titus, an Philemon und das Kalenderstück: Jedoch sind die Briefe nicht ganz, da an mehreren Stellen ziemliche Lücken vorkommen. Der erste Teil der Handschrift ist schöner geschrieben als der andere. Am Rande sind manchmal die verschiedenen Lesarten mit etwas kleineren und mehr liegenden Buchstaben angegeben, weswegen Majo glaubt, daß Ulphilas ein größeres und kleineres Alphabet erfunden habe[78a].

Auf dem zweiten Kodex in 4to von 156 Seiten liest man des S. Hieronymi explanatio in Isaiam. Darunter befindet sich Ulphilas Übersetzung von den Briefen des Paulus an die Korinther, Galater, Epheser, Philipper, Kolosser, Thessalonicher, an den Timotheus und an den Titus. Von ihnen gilt dasselbe, was bei den vorigen. Die Schrift ist etwas flüchtiger[78b].

Bei einem Kodex in 4to, der die Bücher der Könige enthält, liest man in der darunter befindlichen Schrift die Komödien des Plautus und Bruchstükke von Tragödien des Seneca; allein auf zwei Seiten (209 und 210) ist eine gotische Übersetzung von einem Teil des alten Testaments, des Esdra; dann auf 4 Seiten (von S. 451–52 und von 461–62) ein Stück vom Nehemias. Die Schrift ist weniger schön[78c].

Ferner entdeckte Majo in einem alten lateinischen Evangelienbuch in Kleinquart auf einem Blatte ein Stück vom Evangelium des Matthäus, wodurch der Text der silbernen Handschrift ergänzt werden kann[78d].

Was in dem fünften Palimpsesten auf zehn Folio-Seiten in gotischer Sprache entdeckt wurde, gehört nicht dem Ulphilanischen Werke an, denn es enthält eine dogmatische Abhandlung von einem Ungenannten, der häufig Stellen aus der Bibel zitiert. Die Schrift ist viel größer und schöner als die der übrigen, so daß sie in dieser Hinsicht der silbernen Handschrift am nächsten kommt[78e].

Vergleicht man die gotische Sprache mit andern deutschen Mundarten und Töchtersprachen, so wird man finden, daß sie mit der schwedischen, wo die Goten herstammen sollen, am wenigsten Ähnlichkeit hat. Daß viele griechische und lateinische Wörter darin vorkommen, liegt in der Natur der Sache, da sie bei der neuen Bekanntschaft mit bisher unbekannten Dingen und Begriffen die Namen beibehielten, unter denen sie den Goten bekannt wurden. Bei den griechischen Wörtern könnte man vielleicht etwas weitergehen und eine ursprüngliche Sprachverwandtschaft annehmen. Was viele Wörter betrifft, die weder griechisch noch lateinisch sind und auch keinen deutschen Ursprung verraten; so ist entweder anzunehmen, daß sie veraltet sind und ihre Bedeutung uns ganz entfremdet ist, oder daß sie aus der Sprache der Sarmaten und Daker aufgenommen worden, da die Goten in die Wohnsitze dieser Völker einwanderten und gewiß manche Wörter von ihnen entlehnten. Jedoch ist die Anzahl derselben nicht groß.

Wanderungen der Westgoten durch den Süden Europas (von 375–419)

ERSTES KAPITEL

Ihre Niederlassungen in Thrakien (von 375–395.)

Unterdessen bei den Westgoten Athanarich das Christentum bekämpfte, Fridigern es schützte, und die Bande der früheren Einheit ziemlich aufgehoben wurden, scheint die große gotische Macht im Norden und Osten von den Therwingern, unter dem alten Herrscher Hermanrich, wohl in ihrer Ausdehnung dieselbe wie früher gewesen zu sein, allein durch vielfache Ursachen den Keim des nahen Verfalls in sich getragen zu haben. Die Ostgoten, weniger gebildet als ihre westlichen Brüder, auch wohl noch unbekannt mit dem Christentum, hatten diese bisher an Tapferkeit und an Ruhm übertroffen. Durch glückliche Kriege und den Heldenmut des Königs Hermanrich hatte die gotische Welt eine Ausdehnung erhalten, die weit über die bisherigen Wohnsitze hinausreichte. Neue Völker, die bisher mit den Goten in keinem Verband gestanden, wurden in den Kreis der gewaltigen Herrschaft hineingezogen, und bald mochte die Masse der fremden Völker die der heimischen übersteigen. Solange der gefürchtete Held an der Spitze stand und mit Kraft und Umsicht überall herrschte, beugten die unterjochten Alanen, Wenden, Sarmaten und andere Völker ihren Nacken unter dem fremden Joch; endlich schien ihnen die Zeit günstig, dasselbe abzuwerfen, und sie bedachten dabei nicht, daß ihnen dann noch drückendere Abhängigkeit drohe.

Kein Feind schien dem Gotenreich gefährlich, selbst die Römer hatten, mit einem Teil desselben nur bekannt, seine Stärke erfahren und mit ihm Frieden geschlossen. Schon hatte Hermanrich, in jeder Art vom Glücke begünstigt, längere Zeit als das gewöhnliche Alter des Menschen die Völker regiert, und nichts schien dem hochbejahrten Manne seine letzte Lebenszeit zu trüben: Da zeigte das Glück, daß es oft auch den, welchen es sonst immer begleitete und hob, plötzlich verläßt und ihn dann in doppeltes Unglück der Verzweiflung stürzt.

Durch die unruhigen Bewegungen der Völker an der Ostgrenze wurde Hermanrich auf einen furchtbaren Feind aufmerksam gemacht. Diesem hatte sich der Führer der Rorolanen, die der Gotenherrschaft schon lange überdrüssig waren, angeschlossen. Mit Kraft, Strenge und Grausamkeit wollte Hermanrich von der Nachahmung dieses schädlichen Beispiels die andern Völker abschrecken. Die zurückgelassene Frau des Rorolanenfürsten, Sanielh mit Namen, ließ er lebendig mit Pferden zerreißen. Statt Schrecken entsprang aus dieser Grausamkeit Haß und Erbitterung der Völker und Rache der Brüder der Ermordeten. Mit Dolchstichen fielen sie unerwartet den König an, führten jedoch nur halb ihr Vorhaben aus, da sie ihn zwar schwer in die Seite verwundeten, aber am Morde durch seine Getreuen verhindert wurden. Unterdessen zogen die feindlichen zahllosen Scharen, die aus Asiens Mitte kamen, tiefer ins Reich ein. Man nannte sie Hunnen, sie waren häßlichen Anblicks, von kleinem ungestalteten Körperbau, hervorstehenden Backenknochen, tiefliegenden kleinen Augen, fast feurigen Punkten zu vergleichen. Sie kämpften beinahe alle zu Pferde und brachten darauf fast ihr ganzes Leben zu. Der Schrecken zog vor ihnen her, und die Sage, daß sie Abkömmlinge von gotischen Hexen oder Alrunen und bösen Geistern in der Wüste seien, flößte zugleich Abscheu und Furcht vor den gräßlichen Feinden ein[1]. Schon waren sie über die Wolga gegangen und näherten sich dem Donstrom: Hier wohnten die Alanen, welche dem mächtigen Andrange unterlagen. Die Besiegten und freiwillig übergetretenen Völker vergrößerten die zahllose hunnische Macht.

Hermanrichs Reich war aufgelöst, die Völker, die bisher Furcht zusammengehalten hatte, versagten den Gehorsam. Selbst die Westgoten hatten sich unter ihrem Richter Athanarich ganz der ostgotischen Verbindung entzogen und für sich eine unabhängige Herrschaft gestiftet.[2] Dazu kam noch die Krankheit des allgefürchteten Königs: Sie gab den Feinden Mut zum Angriff, den noch beherrschten Völkerschaften Antrieb zum Abfall. Hermanrich, zu schwach, den Hunnen Widerstand zu leisten und niedergebeugt vom Schmerze, stürzte sich aus Verzweiflung selbst in sein Schwert und endigte so sein Leben, das er auf hundertundzehn Jahre gebracht haben soll. Sein Land wurde von den asiatischen Horden wie von Heuschrecken überschwemmt. Zwar leisteten die tapferen Greuthunger unter ihrem neuen König Withimir, der Alanen und einen hunnischen Stamm sich durch reiche Geschenke verbündet hatte, einigen Widerstand, allein ohne großen Erfolg. Nach vielen Niederlagen, die er erlitt, wurde er in einer Schlacht erschlagen (376). Des gebliebenen Königs unmündigen Sohn Witherich retteten zwei tapfere gotische Krieger, Alatheus und Saphrar[3]. Die besiegten Ostgoten sowohl wie die Hunnen stürzten nun auf die Wohnsitze der Westgoten. Ihr Führer Athanarich suchte sich anfänglich gegen den Andrang der wilden asiatischen Horden an den Ufern des Dnjestr zu halten. Allein plötzlich sah er sich von einer zahlreichen feindlichen Reiterei, die beim Mondlicht an einer seichten Stelle über den Fluß gesetzt war, angegriffen, und nur die größte Tapferkeit und Geschicklichkeit sicherte einen Rückzug an den Pruth, wo er Befestigungswerke nach römischer Weise aufführte. Hier wollte Athanarich die Angriffe der Hunnen zurückschlagen: Allein diesen wohl angelegten Plan vereitelten bald seine Landsleute, die von solchem Schrecken vor den Hunnen ergriffen waren, daß sie sich erst gerettet glaubten, wenn zwischen ihnen und ihren Feinden die Donau flösse. Daher drängte sich täglich eine größere Menge an diesem Strome zusammen. Athanarich, mißtrauisch gegen die Römer, oder seines Schwures eingedenk, oder überhaupt abgeneigt, mit einem christlichen Fürsten in Verbindung zu treten, zog sich mit einer zahlreichen und auserlesenen Schar in die Gebirge der Sarmaten, die er vertrieb, und setzte sich hier fest, durch dichte Waldungen und hohe

Berge geschützt[4]. Die übrigen Westgoten aber, unter der Anführung des Alavivus, eines ihrer Richter, blieben an der Donau, streckten die Hände gegen das jenseitige Ufer aus und baten flehentlich, sie aufzunehmen; für Wohnsitze, wo sie gegen ihre furchtbaren Feinde sicher wären, versprachen sie dem Kaiser, treue und ergebene Streiter zu sein. Während Valens durch eine Gesandtschaft, an deren Spitze der Bischof Ulphilas stand, von der Bitte der Goten benachrichtigt wurde, versuchte Alavivus, sich mit Gewalt den Übergang über den Fluß zu erzwingen: Allein er wurde mit Verlust zurückgeschlagen. Der Kaiser, von schlechten Ratgebern geleitet, im törichten Wahne, durch die Goten ein zahlreiches, unbesiegbares Heer zu erhalten und mit dessen Hilfe seinen Thron gegen seine beiden Neffen im Okzident desto mehr zu befestigen, gab Befehl, das ganze westgotische Volk über die Donau nach Thrakien überzusetzen. Um jedoch jeder Gefahr, die durch die Aufnahme einer so großen Völkermasse dem Reiche entstehen könne, zuvorzukommen, gab er die vorsichtigen Befehle: Die Goten sollten vor der Aufnahme die Waffen abliefern und die Vornehmeren ihre Söhne als Geisel geben, die zum Unterpfand der Treue ihrer Väter in die Städte von Kleinasien zu bringen wären. Die Goten sollten so in Thrakien verteilt werden, daß sie für die Anbauung des Landes nützlich würden. Eine große Flotte von Schiffen, Nachen und hohlen Baumstämmen setzte unausgesetzt viele Tage und Nächte hindurch die zahllose Menge über den Fluß: Die Größte Sorgfalt setzte man darin, daß keiner von den Goten zurückbliebe. Die Leute, die dazu beordert waren, die Zahl der Hinübergesetzten aufzuzeichnen, standen bald von dieser Arbeit ab, da sie dieselbe für unausführbar erkannten. Folgt man der gewöhnlichen Angabe, so wären eine Million Goten, worunter 200 000 streitbare Männer, nach Thrakien übergesetzt worden. Nach des Kaisers Befehl sollten die Goten zwar vor der Überfahrt ihre Waffen abliefern: Um sie aber zu behalten, überließen viele den lüsternen und habsüchtigen Römern Geld oder Weiber und Kinder und Sklaven. Ganz Thrakien war von einer neuen ungeheuren Bevölkerung angefüllt, denen der Kaiser Lebensmittel gegen eine mäßige Bezahlung zu reichen befahl[5]. Aber die geizigen Statthalter von Thrakien, Lupicinus und Maximus, suchten diese Gelegenheit zu benutzen, sich zu bereichern. Sie ließen auf den Markt nicht nur schlechtes Fleisch von Schafen und Ochsen bringen, sondern selbst tote Hunde und Katzen, und verkauften diese schlechten Lebensmittel um einen solchen teuren Preis, daß zuletzt die Goten, um nicht Hungers zu sterben, für eine elende Nahrung Sklaven, Söhne und Töchter hergeben mußten. Da sie um sich überall den größten Überfluß an Lebensmitteln sahen und sie mitten im fruchtbaren Lande durch den Hungertod bedroht wurden, so fingen sie an, zu murren und drohende Bewegungen zu machen. Sobald die Statthalter diese Unzufriedenheit wahrnahmen, so wollten sie die Menge der Goten in verschiedene Gegenden verteilen, um bei einem etwaigen Aufstande sie sogleich einzeln zu unterdrücken. Damit dieses schneller und ruhiger vonstatten ginge, sollten römische Soldaten sie in ihre angewiesenen Orte begleiten. Daher mußte man die Festungen und Übergangsorte der Donau von Truppen entblößen. Saphrax und Alatheus, die den jungen ostgotischen König Witherich bei sich hatten und Führer der Ostgoten waren, hatten früher bei dem Kaiser um die Erlaubnis angehalten, sich wie die Westgoten im römischen Gebiete niederlassen zu dürfen. Der Kaiser, damals schon von der zu großen Menge der

Westgoten erschreckt und seine Unklugheit bereuend, hatte ihnen den Übergang über die Donau versagt. Jetzt aber, da sie sahen, daß der Fluß von Truppen entblößt war, benutzten sie sogleich den günstigen Augenblick und fuhren auf vielen schlecht zusammengefügten Flößen in die römische Provinz hinüber, wo sie sich festsetzten[6].

Täglich sahen die Römer mehr ein, wie unklug es gewesen war, eine so ungeheure Menge von Barbaren, die durch nichts in Zaum gehalten werden konnte, aufgenommen zu haben. Allein anstatt durch kluge Mittel das Übel so viel als möglich zum Besseren zu wenden, brachte Habsucht und blinder Unverstand bald das glimmende Feuer der Unzufriedenheit in helle Flammen. Um sich der Führer der gotischen Nation zu bemächtigen, oder vielleicht auch, um sie durch Gastmähler einzuschläfern und ihnen die Not ihres Volkes nicht so bemerklich zu machen, lud Lupicinus den Alavivus und Fridigern zu einem Gastmahle nach Marcianopel ein[7]. Mit einem großen Gefolge zogen die gotischen Führer dahin. Doch wurde die bewaffnete Menge nicht in die Stadt gelassen, sondern mußte vor den wohlbewachten Toren bleiben. Mit Unwillen und Murren sahen sie, wie die Römer im größten Überfluß und Wohlleben schwelgten, indem sie kaum so viel schlechte Nahrung hatten, um ihr Leben zu erhalten. Bald entspannen sich zwischen den Goten, die erst um Lebensmittel ansuchten, diese aber versagt bekamen, und den Römern Streitigkeiten; die hungrigen Goten suchten das Abgeschlagene mit Gewalt zu nehmen. Ein Gefecht entstand, worin viele Römer erschlagen wurden. Lupicinus, davon benachrichtigt, daß die Goten die Verwegenheit hätten, vor den Toren der Stadt mit den Waffen in der Hand den Römern gegenüber zu erscheinen, ließ sich in der Hitze verleiten, die ganze gotische Leibwache, welche dem Alavivus und Fridigern gefolgt war, umzubringen. Die Goten, die das Schicksal der Ihrigen in der Stadt erfuhren, glaubten schon ihre Häupter dem Tode preisgegeben und versuchten im furchtbaren Lärm in die Tore der Stadt zu dringen. Fridigern erkannte die Gefahr, worin er schwebte. Nur rascher Entschluß konnte retten. Er schrie, daß bloß er den Tumult legen könnte, und mit gezogenem Schwert kam er mit den andern Führern durch die Menge, welche die Straßen von Marcianopel anfüllte. Schnell schwangen sie sich auf ihre Pferde und entschwanden den Augen der erstaunten Römer, die nicht gewagt hatten, sie zurückzuhalten. Mit Jubel empfingen die Goten Fridigern und Alavivus, die sie schon ermordet glaubten, und trafen sogleich Anstalten, die Stadt zu belagern. Aufruhr ertönte nun überall, da sie jetzt gegen treulose Römer keine Verbindlichkeit zu haben glaubten. In der Nähe von Marcianopel, wo Lupicinus in der Eile Truppen zusammengezogen hatte, lieferte er mit mehr Unbedachtsamkeit als Überlegung den gereizten Feinden eine Schlacht. So tapfer die römischen Legionen kämpften, so vermochten sie doch nicht, der ungestümen Wut der Feinde zu widerstehen: Und Lupicinus, der Urheber dieses Krieges, überließ durch seine Flucht nach Marcianopel das römische Heer seinem Schicksal und den Goten den Sieg, reichliche Beute und römische Waffen, so daß sie nun jetzt doppelt furchtbar erschienen. An diesem Tage hatten sie mit den Römern den langen, blutigen Krieg begonnen, das lästige Joch abgeworfen, sich Lebensmittel und freie Wohnsitze erkämpft. Nach dieser Schlacht zog das gotische Heer unter den größten Verwüstungen umher. Thrakiens friedliche Landbewohner büßten für die Schuld der schlechten Statthalter.

Bald vermehrte sich die Macht Fridigerns auch noch durch die gotischen Scharen unter Colias und Sueridus, welche, schon früher für den persischen Krieg in kaiserliche Dienste genommen, bei Hadrianopel gelagert waren. Sie sahen den Begebenheiten anfangs mit Gleichgültigkeit zu, die aber durch die Ängstlichkeit des Kaisers und des Magistrats der Stadt in Feindschaft gegen die Römer verwandelt wurde. Besorgt, daß sie sich mit ihren Stammgenossen verbinden möchten, wollte man sie schnell entfernen: Sie weigerten sich aber, ihre Standlager zu verlassen; und da die Bewohner von Hadrianopel und besonders die zahlreichen Arbeiter in den dortigen Fabriken bewaffnet gegen sie auszogen, so wurden sie zu offenbarem Kriege gereizt. Sie schlugen die nicht an den Krieg gewöhnte Menge zurück und verbanden sich mit Fridigern, der sich schon in der Nähe befand. Mit vereinten Kräften suchten sie nun die eingeschlossene Stadt zu erstürmen. Da sie aber nicht verstanden, die Städte zu belagern, und durch die Schleudermaschinen der Belagerten großen Verlust erlitten, so ließ Fridigern eine hinreichende Mannschaft zur Einschließung zurück und zog mit den Worten: daß er mit den Mauern keinen Krieg führe[8], ab, um die reichen und von allen Besatzungen entblößten Städte und Gegenden des Landes zu verheeren und zu plündern. Die Arbeiter in den Bergwerken, welche der grausamen Behandlung ihrer Herrn entliefen und bei den Goten gute Aufnahme fanden, führten dieselben durch geheime Fußwege zu den verborgensten Plätzen, welche die Einwohner ausgesucht hatten, um sich, ihre Kostbarkeiten, Lebensmittel und Habseligkeiten in Sicherheit zu bringen. Unter dem Beistand solcher Führer konnte den Goten nichts entgehen, und das unglückliche Land und seine Bewohner wurden gleich schrecklich durch Plünderung, Mord und Zerstörung heimgesucht[9].

Valens, der sich gerade in jener Zeit in Antiochia aufhielt, beschloß, diesen Aufstand der Goten mit Gewalt der Waffen zu bekämpfen. Er zog die Legionen, welche gegen die Perser in Armenien aufgestellt waren, von dem Euphrat weg und schickte sie unter den Feldherrn Trajanus und Profuturus voraus nach Thrakien: Er selbst machte sich auf den Weg nach Konstantinopel, um die Leitung des Krieges in eigner Person zu übernehmen. Zugleich ließ er seinen Neffen Gratian, den Kaiser des Westens, um Hilfstruppen ersuchen, die ihm dieser auch unter der Anführung des Comes domesticorum Richomer zuschickte: Jedoch waren die meisten von diesen, ehe sie nach Thrakien kamen, ausgerissen. Die drei genannten Generale faßten nun den Entschluß, den Feind aufzusuchen und ihm in offener Feldschlacht zu begegnen. Bei der Stadt Salices, in der Nähe von einer der sechs Mündungen der Donau, fanden sie die Goten gelagert, rings umgeben von ihrer ungeheuren Wagenburg, hinter der sie sorglos die Fülle ihrer Beute aufgehäuft hatten und im Überflusse aller Arten von Lebensmitteln schwelgten. Der Wachsamkeit Fridigerns entging nicht die Absicht seiner Feinde, die sich täglich verstärkten. Er bemerkte, daß sie ihn beobachten wollten, bis er, durch Mangel an Lebensmitteln genötigt, sein befestigtes Lager abbreche, und daß sie dann im Sinne hatten, seine Nachhut anzugreifen, um ihm so eine Niederlage beizubringen. Nachdem sich der gotische Führer einige Zeit unangegriffen hinter seiner Wagenburg ruhig gehalten, rief er seine einzelnen Heeresabteilungen, die in der Umgegend des Fouragierens wegen herumschwärmten, ins Lager zusammen, und machte Zurüstungen zu einer Schlacht auf den folgenden Tag. Die Römer, die dieses bemerkten, suchten sie nicht zu vermeiden, obwohl sie an Zahl viel schwächer waren. Der Morgen rief auf beiden Seiten die Krieger in die Schlachtreihen: Der Gote steigerte seinen Mut und trotzigen Sinn durch Kriegslieder zum Ruhm seiner Vorfahren und Helden, untermischt mit gellendem, übermütigen Geschrei und dumpf tönendem Hörnerschall: unterdes der Römer in harmonischen Tönen den Kriegsgesang anstimmte. Auf beiden Seiten wurde mit gleicher Anstrengung, Tapferkeit und Geschicklichkeit gestritten. Fridigern suchte die Anhöhen zu gewinnen: Die armenischen Legionen, gehoben von ihrem Waffenruhm in den persischen Kriegen, fochten mit Heldenmut gegen das unwiderstehliche Ungestüm der feindlichen Menge: Hier waren die Goten, dort die Römer Sieger, so daß es schien, als die einbrechende Nacht dem mörderischen Kampfe ein Ende machte, daß die Entscheidung des Sieges in einer neuen Schlacht noch erfochten werden müsse. Zwar hatten die Goten mehr Tote als ihre Feinde, allein diese fühlten den geringeren Verlust der Ihrigen doch empfindlicher. Obwohl die Römer ihre Niederlage nicht eingestehen, so geht doch aus allem hervor, daß sie besiegt wurden. Denn sie verließen das Schlachtfeld, die Goten behaupteten es und blieben sieben Tage hinter ihrer Wagenburg, erwartend, ob die Feinde den Kampf erneuern wollten. Dieses Zurückziehen hinter die Wagenburg sieht Ammian mit Unrecht als Schrecken an, weil sie einen so heftigen Widerstand der Römer gefunden hätten. So viel Zeit und Umstände es erlaubten, wurde ein Teil der Gebliebenen mit den bei den Goten üblichen Gebräuchen zu Erde bestattet, doch der größte Teil der Toten blieb unbegraben liegen, wo ihr Fleisch von den in jenen Zeiten an den Fraß von Menschenleichnamen gewöhnten Vögeln verzehrt wurde und die meisten Gebeine, welche die Felder bedeckten, noch mehrere Jahre nachher ein Denkmal der Schlacht bei Salices lieferten[10].

Diese blutige Schlacht bestimmte die römischen Generale einen anderen Weg einzuschlagen. Sie faßten den vernünftigen Plan, die zahlreichen Scharen der Goten in den Bergen des Hämus einzuschließen und sie durch Not und Hunger aufzureiben. Durch Saturninus, der mit neuen Truppen von Valens geschickt worden war, unterstützt, schloß man einen großen Teil der Goten in den genannten Bergen ein.

Schon waren sie aufs äußerste gebracht und hatten die Wahl zwischen Hungertod oder Ergebung und Sklaverei, als neue Schwärme von Goten und mit ihnen verbunden Alanen und Hunnen über die Donau setzten, und die Römer mit der Lage bedrohten, in die sie die Eingeschlossenen gebracht hatten. Saturninus mußte daher, um nicht alles auf das Spiel zu setzen, die besetzten Bergpässe verlassen und sich zurückziehen. Die Ausgehungerten fielen über das Land her und suchten es noch schrecklicher heim, als früher. Obwohl der von Gratian geschickte General Frigeridus vor diesen Schwärmen kaum sich nach Illyrien retten konnte, so paßte er doch bald eine Gelegenheit ab, den gotischen Heerführer Farnobius, der auch einen Teil des tapferen westgotischen Volksstammes der Taifalen befehligte, bei Verve zu schlagen, und viele Gefangene zu machen, denen am Po Länder zum Bebauen angewiesen wurden[11].

Ungeachtet dieses Sieges und mancher einzelnen Vorteile, welche römische Generale über die Goten erfochten, wurde die Lage des Kaisers täglich mißlicher, und die feindliche Macht täglich furchtbarer. Fridigern vereinte die früher den Westgoten feindlichen Ostgoten unter Saphrar und Alatheus: und diese Letzteren willigten ein unter Fridigerns oberer Kreisleitung zu stehen. Verschiedene Schwärme von Alanen und Sarmaten knüpfte er ebenfalls an seine Sache und erhielt nicht geringen Beistand durch eine zahlreiche Reiterei der Hunnen. Da die Alemannen davon in Kenntnis gesetzt worden waren, daß Gratian mit seinem Heere die Ufer des Rheins verließ, um seinem Oheim zu Hilfe zu eilen, so gingen sie noch im Winter mit einem großen Heere über den gefrorenen Fluß, und hielten so den Kaiser des Westens in Gallien zurück.

Der Plan, den die Generale des Valens befolgten, und den er selbst billigte, die Goten langsam aufzureiben, hätte gelingen müssen, da wegen der plündernden Menge, die mehr verdarb als verzehrte, der Mangel nicht lange ausbleiben konnte, die Römer aber durch die Zufuhr von der See gesichert waren. Allein kaum war der Kaiser von Antiochia in Konstantinopel angekommen, als er sich durch das Toben des Volkes, das sich erbot, allein die Feinde zu besiegen, wenn man ihm Waffen gäbe, bestimmen ließ, den klugen Plan zu verlassen[12]. Mehreres vereinte sich noch dazu ihn zu bestimmen, mit den Feinden in einer entscheidenden Schlacht zu kämpfen. In der letzten Zeit hatte nämlich für Trajanus, der früher das Heer des Kaisers in Thrakien befehligte, Sebastianus den Befehl über das Fußvolk erhalten. Er suchte vor allen Dingen Zucht und Strenge im Heere einzuführen, und durch kleine über den Feind errungene Vorteile den Soldaten Mut und Selbstvertrauen einzuflößen. Er wählte sich daher aus dem ganzen Heere 2000 Mann aus, mit denen er einer Abteilung des gotischen Heeres, die reich mit Beute beladen war, entgegen ging, diese schlug und sich der ganzen Beute bemächtigte, womit er Hadrianopel und die Gegend anfüllte. Sebastian übertrieb bei dem Kaiser seinen Sieg: dieser war unterdessen mit 300 000 Mann gegen Hadrianopel gerückt, und hatte an den Mauern der Stadt ein Lager bezogen. Fridigern mit seinen Goten und den ihm verbündeten Völkern lag nur zwölf römische Meilen davon. Ein Kriegsrat wurde gehalten, Sebastian und mehrere Generale glaubten nur in einer baldigen Schlacht Errettung des Reiches: der Reitergeneral Victor und einige andere aber waren gegen einen offenen Kampf und rieten erst Gratian abzuwarten, um mit vereinten Kräften desto sicherer die furchtbare feindliche Macht zu zertrümmern. Denn Richomer war mit Briefen vom Kaiser des Westens angekommen, worin Valens von dem Sieg bei Colmar über die Alemannen und dem Marsche seines Neffen nach Thrakien benachrichtigt wurde. Anstatt diese Kunde mit Freuden aufzunehmen und dem klugen Rate Victors Gehör zu geben, folgte Valens lieber den unbedachten Vorschlägen eines verwegenen Generals, des Sebastian, und den schmeichlerischen Erhebungen der kaiserlichen Macht der Höflinge. Denn eifersüchtig auf den Ruhm seines jugendlichen Neffen, der durch glänzende Siege ihn zu verdunkeln suchte, wie er glaubte, wollte er nicht seine Hilfe erwarten, da ihm dann die Ehre die Feinde besiegt zu haben, durch einen Nebenbuhler entrissen werden könnte. Eine Schlacht wird daher beschlossen und jede Zurüstung getroffen[13].

Fridigern, gleich gewandt im Kriege wie in den Geschäften des Friedens, suchte bei den Anstalten des Kaisers zu einer Schlacht ihn noch durch Unterhandlungen zu hintergehen. Seit dem Übergang über die Donau hatten sich fast alle Goten unter Fridigern dem christlichen Glauben zugewendet.

Der gotische Führer schickte nun einen von seinen arianischen Priestern mit nicht vornehmer Begleitung, um dem Kaiser Friedensvorschläge zu machen: die Goten wären geneigt die Waffen niederzulegen, oder sie nur für den Dienst des Kaisers zu führen, wenn er Wohnsitze in Thrakien, Getreide und Herden bewilligte. Zugleich teilte der Priester noch die geheimen Aufträge mit, daß Fridigern glaube, daß freilich die aufgebrachte Menge der Goten nicht leicht zu dieser friedlichen Übereinkunft zu bewegen sei; er hoffe aber, durch die Nähe des furchtbaren kaiserlichen Heeres würden sie sich zu friedlicheren Gesinnungen stimmen lassen. Daß diese Mitteilungen nicht aufrichtig gemeint seien, durchschaute der Kaiser; man ließ sich daher in den Zurüstungen der Schlacht auf den folgenden Tag nicht irre machen. Es war am neunten August des Jahres 378 n. Chr. als Valens Gepäck, Schätze und sonstige Sachen von Wert im Lager von Hadrianopel einigen Legionen zur Bewachung zurückließ und gegen die Feinde rückte. Durch einen Fehler kam die Reiterei des rechten Flügels in das Angesicht des Feindes, als der linke noch ziemlich weit entfernt war: daher mußten die Soldaten in der Sonnenhitze in der größten Eile marschieren, um eine gehörige Schlachtordnung aufzustellen.

Noch jetzt fuhr Fridigern fort, nach seiner alten Weise im Felde Unterhandlungen anzuknüpfen. Er wollte Zeit gewinnen, schickte Friedensbotschaften, macht Vorschläge, erbot sich selbst zu Valens zu kommen, wenn sein Leben durch Geisel gesichert sei und zog so die Stunden hinaus, daß die römischen Soldaten, ausgesetzt den brennenden Strahlen der Mittagssonne, durch Hunger, Durst und Ermüdung erschöpft waren. Valens wurde überredet, einen Gesandten ins gotische Lager zu schicken: dieses gefährliche Geschäft übernahm Richomer; doch kaum hatte er den Weg angetreten, als er durch den Beginn der Schlacht, welchen einige Bogenschützen auf der römischen Seite gemacht hatten, zurückgerufen wurde. Die ostgotische Reiterei unter Saphrar und Alatheus nebst der alanischen stürzte sich von den Höhen herab: die römische hielt nicht Stand und ergriff die Flucht. Das Fußvolk war nun verlassen, wurde sogleich umringt und niedergehauen. Dieses wäre nicht leicht möglich gewesen, wenn es nicht in einen engen Raum zusammengedrängt, außer Stand gesetzt worden wäre, seine Reihen auszudehnen, oder mit Erfolg Schwerter und Wurfspieße zu gebrauchen.

Bei der allgemeinen Niederlage und Flucht eilte der Kaiser zu einem Haufen Truppen, die noch mit der größten Anstrengung den andringenden Feinden Widerstand leisteten. Trajan und Victor suchten die Zerstreuten zu sammeln, und schrien, daß alles verloren wäre, wenn der Kaiser nicht gerettet würde. Es sammelten sich einige Truppen, von diesen Ermahnungen angefeuert, und kämpften für das Leben ihres Kaisers bis zur einbrechenden Nacht. Dann in der ersten Dunkelheit wurde Valens (wie man glaubt) unter den gemeinen Soldaten von einem Pfeil getroffen und tödlich verwundet: Den sterbenden Fürsten trug man in eine nicht weit entfernte Hütte, welche bald von Feinden umringt und angezündet wurde, da die kaiserlichen Begleiter den Eingang tapfer verteidigten. Der Kaiser mit seinem ganzen Gefolge verbrannte. Nur einer entkam aus der Flamme und bewahrte durch seine Erzählung die Nachricht vom dem Tode des Valens. Die Niederlage der Römer in dieser Schlacht war schrecklich: zwei Drittel des Heeres waren umgekommen, so daß Ammian nicht übertreibt, wenn er sie mit der cannensischen Niederlage vergleicht. Trajan und Sebastian blieben auch auf dem Schlachtfelde und eine große Menge hoher und niederer Offiziere. Nur die Dunkelheit der Nacht rettete die Trümmer des geschlagenen Heeres, und die Besonnenheit der beiden Generale Victor und Richomer. Sie hinterbrachten dem Kaiser Gratian das Unglück bei Hadrianopel und bestimmten ihn, seinen Marsch nicht weiter fortzusetzen, sondern die Grenzen des westlichen Reiches zu schützen[14].

Nach dem Siege, den die Goten über Valens erfochten, belagerten sie sogleich Hadrianopel, wo die Schätze des Kaisers sich befanden. Verteidigt durch die Flüchtlinge aus der Schlacht und den bewaffneten Bürgern, schlug man alle Angriffe der Goten zurück, da die Belagerten für Leben und Eigentum kämpften. Mit großen Kriegsmaschinen schleuderten sie ungeheure Felsenstücke gegen die Feinde, die davon in Schrecken gesetzt, ihr Unvermögen gegen gut verteidigte Mauern erkannten, abzogen und sich Konstantinopel näherten[15]. Alles wurde verheert, was sie berührten. Gegen die starken Befestigungswerke der Hauptstadt des Ostens versuchten sie sich nicht, da sie schon bei Hadrianopel und Perinthus die belehrenden Erfahrungen gemacht hatten oder durch die Wildheit und Roheit der sarazenischen Hilfsvölker in Schrecken gesetzt wurden[16]. Sie zerstörten die Vorstädte von Konstantinopel und zogen in den reichen Ländern umher, die sie bis an das hadriatische Meer mit ihren verheerenden Schwärmen erfüllten, ohne daß sich ihnen irgendwo eine bewaffnete Macht entgegenstellte.

Als die Goten von Valens die Erlaubnis erhalten hatten, über die Donau zu gehen, so nahm er als Versicherung ihrer Treue die jungen Söhne derselben als Geisel und verteilte sie in die Städte Kleinasiens, wo sie erzogen und unter die Aufsicht des Generals Julius gestellt wurden. Da nun die Nachricht von der Niederlage in Thrakien zu ihnen kam, so bemerkte man, daß die gotische Jugend, wovon die meisten schon ins männliche Alter getreten, sich häufig versammle und damit umgehe, sich der Städte zu bemächtigen und die Römer unerwartet auch in diesen Gegenden zu bekriegen. Julius erkannte die große Gefahr, worin man schwebte, und kam der Empörung durch Schnelligkeit und Grausamkeit zuvor; das letztere mochte er wohl dadurch entschuldigen, daß er zugleich Rache an den Goten wegen der Niederlage der Römer bei Hadrianopel nehmen wollte. Er benachrichtigte in allen Städten die römischen Soldaten von seiner Absicht und sagte ihnen, wie sie ausgeführt werden müßte. Gerüchte wurden ausgestreut, daß man den Goten Geschenke und Ländereien geben wollte. Zugleich wurde ein Tag festgesetzt, an dem sie in die Hauptstädte zusammen berufen wurden. Sie argwöhnten nichts und kamen, wohin es einem jeden bestimmt war, zusammen: die so auf den Marktplätzen versammelten Schlachtopfer wurden dann auf ein gegebenes Zeichen von den römischen Soldaten, welche die Dächer der umstehenden Häuser besetzt hatten, mit Pfeilen und Steinen plötzlich angegriffen und umgebracht, so daß keiner verschont blieb[17].

Der Kaiser Gratian, zu schwach das erschütterte Reich im Osten wieder zu heben, da seine Gegenwart in Gallien wegen der beständigen Einfälle der Deutschen nötig war, rettete durch eine kluge Wahl des Regenten das oströmische Reich, das auf dem Punkte war, hundert Jahre früher als das westliche zu unterliegen. Der tapfere General *Theodosius*, von Geburt ein Spanier, wurde auf den Kaiserthron gehoben, um ihn von neuem wieder zu befestigen. Mit Klugheit und Umsicht führte seine kräftige Hand die Zügel der Regierung. Fünf Monate waren seit der unglücklichen Schlacht bei Hadrianopel verflossen, ohne daß man den furchtbaren Siegern sich im Felde gegenüber zu stellen wagte. Das verwaiste Reich hatte unterdessen schrecklich durch die Verheerungen der Feinde gelitten und war in manchen Gegenden in wüste Einöden verwandelt worden[18]. Sobald Theodosius die Regierung angetreten hatte, so war seine erste Sorge, die Goten, wenn nicht zu entfernen – denn dies sah er als unmöglich an – so doch unschädlich, wo nicht selbst nützlich für das Reich zu machen. Wohl wissend, daß er in offener Feldschlacht bei seinen verzagten und verwahrlosten Truppen gegen siegestrunkene Feinde nichts ausrichten werde, aber alles verlieren könnte, suchte er vor allen Dingen durch Strenge und Freigebigkeit, Versprechungen und Abschaffungen der Unordnungen im Heere sich ein besseres und mehr disziplinierters Heer zu schaffen. Erst nachdem die Soldaten wieder einen militärischen Geist und Zutrauen zu sich und ihrem Führer durch kleine Gefechte, worin sie Sieger blieben, erhalten hatten, konnte er wieder ins Feld rücken und sich den Feinden gegenüber zeigen. Jedoch geschah dieses immer nur mit der größten Vorsicht, und mehr, um sie zu beobachten und ihren Verheerungen Einhalt zu tun, als um gegen sie angriffsweise zu handeln. Sein Hauptquartier hatte der Kaiser zu Thessalonich in Macedonien, von wo aus er am besten alle Bewegungen der Feinde beobachten und den Seinigen die größte Kraft und Wirksamkeit geben konnte[19]. Sieger in mehreren Treffen hatte er die Pässe besetzt, und in die befestigten Städte Besatzungen gelegt, deren häufige Ausfälle den Goten immer Schaden zufügten, und den Dünkel der Unbesiegbarkeit wankend machten[20]. Durch des Kaisers lange und gefährliche Verwegenheit, die soweit ging, daß sie ihre Verheerungen in bisher noch verschont gebliebene Provinzen Griechenlands (nach Thessalien, Epirus und Achaja) ausdehnten: Alatheus und Saphrar aber, die Führer der Ostgoten, sich nach Pannonia wandten[21]. Fridigern, dessen letzte Schicksale widersprechend und dunkel nach den verschiedenen Nachrichten sind[22], starb wahrscheinlich um diese Zeit. Sein Tod hob unter den gotischen Stämmen die Eintracht auf. Jeder Führer handelte für sich und machte es dem Kaiser, der von seiner Krankheit wieder genesen war, leicht, Goten durch Goten zu besiegen. Er nahm einen ihrer Führer, Modar, in seine Dienste und gewann ihn so für das Interesse Roms, durch Anvertrauung der wichtigsten Stellen wie auch durch Geschenke und Versprechungen, daß er an ihm bald seinen treuesten Bundesgenossen hatte. Als oberster Feldherr überfiel Modar ein Heer von seinen Landsleuten, welche im Trunk und Schlaf versunken lagen: und nachdem er viele niedergehauen, bemächtigte er sich der ganzen Wagenburg, die aus 4000 Wagen bestand, und führte eine Menge Kinder, Frauen und Sklaven als Gefangene mit sich fort[23].

Auf diese Weise drohte durch innere Teilungen dem Volke der Goten der Untergang: aber es wurde noch beizeiten gerettet. Athanarich, der Richter der Therwinger, der früher mit Valens Krieg geführt und sich während des Hunneneinbruchs und der Begebenheit in Thrakien in den unzugänglichen Wäldern von Caucaland[24] befunden hatte, verließ nun seinen einsamen Aufenthaltsort nach Fridigerns Tod[25]. Sein Ansehen und sein Kriegsruhm vereinigte die meisten gotischen Stämme unter ihn, und sie erkannten ihn als ihren König an. Alter hatte das Kriegsfeuer seiner Jugend gekühlt: Er wünschte seinem Volke lieber den Sitz der Länder, deren Ergebnisse sie nun genossen, um Frieden zu verschaffen, als sie noch mit vielem Blute der Seinigen und der Römer zu tränken. Um den steten Anfeindungen mehrerer gotischen Führer zu entgehen, die auf sein Ansehen eifersüchtig waren, verletzte der alte Mann seinen Eid, nie den römischen Boden zu betreten und trug dem Kaiser freundschaftliche Annäherung an. Mit Freuden bemerkte Theodosius die friedlichen Gesinnungen des neuen Herrschers der Goten: Er bewies ihm auf alle Weise seine Achtung und Freundschaft, und lud ihn durch Saturninus ein, nach Konstantinopel zu kommen, um hier gänzlich alle Streitigkeiten zwischen ihren Völkern beizulegen[26]. Theodosius ging seinem Gaste einige Meilen von der Stadt entgegen und erwies ihm alle Ehrenbezeugungen. Mit Erstaunen und Bewunderung betrachtete der Gote die Pracht der kaiserlichen Stadt und brach dann in die Worte aus: „Nun sehe ich, von dem ich oft hörte, ohne es zu glauben, nämlich die Herrlichkeiten dieser Stadt", und er richtete seine Augen bald dahin und dorthin, und wußte nicht, ob er länger auf den prachtvollen Häusern, oder auf der schönen Umgebung, oder auf den Hafen mit unzähligen Schiffen, oder auf den starken und schönen Befestigungswerken oder auf den schönbewaffneten Truppen verweilen sollte. Dann wurde seine Aufmerksamkeit wieder durch die zahllose Menschenmenge rege gemacht, die hier aus allen Teilen der damals bekannten Länder zusammenströmte. Der Kaiser ist, sagte er, wahrhaft ein Gott auf der Erde, und wer gegen ihn die Hand erhebt, ist seines eigenen Blutes schuldig[27].

Der alte König der Goten erfreute sich nicht lange der glänzenden und ehrenvollen Aufnahme. Eine Krankheit ergriff ihn und endigte wenige Wochen nach seiner Ankunft (381) in Konstantinopel sein Leben[28]. Die Goten waren über des Theodosius Freundschaft[29] erstaunt, als sie sahen, mit welcher Pracht er die Hülle Athanarichs zur Erde bestatten ließ[30]. Die meisten blieben beim Kaiser, der sie unter dem Namen Foederati seinem Heere einverleibte, dessen Hauptstärke sie ausmachten[31]. Die übrigen westgotischen Führer, die sich einzeln zu schwach fühlten, der neu verstärkten kaiserlichen Macht zu widerstehen, und die auch nicht dahin zu bringen waren, daß sie sich miteinander vereinigten, beeilten sich, mit dem Kaiser Frieden zu schließen. Dieser nahm sie als Alliierte an und suchte sie durch Freigebigkeit und Ehrenstellen immer mehr an das Interesse des römischen Volkes zu fesseln.

Unterdessen waren die Ostgoten oder Gruthunger unter ihren Führern Saphrar und Alatheus wieder über die Donau zurückgegangen und hatten ihre verheerenden Züge gegen Westen und Norden gerichtet. Nach einer vierjährigen Entfernung von der Donau erschienen sie (486) wieder an den Ufern dieses Flusses. Sie hatten sich mit germanischen und hunnischen Völkerstämmen verstärkt und versuchten wieder von neuem, die römischen Provinzen mit ihren Raubzügen zu verheeren. Die Römer, von der Absicht der Gruthunger benachrichtigt, besetzten das linke Ufer der Donau mit starken Posten und zogen ein Heer zusammen, wodurch die Feinde erschreckt wurden und von dem Versuch, überzusetzen, abließen. Da man aber fürchtete, die Goten möchten den Winter abwarten, um dann über den gefrorenen Fluß ohne Schwierigkeit zu gehen, so schickte man zu ihnen Spione, die ihnen den Rat gaben, bei Nacht die geringe Wachsamkeit der Römer zu täuschen, und so den leichten Übergang zu bewerkstelligen. Die Goten ließen sich in die

Falle locken. In einer dunklen Nacht wollten sie in 3000 kleinen Fahrzeugen übersetzen[32]: allein schon war zu einem kriegerischen Empfang von den Römern alles vorbereitet. Eine lange dreifache Reihe von Schiffen, die nicht durchbrochen werden konnte, stellte sich den Gruthungern entgegen; zugleich stürzten Kriegsschiffe auf die kleinen Fahrzeuge und vernichteten dieselben mit Leichtigkeit. Eine Menge Goten fanden in den Wellen ihren Tod und fielen durch die feindlichen Geschosse. Selbst Alatheus kam um, ob durch die Hand des Kaisers Theodosius, wie Claudian sagt[33], ist nicht gewiß. Wenn wir Zosimus glaubten, so hätte Thedosius der Schlacht nicht persönlich beigewohnt, sich aber in der Nähe befunden[34]. Die Menge der Beute und Anzahl der Gefangenen war außerordentlich groß. Man teilte die letzteren in die Landschaften von Kleinasien, besonders nach Lydien und Phrygien, wo sie das Land bebauten.[35].

Die Westgoten, die unter dem Namen Foederati nun ihre Wohnsitze in Thrakien vom Kaiser erhalten hatten, standen zu dem römischen Reiche in einem ganz eigenen Verhältnisse. Obwohl sie des Kaisers Oberherrschaft anerkannten, so hatten sie dessen ungeachtet ihre eigene Gerichtsverfassung, die noch ganz auf Gewohnheitsrechten beruhte, und erbliche Häupter: jedoch gab es bei ihnen keine Königwürde mehr.

Theodosius sah ein, daß die Hauptmacht der Legionen aus Goten bestand: sie immer mehr an sich zu fesseln, war sein beständiges Streben. Daher war er gegen dieselben freigebig mit Ehrenstellen und Geschenken, worüber die Römer freilich oft ungehalten wurden, da Theodosius zu sehr seine besondere Neigung für die gotische Nation an den Tag legte. Auch hatte er den gotischen Hilfstruppen, die 40 000 Mann stark waren, viel zu verdanken. Ohne dieselben würde er weder die Empörung des Maximus (387–388)[36] noch die des Eugenius[37] (392–394) so bald und glücklich haben unterdrükken können. Gegen den letzern Tyrannen führte außer Gainas und Saul auch der nachher so berühmte Alarich dem Kaiser gotische Hilfsvölker zu, von denen viele in der Schlacht bei Aquileja zur Freude der Römer umkamen[38].

Die damalige Welt sah freilich nicht, wie durch die Aufnahme eines solchen fremden Heeres den ohnehin schon verweichlichten und unkriegerischen Römern der Krieg immer mehr entfremdet wurde, und bemerkte nicht, wie bald diese Söldner, in der Kriegskunst unterrichtet und mit allen Waffen versehen, dieselben dazu gebrauchten, die Grundfesten des Reiches zu erschüttern und zu zerstören.

Solange Theodosius lebte, war nichts zu fürchten, da er als Wohltäter der gotischen Nation ihre Zuneigung und Freundschaft besaß; jedoch zeigten sich auch schon unter ihm die Vorboten des bald ausbrechenden Sturmes. Wenn auch viele wahrhaft Frieden haben wollten, da Dankbarkeit und Wohlwollen sie an den Kaiser fesselten, so ist doch zu vermuten, daß ein großer Teil nur bei der Abschließung des Vertrages mit dem Kaiser den Umständen nachgaben und einen den Römern feindseligen und kriegerischen Sinn bewahrten, der sich auch bei jeder Gelegenheit verriet.

Diese verschiedene Stimmung der Führer war bald der Nation mitgeteilt. Fravitta, ein tapferer und vornehmer Gote, stand an der Spitze der Partei, welche im Frieden und in der Verbindung mit dem Kaiser das Beste erkannte; allein bei weitem der größte Teil des Volks hing dem stolzen und kriegerischen Eriulf an, der nur in der gänzlichen Unabhängigkeit von den Römern die Größe und die Macht seines Volkes suchte, und dessen Sinn auf nichts anderes als Eroberungen gerichtet war.

Selbst in der Gegenwart des Kaisers fielen ärgerliche Auftritte vor. Bei einem Feste, an dem Fravitta und Eriulf zur kaiserlichen Tafel geladen worden waren, brachen bald die beiden Gegner in Zank und Streit aus, so daß Thedosius die Tafel aufhob. Fravitta, außer sich vor Wut, folgt seinem übermütigen Gegner auf dem Fuße nach: Er zieht sein Schwert und ermordet Eriulf, den seine Begleiter gewiß durch den Tod Fravittas gerächt hätten, wenn die kaiserliche Wache sich nicht sogleich als Schutz entgegengestellt hätte[39].

ZWEITES KAPITEL

Die Westgoten unter Alarich in Griechenland und Italien (v. 395–410)

Kaum hatte der große Theodosius die Augen geschlossen (395) und das Reich war unter seinen beiden unmündigen Söhnen Arcadius und Honorius geteilt, als unkluge Sparsamkeit, heftige Eifersucht und erbitterte Feindschaft der beiden Minister Rufinus und Stilicho einen Krieg entzündeten, dessen Ende seine Urheber nicht erlebten. Die Goten waren durch des Theodosius Freigebigkeit, Klugheit und Kraft bisher in Frieden erhalten worden, mit seinem Tode hörte dieser auf, da man ihnen für die geleisteten Kriegsdienste und den im Heere befindlichen Truppen die gewöhnlichen Geschenke versagte; sie aber verlangten im Gefühl ihrer Übermacht die versprochenen Gelder mit drohendem Trotze. Daß der Minister in Konstantinopel, Rufinus, die gefährlichen Bewegungen der Goten gerne gesehen und unterstützt habe, um sich im Kriege desto wichtiger zu machen, oder vielleicht um diese für seine ehrgeizigen Pläne zu gewinnen, ist nicht unwahrscheinlich[40]: Obwohl er den Argwohn, welchen er durch seine Nachahmung der gotischen Tracht und Sitten erregte, zu verscheuchen wußte, da er anfangs die Feindseligkeiten noch durch Unterhandlungen und Nachgiebigkeit abwendete, so daß die Hilfe des Okzidents, die schon im Anmarsch war, als überflüssig abgewiesen werden konnte[41].

An dauerhafte Ruhe war aber doch nicht zu denken. Denn eine schwache Regierung mit allen Ränken eines verdorbenen Hofes stand den kriegerischen Goten gegenüber. Ursachen zu Mißhelligkeiten mußten in Menge vorfallen: Aber ein an die Waffen gewöhntes Volk pflegt Streitigkeiten nicht durch Worte zu schlichten, umso weniger, wenn es einen Führer hat, der einen kühnen, unternehmenden Geist mit Kriegsgeschicklichkeit und kluger Berechnung der Umstände verbindet. Ein solcher Man war Alarich, entsprossen aus altem edlen Geschlechte. An den Mündungen der Donau geboren, war er frühe mit römischer Kriegsweise und Bildung bekannt geworden. Seiner ausgezeichneten Tapferkeit, die ihm dem Namen Balthe, der Kühne, erwarb, verdankte das berühmte Geschlecht der Balthen, das erste bei den Goten nach dem der Amaler, Ursprung und Glanz[42]. Schon frühe zeichnete er sich durch Freiheitssinn aus, und er gehörte zu den Goten, die nichts von einem Vertrag mit Theodosius wissen wollten[43]. Entweder Überredung und ehrende Auszeichnung oder Übermacht der römischen Waffen stimmten Alarich endlich zu friedlichen Gesinnungen gegen den Kaiser und er nahm, wie mehrere andere gotische Führer, mit den Seinigen kaiserliche Dienste. In der Schlacht bei Aquileja kämpfte er gegen den Usurpator Eugenius an der Spitze gotischer Hilfstruppen für des Theodosius Sache. Als aber dieser Kaiser gestorben war, so brachte man nicht nur die Goten durch die Entziehung der bestimmten Jahrgelder auf, sondern reizte auch besonders den angesehensten ihrer Führer, Alarich, dadurch zum Kriege, daß man ihm kein Kommando über eine Abteilung des Heeres anvertrauen wollte[44]. Er griff daher zu den Waffen, vereinte unter sich die meisten Westgoten, die schon lange dem Frieden mit den Römern abgeneigt gewesen, und trug die verheerende Kriegsfackel von der Donau bis an die Mauern von Konstantinopel[45]. Ohne sich durch eine nutzlose Belagerung uneinnehmbarer Befestigungswerke aufzuhalten, wandte Alarich, den die allgemeine Stimme der Westgoten zum Könige erhoben hatte[46], seine Schritte in bisher vom Kriege verschont gebliebene Provinzen. Mazedonien, Thessalien und Illyrien unterlagen den zahllosen Schwärmen der Goten: ja selbst die asiatischen Provinzen wurden von ihnen geplündert[47]. Das Land wurde verwüstet und fast zur Einöde gemacht, die Männer niedergehauen, Weiber und Kinder herdenweise als Sklaven fortgeführt. Noch hätten die Verheerungen von Mittelgriechenland oder Achaja abgewendet werden können, wenn die Engpässe der Thermopylen besetzt und tapfer verteidigt worden wären. Allein teils war kein Heer da, weil die Hauptstärke der Legionen in den letzten Zeiten die Goten ausgemacht hatten, und die Römer sich vom Kriegsdienst, den sie scheuten, loskauften, teils waren die wenigen Truppen, die Antiochus und Gerontius in Griechenland befehligten, keiner großen Kriegstat fähig, sondern feige und verräterisch überließen sie dem Feind die Pässe, wo einst Leonidas mit 500 Spartanern das ganze Heer des Xerres aufgehalten hatte. Gleiches Schicksal teilten nun die Städte und die Bewohner Achajas mit Thessalien und Mazedonien: nur Theben wurde durch die Festigkeit seiner Mauern gerettet; auch Athen blieb verschont, doch diese Stadt nur durch schnelle Unterwerfung. Weswegen sie von Alarich die besondere Gunst erhielt, daß sie nicht nur nicht geplündert wurde, sondern auch von der Aufnahme eines gotischen Heeres befreit blieb. Alarich selbst kam mit wenigen in die Stadt; nachdem er daselbst von den Einwohnern viele Huldigungen ihrer Ergebenheit empfangen, sich gebadet und mit den Vornehmsten der Stadt bei einem großen Mahle unterhalten hatte, verließ er Athen und zog gegen den Peloponnes[48]. Daß das übrige Land von Attika von den Verheerungen verschont geblieben, können wir dem Zosimus nicht glauben. Als Heide und Verehrer der alten Götter erklärt er die Rettung Athens durch den besonderen Schutz Minervas und die Erscheinung der Gestalt des Achilleus, wie ihn Homer beschrieb, als Rächer des Patroclus; diese habe den Alarich so in Schrecken gesetzt, daß er nicht gewagt, gegen die Stadt zu streiten, da sie unter der besonderen Obhut der Himmlischen stünde[49].

Wie wenig sich der Gotenführer und sein Volk vor dem Zorn der alten griechischen Götter scheuten, deren Mythologie ihnen gewiß unbekannt war, sieht man daraus, daß sie alles zerstörten, was sie noch von den alten griechischen Tempeln, Altären und Statuen vorfanden: weil ihnen dieses als Christen verdienstlich schien. Die alten Mysterien der Ceres hörten mit der Zerstörung von Eleusis auf[50].

Von Megara, welches Alarich nun besetzte, bis Korinth ist zwar nur ein kurzer Weg, allein so schwer wegen des gebirgigen Bodens und der engen Straße zu passieren, daß eine unbedeutende Macht dem größten Heere den Zugang streitig machen kann. Allein auch hier zeigten sich die römischen Truppen nicht nur feige, sondern auch als Verräter; ohne Widerstand wurde den Goten der Zugang gelassen, und die Städte des Peleponnesus, die bis bisher auf das feste Bollwerk des Isthmus verlassen hatten und sorglos ohne Mauern waren, fanden sich jetzt fürchterlich getäuscht. Korinth, Argos, Sparta und die übrigen Städte, so ausgezeichnet im Altertum durch ihre Macht, fielen in die Hände der Goten, ohne den geringsten Widerstand, so daß Alarichs Zug von Thrakien bis nach Sparta einem siegreichen Triumphzug glich[51].

So war Griechenland in der Gewalt der Goten, und nirgends war eine Aussicht sich von diesen schrecklichen Feinden zu befreien, wenn nicht die Hilfe des Okzidents erschien. So ungern man in Konstantinopel diese in Anspruch nahm, so hatte man doch sonst keine Wahl, und Stilicho, der erste Minister des Honorius, von Geburt zwar ein Vandale, der Kriegsschicklichkeit und Tapferkeit nach aber der erste Mann seiner Zeit, erschien mit einer Flotte dem oströmischen Reiche zur Hilfe und Rettung. In der Nähe von Korinth setzte er seine Truppen ans Land und rückte dann nach Arkadien vor, wo er dem Alarich einige Treffen lieferte, die aber keine Entscheidung herbeiführten. Doch bewirkten sie so viel, daß Stilicho, in der Benutzung des Terrains ein meisterhafter Feldherr, den Alarich immer mehr in das Gebirg einengte, so daß dessen Heer endlich am Berge Pholoe, bei den Quellen des Peneus so eingeschlossen war, daß die Goten die traurige Wahl hatten zwischen dem Tode in einem verzweiflungsvollen Kampfe und dem allmählichen gräßlichen Dahinschwinden aus Mangel an Lebensmitteln und Wasser, denn selbst das Letztere war ihnen abgeschnitten[52]. In dieser verzweifelten Lage zeigte Alarich, daß er zu jenen starken Geistern gehörte, die in den entscheidungsvollsten Augenblicken der Gefahr alle Hindernisse besiegen, und sich sonst unbekannte Auswege verschaffen.

Schenkt man der Nachricht Glauben, daß Sorglosigkeit im römischen Lager herrschte, worin die Üppigkeit und Vergnügungen der Hauptstadt einheimisch wurden, und Alarich diese Nachlässigkeit benutzte zur Rettung des gotischen Heeres, so steht er als besonnener Feldherr da, der die Umstände zu benutzen weiß. Weil sich aber Stilicho immer als einen der wachsamsten und geschicktesten Feldherrn zeigte, so erregt diese Nachricht[53] um so mehr Zweifel, da wir eine andere haben, die ihr geradezu widerspricht, und alle Schuld von Stilicho ab auf den Minister in Konstantinopel wälzt. Alarich, so erzählt man, von der Eifersucht und dem Mißtrauen beider Höfe gegeneinander unterrichtet, knüpfte mit dem Minister des Arcadius Unterhandlungen an, worauf man ihm einen freien Abzug bewilligte, und dem Stilicho den unerwarteten Befehl zuschickte, das oströmische Gebiet sogleich zu verlassen und nach Italien zurückzukehren. Denn man hatte gefürchtet, wenn Stilicho die Goten überwunden hätte, so möchte er dem Reiche viel gefährlicher als Alarich sein.

Die Goten wurden nun von ihrem König aus dem Peloponnes nach Epirus geführt; hier kam ihm durch Eutropius, den Nachfolger des Rufinus, den Stilicho durch den Goten Gainas hatte umbringen lassen, ein kaiserliches Edikt zu, wodurch er zum Oberfeldherrn des östlichen Illyriens ernannt wurde[54]. Erstaunen und Unwillen herrschte im oströmischen Reiche, als diese Erhebung Alarichs bekannt wurde: Allein da Eutropius[55], der am Hofe in Konstantinopel alles regierte, nicht weniger Stilichos Feind war als Rufinus, so hoffte er durch die Goten dem weströmischen Reiche viele Arbeit zu machen. Der Gotenführer benutzte diese Würde, aus den Zeughäusern sein Volk mit Waffen und allen Kriegsbedürfnissen zu versehen[56].

An der Grenze zweier Reiche (denn das westliche Illyrien gehörte dem Honorius) hinterging er abwechselnd beide Kaiser mit Versprechungen[57]. Endlich bestimmten ihn der Mangel an noch nicht ausgeplünderten Provinzen in Osten und die Aufmunterungen des oströmischen Ministers, der dem Stilicho Verdruß und Arbeit zu machen wünschte, einen Einfall in Italien zu versuchen. Während Stilicho in Gallien mit den Franken und andern germanischen Völkern zu kämpfen hatte, drang der gotische König durch Pannonien, Noricum, Rhätien über die Julischen Alpen im Winter (des J. 400) in Italien ein[58]. Aber nach den kurzen Berichten hören wir erst im Jahr 403 von kriegerischen Vorfällen. Daher scheint es, daß anfänglich die Fortschritte Alarichs nicht schnell vor sich gingen, und daß er nach der Schlacht bei Aquileja am Timavus[59], die er gewann, doch sich so geschwächt fühlte, daß er erst neue Verstärkungen von der Donau an sich zog, und dann im Jahr 402 von neuem vordrang[60].

Die Römer in Italien, vom größten Schrecken ergriffen, wagten nicht, den Goten Widerstand zu leisten. Ihre furchtsamen Gemüter, durch eine Menge Prodigien[61], als die Vorboten einer schrecklichen Zeit, noch mehr erschreckt, konnten sich nicht zum Mute erstarken, da der Kaiser Honorius seine Untertanen an Mutlosigkeit und Feigheit übertraf. Bei der Annäherung der Feinde ergriff er die Flucht aus Mailand und begab sich in das starkbefestigte Ravenna[62].

Stilicho war unterdessen mit unermüdeter Tätigkeit in Gallien beschäftigt, ein starkes Heer zu sammeln. Die Legion, welche an der Grenze Kaledoniens zur Bewachung Britanniens aufgestellt war, wurde zurückgerufen, der Rhein von Truppen entblößt: überall hin ergingen Befehle mit der größten Eile zu marschieren, um das bedrängte Vaterland zu retten. Alarich hatte unterdessen die weitere Verfolgung des Kaisers aufgegeben, um nicht durch Stilicho, der vom Norden herannahte, von seinen Hilfsquellen an der Donau abgeschnitten zu werden. Zugleich hoffte er von dem Aufstande der Rhätier viele Vorteile zu ziehen: daher blieb er in Oberitalien und rückte gegen Asta im heutigen Piemont, dem alten Ligurien, vor, als Stilicho mit den Legionen ankam[63].

Die Goten waren in den Goccischen Alpen sorglos bei der Stadt Pollentia[64] gelagert, und feierten als arianische Christen (29. März 403) andächtig das Osterfest. Stilicho hielt diesen Augenblick für günstig, die Feinde ungerüstet und unvermutet anzufallen. Der Alane Saul führte das römische Vordertreffen und die alanische Reiterei: Er stürzte mit großem Ungestüm auf die andächtigen Scharen der Goten. Diese, durch den unerwarteten Angriff in Schrecken gesetzt, wichen in Verwirrung zurück; jedoch sammelten sie sich bald, ergriffen die Waffen und kämpften mit der größten Erbitterung.

Saul büßte seinen verwegenen Angriff mit dem Leben. Erst als Stilicho mit dem Fußvolk erschien, wurde die Sache der Römer wieder gehoben. Eine blutige Schlacht wurde geschlagen, welche beide Teile gewonnen zu haben behaupten. Denn nach Claudian[65] und Aurelius Prudentius Clemens[66] erfocht Stilicho einen glänzenden Sieg, und die Niederlage der Goten war ungeheuer: Drosius, der sehr ungehalten ist, daß auf Ostern eine Schlacht geliefert wurde, sagt nicht entschieden, daß die Römer gesiegt haben: Er teilt mehr den frommen Goten den Sieg zu[67]. Die gotischen Geschichtsschreiber Cassiodor und Jornandes[68] aber berichten, daß die Römer durch die Goten eine gänzliche Niederlage erlitten hätten. Prosper[69] scheint uns in wenigen Worten noch das Wahrste aufbewahrt zu haben, da er den Sieg unentschieden läßt und angibt, daß auf beiden Seiten mit außerordentlichem Verluste gestritten worden sei.

Wenn auch die Römer das Schlachtfeld behaupteten, eine große Beute, die Schätze Griechenlands, im Lager der Feinde vorfanden, und vielen tausend unglücklichen Gefangenen, welche die Goten mit sich geführt, die Freiheit verschafften, so hatte Stilicho durch den kräftigen Widerstand Alarichs einen solchen Verlust erlitten, daß er mit seinem geschwächten Heere es doch nicht wagen konnte, einen immer noch mächtigen Feind anzugreifen. Er wollte daher demselben eher die Flucht erleichtern als erschweren und ihn nicht zu einer zweiten Schlacht reizen, deren Ausgang für ihn noch sehr zweifelhaft sein mußte. Er gewährte daher dem Westgotenkönig ungehinderten Abzug, mit einem großen Teil der Beute[70], wodurch Stilicho es sowohl mit den Römern als mit den Goten verdarb. Denn jene waren darüber aufgebracht, daß die geschlagenen Feinde die Beute mit fortschleppten: diese aber hielten sich nicht für besiegt, was sie bestimmte, schnell auf Rom los zu gehen. Durch Einverständnisse mit einigen gotischen Führern entdeckte der römische Feldherr Alarichs Absicht. Mit Schrecken verbreitete sich die Nachricht in Rom, daß der Gotenkönig die Richtung seines Marsches dahin genommen habe: alles arbeitete, um die Mauern und Befestigungswerke, welche schon seit vielen Jahrhunderten kein ausländischer Feind gesehen hatte, herzustellen[71]. Allein Stilicho wußte seine Kriegsanstalten so gut zu treffen, daß Alarich nicht wagen durfte, seinen verwegenen Plan auszuführen: Mehrere treulose Führer, die mit dem römischen Minister unterhandelten, bestimmten ihn am meisten, wieder über den Po zurückzugehen[72]. Stilicho, zu klug das Heil des ganzen Reiches in einer Schlacht aufs Spiel zu setzen, ließ den Feind ruhig abziehen, jedoch folgte er ihm beständig mit einem bedeutenden Heere auf dem Fuße nach, um alle Bewegungen zu beobachten. Denn daß Alarich, ohne noch etwas zu unternehmen, aus Italien wieder abziehen werde, war nicht zu vermuten. Bald war man davon benachrichtigt; daß er die am Eingange der rhätischen Alpen gelegene Stadt Verona zu erobern beabsichtigte: diesem zuvorzukommen, hatte Stilicho seine Truppen so aufgestellt, daß die Goten, als sie gegen Verona rückten, fast zugleich vorn, auf den Seiten und im Rücken angegriffen wurden. Nach Claudian soll die blutige Schlacht, die bei Verona im Herbst 403 geliefert wurde, Alarich, der selbst beinahe in die Hände seiner Verfolger gefallen wäre[73], verloren haben: obwohl das Schweigen der Geschichtsschreiber nicht allein den Ausgang, sondern auch die Schlacht selbst unwahrscheinlich machen. Die Gebirgspässe wurden unterdessen von den Römern besetzt, und dadurch war verhindert worden, daß er sich mit andern germanischen Völkern verbinden konnte[74]. So war Alarich mit dem Reste von der großen Menge Goten, die er mit sich nach Italien geführt, eingeschlossen, und sah beständig sein Heer durch Gefechte, Mangel an Lebensmitteln und ansteckenden Krankheiten dahinschmelzen. Besondere Geschicklichkeit Alarichs, den größten Gefahren auf eine unerwartete Weise zu entgehen[75], oder Stilichos Wille (da dieser zu seinen künftigen Absichten den Westgotenkönig nicht unnützlich hielt) befreite die Eingeschlossenen und führte sie nach Illyrien zurück[76].

Das verödete Oberitalien erfreute sich kaum einiger Jahre der Ruhe, als es durch einen noch weit furchtbareren Feind als Alarich heimgesucht wurde. Rhadagais, an der Spitze von Vandalen, Alanen, Sueven und anderen germanischen Völkern, worunter gewiß auch Goten waren, kam an die obere Donau. Die Festungen waren schlecht mit Truppen versehen; daher drangen die Feinde unaufhaltsam nach Italien vor. Ihre Zahl wird auf 200 000[77] angegeben, die mit den Frauen und Kindern auch wohl das Doppelte betragen haben mag[78]. Sie wollten durch Etrurien grade auf Rom zugehen (406). Den Kaiser ließen sie links in seiner durch Moräste und Mauern uneinnehmbaren Residenz Ravenna; den Minister Stilicho, der ein Heer gesammelt hatte, aber eine Schlacht vermied, ließen sie rechts: erst bei der Belagerung von Florenz fanden sie unerwarteten Widerstand[79]. Bei Fäsulä wurden sie plötzlich von Stilicho mit Hilfe hunnischer und gotischer Hilfstruppen unter Uldins und Sarus Anführung in den Bergen eingeschlossen. Die Beschaffenheit der gebirgigen Gegend, deren Pässe von den Römern auf das stärkste besetzt waren, und Stilichos Besonnenheit, der jedem Treffen auswich, worin die größere Menge oder die Verzweiflung den Sieg erringen konnte, brachte die Eingeschlossenen bald in die schrecklichste Lage. In den Angriffen verloren sie beständig Leute, noch mehr kamen durch Hunger um, so daß der Rest sich ergeben mußte, wovon ein Teil in Stilichos Dienste trat, die andern aber nach Norden zurückkehrten, und in Gallien Verheerungen anrichteten. Rhadagais selbst wurde gefangen und getötet[80].

Alarich, der sich unterdessen in Illyrien befunden und bei Aemona zwischen Pannonia und Noricum sein Lager hatte, war bald mit dem morgenländischen, bald mit dem abendländischen Reiche in Unterhandlung. Doch schien er sich endlich für das letztere zu entscheiden. Denn Stilicho, was er auch immer für Absichten dabei gehabt haben mag, sah ein, daß Alarichs Freundschaft erhalten werden müsse; mit ihm befreundet suchte er dem oströmischen Reiche den Rest von Illyricum zu entreißen. Alarich bekam für seine Hilfe eine bedeutende Summe versprochen[81]. Als Rhadagais in Italien einfiel (406), wurde diese Unternehmung aufgeschoben, und Alarich blieb ein ruhiger Zuschauer, um dann von den günstigen Umständen nach Belieben Gebrauch machen zu können. Kaum war Italien von diesem furchtbaren Feinde durch Stilichos Geschicklichkeit befreit, als die Verheerungen der Germanen in Gallien die schnelle Absendung von Hilfstruppen nötig machten. Jetzt erst, nachdem sich Alarich einige Jahre von seiner Niederlage erholt und von der Donau neue Schwärme von Goten an sich gezogen hatte, trat er wieder mit Forderungen auf, und er drohte Krieg, wenn man sie ihm nicht bewilligte. Als Bezahlung der Unkosten des Zugs gegen Illyrien, den er mit Stilicho verabredet hatte, verlangte er 4000 Pfund Gold. Lange weigerten sich der Senat in Rom, der jetzt ein Ansehen zu gewinnen schien, und sogar Krieg einem schimpflichen Frieden vorziehen wollte, diese Summe zu bezahlen, so sehr auch Stilicho zu Gunsten seines Freundes sprach und die Sache nicht als eine Bezahlung des Tributs, sondern Erfüllung des Versprechens für geleistete Dienste darstellte. Endlich stimmte die größere Zahl der Senatoren dem Vorschlage Stilichos bei, aus Furcht vor diesem Minister[82]. Jedoch der Senator Lampadius hatte die Kühnheit, dem mächtigen Stilicho ins Angesicht zu sagen: „dieses wäre kein Friedensvertrag, sondern ein Vertrag der Sklaverei." Obwohl Lampadius sich in eine Kirche flüchten mußte, um den Verfolgungen wegen seiner freien Rede zu entgehen, so fand doch diese Äußerung allgemeinen Beifall, und man sah Stilicho als den Verbündeten Alarichs und den Verräter des Landes an, das er schon zweimal durch sein Kriegstalent gerettet hatte[83]. Bald fanden seine zahlreichen Feinde hinlänglichen Vorwand, des Ministers Treue dem Kaiser verdächtig zu machen. Alles war gegen ihn: die Hofleute, weil er sie durch seinen Stolz beleidigt hatte; Sarus, der Oberbefehlshaber der gotischen Truppen in kaiserlichen Diensten, weil er durch die Freundschaft mit seinem Todfeind Alarich ihn auf das äußerste erbitterte; Olympus, weil er unter dem Schein der Heuchelei und Frömmigkeit für sich die erste Ministerwürde suchte. So wurde der Mann, der das Reich noch allein hätte retten können, durch die Ränke seiner Feinde gestürzt: Honorius gab die Einwilligung zum Morde des Ministers. Erst wurde in Pavia ein Aufstand der römischen Soldaten veranlaßt, die ihre Offiziere, größtenteils als Ausländer dem Stilicho getreu, töteten. Daß Stilicho kein Verräter war, ersieht man aus seinem Benehmen, da er sich durch die ihm ergebenen Mietstruppen retten und seine Feinde wie den Kaiser hätte verderben können. Seine hunnische Wache wurde von Sarus niedergehauen, und er selbst floh nach Ravenna, in eine Kirche, wo er aber kein Asyl fand. Er wurde von Heraclian ermordet, der darauf Statthalter von Afrika wurde. Stilichos Sohn Eucherius brachte man ebenfalls um, alle seine Freunde wurden entweder getötet oder verfolgt. Dadurch, wie durch das Gesetz, daß künftig jeder nur irgend Angestellte weder ein Heide noch ein Arianer sein dürfte, sondern die katholische Religion haben müßte, entfernte sich der Kaiser über 30 000 von den besten Streitern des römischen Heeres. Diese faßten den Entschluß sich an Alarich anzuschließen, von dem sie hofften, daß er nicht mehr lange ruhig zusehen würde, da der so sehr gefürchtete Mann nicht mehr war[84]

Zum Verwundern zeigt sich der Westgotenkönig anfangs mäßig in seinen Forderungen. Dem Vertrage getreu, den er mit Stilicho geschlossen hatte, will er den Frieden dem Krieg vorziehen, wenn man ihm die nicht übermäßige Summe, welche er verlangt, und gegenseitige Auswechslung der Geiseln zugesteht. Überdies macht er sogar das Anerbieten, Noricum zu verlassen und seine Truppen nach Pannonien zurückzuführen. Allein der Hof zu Ravenna, ganz verblendet und gar nicht bekannt mit der Lage der Dinge, hält die großmütigen Anerbietungen Alarichs für Schwäche und schlägt ihm daher alle Forderungen ab. Halbes Werk ist in allen Dingen das Schlechteste. Anstatt entweder den Frieden mit Alarich sogar mit Aufopferungen zu erkaufen, oder wenn Krieg beschlossen wurde, ihn mit aller möglichen Anstrengung zu führen, geschah weder irgend ein Schritt, Alarich zu friedlichen Gesinnungen zu stimmen, noch machte man ernstliche Zurüstungen zu einem Kriege. Dem elenden Minister Olympius, der nun Stilichos Stelle einnahm, fehlte es sowohl an Einsicht als an Kriegstalent. Er machte die verkehrtesten Anstalten, wodurch er großes Unglück über ganz Italien brachte. Selbst nicht einmal dem Goten Sarus, der von den kaiserlichen Feldherrn noch der tüchtigste war, und der allein etwas durch seine persönliche Stärke und Tapferkeit wie durch seine Kriegserfahrenheit hätte ausrichten können, teilte er die Leitung des Krieges zu, sondern er stellte erbärmliche Männer an die Spitze, die den Feinden nur Verachtung der römischen Waffen einflößten.

Da die Sachen so standen, konnte Alarich ohne Schwierigkeit in Italien einfallen (408). Er erklärte sich für die verfolgte Partei des Stilicho und sammelte alle Unzufriedenen um sich, wodurch er sein Heer um 30 000 Mann vergrößerte. Ohne daß er Widerstand fand oder ihm ein Feind begegnete, richtete er seinen Marsch über Aquileja, Concordia, Altinum und Cremona an den Po. Setzte dann über diesen Fluß, und ohne sich durch die Belagerung des uneinnehmbaren Ravenna, wo sich Honorius befand, aufhalten zu lassen, kam er nach Rimini (Ariminum) und ins Picener Gebiet, wo er sich nun westlich wandte und alles verheerte und plünderte bis nach Rom, das er zu belagern anfing.

Die Stadt, die seit Hannibal (216 v. Ch.) keinen auswärtigen Feind vor ihren Toren gesehen, und seit der Gallier Eroberung unter Brennus keinen in ihren Mauern gehabt hatte, befiel ein ungeheurer Schrecken, als Alarich Anstalten zur Belagerung traf. Man ergriff anstatt tüchtiger Gegenwehr, die eine Bevölkerung von 1. 200 000[85] Seelen hätte leisten können, die törichten Mittel, den drohenden Sturm abzuwenden. Serena, Stilichos Witwe, die in Rom arglos lebte, war bald im Verdacht, daß sie mit Alarich Einverständnisse unterhalte. Durch ihren Tod hoffte man Befreiung von der lästigen Belagerung; allein die Römer fanden sich in ihrer Berechnung sehr getäuscht, da sie sahen, daß Alarich die Stadt an allen Toren immer enger einschloß, sich des Tiberflusses bemächtigte und jede Zufuhr von Lebensmitteln den Belagerten abschnitt. Anfangs faßten sie den Entschluß, auszuharren, bis Hilfe von Ravenna geschickt würde: allein diese Hoffnung wurde immer schwächer, und die Not stieg von Tag zu Tag höher. Bald war das Maß der täglichen Lebensmittel auf die Hälfte heruntergesetzt, dann, als der Mangel stieg, auf das Drittel, Viertel, Sechstel, und endlich brach eine solche Hungersnot aus und, als eine Folge davon, entstanden ansteckende Krankheiten, daß Rom ein großes Grab von Toden war, deren pestartiger Geruch ihnen die Lebenden bald beigesellte. Die furchtbare Hungersnot, welche bis zu dem Grade wuchs, daß man Menschenfleisch aß[86], suchte, soviel in ihren Kräften stand, Läta, die Gemahlin des früheren Kaisers Gratian, und dessen Mutter Pissamena durch ihre wohltätigen Spenden zu mildern: allein für die große Bevölkerung versiegten diese Unterstützungen wie wenige Tropfen in der heißen Sandwüste.

Als man an der Hilfe von Ravenna verzweifelte und die Not in der Stadt aufs Höchste gestiegen war, schickte man Gesandte in das Lager der Goten, um Alarich zu sagen, daß die Belagerten den Frieden wünschten, wenn sie ihn unter mäßigen Bedingungen haben könnten, allein wenn dieses nicht der Fall wäre, so hätte er die Kriegswut einer ungeheuren Volksmasse zu fürchten. Auf diese Drohung erwiderte Alarich ganz verächtlich: „je dichter das Heu, desto leichter wird es gemäht": und begleitete diese Worte mit gellendem Gelächter, welches die Gesandten nicht wenig in Verwirrung setzte. Wenn die Römer mit ihm Frieden und die Belagerung aufgehoben haben wollten, sagte der Gote, so müßten sie alles Gold und Silber, was in der Stadt sei, ausliefern, außerdem alles Hausgeräte und alle Sklaven germanischer Abkunft. Als ihm einer der Gesandten entgegnete, was er den Römern dann übrig lassen wolle, so antwortete er: die Seelen. Die Gesandten, von Alarich darauf entlassen, nachdem er eine Frist der Antwort festgesetzt hatte, kehrten in die Stadt zurück.

Fast gänzliche Verzweiflung ergriff sie, als Alarichs Forderungen überbracht wurden. Man wandte sich daher selbst zum heidnischen Aberglauben, um keine Hilfe unversucht zu lassen. Pompejanus, der Präfekt der Stadt, ließ sich durch tuskische Wahrsager bereden, durch Zauberformeln und Opfer könne man den Blitz von den Wolken ziehen, und mit solchen Waffen, die auf das gotische Lager zu schleudern seien, müßten die Feinde besiegt werden. Dem Papst Innocenz wurde die Sache mitgeteilt. Wenn wir dem Christenfeinde Zosimus glaubten, so hätte der Nachfolger Petri den christlichen Glauben dem Wohle der Stadt nachgesetzt, und er hätte Erlaubnis gegeben, das zu tun, was sie mußten[87]. Da es aber zum guten Erfolg als notwendig gefordert wurde, daß auf dem Kapitolium und auf den Plätzen der Stadt die Opfer nach altem heidnischen Gebrauche unter den Augen und dem Vorsitze der Magistratspersonen vollbracht werden sollten, so wagte niemand, sich diesem Geschäfte zu unterziehen, entweder aus Furcht vor göttlicher Strafe, oder weil sie des Kaisers Unwillen scheuten, da eine solche Handlung Wiederherstellung des Heidentums gewesen wäre. Daher unterblieb das ganze[88].

Die letzte Zuflucht nahm man zur Milde des gotischen Königs, der seine Forderungen herabstimmte und versprach, die Belagerung aufzuheben gegen die unmittelbare Bezahlung von 5000 Pfund Gold, 30 000 Pfund Silber, 4000 seidene Gewänder, 3000 Stück Scharlachtuch und 3000 Pfund Pfeffer. Da man das Geld nicht aus dem Fiskus und den Beiträgen der Bürger erbringen konnte, so war man genötigt den bisher noch geschonten Schmuck der Götter herzugeben, ja selbst einige Götterbilder aus Gold oder Silber einzuschmelzen, um die Forderungen Alarichs zu befriedigen. Bei dieser Gelegenheit wurde auch das goldne Bildnis der Tapferkeit eingeschmolzen, wobei Zosimus die Bemerkung macht, daß seit dieser Zeit die wenige noch bei den Römern befindliche Tapferkeit ganz erloschen sei, und die noch den alten Vaterlandsgöttern treu gebliebenen Männer hätten damals schon vorausgesagt, was die Zukunft bringen würde[89].

Alarich zog darauf von Rom weg, schickte an den Kaiser Gesandte, um den Vertrag bestätigen zu lassen, forderte als Unterpfand des Friedens Auswechselung der Geisel, und schlug unterdessen in Etrurien seine Winterquartiere auf. Kaum war er hier angelangt, als Sklaven, die der harten Behandlung ihrer Herren entlaufen waren, sich zu den Goten flüchteten und Alarichs Heer um 40 000 Mann verstärkten.[90]

Ungeachtet der Gotenkönig mit seiner furchtbaren Macht im Herzen Italiens sich befand, und Honorius, selbst durch einen Nebenbuhler Konstantin in Gallien bedroht, kein bedeutendes Heer in Italien hatte, so ließ er sich doch von dem erbärmlichen und frömmelnden Minister Olympius bereden, weder Frieden mit Alarich zu schließen, noch irgend seinen Forderungen Gehör zu geben. Der Kaiser blieb dabei so hartnäckig, daß er selbst bei der Vorstellung der vom römischen Senat abgeschickten Gesandten sich nicht zu einem andern Entschluß bewegen ließ. Um jedoch die Stadt Rom nicht ganz ohne Besatzung zu lassen, hatte er die Torheit, 6000 seiner besten Truppen aus Dalmatien mit ihrem Feldherrn Valens von Ravenna aus dahin zu schikken, wo sie notwendig unterwegs dem Feinde, der alle Wege besetzt hatte, begegnen mußten. Nur hundert mit ihrem Führer Valens entkamen, die übrigen alle fielen in die Hände der Feinde. Da der Kaiser immer noch nicht in die Forderungen Alarichs einwilligte und Rom von einer neuen Belagerung bedroht wurde, so schickte der Senat nochmals eine Gesandtschaft nach Ravenna, womit auch der damalige Papst Innocenz abreiste, um den Bitten mehr Nachdruck und Gewicht zu geben. Alarich schickte ihnen eine Bedeckung mit, daß sie auf der Reise gegen alle feindlichen Anfälle geschützt waren.

Zu jener Zeit war auch Ataulph, Alarichs Frauenbruder, mit einem neuen Hilfsheer von Goten und Hunnen, die er von der Donau über Venetia nach Etrurien geführt hatte, ins gotische Lager angekommen. Das ganze römische Heer hatte mit Ataulph gefochten, ohne ihn jedoch an der Vereinigung mit seinem Schwager hindern zu können (409)[91].

Als Olympius durch den Präfektus Prätorii Jovius, einen alten Gastfreund Alarichs, gestürzt worden war, und auf diesen der ganze Einfluß bei dem Kaiser überging, so schienen eher Aussichten auf Frieden zu sein. Er schickte an Alarich Gesandte und ließ ihn auffordern, näher an Ravenna zu kommen und wegen des Friedens eine Überredung zu halten. Der Gotenkönig kam nach Rimini, wie auch Jovius. Jener verlangte, daß ihm jährlich eine Summe Geldes bezahlt und eine gewisse Quantität Getreide geliefert würde, und daß man ihm und den seinigen Venetia, Noricum und Dalmatien als Wohnsitze anweise. Jovius schickte den Bericht von Alarichs Forderungen an den Kaiser und schlug diesem zugleich vor, Alarich noch außerdem zum obersten Kriegsbefehlshaber (magister utriusque militae) zu ernennen. Der Kaiser, über des Jovius Vorschlag sehr aufgebracht, schickte diesem einen Brief, worin er in den stolzesten Ausdrücken dem Gotenkönig jede Würde verweigerte. Man hatte die Unklugheit, Alarich diesen Brief zu zeigen, worüber dieser so aufgebracht wurde, daß der den Krieg von neuem anzufangen beschloß. Sogleich kehrte er nach Ravenna zurück, wo er und das römische Heer sich durch den feierlichsten Schwur bei dem Kopfe des Kaisers verband, einen unversöhnlichen, immerwährenden Krieg mit den Goten zu führen.

Ehe Alarich zum zweitenmal auf Rom losmarschierte, hatte er noch die Mäßigkeit, ungeachtet so vieler mißlungenen Versuche, einen letzten Vorschlag zur Versöhnung zu machen. Er wollte sich mit den beiden Provinzen Noricum, die ohnehin beständig den Einfällen ausgesetzt waren, begnügen, ohne darauf zu beharren, Oberbefehlshaber zu sein und Jahrgelder zu erhalten. Allein die Minister, die durch des Goten Nachgiebigkeit und Friedseligkeit übermütig geworden waren, wiesen stolz jeden Vorschlag zur Versöhnung zurück, und erklärten den Krieg durch den Schwur, den sie geleistet, für unwiderruflich[92].

Rom war nun von dem Kaiser seinem Schicksal überlassen. Alarich wußte wohl, daß er die Stadt wegen ihrer überaus starken Bevölkerung durch Hunger bezwingen könnte. Er bemächtigte sich daher zuerst der Hafenstadt Ostia, wo für Rom Getreidevorräte aufgehäuft waren. Eine schreckliche Hungersnot, die Roms Einwohner treffen mußte, wenn Alarich seine Drohung, im Falle einer verzögerten Übergebung alle Magazine zu verbrennen, erfüllte, brachte den Senat zur Nachgiebigkeit, die Tore der Stadt zu öffnen, und die Forderungen wegen der Wahl eines neuen Kaisers zu erfüllen. Attalus, der Präfekt der Stadt, wurde auf den Thron gehoben, und dieser verlieh seinem Wohltäter Alarich die Würde, die ihm Honorius zu geben sich bisher geweigert hatte. Der Gotenkönig wurde oberster Kriegsbefehlshaber der Armeen des Westens und sein Schwager Ataulph *Comes domesticorum*, d.h. er erhielt die Wache um die Person des neuen Kaisers[93].

Unterdessen Attalus auf den Rat des Alarich Truppen nach Afrika schickte, um sich dieser Provinz zu versichern, rückten die Goten vor Ravenna, wo sich Honorius in der mißlichsten Lage befand. Der größte Teil Italiens, selbst Mailand und die Städte Liguriens, erkannten Attalus oder vielmehr Alarichs Herrschaft an. Honorius fühlte nun selbst seine gänzliche Schwäche, er schickte Gesandte an Attalus und bot ihm an, das Reich zu teilen. Allein dieser wollte davon nichts hören, sondern bestand auf gänzlicher Abtretung: das Leben wollte er ihm lassen, jedoch nicht mit unverstümmeltem Körper, auf einer einsamen Insel würde er ihm seinen Aufenthalt anweisen, wo ihm nichts an den Lebensbedürfnissen fehlen sollte. Des Theodosius Sohn war nun in einer schrecklichen Verzweiflung: Alarich stand vor den Toren der Stadt und drohte, nicht eher wegzuziehen, als bis er sie eingenommen hätte. Die treuesten Diener, die er zu haben glaubte, waren zu den Feinden übergegangen, da sie hier mehr das Glück zu Hause sahen. Selbst der Minister Jovius und der General Valens hatten die Schändlichkeit, mit dem Feinde gemeinschaftliche Sache zu machen. Zu solcher Lage war Honorius, als er im Hafen zu Ravenna Schiffe bereit hielt, um sich zu seinem Neffen Theodosius nach Konstantinopel zu flüchten[94]. Allein oft tritt im menschlichen Leben, wo das Unglück den höchsten Punkt erreicht hat, plötzlich eine solche Wendung der Dinge ein, daß alles sich anders gestaltet. – Schon lange erwartete Kohorten von Veteranen, 4000 Mann stark, kommen im Hafen von Ravenna an: diesen Truppen, die dem Honorius noch ergeben sind, wird die Bewachung der Stadt anvertraut. Bald darauf kommen auch die günstigsten Nachrichten von Afrika. Der Statthalter daselbst, Heraclianus, welcher die Truppen des Attalus geschlagen hatte, schickte eine große Summe Geldes, wodurch die Anhänglichkeit der Truppen in Ravenna erhalten wurde. Was aber noch viel wichtiger war als dieses, so konnte nun Heraclian jede Ausfuhr von Korn und Öl nach Rom verhindern, so daß daselbst Hungersnot, Unzufriedenheit und Aufstand des Volkes ausbrach. Attalus, anstatt alles mögliche anzuwenden, Herr von Afrika zu werden, hatte sogar untersagt, Goten dahin überzuschiffen, um diese Provinz zu erobern: ja er ließ nicht einmal zu, daß ein Gote die Truppen anführte[95]. Durch diese törichten Schritte und viele andere, die er sich, ohne erst Alarich um Rat zu fragen, erlaubte, verlor er den Schutz des gotischen Königs. Da auch Jovius wieder zu Honorius zurückgekehrt war und sich dessen Partei jeden Tag zu vergrößern schien, so führte Alarich den schon lange gefaßten Entschluß aus, den Attalus, da er ihm nicht nach Wunsch regierte, abzusetzen. In einer großen Ebene bei Rimini, im Angesichte vieler Menschen, beraubte er ihn des Diadems und des Purpurs (410 im Februar) und schickte beides dem Honorius als Unterpfand des Friedens und der Freundschaft. Dem abgesetzten Kaiser aber bewilligte er die Bitte, dem gotischen Lager folgen zu dürfen.

Alarichs Absicht, die er bei der Absetzung des Attalus hatte, den Kaiser zum Frieden zu stimmen, wurde verfehlt. Denn der Gote Sarus, der Todfeind der Balten und besonders des Ataulph, hatte sich bisher für keine Partei entschieden: Als aber Ataulph feindlich gegen ihn zog, so erklärte er sich für den Kaiser und erhielt einen solchen Einfluß bei diesem, da er mit einer kleinen Schar eine ziemliche bedeutende gotische Mannschaft überfiel und niederhieb, daß der Krieg von neuem begann.[96].

Nachdem sich Alarich davon überzeugt hatte, gegen das feste Ravenna nichts ausrichten zu können, so rückte er zum drittenmal (410)[97] gegen Rom, um an dieser unglücklichen Stadt durch Plünderung und Brand seinen Zorn gegen den Kaiser auszulassen. Da nun jetzt nicht mehr von Bedingnissen die Rede war, unter welcher Alarich die Stadt schonen wollte, wenn sie sich übergäbe, so suchte sie eine hartnäckige Verteidigung den Goten entgegen zu setzen. Alarich, der gern eine lange Belagerung vermied und mit Sturm die Stadt auch nicht nehmen konnte, sann darauf, wie er durch List oder Verrat sich derselben bemächtigte. Wenn wir der verdächtigen Nachricht des Procopius[98] Glauben schenken könnten, so hätte er aus dem ganzen gotischen Heere 300 Jünglinge ausgewählt, deren Tapferkeit und Eifer ihm zu dienen er genau kannte. Diese schickte er als Sklaven den vornehmsten Patriziern zum Geschenk, indem er ihnen sagen ließ, er fühle gegen sie Achtung und Bewunderung, weil sie ihrem Fürsten so ergeben und von solcher Tapferkeit wären, welche er am allerhöchsten schätze. Die Patrizier, durch diese Worte geschmeichelt und durch das Geschenk erfreut, merkten nicht die List und die Fallstricke, welche Alarich legte. Auch schien es, als wollte dieser Anstalten treffen, die Belagerung aufzuheben. Allein der Gotenkönig hatte den 300 Jünglingen schon den Tag bestimmt, an dem sie des Nachmittags, wenn ihre Herren schliefen, an das salarische Tor eilen und die Wächter daselbst umbringen sollten. Dieses geschah wie man verabredet hatte, und Alarich, der mit dem ganzen Heere zu der bestimmten Stunde bei dem genannten Tore stand, brach, als die Wächter getötet waren und die Freunde das Tor öffneten, mit der größten Schnelligkeit in die Stadt. – Allein viel wahrscheinlicher ist es und von glaubwürdigern Schriftstellern bezeugt, daß die Goten in der Nacht[99] mit Sturm und Verrat die Stadt eroberten[100].

Um die Verwirrung daselbst recht groß zu machen und die Aufmerksamkeit von dem Angriffspunkt abzulenken, wurden die Häuser, welche bei dem salarischen Tore in der Nähe des fallustischen Palastes waren, angezündet: und diese hatten die Feuersbrunst weiter verbreitet[101]. Mit Schrecken sahen die Römer plötzlich ihre Stadt eingenommen; jede Gegenwehr erkannten sie jetzt für unnütz und sogar für verderblich, da sie die Wut der aufgebrachten Feinde nicht noch mehr reizen wollten. Obwohl die Goten, als arianische Christen, Kirchen und ihre Heiligtümer, wie auch die, welche an heilige Orte ihre Zuflucht nahmen, nach dem ausdrücklichen Befehl Alarichs verschonten[102], so war doch das Plündern und Morden in der Stadt entsetzlich[103].

Bei diesen Greuelszenen fehlte es jedoch auch nicht an Zügen, welche der Menschheit Ehre machen, besonders wenn sie bei rohen Völkern angetroffen werden, da selbst die Kultivierten Plünderung und Mißhandlung der feindlichen Bürger nach so vielen überstandenen Kriegsstrapazen für erlaubt halten.

Als die Plünderung und das Blutbad in der Stadt allgemein war, kam ein Gote in ein Haus, wo er eine bejahrte Jungfrau antraf, die ihr Leben Gott geweiht hatte. Auf seine Forderung, Gold und Silber herbeizubringen, zeigte sie ihm große Schätze, über deren Pracht und Wert der Gote erstaunt war, und als er verwundert fragte, wozu diese goldenen Gefäße verwendet worden, sagte die Jungfrau: „Sie sind dem Dienste des Apostels Peter geweiht. Nimm sie, wenn du willst. Was daraus geschehen wird, wirst du sehen. Weil ich sie nicht verteidigen kann, so wage ich sie auch nicht zu behalten." – Der Gote, der die Religion achtete, und den die Gottesfurcht und der Glauben der Jungfrau rührte, ließ Alarich von dem Fund benachrichtigen. Dieser gab sogleich Befehl, alle Gefäße in die Kirche des Apostels zurückzutragen. Es gewährte nun ein eigenes Schauspiel zu sehen, wie die Goten mit den goldenen und silbernen Gefäßen auf den Köpfen durch die Straßen der Stadt zogen, um den Kirchen ihre Schätze wiederzubringen. Eine große Menge Volkes schloß sich dem Zuge an, teils aus Andacht, teils auf diese Weise den Mißhandlungen der Feinde zu entgehen. Loblieder wurden gesungen, und die Trompete tönte dazu als Friedensverkünderin, und mit glänzenden Schwertern, die zum Morden gezogen gewesen, begleiteten die frommen Goten den langen Zug in die Kirche, und ließen ab vom Plündern[104].

Alarich verweilte nicht lange in Rom. Nach drei oder sechs Tagen[105] zog er aus der Stadt und führte das mit Schätzen bereicherte Heer nach Campanien, das er besetzte. Von hier rückte er bis an die südliche Spitze von Unteritalien, und wollte nach der fruchtbaren und reichen Insel Sizilien und von da nach Afrika übersetzen. Allein der Wille des Schicksals wollte es anders. In der Meerenge von Messina gingen die meisten Schiffe, die Alarich hatte ausrüsten lassen, durch einen furchtbaren Sturm zu Grunde. Die Gemüter der Goten, auf dem Lande so tapfer, wurden durch das fremde Element in seinem Toben in Schrecken gesetzt. Wahrscheinlich würde Alarich doch nicht von diesem Plane abgelassen haben, wenn ihn nicht ein frühzeitiger Tod dem Leben entrissen hätte. Der gotische Kriegsheld, der bei einem längeren Leben gewiß noch große Dinge ausgeführt hätte, starb wie Alexander in der Blüte seines Lebens, im 34. Jahre seines Alters[106].

Vom ganzen Volke der Westgoten betrauert, wurde er auf eine merkwürdige Weise zur Erde bestattet. Eine Menge von Gefangenen[107] mußte den Fluß Busentum (jetzt Baseno oder Busento genannt), welcher an der Stadt Cosenza vorüberfließt, ableiten: mitten im trockenen Flußbette errichteten sie ihrem verblichenen König ein Grabmal, und nachdem sie ihn, ausgestattet mit vielen Schätzen, darin beerdigt hatten, leiteten sie das Wasser des Flusses wieder darüber. Damit aber niemand erfahre, wo der große König mit seinen Schätzen vergraben sei und römische Habsucht die Ruhe seiner Gebeine nicht störe, so wurden alle Sklaven, welche dabei Arbeit verrichtet hatten, umgebracht.[108]

DRITTES KAPITEL

Die Westgoten unter Ataulph und Wallia in Gallien und Spanien (von 410–419)

Als Italien durch des Alarich und des Rhadagais Heere überschwemmt wurde, mußte Stilicho vom Rhein die Truppen wegziehen, um den furchtbaren Goten ein starkes Heer entgegen zu stellen. Die unverteidigte Grenze wurde sogleich von den germanischen Völkerstämmen der Vandalen, Alanen und Sueven, die früher an der Ostsee gewohnt hatten, überschritten, und Gallien weit und breit verheert (407)[109].

In dieser Zeit wählten die römischen Truppen in Britannien, durch die Entfernung von Italien und die mißliche Lage des Honorius ermutigt, einen gemeinen Soldaten zum Kaiser. Dieser nannte sich *Constantin*. Nicht zufrieden mit der britischen Insel, setzte er nach Gallien über, wurde von der Provinz und Aquitanien anerkannt, und breitete bald seine Herrschaft bis an die Alpen aus. Zwar schickte Honorius den General Sarus dem Rebellen entgegen, und ließ denselben in Valentia belagern; allein des Kaisers Kräfte waren zu schwach und durch Alarich zu sehr beschäftigt, als daß er Constantin mit Nachdruck hätte bekriegen können. Er mußte daher den Usurpator im Besitz von Gallien lassen, welches dadurch wenigstens einigermaßen von den Verheerungen der Vandalen, Alanen und Sueven befreit wurde.

Diese versuchten nun ihre Raubzüge anders wohin zu richten, wo sie weniger Widerstand und größeren Überfluß hofften. Sie zogen an die Pyrenäen, um in Spanien einzufallen. Aber die beiden Brüder Didymus und Verinian, welche die Engpässe mit ihren Truppen zu bewachen hatten, schlugen die Feinde zurück und zwangen sie, ihren Aufenthalt in Gallien zu verlängern. Jedoch zeigte sich für die Germanen bald eine günstige Gelegenheit, einen zweiten glücklicheren Versuch zu machen. Constantin hatte nämlich seinen ältesten Sohn Constans zum Cäsar und dann zum Augustus erklärt, und ihn nach Spanien geschickt, um sich dieses Land zu unterwerfen, was ihm endlich auch gelang. Nach dem Tode des Didymus und Verinianus nahm Constans den Eingeborenen des Landes die Bewachung der Gebirgspässe der Pyrenäen und übergab sie den Honorianern oder Honoriaken, rohen Barbaren aus Britannien und Germanien[110], die er den römischen Truppen einverleibt hatte. Diese überließen die Engpässe verräterischer[111] oder unbedachtsamer Weise[112] den Vandalen und Alanen, die schon lange auf eine Gelegenheit warteten, in Spanien einzufallen (409).

Die pyrenäische Halbinsel von der Natur auf drei Seiten durch das Meer, und auf der vierten durch ein hohes, schwer zugängliches Gebirg gegen Einfälle fremder Völker gesichert, hatte doch von jeher das eigene Schicksal, den entferntesten Nationen zur Beute zu werden. Von den Kolonisationen der Phönizier und Griechen in den ältesten Zeiten, bis auf die Karthager und Römer, wurde ein Eroberer nur verdrängt, um dem andern Platz zu machen. Spanien, das sich seit des Augustus Regierung im Ganzen der tiefsten Ruhe und eines fast ununterbrochenen Friedens erfreute, und seinen Wohlstand und Reichtum aufs Höchste gesteigert hatte, dabei aber auch in Weichlichkeit und Laster versunken war[113], sah sich jetzt in der Gewalt barbarischer Völker, die keine Schonung kannten, und deren unaufhaltsame Raubzüge nur die Wogen des atlantischen Meeres hemmten. Die Schilderung, die uns Idatius[114], fast ein Zeitgenosse, von der unglücklichen Lage Spaniens macht, zeigt, mit welcher Grausamkeit und Roheit die germanischen Völker in den eroberten Ländern wüteten. Römer wie Spanier wurden ihres Eigentums beraubt: mit gleicher Wut Stadt und Land verwüstet. Da keine Saat ausgestreut und die vorhandenen Früchte mehr verdorben als genossen wurden, so brach eine solche Hungersnot aus, daß die Bewohner genötigt wurden ihr elendes Leben durch das Fleisch der Toten zu fristen. Die wilden Tiere, durch die vielen Leichname, die nicht begraben werden konnten, an Menschenfleisch gewöhnt, fielen die Lebenden an und zerrissen sie: und damit das Übermaß der Leiden nicht ausbliebe, brach die gewöhnliche Gefährtin des Hungers, die Pest, aus und raffte Bedrücker und Unterdrückte in ungeheurer Zahl dahin. Die Barbaren, des Wanderns wie des Mordens müde, schlugen nun in dem entvölkerten Lande ihre Wohnsitze auf (411): in dem nordwestlichen Teil der Halbinsel oder in Gallizien ließen sich die Sueven nieder, südöstlich davon, in der Mitte des Landes, die Vandalen, in Lusitanien und Carthagena die Alanen, und in Bötika, dem jetzigen Andalusien, die Silinger, ein vandalischer Stamm. Die Spanier in den Festungen und Städten verstanden sich durch eine freiwillige Unterwerfung mit den Eroberern, wodurch sie einem verzweiflungsvollen Kampfe vorbeugten. Den nordwestlichen Teil von Spanien, die *provincia Tarragonensis*, also das jetzige Catalonien, Arragonien und Navarra besaßen noch die Römer unter der Regierung des Constans[115].

Constantin hatte unterdessen sich in Gallien behauptet, und da Honorius von den Goten in Italien bedrängt wurde, so erhielt er sogar von demselben das Versprechen, man wolle ihm die Ansprüche auf das angemaßte Land abtreten, wenn er die Goten bekriege. Constantin machte zum Schein einen Zug nach Italien, kehrte aber bald wieder um, entweder weil ihm überhaupt der Krieg gegen Alarich nicht recht Ernst war, oder wohl deswegen, weil er von dem Aufstande des Gerontius in Spanien Nachricht bekommen hatte. Dieser General verband sich mit den Vandalen, jagte den Augustus Constans aus Spanien, und rief seinen Freund Maximus auf den Thron, den derselbe in Tarragona aufschlug. Gerontius rückte dann mit einem Heere über die Pyrenäen, nahm Vienna ein, wo Constantins Sohn sich befand, und ließ den jungen Augustus, der wider seinen Willen das Klosterleben hatte verlassen müssen, hinrichten. Dann zog er gegen Arles, wo der Vater mit gleichem Schicksale bedroht wurde. Da Honorius nach Alarichs Tod mit den Goten in ein friedlicheres Verhältnis zu treten schien, weil Ataulph eine Annäherung wünschte, so konnte er unter dem Feldherrn Constantius ein Heer nach Gallien schicken, das sowohl gegen Gerontius als gegen Constantin feindlich agierte. Kaum waren des Honorius Truppen in die Nähe von Arles gekommen, als die Soldaten des Gerontius in das kaiserliche Lager überliefen. Der verlassene General flüchtete sich nach Spanien, wo er, um einem schimpflichen Tod zu entgehen, sich selbst umbrachte. Maximus wurde gefangen genommen, in Rom und Ravenna dem Spotte des Volkes preisgegeben und dann hingerichtet. Constantin, wohl von diesem Feinde befreit, hatte einen gefährlicheren Gegner in dem siegreichen Constantius, der ihn in Arles belagerte. Als das Heer der Franken und Alemannen, welches zu seiner Hilfe herbeieilte, geschlagen wurde, hatte er keine Hoffnung mehr, wenn ihm nicht die Milde und Großmut seines Feindes das Leben rettete. Die Tore von Arles wurden dem kaiserlichen Feldherrn geöffnet, der zwar selbst nicht seine Hände in Constantins Blut tauchte, ihn aber nach Italien schickte, wo er und sein Sohn Julian umgebracht wurden (411)[116].

Noch ehe sich Constantin unterworfen hatte, erhob sich ein neuer Rebell: im vierten Monate der Belagerung von Arles erhielt man im kaiserlichen Lager die Nachricht, daß Jovinus in Mainz zum Kaiser ausgerufen sei, und von Goar, König der Alanen, und Guntiar, König der Burgunder, unterstützt, mit einem starken Heere gegen die Rhone marschiere. Constantius beeilte sich, Herr von Arles zu werden, was ihm, wie erzählt ist, auch gelang. Allein anstatt seine bisher siegreichen Waffen gegen den Rebellen zu wenden, ergriff er, unbekannt aus welcher Ursache, schmählich die Flucht, und überließ dem Jovinus das Land als eine leichte Eroberung[117].

So standen sie Sachen in Gallien, als die Goten dahin unter Ataulphs Anführung kamen[118]. Nach Alarichs Tod hatte sein Schwager die Königswürde erlangt. Wenn wir den nicht ganz zuverlässigen Nachrichten folgen wollten, so hätte Ataulph sein Volk aus Unteritalien noch einmal nach Rom geführt, es abermals schrecklich geplündert und bei dieser Gelegenheit des Kaisers Schwester, die Placidia, zur Gefangenen bekommen[119]. Allein die sichersten Schriftsteller schweigen von einer Einnahme Roms unter Ataulph und berichten uns genau, daß Placidia schon nach der zweiten Belagerung von Alarich als Gefangene weggeführt wurde.

Die Goten in beständigen Unterhandlungen mit Honorius, der an Ravenna ein festes Bollwerk hatte, ließen sich im heutigen Toskana nieder[120], und schlossen endlich einen Vertrag mit dem Kaiser[121], oder schienen wenigstens einen schließen zu wollen, für ihn Gallien und Spanien zu erobern, wenn sie hier Wohnplätze angewiesen bekämen. Mag es auch sein, daß Ataulph nicht die Absicht hatte, für den Kaiser zu streiten, so war es doch ein Vorwand, den Einbruch in Gallien zu bemänteln (412). Auch zeigte gleich das Eingehen in Unterhandlungen mit Jovinus, den Ataulph bekriegen sollte, daß der gotische König vielmehr geneigt war, mit diesem als mit Honorius in freundschaftliche Verbindungen zu treten.

Auf das Anraten des entthronten Attalus, der dem gotischen Heere folgte, kam Ataulph zu einer Unterredung mit dem Usurpator zusammen. Da sie sich nicht vereinigen konnten, und der gotische König hörte, daß sein Todfeind Sarus, der von Honorius abgefallen war, zu Jovinus unterwegs sei, so hob Ataulph die Unterredung schnell auf und zog mit 10 000 Mann dem Feinde der Balten entgegen. Sarus, der nur achtzehn bis zwanzig Leute bei sich hatte, wehrte sich dessen ungeachtet sehr lange, bis der verzweifelte Kampf durch die Übermacht beendigt wurde. Der mit Mühe Überwältigte wurde lebendig gefangen und dann grausam getötet[122].

Erst als Jovinus seinen Bruder Sebastian zum Mitregenten annahm, entzweite sich Ataulph, darüber aufgebracht,[123] gänzlich mit ihm. Er schickte daher Gesandte an Honorius mit dem Versprechen, bald die Köpfe der Rebellen und Friedensbotschaft zu überschicken, verband sich nun mit Dardanus, dem einzigen Statthalter in Gallien, der dem Kaiser treu geblieben war, und bekriegte die beiden Brüder. Diese, größtenteils von den Ihrigen verlassen, suchten sich in feste Städte zu retten: allein hier fanden sie nur kurzen Schutz. Denn Valentia, wohin sich Jovinus geflüchtet hatte, wurde von den Goten erstürmt, und die Stadt Narbonne, worin sich Sebastian eingeschlossen, eroberte Dardanus. So war diese Rebellion schnell unterdrückt, und die Köpfe der beiden Usurpatoren wurden dem Kaiser zugeschickt (413)[124].

Man sollte denken, daß nun zwischen dem Kaiser und Gotenkönig ein gutes Vernehmen stattgefunden hätte. Allein ein Vertrag, der vor der Besiegung des Jovinus geschlossen wurde und demzufolge die Placidia zurückgegeben, den Goten aber Getreide geliefert werden sollte, wurde von beiden Teilen nicht erfüllt, und gab jedem den Vorwand, den Gegner des Beginns der Feindseligkeiten zu beschuldigen. So fing Ataulph, der nicht im geringsten im Sinne hatte, die mit Leidenschaft geliebte Prinzessin von sich zu lassen, den Krieg wieder an, weil ihm der Kaiser das versprochene Getreide nicht schickte. Um sich solches mit Gewalt zu verschaffen, da sein Volk dessen im verarmten Gallien sehr benötigt war, suchte er die reiche Stadt Massilia (Marseille) zu überrumpeln, denn er hoffte hier große Vorräte zu finden. Allein der Statthalter daselbst, jener Bonifacius, der später den Verlust Afrikas veranlaßte, merkte frühzeitig genug die Absicht Ataulphs, um Vorkehrungen gegen den Überfall zu treffen. Die Goten wurden mit Verlust zurückgeschlagen und ihr König hätte auf der Flucht fast sein Leben eingebüßt[125].

Diese mißlungene Unternehmung gegen Marseille schreckte ihn nicht ab, seine Waffen gegen eine andere nicht minder bedeutende Stadt zu versuchen. Narbonne, am Meere gelegen, wichtig durch seine stete Verbindung mit Spanien, hatte keinen so vorsichtigen Befehlshaber als Bonifacius. Die Goten bemächtigten sich der Stadt[126] und breiteten ihre Eroberungen in der Umgegend aus, so daß die bedeutenden Städte Toulouse[127] und Bordeaux auch in ihre Gewalt kamen.[128].

Honorius, der gern mit Ataulph Frieden geschlossen hätte, fand sich in solcher Lage, daß er nicht wußte, was er tun sollte. Denn der Patrizier Constantius, die bisherige Stütze des Thrones, welchem der Kaiser die Schwester verlobt hatte, brachte es durch seinen Einfluß dahin, daß bei allen Friedensunterhandlungen es zur ersten Bedingung gemacht wurde, die gefangene Placidia auszuliefern. Um dieses nicht tun zu müssen, machte Ataulph die überspanntesten Forderungen, von denen er wußte, daß sie ihm der Kaiser nicht zugestehen durfte.

Nach des Zosimus Bericht, den wir für den genauesten und zuverlässigsten halten, wurde Placidia[129] bei der zweiten Einnahme Roms gefangen. Sie blieb gleichsam als Geisel in den Händen der Goten, die ihr jedoch alle einer kaiserlichen Prinzessin nur gebührende Ehre und Achtung bewiesen[130]. Bald faßte Ataulph, Alarichs Nachfolger, obwohl schon verheiratet, eine leidenschaftliche Liebe zu der schönen Prinzessin. Sie zur Königin der Goten zu erheben, war sein Wunsch und sein Streben, wogegen sich freilich viele Schwierigkeiten erhoben. Es war für den Gotenkönig nicht leicht[131], obwohl er ein schöner, mit vortrefflichen Eigenschaften reich ausgestatteter Mann war[132], die Liebe einer Prinzessin zu gewinnen, die ihn als einen Feind ihres Bruders und ihres Volkes ansehen mußte. Doch das weibliche Herz, das oft großer Aufopferungen fähig ist, wenn dadurch etwas Gutes gestiftet wird, zeigte sich auch bei der Placidia edel und groß. Um den Völkern den schon lang entbehrten Frieden wiederzuschenken, gab sie endlich den Zureden des Römers Candidianus nach, Ataulphs Gemahlin zu werden[133]

Im Monate Januar des Jahres 414 wurde in Narbonne[134] im Hause des Ingenius, eines der angesehensten Männer der Stadt, die Hochzeit auf das prachtvollste begangen. Ataulph suchte seine Braut mit dem größten Glanze zu umgeben. Wie eine Kaiserin gekleidet, saß sie, überreich geschmückt, auf einem Thron. Ihr zur Seite in römischer Kleidung nahm der gotische König den zweiten Platz ein. Unter den reichen Geschenken, welche er nach der Sitte seines Volkes der Neuvermählten überreichen ließ, zeichneten sich besonders die Schätze aus, welche fünfzig in Seide gekleidete Jünglinge übergaben. Jeder von diesen trug zwei große Gefäße, wovon das eine mit Gold und das andere mit kostbaren Edelsteinen angefüllt war. Dieses mochte mit zu den Hauptreichtümern gehören, welche die Goten bei der mehrmaligen Einnahme Roms erbeutet hatten. Attalus, der vom Alarich auf den Thron gehobene und wieder gestürzte Kaiser, stimmte als Führer des Chores zuerst die Hochzeitsgesänge an. Dieses Fest feierten Goten und Römer einträchtig und jubelnd, da sie jetzt mit der Hoffnung erfüllt waren, das Ende aller Kriegsleiden und den Anfang einer besseren Zeit vor sich zu haben[135].

Doch man hatte sich geirrt. Obwohl jetzt Ataulph mehr als je mit dem Kaiser, seinem Schwager, Frieden wünschte und ihn seine Gemahlin in dieser Stimmung zu bestärken suchte, so fing Constantius, der verdrängte Liebhaber, der allen Einfluß am Hofe zu Ravenna hatte, wieder von neuem die Feindseligkeiten an, denn nur dadurch konnte er seine Rache sättigen. Weil Ataulph den Krieg nicht verschmähte, wenn er dazu gereizt wurde, so trat er abermals als Feind der Römer auf, und der charakterlose Attalus, zu allem willfährig, der abwechselnd den Kaiser, den Unterhändler, den Chorführer machte, wurde nun wieder mit dem kaiserlichen Purpur umgetan[136].

Unerwartet schnell rückte Constantius von Arles aus gegen Narbonne, den gewöhnlichen Wohnsitz des westgotischen Königs[137].

Dieser war schon vor der Annäherung der Römer gegen die Pyrenäen gezogen, hatte aber einen Teil des gotischen Heeres in der Stadt zurückgelassen. Die Zurückgebliebenen, die Übermacht des kaiserlichen Generals fürchtend, überließen – ob ohne Schlacht oder erst nach erlittener Niederlage, ist ungewiß – ihm die Stadt, und nahmen unter vielen Verheerungen ihren Weg nach Spanien, wo ihr König Ende des Jahres 414 angekommen war[138]. Ehe die Goten Gallien verließen, plünderten sie Bordeaux[139], das sie bisher innegehabt; auch Bazas sollte von ihnen gleiches Schicksal erfahren, aber der König der Alanen verließ sie während der Belagerung und verband sich mit den Römern[140].

Attalus, von den Goten in Gallien seinem Schicksale überlassen, wollte sich auf einem Schiffe nach Spanien flüchten, wurde aber aufgefangen und in den Straßen von Rom und Ravenna beim Triumphaufzug des Honorius dem Gespötte des Volkes preisgegeben. Die Art von Strafe, welche er früher dem Honorius angedroht hatte, wurde ihm jetzt selbst zuteil. Es wurde ihm die Hand verstümmelt und die Insel Lipari als Aufenthaltsort angewiesen, wo man ihm jedoch die nötigen Lebensbedürfnisse nicht entzog[141].

In Spanien bemächtigte sich Ataulph sogleich der wichtigen Seestadt Barcelona. Hier kam Placidia mit einem Knaben nieder, der nach seinem Großvater den Namen Theodosius erhielt, und vielleicht in der Seele des gotischen Königs die Hoffnung erweckte, daß seine Nachkommen auf den Kaiserthron steigen würden. Daher suchte er sich wieder Honorius zu nähern. Allein Constantius, unversöhnlich in seinem Haß, setzte den Krieg mit großer Heftigkeit fort, und da das Kind bald starb, so verschlugen sich alle friedlichen Aussichten ganz. Zu Barcelona in einem Bethause wurde das Kind Theodosius mit großer Feierlichkeit in einem silbernen Sarge begraben[141].

Wie weit Ataulph in Spanien seine Eroberungen ausgedehnt, und mit welchen Völkern er Krieg geführt habe, ist ungewiß: nur so viel kann mit aller Wahrscheinlichkeit behauptet werden, daß er nicht mehr eroberte, als höchstens die Länderstriche, welche jetzt Catalonien und Arragonien ausmachen.

Denn er befand sich kaum ein halbes Jahr jenseits der Pyrenäen, als er in Barcelona auf meuchelmörderische Weise umgebracht wurde. Er hatte unter seinen Dienern einen ehemaligen Gefährten des ermordeten Sarus. Dubios,[143] so war sein Name, schwur dem Mörder seines Herrn schreckliche Blutrache. Um sie besser ausführen zu können, nahm er bei Ataulph Dienste, der sich oft über seine kleine und komische Gestalt belustigte und durch seine beißenden Witze bei dem Diener das Rachegefühl lebendig erhielt. Eines Tages, als Ataulph im Stalle seine Pferde besichtigte, stürzte Dubios auf den Nichtsahnenden und brachte ihm mit einem Dolche eine tödliche Wunde bei, an der er bald darauf Ende des Monats August im Jahre 415 den Geist aufgab[144].

Als die Nachricht von seinem Tode, dessen Veranlassung man fälschlich dem Honorius zuschrieb, nach Konstantinopel kam, hielt man daselbst Feste und Spiele des Zirkus über den Fall eines so furchtbaren Feindes[145].

Ataulphs Charakter war für einen Eroberer gemacht. Er verband Tapferkeit mit Schlauheit und Überlegung und zeichnete sich besonders dadurch vor rohen Eroberern aus, daß er mehr auf dem Wege der Unterhandlungen seine Absicht zu erreichen suchte, als durch die Gewalt der Waffen und erst dann zu diesen seine Zuflucht nahm, wenn jene fehlschlugen. Drosius[146] teilt uns von Ataulph, der damals sich in Narbonne befand, Äußerungen mit, woraus wir ihn am besten kennenlernen. „Ich suchte (sagte der Gotenkönig), auf meine Macht und Kraft gestützt, einmal das römische Reich wie seinen Namen zu vertilgen und dafür ein neues, ein großes Gotenreich zu stiften, so daß Gothia dann die Stelle von Romania einnähme und ich das meinem Reiche geworden wäre, was Cäsar Augustus dem römischen gewesen. Durch viele Erfahrungen erhielt ich endlich die Überzeugung. Daß zur Aufrechthaltung eines Staates durchaus Gesetze und dabei Ausübung und Handhabung derselben nötig sind; daß die Goten wegen ihres trotzigen Sinnes und ihrer Roheit noch nicht reif für gesetzmäßige Ordnung, daher ihr auch nicht unterwürfig sein würden, sah ich ein. Da ich nun nicht der Stifter eines neuen Reiches sein konnte, so setzte ich meinen größten Ruhm darein, mit allen Kräften Roms Herrschaft wiederherzustellen und sie wo möglich noch größer und mächtiger zu machen. Für den Wiederhersteller des Römerreiches bei den Nachkommen gehalten zu werden, sei mir mein größter Ehrgeiz."

Mögen diese Äußerungen Ataulphs aufrichtig gewesen sein oder nicht, so ist doch so viel gewiß, daß er in der letzten Zeit friedliche Gesinnungen gegen den Kaiser hegte, die durch die Klugheit und Bemühungen der Placidia hervorgerufen und unterhalten, aber durch den unversöhnlichen Haß des Constantius zunichte gemacht wurden. Es scheinen des Drosius Worte[147] darauf hinzudeuten, daß Ataulph nicht bloß aus Blutrache gefallen sei, sondern durch eine Fraktion der Goten, die darüber aufgebracht waren, daß ihr König, römischen Sitten und Gebräuchen hold, die Freundschaft des Kaisers suche. Den Mord kann der, welcher die Blutrache ausführen wollte, übernommen haben, so daß sich die verschiedenen Erzählungen vereinen lassen.

Sterbend empfahl Ataulph seinem Bruder, den er für seinen Nachfolger hielt, die Placidia dem Honorius zurückzuschicken und sich mit den Römern in ein friedliches Verhältnis zu setzen. Allein durch Gewalt und Anmaßung wußte Siegreich[148], der Bruder des ermordeten Generals Sarus, mit Hilfe einer Partei die Königswürde an sich zu reißen[149].

Ataulphs Kinder von einer früheren Frau wurden unbarmherzig aus den Armen ihres Erziehers, des Bischofs Sigesarus, gerissen und ermordet[150]. Das Leben der Placidia verschonte zwar der Wüterich, jedoch wurde sie den größten Mißhandlungen ausgesetzt. Sie mußte zu Fuße mit anderen Gefangenen vor dem Pferde Siegreichs von Barcelona bis zum zwölften Meilensteine gehen und gleichsam einen Triumphzug des Tyrannen auszieren helfen. Durch seine Grausamkeiten machte sich der Barbar allgemein so verhaßt, daß er schon am siebenten Tage seiner schändlichen Regierung ermordet wurde[151]. Was Drosius von ihm sagt, läßt sich sehr bezweifeln, da die anderen Schriftsteller davon schweigen, und die Behandlung der Placidia gerade das Gegenteil beweist[152].

Nach der Ermordung Siegreichs erwählten die Goten den tapferen Wallia zu ihrem König. Daß er ein Verwandter von Ataulph gewesen, oder gar dessen Bruder, wie einige behaupten, wird in den Quellen nirgends bemerkt. Obwohl er ein heftiger Römerfeind war, so schützte er die Placidia doch gegen alle Mißhandlungen, da er die Einsicht hatte, daß ein Mann sich selbst entehrt, wenn er ein Weib mißhandelt. Er fing seine Regierung sogleich damit an, die von Ataulph begonnenen Eroberungen fortzusetzen. Von Barcelona aus zog er längs der Meeresküste hin, unterwarf sich alle Städte, wo sein Zug vorbei ging, und als er an die gaditanische Meerenge (die heutige Straße von Gibraltar) gekommen war, schweiften seine eroberungssüchtigen Blicke nach den fruchtbaren Küsten Afrikas hinüber. Was Alarich schon in Unteritalien vorhatte, von Sizilien aus nach Afrika überzusetzen, beabsichtigte jetzt Wallia von dem näher gelegenen Spanien aus. Aber Stürme und Schiffbrüche schreckten die Goten, und sie suchten dem furchtbaren Elemente, das ihnen so feindlich schien, nicht weiter zu trotzen. In dieser Zeit konnten die vom Kaiser abgeschickten Gesandten bei dem Gotenkönig ein geneigtes Gehör finden. Nicht Furcht vor dem Heere des Constantius, der über die Pyrenäen gegangen war, stimmte Wallia friedlicher, sondern die Not der Seinigen in dem ausgeplünderten und verheerten Lande. Daher kam ihm das Anerbieten des Honorius, den Goten 600 000 Maß Weizen zu liefern, wenn er die Placidia herausgäbe, sehr erwünscht. Gern gab der die Prinzessin, die bisher beständig in allen Zügen mitgeführt worden war, und an die er nicht wie Ataulph gefesselt war, dem Kaiser zurück[153] und rettete durch die dafür erhaltene reiche Getreidespende sein Volk von großer Not[154]. Placidia mußte, ungeachtet ihrer Abneigung gegen Constantius, doch denselben heiraten und gebar ihm die in Attilas Geschichte so sehr berüchtigte Honoria und den nachherigen Kaiser Valentinian III.

Wallia schloß sich nun seit dieser Zeit an die Römer. Da er, wie sein Volk, die Ruhe haßte, so übernahm er, für den Kaiser Spanien wieder zu erobern und die Vandalen, Alanen und Sueven zu besiegen. Der Kaiser versprach ihm dafür, feste Wohnsitze einzuräumen. Noch ehe der Erfolg der Waffen Wallias in Spanien entschieden war, feierte Honorius die Siege der Goten als Siege der Römer durch einen Triumphaufzug in Rom (417). Der ehemalige Kaiser Attalus ging vor dem Triumphwagen und Fredibald, der König eines vandalischen Stammes, den Wallia gefangen genommen hatte[155], mußte ebenfalls dazu beitragen, die Pracht des Triumphes zu erhöhen, und Dichtern und Lobrednern Stoff geben, die Macht des Kaisers auszuposaunen[156].

Unterdessen führten die Goten einen hartnäckigen Krieg mit den germanischen Völkern in Spanien, und zwar nicht, um Eroberungen zu machen, sondern als Hilfsvölker des Kaisers, der bei jeder Nachricht von einer Schlacht die Zahl seiner Feinde vermindert wußte[157]. Doch nach mehreren blutigen Zügen erhielt die größere Macht und Tapferkeit der Goten über ihre mehr vereinzelten Feinde die Oberhand: die Silingi, ein vandalischer Volksstamm, der sich in der Provinz Bötika (Andalusien) niedergelassen hatte, wurden gänzlich ausgerottet, so daß ihr Name in der Geschichte nicht mehr vorkommt.

Die Alanen, welche Lusitania (Portugal) und Carthagena bewohnten und von Atax (oder Addax) beherrscht wurden, hatten fast gleiches Schicksal. Ihr König wurde in der Schlacht erschlagen; sie selbst fühlten sich so geschwächt, daß sie kein eigenes Volk mehr ausmachten, sondern nur noch unter vandalischem Schutz und Namen ihre fernere Existenz erhielten (418). Die Vandalen unter ihrem König Gunderich und die Sueven, um nicht auch wie ihre Wandergenossen von den Goten aufgerieben zu werden, zogen sich in die Gebirge von Gallicien zurück, wo unzugängliche Gegend und verzweifelte Gegenwehr den Goten fernere Siege nicht mehr möglich machten[158].

So war fast ganz Spanien wieder den Römern unterworfen. Für diese Dienste mußten die Goten belohnt werden; sie in der pyrenäischen Halbinsel zu lassen war gefährlich, da sie sich hier bald unabhängig machen und Afrika wie Gallien bedrohen konnten. Man wies ihnen also zu bleibenden Wohnsitzen ein Land an, das so gelegen war, daß man nicht viel von ihnen zu befürchten glaubte. Die Goten kehrten daher (419)[159] aus Spanien zurück, und besetzten das ihnen vom Kaiser angewiesene Land an der Garonne bis ans Meer, d. i. Aquitania secunda[160] nebst der Stadt Toulouse, welcher Länderstrich den Namen Septimania oder Gothia erhielt[161]. Die Provinz Narbonnensis und Aquitania prima blieb noch den Römern: in der ersteren bekamen die Goten gewiß deswegen keine Besitzungen, weil man sie vom mittelländischen Meere entfernt halten wollte. Daß sie jenseits der Pyrenäen ein Land erhielten, ist gar nicht wahrscheinlich, und kann auch aus keinem alten Schriftsteller bewiesen werden[162]. Die Hauptstadt des neuen westgotischen Reiches war Toulouse, welches auch oft Roma Garumnae genannt wurde.

DRITTER ABSCHNITT
Das Tolosanische Reich der Westgoten (von 419–531)

ERSTES KAPITEL

Wallia Gründer, Theodorich und Thorismund durch siegreiche Kriege Befestiger der westgotischen Herrschaft in Gallien (von 419–453)

Die Wanderungen der Westgoten waren nun vollendet: feste Wohnsitze waren erkämpft durch die blutigen Kriege in Spanien. Nachdem sie fast ein halbes Jahrhundert hindurch der Schrecken des ost- und weströmischen Reiches gewesen, beide an den Rand des Untergangs gebracht, und sie auf ihren Zügen Griechenland, Italien, Gallien und Spanien durchwandert hatten, ruhten sie an den fern der Garonne, friedlich lebend mit römischen Bürgern, deren Bildung und Künste sie sich bald ebenso schnell aneigneten, als sie die Provinzen durchzogen hatten. Geordnetes Staatsleben, das vor roher Willkür schützt, Ackerbau, der an den heimischen Boden fesselt und vor Hungersnot sichert, Gewerbe und Künste, die das Leben bequem und angenehm machen, lernten sie nun kennen und schätzen und machten darin solche Fortschritte, daß sie bald den Römern nicht nur den Vorzug der Tapferkeit, sondern auch den der Bildung entrissen.

Nicht lange nach der Gründung des tolosanischen Reiches starb Wallia (419). Er hinterließ nur eine Tochter[1], welche in der Folge die Mutter des Sueven Ricimer wurde, der in der römischen Kaisergeschichte eine so bedeutende Rolle spielt.

Sollte das neue Reich an Größe gewinnen und nicht bald wieder durch die Römer oder die germanischen Völker zerstört werden, so bedurfte es eines großen und kräftigen Mannes. Die Wahl der Goten war, was nicht immer in solchen Umständen zu geschehen pflegt, glücklich, denn sie erhoben Theodorich[2] zum König, der ganz dazu gemacht war, die Umstände mit Klugheit zu benutzen, das Reich zu befestigen und zu vergrößern. Solange Honorius lebte, stand er mit den Römern in gutem Vernehmen und suchte den Frieden aufrecht zu erhalten: ja er schickte sogar Hilfstruppen gegen die Feinde der Römer in Spanien. Nach der Entfernung Wallias aus Spanien hatten sich nämlich die Vandalen wieder sehr erhoben; sie trennten sich von den Sueven, mit denen gemeinschaftliche Gefahr sie früher verbunden hatte. Nachdem der Suevenkönig Hermanrich besiegt war[3], beunruhigten sie das römische Spanien. Daher rückte Gastinus mit einem starken römischen Heere und zahlreichen gotischen Hilfstruppen in die Provinz Bötica, deren sich der Vandalenkönig Gundarich wieder bemächtigt hatte (420)[4]. Schon hatte Gastinus seine Feinde eingeschlossen und durch Hunger so weit gebracht, daß sie auf dem Punkte waren, sich zu ergeben, als er die Unvorsichtigkeit beging, sich in eine Schlacht einzulassen. Von den gotischen Truppen verlassen, wurde das römische Heer, von der Übermacht der Feinde, die mit Verzweiflung kämpften, gänzlich besiegt. Zwanzigtausend Römer bedeckten das Schlachtfeld[5]. Gastinus selbst rettete sich durch die Flucht nach Tarracona (422)[6]. Durch diesen Sieg waren die Vandalen wieder in Besitz von dem größten Teile Spaniens gekommen, und sie hatten durch die Eroberung der Städte Hispalis (Sevilla) und Carthagena Schiffe erhalten, auf denen sie nach den reichen und fruchtbaren balearischen Inseln übersetzten (425). Hier machten sie viele Beute, da diese Inseln bisher in den Kriegen noch nichts gelitten hatten[7].

Nach dem Tode des Honorius (423) hatte sich der Primicerius Johannes des Kaiserthrones angemaßt. Durch die Bemühungen und Ränke des obgenannten Feldherrn Gastinus gelang es dem Usurpator, Gallien zu gewinnen. Als der Westgotenkönig die Verwirrung und Unordnung in den gallischen Provinzen bemerkte, so trat er jetzt als Feind der Römer und als Eroberer auf. Er überschritt die Grenzen seines Landes und eroberte in der narbonensischen Provinz mehrere Städte, setzte dann über die Rhone und belagerte Arles, damals die wichtigste Stadt Galliens. Aetius, ein Anhänger des Tyrannen Johannes, nach dessen Sturz aber dem Kaiser Valentinian ergeben, befehligte in jener Zeit in Gallien. Sobald er von Theodorichs kriegerischen Schritten Nachricht erhalten hatte, rückte er mit seinem Heere gegen Arles (426). Die Goten hoben die Belagerung schnell auf und eilten zurück: jedoch holte sie Aetius noch ein und brachte ihnen einen empfindlichen Verlust bei[8]. Wahrscheinlich stellte ein Vertrag den Frieden zwischen den Goten und Römern wieder her[9], denn wir finden, daß Theodorich im Jahre 427 einen Zug gegen die Vandalen in Spanien machte[10].

Von dem Erfolge dieses Feldzuges fehlen uns die Nachrichten, doch scheinen die Vandalen nicht besiegt worden zu sein, da ihr König Gunderich, Godegisclus Sohn, seine Eroberungen fortsetzte und Afrika sogar mit einer Landung bedrohte. Als er bald darauf starb[11], folgte ihm sein Bruder *Gaiserich* oder *Genserich*, der größte König der Vandalen. Dieser erhielt von dem römischen Statthalter Bonifacius, der durch des Aetius Ränke zum Abfall genötigt wurde, eine Einladung, mit seinem Volke nach Afrika überzusetzen, und das Versprechen, nach geleisteter Hilfe ihm den dritten Teil des Landes abzutreten. Ehe Genserich Spanien verließ, wandte er seine Waffen gegen den Suevenkönig Hermigarius, der den wegziehenden Vandalen unter den größten Verheerungen des Landes nachfolgte. Nicht weit von Merida am Flusse Anas (jetzt Quadiana) traf der Vandalenkönig, der wieder umgekehrt war, auf die Sueven, und schlug sie in die Flucht, auf der ihr König in dem Flusse ertrank. Ungestört setzte dann Genserich seinen Weg fort und kam mit 80 000 Vandalen und ihren Weibern und Kindern im Monat Mai 429 nach Afrika hinüber, wo er anfangs den Statthalter Bonifacius unterstützte, dann bekriegte, und sich endlich ein mächtiges vandalisches Reich gründete[12].

Unterdessen hatte Theodorich den Krieg gegen die Römer wieder begonnen. Er wußte, daß Aetius im Kriege mit den Franken am Rheine beschäftigt war. Daher hielt er die Umstände für günstig, einen abermaligen Versuch auf Arles zu machen. Er schickte daher unter der Anführung Anaolphs ein Heer gegen diese Stadt. Allein Aetius, bei Zeit von diesen Bewegungen benachrichtigt, eilte schnell herbei und rettete so die Stadt zum zweitenmale. Die Goten mußten mit Verlust abziehen (429)[13].

Die beiden fehlgeschlagenen Versuche auf Arles schreckten die Goten eine Zeitlang von Feindseligkeiten gegen die Römer ab. Theodorich scheint sich mit dem Hofe zu Ravenna in ein so gutes Vernehmen gesetzt zu haben, daß man seine Hilfe gegen den zu mächtigen Aetius ansprach. Das Glück der Waffen dieses Feldherrn und sein dadurch erlangtes Ansehen machten ihn der Kaiserin Placidia, welche für den schwachen Valentinian die Zügel der Regierung führte, verdächtig. Dazu kam noch, daß der Statthalter Bonifacius wieder seinen früheren Einfluß erhalten und die oberste Feldherrnstelle bekommen hatte. Diese Erhebung seines Feindes reizte Aetius zum Aufstande und zu einer Schlacht, worin zwar sein Gegner siegte, aber tödlich verwundet wurde. Der besiegte Feldherr flüchtete sich zu den Hunnen, mit denen er schon früher Verbindungen unterhalten hatte, sammelte hier ein bedeutendes Heer und erschien damit feindlich an der Grenze Italiens. Der Kaiser, ohne Feldherr und ohne Heer, sah nur in den Westgoten einzige Hilfe. Doch ehe diese herangenaht waren, zog Aetius dem unsichern Ausgange einer Schlacht die durch freiwilliges Unterwerfen erlangte Verzeihung vor: wobei er zugleich auch zu den höchsten Würden erhoben wurde. Das hunnische Heer aber führte er in kaiserliche Dienste[14].

Theodorich, der nun so lange Frieden mit den Römern unterhielt, als sein Vorteil es erheischte, fand den Augenblick für günstig, die am Meere gelegene wichtige Stadt Narbonne zu nehmen, da Aetius in Nordgallien mit den aufrührerischen Bauern oder Bagauden Krieg zu führen hatte. Obwohl die Stadt durch starke Befestigungswerke eine lange Belagerung aushalten konnte, so litt sie doch bald aus Mangel an Lebensmitteln die größte Not, und die abgematteten Streiter dachten schon an eine Übergabe, als der römische General Litorius mit einer Schar Reiter herannahte. Mit großer Kühnheit brach er mit diesen, wovon ein jeder zwei Säcke Korn aufgeladen hatte, durch die Reihen der Belagerer und kam glücklich in Narbonne an. Dadurch war die Stadt vor der größten Not gesichert, und die Goten, von des Aetius Annäherung benachrichtigt, hoben nicht lange nachher die Belagerung auf (437)[15].

Litorius war nicht damit zufrieden, Narbonne gerettet zu haben: sein Plan ging weiter. Der Sieg hatte ihn aufgeblasen gemacht und ihm den Dünkel eingegeben, das gotische Reich ganz vernichten zu können. Daher zog er mit einem hunnischen Hilfsheer[16], das meist aus Reiterei bestand, in Theodorichs Land, trieb unter vielen Verheerungen die Goten vor sich her und näherte sich so der Hauptstadt Toulouse, indem Aetius von Norden heranzog und das Glück hatte, auf dem Marsche 3000 Goten niederzuhauen. Theodorich, bestürzt, sich in seiner Hauptstadt belagert zu sehen, machte Friedensvorschläge, die von Litorius mit Übermut zurückgewiesen wurden. Ein Versuch, durch abgeschickte katholische Bischöfe von Toulouse um Frieden zu bitten, hatten keinen bessern Erfolg. Der römische General wies die Gesandtschaft nicht nur mit Stolz zurück, sondern würdigte die Geistlichen nicht einmal der ihnen gebührenden Ehrenbezeugungen. In der Meinung, daß nun die Mutlosigkeit und Verzweiflung der Belagerten auf das Höchste gestiegen sein müßte, gab er den Befehl, die Stadt zu stürmen und darin nichts zu verschonen. Unterdessen die Goten in andächtigen Gebeten den Beistand des Himmels anflehten, und nur von da Heil und Sieg erwarteten, verließ sich Litorius ganz auf seine eigene Kraft und Tat, wodurch er sogar des Aetius Ruhm zu verdunkeln hoffte. Dann war sein übermütiger Sinn durch glückliche Augurien und andere, in jener Zeit noch nicht ganz abgekommene heidnische Beratungen, der Zukunft bestärkt worden. Der König Theodorich, der sich bisher in inbrünstigen Gebeten zur Hilfe des Höchsten gewandt hatte, war nicht sobald von dem Sturm der Römer benachrichtigt, als er voll begeisternder Kampfeswut mit seinen Goten auf die Stürmenden sich stürzte. Heftig wird gestritten, lange keine Entscheidung des Sieges; bis endlich die Hunnen, die Hauptstärke des römischen Heeres, weichen, dann fliehen und Litorius, von Wunden bedeckt, gefangen und im Triumph nach Toulouse gebracht wird[17] (439).

Theodorich wollte nun seinen Sieg benutzen und nichts von Frieden wissen, welchen ihm die Römer antrugen. Endlich stellte Avitus, der damalige Statthalter von Gallien und der vertraute Freund des gotischen Königs, das friedliche Verhältnis wieder her, gewiß aber mit manchen Aufopferungen[18]. Dagegen entfernte auch Theodorich auf Verlangen des Aetius den Sebastian, Schwiegersohn des Patriziers Bonifacius, aus seiner Hauptstadt, wo er bisher gegen die Verfolgungen seiner Feinde Schutz gefunden hatte. Derselbe begab sich nun nach Spanien, wo er den Römern Barcelona wegnahm, ohne sich jedoch da lange behaupten zu können[19].

Auch gegen die Sueven schickte Theodorich den Römern Hilfsvölker. Nach der Entfernung der Vandalen war der suevische König Hermanrich mehrere Male in die benachbarten Provinzen eingefallen und hatte sie durch Plünderungen und Verheerungen heimgesucht. Sein Sohn Rechila (seit 438 König) eroberte Merida und Hispalis und unterwarf seiner Herrschaft die Provinzen Bötika und Carthagena (441). Noch mehr wurde das suevische Reich vergrößert und befestigt, als der römische Feldherr Vitus mit gotischen Hilfsvölkern durch die Sueven eine furchtbare Niederlage erlitt (446). Bald darauf starb Rechila noch als Heide (448), und sein Sohn Rechiarius, der sich zur katholischen Religion bekannte, setzte die Eroberungen seines Vaters fort, so daß er bis an den Ebro drang, Saragossa eroberte, sogar über diesen Fluß ging und Ilerda einnahm. Durch die Goten wurde er bei diesen Zügen nicht gestört, sondern vielmehr dabei unterstützt[20], da er mit ihrem Könige im besten Einverständnisse stand. Denn Theodorich hatte ihm zur Befestigung ihrer Freundschaft seine Tochter zur Gemahlin gegeben, und Rechiarius kam selbst nach Toulouse zu seinem Schwiegervater, um durch persönliche Unterredung die freundschaftlichen Verhältnisse zu befestigen (449)[21].

Auch mit den Vandalen in Afrika knüpfte Theodorich Verbindungen an durch die Verheiratung seiner zweiten Tochter mit Hunerich, dem ältesten Sohne Genserichs. Allein diese Verbindung hatte nicht den erwünschten Erfolg, sondern sie wurde Ursache großer Feindschaft zwischen dem vandalischen und gotischen Reiche. Auf den Verdacht hin, daß seine Schwiegertochter ihn habe vergiften wollen, ließ Genserich in seiner unmenschlichen Grausamkeit der Prinzessin die Nase und Ohren abschneiden, und schickte sie so verstümmelt ihrem Vater zurück. Dieser, durch den grauenvollen Anblick seines geliebten Kindes mehr zur Rache als zum Bedauern aufgeregt, suchte sich mit den Sueven und Römern zu verbinden, um die Vandalen mit furchtbarem Krieg zu überziehen[22].

Dieser ihm drohenden Gefahr zuvorzukommen und gegen die Westgoten, wie gegen die Römer, einen Feinde zu erregen, zu dessen Bekämpfung sie alle Kräfte aufwenden müßten, schickte Genserich zum Hunnenkönig Attila Gesandte und reizte diesen Eroberer, seine zahllosen Heerscharen nach Westen marschieren zu lassen, wohin er sich bisher noch nicht gewendet hatte. Freilich kann behauptet werden, daß Attila, auch ohne diese Aufforderung Genserichs, Züge gegen das römische Reich würde unternommen haben, ob aber gerade zuerst der Angriff in Gallien gemacht worden wäre, läßt sich nicht so bestimmt annehmen. Genserich gab wenigstens dem Hunnenkönig die Richtung gegen das westgotische Reich, so daß dieses wie das römische soviel zu tun bekam, daß an die Bekriegung der Vandalen nicht mehr zu denken war[23].

Die Hunnen hatten sich bis an die Donau gezogen und von hier aus mehrere Male die Griechen durch verheerende Einfälle in Thrakien erschreckt und sie in Schlachten besiegt, bis endlich *Attila* nach der Ermordung seines Bruders Bleda alleiniger König der Hunnen geworden war (443). Durch die ihm eigene Herrscherkraft, welche Grausamkeit mit Milde, Verwegenheit mit Besonnenheit verband, erhielt er die verschiedenen Völker, welche er besiegt hatte, in Unterwürfigkeit. Seinen Wohnsitz verlegte er diesseits der Theiß in Ungarn, und von hier aus herrschte er in eine Entfernung, deren Grenzen sich nicht genau bestimmen lassen, wahrscheinlich aber im Osten bis an die Wolga, da er mit den Persern Krieg führen ließ, und im Westen unterwarf er sich die Ostgoten, Gepiden und Thüringer, unterdessen er im Süden die Kriege mit dem oströmischen Reiche fortsetzte.

Als Marcianus, ein tapferer Krieger und kräftiger Regent, den Thron in Konstantinopel bestieg (450), dachte sich Attila weniger schwierige Eroberungen im abendländischen Reiche. Sein eigener Entschluß wurde noch mehr bestimmt, als ihm die berüchtigte Honoria[24], die Schwester des weströmischen Kaisers, ihre Hand antrug, und Genserich, der früher vergeblich Römer und Goten zu entzweien suchte, beiden die Hunnen zuschickte, um nicht selbst der vereinten Macht Valentinians und Theodorichs zu unterliegen.

Unter dem Vorgehen, bald nur die Westgoten, bald nur die Römer bekriegen zu wollen[25], ging Attila mit allen verbundenen Völkern[26], nach der Angabe des Jornandes 500 000[27] Mann stark, über den Rhein, zerstörte die meisten Städte an diesem Strome, schlug die Burgunder[28], und drang in Gallien unaufhaltsam vorwärts bis an die Loire. Gemeinsame Gefahr, von diesem furchtbaren Eroberer vernichtet zu werden, verband die bisher feindlichen Völker der Römer, Westgoten, Alanen und Burgunder[29]. Auch ein Teil der Franken war auf Seiten der Römer, der andere hielt es mit den Hunnen.

Anfangs hatten die Westgoten den Feind in ihrem Lande erwarten wollen und waren deswegen nicht zum römischen Heere gestoßen. Allein Aetius ließ durch den am gotischen Hofe vielvermögenden Römer Avitus solche nachdrückliche Vorstellungen von der Größe der Gefahr machen, wenn man noch länger säume[30], daß endlich Theodorich mit allen seinen Truppen aufbrach und sich mit dem Heere des Aetius vereinte, dessen Hauptstärke nun die Westgoten ausmachten. Schon war man davon benachrichtigt, daß Attila nach der Eroberung von Orleans, welche Stadt er durch den Verrat des Alanenkönigs Sangiban einzunehmen hoffte[31], über die Loire gehen wollte. Um diesem zuvorzukommen, bewachte man des Verräters Schritte genau, so daß Attila sich in seiner Hoffnung getäuscht fand. Denn als er Orleans zu belagern anfing, erfuhr er heftigen Widerstand, da die Stadt mit starken Befestigungswerken und vielen Truppen versehen war[32]. Doch durch ungeheure Anstrengungen gelang es ihm endlich, die Mauern zu ersteigen, und schon war er im Begriff, die Stadt zu plündern und zu zerstören, als die Römer und die mit ihnen vereinten Westgoten heranrückten[33]. Der Hunnenkönig, durch die unerwartete Ankunft der Feinde überrascht, zog sich, unmutig über den mißlungenen Versuch, wieder jenseits der Seine zurück bis nach Mury in die Nähe von Troyes. Hier bei Chalons sur Marne auf den sogenannten catalaunischen Feldern[34] kamen die feindlichen Heere einander gegenüber: Eine Anhöhe, welche die ganze Ebene beherrschte, sollte zu gleicher Zeit von beiden Seiten besetzt werden; die Westgoten aber kamen den Hunnen zuvor und blieben während der ganzen Schlacht im Besitz dieser vorteilhaften Stellung.

Attila hatte seine Schlachtordnung so aufgestellt, daß die Rugier, Heruler, Thüringer, Franken und andere Hilfsvölker auf dem rechten Flügel standen: der linke wurde angeführt durch Ardarich, König der Gepiden, und die drei tapfern Brüder Walamir, Theodimir und Widemir, welche über die Ostgoten regierten. Attila selbst befehligte das Mitteltreffen, das die Hunnen als die Hauptmacht bildeten. Da man dem Alanenkönig Sangiban nicht recht trauen konnte, so stellte ihn Aetius in die Mitte, um seine Bewegungen besser zu beobachten und ihn zu hindern, in der Schlacht einen Verrat zu begehen. Die Westgoten unter ihrem Könige Theodorich und dessen beiden ältesten Söhnen Thorismund und Theodorich standen als der Kern des Heeres ihren Stammesverwandten, den Ostgoten und den Gepiden, gegenüber: Aetius mit seinen Römern befehligte den anderen Flügel[35].

Nachdem nun auf jeder Seite die Kampflust der Streiter durch passende Reden[36] der Anführer noch höher gesteigert worden, stürzten sich die Völker, welche vom atlantischen Meere bis zu den Steppen Asiens wohnten, in wilder Kriegeswut aufeinander. Es war eine der hartnäckigsten und blutigsten Schlachten, von der uns die Geschichte erzählt. Den Vorzug der besseren Waffenrüstungen und Kriegsübung, welche die Römer und die mit ihnen verbundenen Völker hatten, ersetzte Attila durch die größeren Massen seiner Heerhaufen und durch den Eindruck seiner Person, da die Völker von ihm bisher nur zum Siege geführt worden waren. Allein durch die Kriegsgeschicklichkeit des Aetius und der Westgoten unwiderstehliche Tapferkeit ging Attilas Ruhm der Unbesiegbarkeit verloren. Den Sieg aber mußte Theodorich mit seinem Leben erkaufen. Denn als dieser die Seinigen in den Kampf führte, stürzte er verwundet vom Pferde und wurde in der Hitze des Kampfes von den über ihn Hinausschreitenden zertreten: wahrscheinlicher ist aber die Nachricht, daß er vom Pfeile des Ostgoten Andages getroffen, an der tödlichen Wunde sogleich auf dem Schlachtfelde seinen Geist aufgegeben habe. Sobald die Westgoten ihren geliebten König getötet sahen, ergriff sie unendliche Kriegswut, seinen Tod durch die Niederlage der Feinde zu rächen. Angeführt von dessen ältestem Sohne Thorismund, schlugen sie die Ostgoten in die Flucht und stürzten sich unaufhaltsam auf die Reihen der

Hunnen, die vergeblich alle Anstrengungen machten, Widerstand zu leisten, da sie ihren strengen Herrscher mehr fürchteten als den Tod. Allein da Attila die Unmöglichkeit erkannte, gegen die Westgoten den Kampf zu bestehen, so entschloß er sich erst, als Gefahr war, den Feinden in die Hände zu fallen, zum eiligen Rückzug hinter die feste Wagenburg. Das Morden und Würgen hatte den Tag hindurch gedauert. Selbst die Dunkelheit endigte noch nicht die blutige Völkerschlacht. Denn Aetius, der noch nicht die Nachricht von dem Siege der Westgoten erhalten hatte, und Thorismund, dem auch des römischen Feldherrn Schicksal unbekannt war, kamen beide, durch die Dunkelheit der Nacht irregeführt, an das feindliche Lager, ohne es zu wollen. Dadurch erneuerte sich der Kampf, der erst durch Müdigkeit und Erfolglosigkeit des weiteren Streitens beendigt wurde. Als der Tag anbrach und das grause Schlachtfeld beleuchtete, welches das Blut von hunderttausenden[37] von Leichnamen überschwemmte, bemerkte Attila mit Schrecken seinen ungeheuren Verlust, und obwohl auch die Römer und ihre Bundesgenossen nicht viel weniger Leute mochten verloren haben, so schrieben sich Aetius und Thorismund doch den Sieg zu, da Attila, allzu sehr geschwächt, nicht wagte, sein stark befestigtes Lager zu verlassen[38]. Dieses kluge Benehmen des Hunnenkönigs für äußerste Verzweiflung und Furcht haltend, machten sie auf das Lager einen Sturm. Freilich hatte er nun alles aufzubieten, um nicht zu unterliegen, und wie er auf den schlimmsten Fall schon gefaßt war, zeigen die Anstalten, die er getroffen hatte, sich einen ehrenvollen Tod zu geben, wenn es den Feinden gelänge, das Lager zu erstürmen. Auf diesen Fall hatte er einen Scheiterhaufen von Pferdssätteln errichten lassen. Schon war alles bereit ihn anzuzünden, und Attila wollte in dessen Flammen einer schimpflichen Gefangennehmung entgehen, als es den Anstrengungen seiner Hunnen noch gelang, den Sturm glücklich abzuschlagen[39].

Der Westgoten erste Angelegenheit war nun, sich ein neues Oberhaupt zu wählen. Obwohl weder Gebrauch noch Gesetz ihnen vorschrieb, einen Nachkommen ihres früheren Beherrschers zur königlichen Würde zu erheben, so erhielt doch sein ältester Sohn *Thorismund*[40], der sie in der Schlacht mit großer Tapferkeit zum Sieg geführt hatte, die Zustimmung aller Goten, da sie kriegerischen Sinn in ihrem Führer über alles schätzten. Die Gebeine des gefallenen Vaters und Königs auf das Feierlichste zur Erde zu bestatten, war der Wunsch des Thorismund und seines Volkes. Lange hatte man unter den Leichenhügeln zu suchen, bis man endlich den Leichnam des tapferen Theodorich, unter einer Menge von Toten vergraben, entdeckte, und ihn zur königlichen Bestattung hinwegtrug. Sein Tod wurde von dem treuen Volke der Westgoten viel beweint: sie sangen seinem Andenken Heldenlieder und flammten in ihrem Busen von neuem das Kriegsfeuer an, durch Erstürmung von Attilas Lager ihrem geschiedenen König eine würdige Totenfeier zu bringen. Thorismund war vor allen gleich stark dazu aufgefordert, durch eine große und rächende Tat den Namen eines wackeren Sohnes und eines des Thrones würdigen Königs zu verdienen[41]. Er hatte daher die gänzliche Vernichtung des Hunnenheeres beschlossen. Aetius, von dem Vorhaben der Goten benachrichtigt, sah ein, daß, wenn diese die Hunnen gänzlich besiegten, sie ein solches Übergewicht unter den Völkern erhalten würden, daß weder die Römer noch sonst eine Nation im Stande sein würden, ihrer Macht zu widerstehen. Dieses fürchtend, wünschte er die nun, wie er glaubte, ziemlich geschwächten Hunnen zu erhalten, und wo möglich sie beim etwaigen Übermute der Goten, wie früher, als Hilfsvölker zu gebrauchen. Um daher den jungen gotischen König von seinem kriegerischen Plane abzuwenden, suchte er ihm seine Anwesenheit zu Toulouse für die Befestigung auf den Thron so notwendig zu schildern, da er mehrere herrschsüchtige Brüder zu Hause zurückgelassen habe, daß Thorismund die weitere Bekämpfung der Hunnen aufgab und sogleich vom Schlachtfelde weg nach der Hauptstadt seines Reiches eilte[42].

Durch die Entfernung der Goten war Attila gerettet. Er brach sogleich auf und ging mit dem Überreste seines Heeres eiligst über den Rhein zurück: Aetius aber sammelte die reichen Schätze auf dem Schlachtfelde und im Lager, welche die Hunnen wegen ihrer schleunigen Flucht zurückgelassen hatten[43]. Wie wenig klug es war, Attila abziehen zu lassen, zeigte sich bald. Denn schon im folgenden Jahre (452) hatte er wieder ein so großes Heer zusammengezogen, daß er es wagte, über die unbesetzten Alpenpässe verheerend in Italien einzufallen. Mit der Forderung, ihm die Honoria, die sich ihm früher als Gemahlin hatte antragen lassen, und einen Teil des Reiches, als die ihr angehörige Mitgift, herauszugeben, zog er vorwärts. Erst wurde Aquileja nach einer hartnäckigen Belagerung genommen und zerstört, dann bemächtigte er sich der Stadt Mailand. Ganz Italien zitterte, da selbst der erste römische Kriegsheld Aetius mit seinem schwachen Heere nicht im Felde dem Feinde gegenüber zu erscheinen wagte. Um der furchtbaren Gottesgeißel (wie sich der Hunnenkönig selbst nannte) zu entgehen, flüchteten sich die Bewohner der Gegenden, die sein Marsch berührte, in unzugängliche Gebirge oder auf nahe gelegene Inseln und gaben dadurch neuen Städten den Ursprung. Schon rückte Attilas Heer gegen Rom und keine irdische Macht schien die Stadt retten zu können: Da zog der Papst Leo in einer Prozession dem Hunnenkönig entgegen, und was wunderbar ist, der Heide ließ sich von dem Hirten der Christenheit zum Rückzuge bewegen[44]. Jornandes fügt noch hinzu, daß die Hunnen, vom Schicksale Alarichs unterrichtet, der bald nach der Plünderung Roms starb, befürchtet hätten, ihrem Könige möchte, wenn er die Weltstadt betreten, auch ein frühzeitiger Tod bevorstehen, und sie wären daher gar nicht mit Unwillen weggezogen. Idatus aber, ein Zeitgenosse, der freilich in Spanien lebte, aber doch von allem gut unterrichtet sein konnte, schreibt den Rückzug Attilas aus Italien nicht dem Erfolg einer Gesandtschaft zu, sondern der Verminderung des Heeres, veranlaßt durch Mangel an Lebensmitteln und durch Krankheiten, welche das ungewohnte Klima erzeugte. Auch die Truppen, welche der oström ische Kaiser Marcian schickte, hätten Attila in mehreren Treffen so sehr geschwächt, daß er endlich Italien hätte verlassen müssen, um nicht gänzlich aufgerieben zu werden[45].

Da uns kein anderer Schriftsteller als Jornandes von dem zweiten Zug Attilas nach Gallien gegen die Westgoten berichtet, so kann man ihn mit Recht bezweifeln. Nach dem gotischen Geschichtsschreiber war der Hunnenkönig nicht lange in die alten Wohnsitze an der Donau zurückgekehrt, als der unruhige Krieger sich zum neuen Kampf mit den Westgoten rüstete und mit einem mächtigen Heere zum zweitenmale über den Rhein zog. Diesmal richtete er sich zuerst gegen die Alanen, die am rechten Ufer der Loire wohnten. Thorismund, von der Richtung des feindlichen Marsches in Kenntnis gesetzt, eilt früher zu den Alanen, als Attila anlangen konnte. Alle

Anstalten waren getroffen, ihn zurückzuschlagen: eine zweite Niederlage Attilas, die fast eben so bedeutend war, wie die auf den catalaunischen Feldern, sicherte den Westgoten den Ruhm zu, auch ohne die Römer den größten Eroberer besiegt zu haben. Dieser kehrte darauf in sein Land zurück, wo er bald nachher starb (453)[46].

Da einen solchen wichtigen Sieg der Westgoten gewiß andere Schriftsteller nicht verschwiegen hätten, so ist des Jornandes Nachricht sehr verdächtig. Viel wahrscheinlicher ist es, daß Thorismund, als er sich in Toulouse den Thron gesichert hatte, mit den Alanen, die durch hunnische Völker vielleicht unterstützt wurden, Krieg führte und sie besiegte[47]. Auch mit den Römern entzweite er sich und bedrohte die Stadt Arles mit einer Belagerung, welche noch durch den klugen Statthalter Tonantius Ferreolus glücklich abgewendet wurde[48]. Die Streitigkeiten mochten wohl dadurch veranlaßt worden sein, daß sich Aetius nach der Entfernung des gotischen Königs vom Schlachtfeld bei Chalons sur Marne allein der hunnischen Beute angemaßt hatte, und so ungerechterweise den Westgoten den verdienten Preis ihrer Tapferkeit entzog. Der römische General, der das Reich ohnedies von so vielen und mächtigen Feinden umringt sah, wollte die Goten nicht durch schändliche Habsucht zu einem den Römern verderblichen Kriege reizen. Er schickte daher dem gotischen König eine goldene Schüssel, mit kostbaren Edelsteinen besetzt. Dieses prachtvolle Geschenk, das 500 Pfund wog, stellte den Frieden wieder her. Die Nachfolger Thorismunds betrachteten es als ihr schätzbarstes Kleinod und besaßen es noch im Jahr 630, als Eisenand von dem Könige Dagobert damit seine Erhebung auf den Thron erkaufte[49].

Es scheint, so viel sich aus den wenigen, kurzen und abgerissenen Nachrichten der Quellen ersehen läßt, daß Thorismund sich durch ein herrisches und despotisches Wesen viele Feinde erregte oder schon gleich beim Antritte seiner Regierung eine starke Partei gegen sich hatte, die lieber einen seiner Brüder auf dem Throne sah. Daher finden wir auch zwei davon, Theodorich und Friedrich[50], an der Spitze der Verschworenen. Die Empörung wurde mit der größten Verschwiegenheit vorbereitet und von dem Könige, der gerade damals krank darnieder lag, nicht geahnt. Als er zur Ader ließ, überfielen sie ihn. Zwar unterrichtete ihn einer seiner Diener von der Ankunft der Verschworenen, allein es war schon zu spät, gegen sie Anstalten zu treffen. Denn alle Waffen waren vorher heimlich beiseite gebracht worden, und da Thorismund nicht ungerächt fallen wollte, ergriff er mit der Hand, die er frei hatte, einen Schemel, erschlug einige von den Verschworenen, unterlag aber endlich der Menge (453)[51].

Seit der Gründung des tolosanischen Reiches von Wallia an, Theodorichs 31jährige und Thorismunds 3jährige Regierung hindurch, war es zwar außerordentlich befestigt und durch innere Kraft zu den nachfolgenden Eroberungen vorbereitet, allein keineswegs bedeutend vergrößert worden: die Versuche auf Arles und Narbonne mißlangen, und Spanien besaßen Römer und Sueven. Durch den Sieg über Attila aber hatten die Westgoten, deren Tapferkeit er mit Recht hauptsächlich zugeschrieben wurde, ein solches Übergewicht über die anderen Völker erlangt, daß nur ein geschickter Führer die Umstände zu benutzen brauchte, um nach allen Seiten hin das kleine Reich zu einer mächtigen Herrschaft auszudehnen.

ZWEITES KAPITEL

Blüte des tolosanischen Reiches unter Theodorich II. und Eurich
(v. 453–484)

Durch Brudermord bahnte sich *Theodorich*, von dem Volke mehr als der stolze Thorismund geliebt, den Weg auf den Thron. Sein kriegerischer Sinn ließ ihn nicht ruhen. Die Grenzen seines Landes waren ihm zu eng: sie zu erweitern, fühlte er sich angetrieben. So lange aber der Kaiser Valentinian lebte, verhielt er sich ruhig und stand mit den Römern in solch gutem Vernehmen, daß er ihnen unter der Anführung seines tapferen Bruders Friedrich Hilfstruppen schickte, wodurch die Bagauden oder Bauern, die sich in der Provincia Tarragonnensis in Spanien empört hatten, wieder zum Gehorsam gebracht wurden (454)[52].

Die Ermordung des Aetius durch Valentinian war für das römische Reich von den traurigsten Folgen. Der Kaiser fiel bald darauf durch die gedungenen Dolche zweier Gepiden, und der Mörder Petronius Maximus bestieg den Kaiserthron. Sobald dieser Regierungswechsel unter den germanischen Völkern bekannt wurde, so glaubten sie sich gegen den neuen Kaiser durch die alten Verträge nicht mehr an den Frieden gebunden, und fielen daher auf allen Seiten die schwach verteidigten Grenzen des sinkenden Reiches an. Um es noch vor dem drohenden Sturz zu sichern, erachtete Maximus die Westgoten als die sicherste Stütze. Er schickte den früheren Präfekten von Gallien, Avitus, der von Theodorich I. ein vertrauter Freund gewesen, und selbst den regierenden König Theodorich II. in der römischen Bildung[53] unterrichtet hatte, nach Toulouse, um die Goten in sein Interesse zu ziehen. Als Avitus die Franken, Chatten, Allemannen glücklich zum Frieden gebracht, begab er sich ins tolosanische Reich. Theodorich, davon benachrichtigt, kam ihm mit seinem Bruder Friedrich entgegen, und in ihrer Mitte hielt er in Toulouse einen glänzenden Einzug[54]. Der Gotenkönig war sehr geneigt, mit Maximus in friedliche Verhältnisse zu treten, als die Nachricht anlangte: Eudoria, Valentinians Witwe, die von Petronius wider ihren Willen geheiratet worden, hätte, um sich von ihrem Tyrannen zu befreien, Genserich aus Afrika nach Rom gerufen, und bei dessen Annäherung wäre der Kaiser infolge eines Volksaufstandes ermordet, Rom aber von den Vandalen schrecklich geplündert worden (455).

Sobald Theodorich diese Vorfälle erfuhr, faßte er den Entschluß, seinen Freund Avitus auf den Kaiserthron zu setzen, durch welche Erhebung er das Ansehen des westgotischen Volkes nicht wenig zu vergrößern hoffte. Ob Avitus, nach dem kaiserlichen Purpur strebend, den Gotenkönig um Hilfe angesprochen[55], oder ob er, wie sein parteiischer Schwiegersohn und Lobredner Sidonius uns überreden will, ungern und gleichsam nur zum Besten des Reiches sich zur Annahme der hohen Würde verstanden habe, mag dahingestellt sein. Nach dem lobpreisenden Dichter drang Theodorich so lange in seinen römischen Freund, versprach den Römern Friede und Hilfe gegen auswärtige Feinde und Ersetzung alles dessen, was Rom durch Alarich gelitten[56], bis derselbe endlich den Wünschen des gotischen Königs nachgab, und zu Toulouse von Theodorich und seinem Bruder Friedrich zum Kaiser ausgerufen, und als solcher sogleich von den Truppen und dem Adel in Gallien anerkannt wurde. Nachdem der neue Kaiser auf einer Versammlung in Arles sich der Treue der westlichen Provinzen versichert hatte, begab er sich nach Italien, wo er im Jahr 456 in Rom seinen Einzug hielt und vom Marcianus, der den Orient damals beherrschte, als Kaiser des Okzidents anerkannt wurde[57].

Wie schon oben erzählt worden ist, machte der suevische König Rechiarius, der von Theodorich I. eine Tochter zur Gemahlin hatte, verheerende Einfälle in die den Römern gehörigen Provinzen von Carthagena und Tarracona. Seitdem Theodorich II. den Avitus auf den Kaiserthron gehoben hatte, war er zu sehr an das römische Interesse gefesselt, als daß er den schnellen Eroberungen seines Schwagers hätte ruhig zusehen können. Es wurden daher von Theodorich, wie von dem Kaiser, Gesandte nach Spanien geschickt, die den Suevenkönig von der Verbindung und Freundschaft der Goten und Römer unterrichten, und ihn auffordern sollten, sich innerhalb der Grenzen seines Landes zu halten. Allein die Gesandtschaften wurden mit Stolz zurückgewiesen, und neue Verheerungen in der tarraconnensischen Provinz zeigten genugsam den unfriedlichen Sinn des Suevenkönigs. Als er bald darauf von seinem Schwager Theodorich, der noch durch den Weg der Güte einem Krieg vorzubeugen suchte, eine zweite Gesandtschaft erhielt, wurde er so übermütig, daß er dem Gotenkönig diese Worte überbringen ließ: „Wenn du über meine Eroberungen aufgebracht bist, so werde ich bald gegen deine Hauptstadt Toulouse kommen. Da verteidige dich, wenn du kannst." Die Gesandten, Zeugen der neuen Verheerungen in den römischen Provinzen, kehrten zu Theodorich zurück und regten ihn durch die mitgebrachte verwegene Antwort und die Schilderung der neuen Verheerungen zu den Waffen. Auf den Rat und die Zustimmung des Kaisers zog er in Begleitung zweier burgundischen Könige, Gundiach und Chilperich, die ihn mit Hilfsvölkern unterstützten, über die Pyrenäen[58]. Rechiarius, an der Spitze eines starken Heeres, rückte den Goten entgegen. Am 6. Oktober 456 begegneten sich die feindlichen Heere bei dem Orte Paramo, zwölf römische Meilen von Astorga, am Flusse Obrego (Urbicus). Ein Volk, das eine Zeitlang an Raubzüge gewöhnt ist, wobei es keinen oder nur geringen Widerstand findet, ist gewöhnlich in der Schlacht, selbst einem schwächeren Feinde gegenüber, feige. Kaum hatte Theodorich das Treffen begonnen und war mit seinen tapferen Goten in die Reihen der Sueven eingedrungen, als diese nebst ihrem verwundeten Könige die Flucht ergriffen. Jedoch ließ man ihnen nicht Zeit, sich wieder zu sammeln. Der Gotenkönig verfolgte die Fliehenden nach Gallizien. Hier zu Port a Port (Portucale) wollte Rechiarius auf einem Schiff, durch die Flucht nach Afrika, den nachsetzenden Goten entgehen. Allein widrige Winde trieben das Schiff wieder ans Land und lieferten ihn in die Hände der Feinde. Theodorich, der sich des ganzen Landes bemächtigte und selbst in Braga, der Hauptstadt, seinen Einzug gehalten hatte, zeigte in seinem Siege wenig Mäßigung. Der bisher in Fesseln gehaltene Rechiarius wurde als Urheber des Krieges nicht nur hingerichtet, sondern auch die ganze suevische Nation mit großer Grausamkeit behandelt.

Bei seinem Einzuge in Braga gab er freilich den Befehl, kein Blut zu vergießen, und die Jungfrauen, die sich Gott geweiht hatten, nicht zu mißhandeln; allein im starken Gegensatz steht dann die große Mißhandlung der Geistlichkeit und die allgemeine Plünderung, wobei selbst Kirchen und Altäre nicht geschont wurden[59]. Die Sueven waren so in der Gewalt Theodorichs, daß ihr Reich aufgelöst und geendet schien.

Von Gallizien aus trug der Gotenkönig seine siegreichen Waffen nach Süden bis nach Merida, der Hauptstadt Lusitaniens, wo er nirgends Widerstand fand; nur durch die Wunder der heiligen Eulalia wurde er von der Plünderung der Stadt abgeschreckt[60].

Wahrscheinlich veranlaßte ihn die Nachricht von der Absetzung des Avitus, schnell nach Gallien zurückzukehren (457)[61]. Ein vorher unabhängiges Volk gänzlich zu unterjochen ist schwer; je größer der Druck, desto häufiger die Empörungen, wenn es auch vergebliche Anstrengungen sind, das Joch abzuwerfen. Um sich die Sueven zu gewinnen, so setzte er über sie einen eigenen König, den Ajulf oder Achiulph, der kein Gote, sondern ein Warne war. Auf seinem Rückwege bezeichnete Theodorich seine Schritte noch mit Verheerungen der Städte Palentia und Astorga. Kaum hatte sich Theodorich aus Spanien entfernt, als Achiulph, ohne zu bedenken, daß er als Fremdling nicht die Liebe des suevischen Volkes haben konnte, und daß er ohne den Gotenkönig keine Macht besaß, törichterweise versuchte, sich unabhängig von der gotischen Herrschaft zu machen[62]. Schnell zogen sich die Truppen, welche Theodorich in Spanien zurückgelassen hatte, zusammen, und griffen Achiulph an, noch ehe er ein bedeutendes Heer hatte. Er wurde in die Flucht geschlagen, verfolgt, gefangen und zu Portucale (im Juni 457) auf Befehl des Gotenkönigs als Empörer hingerichtet. Die Sueven, ohne Oberhaupt und ganz den Goten unterworfen, schickten nun einige Bischöfe nach Toulouse, teils um den Schuldigen Verzeihung zu erbitten, teils um Erlaubnis zu erhalten, aus ihrer Mitte sich einen König wählen zu dürfen. Theodorich bewilligte ihre Bitten: allein da Völker, die von fremdem Einfluß geleitet werden, gewöhnlich in Parteien geteilt und voller Spaltung sind, so konnten sich auch die Sueven nicht vereinen: einTeil, der wahrscheinlich nie recht unterworfen worden, in den nördlichen Gebirgen von Gallizien, hatte sich den Maldras oder Masdras zum König gewählt: ein anderer den Fratan: und anstatt durch Einheit wieder zur Unabhängigkeit zu erstarken, bekriegten sich die beiden Parteien[63] und schlugen sich selbst Wunden, woran sie sich wieder verblutet hätten, wenn nicht glücklicherweise nach dem Tode des Maldras Remismund über Fratans Nachfolger Frumarius bedeutende Vorteile erfochten, und, von Theodorich begünstigt, die ganze Nation wieder unter einer Herrschaft vereinigt hätte[64].

Theodorich konnte sich jetzt weniger um die spanischen Angelegenheiten bekümmern, da ihn die Thronbesteigungen Majorians (457 im April) in Gallien zurückhielt. Denn diese Provinz, durch mehrere römische Generale, welche der neuen Regierung nicht zugetan waren, beunruhigt, erfuhr auch neue Erschütterungen durch die Burgunder, Alemannen und Westgoten, die ihre Grenzen zu erweitern suchten. Theodorich, als Freund und Schützer des Avitus, konnte gegen seinen Nachfolger keine friedlichen Gesinnungen hegen. Unterdessen er unter Cyrila ein gotisches Heer nach Spanien schickte, um dieses Land nun seiner Herrschaft zu unterwerfen (denn früher hatte er nur für die Römer gekämpft) und in dasselbe bis Bötika siegreich vordrang[65], bedrohte er selbst die römischen Provinzen in Gallien. Nachdem er ein zweites Heer unter Sunierich über die Pyrenäen geschickt, und einen Teil von Lusitania erobert hatte[66], rückte er, ungeachtet der Friedensvorschläge Majorians, der selbst nach Gallien gekommen war, über die Rhone und belagerte Arles (459). Durch die Tapferkeit des Grafen Aegidius wurde der Gotenkönig zurückgeschlagen[67] und zum Frieden mit den Römern so geneigt gemacht[68], daß er sogar mit ihnen ein Bündnis gegen Vandalen und Sueven schloß, da diese sich von neuem erhoben hatten. Um die gefährlichsten Feinde, die Vandalen, zuerst zu bekriegen, begab sich Majorian nach Carthagena in Spanien und beabsichtigte von hier aus mit einer Flotte eine Landung in Afrika; allein der schlaue Genserich, davon unterrichtet, vereitelte diesen Plan, und der Kaiser mußte unverrichteter Dinge über Gallien nach Italien zurückkehren (460). Den Krieg gegen die Sueven, die in den Gebirgsgegenden schwer zu besiegen waren, und besonders die Einwohner der Städte durch häufige Überfälle und Plünderungen erschreckten, überließ er Theodorichs Sorge. Da in Lugo, einer suevischen Stadt in Gallizien, mehrere Römer ermordet worden waren, so erstürmten Nepotian und Sunierich mit vereintem römisch-gotischen Heere die Mauern, und gaben die Stadt als Züchtigung der Plünderung preis[69]. Zu gleicher Zeit wurde die Küste des unglücklichen Landes durch die seeräuberischen Heruler stark heimgesucht[70].

Die Regierungsveränderung in Rom gab Theodorich Anlaß zu den bedeutendsten Eroberungen in Gallien. Majorian wurde durch denselben Mann, der ihn auf den Thron gehoben hatte, den Sueven Ricimer, gestürzt, und der am Morde des Kaisers mitschuldige Severus mit dem kaiserlichen Purpur umgetan (461). Der Graf Aegidius, der in Gallien die römischen Truppen befehligte, weigerte sich als Freund des ermordeten Kaisers, den neuen anzuerkennen, und traf alle Anstalten mit seinem starken und ihm sehr ergebenen Heere nach Italien aufzubrechen und die Mörder zu bekriegen. Durch eine solche Entfernung der römischen Truppen aus Gallien waren dem Theodorich alle Provinzen um Gothia oder Septimania als leichte Eroberungen vorgelegt[71]. Freilich, um nicht das Land im Rücken preiszugeben, unterließ Aegidius den Zug gegen Severus; allein der Gotenkönig war unterdessen mit dem Kaiser und Ricimer in Unterhandlung getreten, derzufolge sie ihm die provincia Narbonensis prima versprachen, wenn er den Aegidius mit Krieg überzöge. Unglücklicherweise hatte sich dieser früher durch eine Anklage mit Agrippin, Statthalter von Narbonne, sehr verfeindet. Als sich daher die Goten der Stadt näherten, so übergab er ihnen, ob aus eigenem Antrieb der Rache oder auf des Severus Befehl ist ungewiß, die Stadt, wodurch Aegidius, ungeachtet er früher einige Vorteile über die Goten erfochten hatte, genötigt wurde, sich gegen die Loire zu ziehen und den Feinden die narbonensische Provinz bis an die Rhone zu überlassen. Durch diese Eroberung hatte Theodorich viel gewonnen, da er an Narbonne den Schlüssel für Spanien und Gallien in die Hände bekam (462)[72]. Nicht damit zufrieden, im Süden seine Herrschaft so erweitert zu haben, schickte er nach Norden auch ein Heer unter der Anführung seines Bruders Friedrich, den er zum Statthalter von Narbonne gemacht hatte[73]. An der Loire hatte Aegidius seine letzten Streitkräfte gesammelt, und das von den Goten eroberte feste Schloß Chinon vergeblich einige Zeit belagert. Schon hatte der römische Feldherr den Belagerten das Wasser abgeschnitten und dieselben fast zur Übergabe gebracht, als Maximus, der Schüler des h. Martin, nach der Legende reichlichen Regen vom Himmel erflehte, und die Römer sich in ihrer Hoffnung getäuscht fanden[74]. Friedrich verfolgte den abziehenden Feind, der sich aber zwischen der

Loire und Loiret bei Orleans stellte und eine Schlacht annahm. Der Sieg neigte sich bald durch Kriegsgeschicklichkeit des Aegidius auf römische Seite. Die Goten erlitten eine große Niederlage, und ihr Anführer Friedrich war selbst unter den Erschlagenen (463)[75].

Aegidius verfolge rasch seine Vorteile; er schickte zum Vandalenkönig Genserich Gesandte, die ihn zum Krieg gegen Severus aufregten. Auch die Alanen, die sich in Gallien niedergelassen hatten, wußte er gegen seine Feinde zu gewinnen. Er selbst war über die Loire gegangen, um in das Herz des gotischen Reiches einzudringen, als Gift, durch des Kaisers Freunde gemischt, dem unermüdeten Manne das Leben raubte (464).

Theodorich war durch den Tod des Ägidius von seinem furchtbarsten Feinde befreit; er konnte nun leicht und ohne Anstrengung die eroberten Länder an seine Herrschaft befestigen und die Sueven in Spanien mehr im Zaume halten, da diese fast jedes Jahr verheerende Züge unternommen hatten. Zwar wurden mehrere Male Gesandte hin und her geschickt und Frieden geschlossen, allein dauerhaft war dieser nie, besonders da das suevische Volk, an die Raubzüge gewöhnt und in den Gebirgsgegenden geschützt, von seinen Königen beständig zum Krieg angereizt wurde, entweder unter sich selbst oder gegen Römer und Goten[76]. Als Frumarius, der eine König der Sueven, in Braga gestorben war, so vereinte sie der andere, Remismund, zuerst wieder unter einem Oberhaupt. Er schickte an Theodorich Gesandte, und um mit ihm in engere Verbindung zu treten, verheiratete er sich mit einer Verwandten des Gotenkönigs[77]. Dessenungeachtet konnten die Sueven ihre Gewohnheit, Raubzüge zu machen, nicht lassen: daher ergriff Theodorich von neuem die Waffen gegen sie; Arborius, der bisherige gotische Feldherr in Spanien, wurde zurückgerufen, und an seine Stelle Ajar geschickt, ein heftiger Arianer, der früher Katholik gewesen. Durch ihn und die arianischen Bischöfe verführt, welche Theodorich dem arianisch gewordenen Remismund gegeben hatte, verließen viele Katholiken in Spanien ihren Glauben. Seit der Abberufung des Arborius waren die Sueven sogar in den Teil von Gallizien, der den Goten gehörte, eingefallen. Um ihr weiteres Vordringen zu hindern, wurde der Gote Sella zu Remismund geschickt. Als der Gesandte nach Toulouse zurückkehrte und von den Vorfällen in Spanien Bericht erstatten wollte, traf er Theodorich nicht mehr am Leben[78]. Ein gleiches Verbrechen, als ihn auf den Thron gehoben, hatte ihn gestürzt. Sein Bruder Eurich, von einer Partei an die Spitze gestellt, oder aus eigener Herrschsucht verleitet, wartete nicht die Zeit ab, die ihn auf den Thron rief. Theodorich fiel nach einer dreizehnjährigen glorreichen Regierung im vierzigsten Lebensjahre durch die mörderische Hand seines Bruders und büßte dadurch einigermaßen seine frühere Schuld ab (466)[79].

Theodorichs Gestalt, Lebensweise und Charakter kann man am besten aus einem Briefe des Dichters Sidonius Apollinaris[80] kennenlernen. Da derselbe oft um den König war und Gelegenheit hatte, ihn und seinen Hof zu beobachten, so ist dieser Brief nicht nur in Beziehung auf Theodorich sehr interessant, sondern wirft auch auf den damaligen Kulturstand des gotischen Volkes ein helles Licht, weil er uns dessen Sitten und Gebräuche so nahe vor die Augen führt. Der Brief (an des Sidonius Bruder Agricola) lautet folgender Gestalt: „Du hast mich schon oft gebeten, weil die Bildung Theodorichs, des gotischen Königs, so berühmt ist, dir seine Gestalt und Lebensweise zu schildern. Mit Freuden erfülle ich deinen Wunsch, soviel es der kurze Raum des Briefes erlaubt, denn der Mann ist wert, auch von denen gekannt zu werden, die ihn weniger vertraulich sehen, so hat ihn Gott und die Natur mit allen Glücksgaben reichlich ausgestattet. Sein Charakter ist so, daß selbst Mißgunst gegen die Regierung seine Vorzüge nicht zu schmälern vermag."

Sidonius beschreibt dann zuerst seine Gestalt. Sie war in schönem Ebenmaß, nicht von den größten: doch etwas höher als die mittlere: rund sein Scheitel, auf welchem ein wenig von der Stirn ab das zurückgestrichene Haar sich kräuselte: sein Hals schlank, die Augen begrenzten starke Augenbrauen, und die Wimpern waren ungewöhnlich lang. Um die Ohren fielen, wie es bei den Goten Sitte war, lange Locken. Die Nase war sehr schön gebogen, die Lippen zart, nicht ausgedehnt durch breite Winkel des Mundes. Seine Zähne standen in wohlgeordneten schneeweißen Reihen, den starken Bart ließ er sich täglich durch einen Diener abnehmen. Kinn, Kehle, Hals waren nicht fett, aber saftreich, zart und weiß, und, näher betrachtet, mit jugendlicher Röte unterlaufen, die nicht vom Zorne, sondern von bescheidenem Sinne herrührte; Schultern und Oberarm waren stark, der untere nervig, die Hände breit, die Brust hoch, der Bauch nicht vorwärts. So waren alle übrigen Teile des Körpers im schönsten Ebenmaß, und selbst die fleischigen Schenkel und die starken Waden zierte ein kleiner Fuß, der die starken Glieder mit Gewandtheit trug. Von seinen Tagesbeschäftigungen erzählt Sidonius: Frühe vor Tagesanbruch stand er auf und wohnte der Versammlung seiner Priester mit weniger Begleitung und mit vieler Aufmerksamkeit bei: wie man aus näherem Umgang mit ihm ersehen konnte, tat er dies nicht aus innerer Frömmigkeit, sondern nur aus Gewohnheit, und um der Religion, der Hauptstütze der Regenten, bei dem Volke Achtung zu erhalten. Darauf widmete er sich den Regierungsgeschäften, begleitet von seinem Waffenträger oder Großstallmeister, der immer um ihn war. Seine Leibwache, wie die anderen Goten, mit Fellen bekleidet, stand zwischen einem Vorhang, welcher den ganzen Saal teilte, und einer Brustwehr, wodurch sie eingeschlossen war[81]. Hier gab Theodorich den Gesandten fremder Völker Audienz: von den Geschäften, die vorkamen, verschob er die wichtigeren, wenn sie eine reifere Überlegung erheischten, die anderen machte er rasch ab.

Nach der zweiten Stunde (um 8 Uhr), wo die Geschäfte des Staats ruhten, ging er in seine Schatzkammer oder zu seinen Pferden, oder er vergnügte sich mit der Jagd. Da er den Bogen selbst zu tragen der königlichen Würde nicht für angemessen hielt, so ließ er sich denselben von einem Diner, der sich immer um ihn befand, tragen, damit er ihn gleich bei der Hand hatte, wenn er ihn brauchte. Er spannte ihn selber und schoß mit solcher Geschicklichkeit, daß er nie sein Ziel verfehlte.

Nach diesen Unterhaltungen begab er sich zur Mahlzeit, die, wenn es kein Freitag war, sich nicht von der eines Privatmannes unterschied. Es war wenig Aufwand im Tafelgeschirr. Bei Tisch wurde Ernsthaftes oder gar nichts gesprochen. Das Tafelzeug war von Leinen oder Purpurstoff, und die Gerichte bestanden aus gewöhnlichen, aber gut zubereiteten Speisen. Das Geschirr war rein und leicht. Man trank weniger aus Lust als aus Bedürfnis. Kurz, man konnte hier das Geschmackvolle der Griechen, den Überfluß der Gallier und die schnelle und gewandte Bedienung der Italiener finden, womit sich noch Großartigkeit, Wirtschaftlichkeit und königliche Anordnung vereinte. – Sidonius fügt noch hinzu, daß er hier nicht von den prachtvollen Gastmählern an den Festtagen spreche, womit niemand unbekannt sein könne.

Nach Tische folgte ein kurzer Nachmittagsschlaf, doch nicht immer. Darauf spielte er das Brettspiel, und zwar mit vieler Geschicklichkeit und Unterhaltung[82]. Er schwieg bei guten Würfen, bei schlechten lachte er, bei unbedeutenden zeigte er Ärger. Er verschmähte, Gewinn zu fürchten oder zu suchen: das Glück, bloß durch Zufall, ohne Geschicklichkeit, war ihm zuwider. Man sollte fast glauben, daß er das Spiel wie eine Waffenübung betrachtete: er war nur bedacht zu siegen. Hier war es auch, wo den Theodorich die ihm sonst gewöhnliche Ernsthaftigkeit etwas verließ: Feind alles Zwanges wollte und ermahnte er dazu, daß man bei diesen Gelegenheiten herzlich gegen ihn sei: hier wollte er nicht gefürchtet sein. Er gewann mit ebenso vielem Vergnügen, als er sich an dem Verdruß und Ärger derer weidete, die verloren, denn erst dann glaubte er gesiegt zu haben, wenn die Galle des Besiegten es bewährte. Daher konnte man nie leichter von ihm etwas erhalten oder ihn besser gestimmt finden, als wenn er gewann. Diejenigen, welche eine Gunst von ihm zu erhalten wünschten, paßten solche Augenblicke ab, und Sidonius gesteht, daß er selbst davon oft für sich Nutzen gezogen habe.

Nach dem Spiele, von der neunten Stunde (nachmittags um 3 Uhr) widmete er sich wieder den Regierungsgeschäften: man sah dann in seinem Palaste eine Menge Geschäftsleute, und dieses dauerte bis Abend. Dann zog sich alles zurück; nur seine Freunde blieben bis in die späte Nacht bei ihm. Während der Abendmahlzeit hörte man weder Gesang noch Musik. Eine ernste, belehrende, manchmal auch muntere Unterhaltung machte die Würze des Mahles aus. Wurden (jedoch geschah dieses selten) dabei kurzweilige Spaßmacher (mimici sales) zugelassen, so durfte ihre beißende Zunge doch keinem der Gäste wehe tun. Sobald Theodorich von der Tafel sich erhob, so wurden die Schildwachen ausgestellt, welche alle Zugänge des Palastes bewachten.

Als *Eurich* den Thron bestieg, den er mit Bruderblut besudelt hatte, fand er das gotische Reich durch seine Lage, wie durch seine innere Macht, zu neuen Eroberungen geeignet, die er als ehrgeiziger und länderflüchtiger Herrscher nicht ungenützt vorübergehen ließ. Am meisten erleichterten ihm aber die damalige stürmische Regierung und öftere Anarchie in Rom die Ausführung seiner Absichten[83]. Ricimer, der den Severus auf den Kaiserthron gesetzt hatte, stürzte ihn wieder (den 15ten August 465). Dieser Kaiser hatte viel zur Vergrößerung des tolosanischen Reiches beigetragen, besonders durch die Einwilligung, daß Theodorich Narbonne und die Umgegend behalten dufte.

Gleich nach seiner Thronbesteigung schickte Eurich eine feierliche Gesandtschaft nach Konstantinopel zum Kaiser Leo, der damals auch zugleich als Beherrscher des weströmischen Reiches angesehen wurde. Denn Ricimer hatte nach der Absetzung des Severus über ein Jahr keinen Kaiser wählen lassen. Da er aber sah, wie sehr die Vandalen die italischen Küsten beunruhigten, so gab er seine Zustimmung, daß das Volk und der Senat von Leo einen neuen Kaiser forderten, der sie gegen die Feinde schützte. Leo willfahrte gern diesen Wünschen und ernannte zum Kaiser des Westens den Griechen Anthemius (467), dessen Tochter Ricimer heiratete. Nun machten die beiden Kaiser vereint Anstalten, die Vandalen in Afrika zu bekriegen, die noch immer der schlaue alte Genserich regierte. Eurich, wohl einsehend, daß nach der Besiegung der Vandalen die Römer ihre Waffen gegen ihn richten würden, schickte Gesandte an Genserich und schloß sich diesem gegen die gemeinschaftlichen Feinde an[84]. Auch an die Sueven in Spanien schickte er Gesandte, in der doppelten Absicht, von ihnen im Falle eines Krieges mit den Römern Hilfe zu erhalten, und in diesem Lande das Ansehen zu behaupten, welches Theodorich II. da gehabt hatte. Daß Eurich wirklich vielen Einfluß im Lande der Sueven hatte, beweist die Gesandtschaft, welche die Einwohner von Orense in Gallizien wegen der Raubzüge der Sueven nach Toulouse schickten[85].

In Gallien eröffneten sich für die Goten die glänzendsten Aussichten auf Eroberungen, und da in den Zeiten eines sinkenden Reiches es die Umstände mit sich bringen, daß Patriotismus selten wird, Verräterei aber gewöhnlich ist, so unterstützten ihn darin selbst die angesehensten römischen Beamten[86], und unter diesen hauptsächlich Arvandus, der Präfekt von Gallien. Dieser unterhielt zum Nachteil seines Vaterlandes mit Eurich geheime Einverständnisse und riet demselben, mit dem Kaiser Krieg anzufangen, die Briten, welche, von den Angelsachsen aus ihrer Insel vertrieben, sich unter dem Schutz des Kaisers nördlich von der Loire ausgebreitet hatten, anzugreifen, und sich dann ganz Galliens zu bemächtigen, an welcher Eroberung nur etwa die Burgunder teilnehmen dürften. Ein Brief von Arvandus an Eurich dieses Inhalts wurde aufgefangen, und der Statthalter darauf gefangen nach Rom gebracht, wo er als Vaterlandsverräter zum Tode verurteilt, durch seinen einflußreichen Freund Sidonius aber gerettet, und nur des Landes verwiesen wurde[87].

Genserich, der das eigene Talent besaß, wenn ihm die Feinde zu mächtig wurden, gegen diese andere Nationen aufzuregen, bestimmte nicht nur die Ostgoten, die an der Donau wohnten, gegen den Kaiser des Orients die Waffen zu ergreifen, sondern er wußte auch Eurich so sehr zu gewinnen, daß dieser, ohne sich durch Unglück prophezeiende Anzeigen schrecken zu lassen[88], zuerst dem Anthemius den Krieg ankündigte[89]. Während der westgotische König durch ein Heer, welches er nach Spanien geschickt hatte, Merida und Lissabon nehmen und Römer wie Sueven ohne Unterschied in der pyrenäischen Insel bekriegen ließ[90], führte er in Gallien in eigener Person mit den Briten Krieg[91]. Diese waren nämlich, als Bundesgenossen des Kaisers, unter ihrem König Riothimus an die Loire den Römern zu Hilfe geeilt, als Eurich die Grenzen seines Landes überschritten hatte. Mit zwölftausend Mann hatte sich Riothimus in die Stadt Bourges geworfen, welche Eurich zu belagern drohte. Der gotische König nötigte den britischen, ehe die römische Armee heranrücken konnte, zu einer Schlacht, worin der letztere gänzlich geschlagen wurde. Die Trümmer des besiegten Heeres flüchteten zu den Burgundern, Roms treuen Bundesgenossen, bei denen sie gute Aufnahme fanden (470)[92].

Obwohl Burgunder und Franken als Bundesgenossen der Römer gegen Eurich stritten, so waren sie doch zu schwach, seine Eroberungen zu hemmen. Der Tod des Kaisers Anthemius und die Verwirrung, die darauf folgte, trugen am meisten dazu bei, dem westgotischen König die gemachten Eroberungen zu befestigen, und neue zu erleichtern. Ricimer, der sich mit seinem Schwiegervater entzweit und ihn des Purpurs beraubt hatte, setzte als neuen

Kaiser den Senator Olybrius ein (472). Nicht lange nachher starb erst Ricimer, dann der Kaiser (Okt. 472); und der Thron blieb bis im März 473 unbesetzt; worauf Glycerius mit dem Purpur bekleidet wurde.

Bei so stürmischen Regierungen und dem beständigen Wechsel der Regenten war an eine Verteidigung der Grenzen gegen die Feinde nicht zu denken[93]. Es war daher in kurzer Zeit alles Land von der Loire bis zum Mittelmeer, von der Rhone bis zu den Pyrenäen und dem Ozean der gotischen Herrschaft unterworfen, nur Auvergne hielt sich noch, da dessen Hauptstadt Clermont (Augustonemetum) durch den Ekdicius, des früheren Kaisers Avitus Sohn, und durch burgundische Hilfsvölker auf das tapferste verteidigt wurde, so daß Eurich nicht durch Gewalt der Waffen davon Meister werden konnte[94]. Allein es währte nicht lange, so erhielt er diese wichtige Provinz freiwillig vom römischen Kaiser abgetreten und hatte dadurch sein konzentriertes Land durch natürliche Grenzen gesichert und befestigt[95]. Auch Glycerius regierte nicht lange. Der Kaiser in Konstantinopel (Leo) erkannte ihn nicht an. Er schickte den Julius Nepos, den er mit einer nahen Verwandten verheiratet hatte, nach Italien. Nepos nahm Glycerius gefangen, beraubte ihn nach einer vierzehnmonatlichen Regierung des Purpurs und ließ sich darauf selbst als Kaiser ausrufen (im Juni 474).

Der neue Regent sah ein, wie notwendig es sei, selbst wenn es große Opfer kostete, mit dem westgotischen Volke Frieden zu schließen: denn mit den Waffen etwas gegen sie auszurichten, konnte kein vernünftiger Römer denken, dem die damalige Lage des Reiches nicht ganz unbekannt war. Nepos schickte daher zuerst den Licinian nach Gallien[96], um Unterhandlungen mit Eurich anzuknüpfen. Da dieser aber von den gemachten Eroberungen nichts herausgeben, sondern den noch nicht genommenen Teil von Auvergne abgetreten haben wollte, so verschlugen sich die Friedensunterhandlungen. – Eine zweite Gesandtschaft von den Bischöfen Leontius von Arles, Basilius von Air, Fautus von Riez und Gräcus von Marsielle[97], lief nicht glücklicher ab, da die Forderungen und Weigerungen auf beiden Seiten gleicher Art waren. Doch war Nepos dieses Mal darin nachgiebiger geworden, daß er den Goten die Eroberungen zwischen der Rhone und Loire lassen wollte, nur auf Auvergne sollten sie keine Ansprüche machen: auf welchem Punkte zu bestehen Sidonius Apollinaris seinen ganzen Einfluß und alle seine Beredsamkeit anwandte. Eurich, bekannt mit der Wichtigkeit des Besitzes von dem Lande Auvergne im Herzen seiner Staaten, bestand auf der Abtretung. Daher kehrten die Gesandten unverrichteter Dinge wieder zurück, Auvergne aber erlitt neue Verheerungen der Goten. Nepos, davon überzeugt, daß es nutzlos wäre, den Feinden ferner zu verweigern, was diese sich selbst durch die Gewalt der Waffen bald nehmen würden, schickt eine dritte Gesandtschaft an Eurich, wozu er den heiligen Epiphanius, Bischof von Pavia, bestimmte[98]. Mit wieviel Achtung auch der Gotenkönig den ehrwürdigen Bischof behandelte, und mit wieviel Gelassenheit er selbst bei dessen freien Worten sich zeigte, so unterredete er sich mit ihm, ungeachtet er die lateinische Sprache verstand, doch durch einen Dolmetscher, und er blieb bei seinen Forderungen, die ihm endlich auch Nepos (Anfangs 475) zugestand. Die Goten besaßen nun alle Länder in Gallien, die südlich von der Loire und westlich von der Rhone lagen, und des Efdicius tapfere Verteidigung von Auvergne war demnach eine vergebliche Anstrengung gewesen. Je mehr das tolotanische Reich stieg, desto mehr sank das weströmische, das nun seinem gänzlichen Verfall in schnellen Schritten entgegeneilte. Durch den General Orestes war der Kaiser Nepos aus Italien vertrieben und genötigt, sich nach Dalmatien zu flüchten, von wo aus er vergeblich die Hilfe und den Schutz des oströmischen Kaisers Zeno anrief. Orestes hatte sich unterdessen aller Regierungsgewalt bemächtigt und hob seinen ganz jungen Sohn Romulus Augustulus auf den Kaiserthron, auf den nach ihm kein Römer mehr stieg. Die gallischen Provinzen aber, die noch die Römer im Besitz hatten, zeigten sich dem vertriebenen Nepos treu und weigerten sich, Augustulus als Kaiser anzuerkennen. Das schon ganz morsche Gebäude des Kaiserreiches bedurfte nur noch eines Stoßes, um ganz zusammen zu stürzen. Diesen erhielt es durch Odoacer, König der Heruler und Turcilinger. An der Spitze einer mächtigen Armee, aus verschiedenen deutschen Völkern zusammengesetzt, kam er nach Italien, ließ den Orestes hinrichten, hob das Kaisertum im Westen auf (im August oder Sept. 476) und nannte sich König von Italien.

Mit dem Untergang des weströmischen Kaiserreiches war den in die einzelnen Provinzen schon eingewanderten Völkern das Losungswort zu neuen Eroberungen gegeben. Die Burgunder, die Franken, die Alemannen, die Sachsen, die Briten, die Alanen regten sich, ihre Grenzen zu erweitern. Nur die Provence erkannte noch den in Dalmatien lebenden Exkaiser Nepos an, und im Norden von Gallien in der Umgegend von Sigdunum (Soissons) herrschte des Aegidius Sohn, Syagrius, als unumschränkter Statthalter. Die Westgoten, das mächtigste der damaligen germanischen Völker, blieben bei der Auflösung des römischen Reiches nicht müßige Zuschauer. Eurich, weder durch Verträge, noch durch Gewalt in Schranken gehalten, überließ sich nun ganz seinem Hange nach Eroberungen. In Spanien hatten die Goten zwar bisher mit stillschweigender Bewilligung der Kaiser seit Theodorich II einzelne eroberte Distikte, besonders im südlichen Teil der Halbinsel, besessen, allein in keinem Vertrag war ihnen ausdrücklich der Besitz irgend eines Landes jenseits der Pyrenäen eingeräumt worden. Als aber mit Odoacers Thronbesteigung die Völker Germaniens sich in die römischen Provinzen teilten, so beschloß Eurich, ganz Spanien sich zu unterwerfen. Bei diesem Unternehmen wurde er von einem zahlreichen Stamme der Ostgoten unterstützt. Diese waren nämlich unter ihrem König Widimer, dem Onkel des großen Theodorich, als Kaiser Glycerius regierte, in Italien eingefallen (473) und hatten sich da festgesetzt. Als bald darauf Widimer starb, und ihm sein Sohn gleichen Namens in der Herrschaft gefolgt war, so verließ derselbe auf Betreibern des Kaisers Italien und zog über die Alpen nach Gallien, wo er sich mit seinen Brüdern, den Westgoten, vereinigte. Wahrscheinlich gebrauchten diese die Hilfe Widimers zur Bezwingung von Auverne. Als nun Eurich bald nach der Absetzung des Romulus Augustulus seinen Zug nach Spanien antrat (Anfang des J. 477)[99], so begleitete ihn Widimer mit seinen Ostgoten[100]. Auf der Seite Navarras wurde über die Pyrenäen gesetzt, Pampelona und Saragossa eingenommen, und der römische Adel von der tarragonnensichen Provinz, der sich Eurichs Herrschaft nicht unterwerfen wollte, in einer Schlacht gänzlich überwunden. Durch diesen Sieg waren die Goten in Besitz von Spanien gekommen, und die Herrschaft der Römer hatte daselbst ihr Ende erreicht[101]. Nur den Sueven unter ihrem Könige Remismund wurde der nordwestliche Teil der Halbinsel, Gallien und ein Stück von

Lusitanien als Besitztum bewilligt. Nach diesem Zuge kehrte Widimer nach Illyrien zurück, wo die zurückgebliebenen Ostgoten unterdessen dem oströmischen Reiche sich furchtbar gemacht hatten.

Nach dieser Unterwerfung Spaniens und der Besiegung der Sachsen, welche, auf ihren Schiffen nach Aquitanien gekommen die Küstenländer geplündert hatten[102], machte Eurich neue Ländererwerbungen jenseits der Rhone. Ob dieses gleich nach seiner Rückkehr aus Spanien (478)[103] oder erst nach dem Tode des Nepos (480)[104] geschah, da dieser noch eine zeitlang in der Provence als Kaiser anerkannt blieb, ist nicht leicht auszumitteln. Das erstere ist wahrscheinlicher. Obwohl nicht zu verschweigen ist, daß die Einwohner von der Provence sich auch nach dem Sturz des römischen Reiches als treue Anhänger des Nepos zeigten, und deswegen Odoacers Versuche auf ihr Land tapfer zurückschlugen, so läßt sich doch nicht denken, daß sie Eurichs Macht Widerstand leisten konnten. Als dieser über die Rhone gesetzt war, nahm er die wichtigen Städte Arles und Marseille[105] und breitete seine Macht über alles Land aus, das zwischen der Dürance, dem Meere und den ligurischen Alpen liegt. Da Odoacer den Goten diese Eroberung nicht entreißen konnte, so ließ er Eurich im ruhigen Besitz, um einen friedlichen Nachbarn zu haben (481)[106].

So war außer dem nordwestlichen Winkel der pyrenäischen Halbinsel ganz Spanien und bei weitem der größte Teil von Gallien Eurich unterworfen. Außer den Franken und Burgundern lebte um ihn sein unbesiegtes germanisches Volk, und selbst diese erfuhren Angriffe von dem Eroberungssüchtigen Fürsten; die Franken, welche an der Waal wohnten, und die den Namen Sicamber führten, besiegte er[107] und erfocht mehrere Vorteile, obwohl er mit anderen fränkischen Stämmen in friedlichem Vernehmen stand. Auch die Burgunder, die damals, von dem König Gundobald beherrscht, ein mächtiges Volk waren, überzog er mit Krieg, von dem wir wenig wissen. Wenn er sie auch nicht unterwarf, wie Jornandes uns belehren will[108], so mag er sie doch in einzelnen Treffen besiegt haben, ohne jedoch dem kraftvollen Volke seine Selbständigkeit rauben zu können[109].

Diese aufeinander folgenden Siege der Westgoten machten Eurich allen Nationen furchtbar. Sidonius Apollinaris erzählt[110], daß er zu Bordeaux, dem nebst Toulouse und Arles gewöhnlichen königlichen Aufenthaltsorte, gesehen habe, wie zu den Toren des Palastes die Gesandten von allen Gegenden zuströmten, den gefürchteten König um Bündnisse, um seine Freundschaft, um Schutz, oder um die Abwendung seines Zornes zu bitten. Unter diesen Völkern, die Gesandtschaften schickten, werden genannt die Sachsen[111], die Franken[112], die Heruler[113], die Burgunder[114], die Ostgoten, die Römer, ja selbst die weit entfernten Perser, wozu man noch die Sueven, Vandalen und Thüringer zählen kann[115].

Weder ein Vorgänger noch Nachfolger erhob das westgotische Reich zu der Höhe wie Eurich. Unter ihm ist die Blüte der gotischen Macht in Gallien; nach ihm sinkt sie, um sich in Spanien wieder zu heben. Nicht bloß im Krieg, auch im Frieden war Eurich groß. Er war der erste König der Westgoten, der seinem Volke geschriebene Gesetze gab, gewiß einer der größten Schritte einer barbarischen Nation zur Weiterbildung. Früher folgten die Goten nur Gewohnheitsrechten und dem Gebrauche[116]. Daß er auch ein Freund von Künsten und Wissenschaften war, beweist die Erhebung Leos, eines Narbonnensers, zum ersten Minister, dessen Kenntnisse er auch sehr bei der Abfassung der Gesetze benutzte[117]. Dieser Mann, der alle seine von Regierungsgeschäften freien Stunden den Wissenschaften widmete, war am gotischen Hofe ein wahrer Mäzen. Er selbst machte sich wenig aus Reichtum: gern wandte er aber seinen ganzen Einfluß bei Eurich dazu an, anderen verdienten Männern Glücksgüter zuzuwenden. Seine Rechtlichkeit, Unbestechlichkeit und Nüchternheit erwarben ihm die Achtung und das Zutrauen aller, und wer etwas am Hofe Eurichs zu verhandeln hatte, überließ es gern der Entscheidung Leos, da man sich darauf verlassen konnte, von ihm nicht hintergangen zu werden[118]. Leo wünschte, daß Sidonius Apollinaris die Geschichte Eurichs aufsetzte; dieser aber war zu einer solchen Arbeit gar nicht geneigt, da der arianische Fürst keineswegs sein Liebling war. Auf eine feine Weise wußte er daher diesen Antrag abzulehnen und zugleich Leo aufzufordern, diese Arbeit selbst zu unternehmen, da er als Minister von allen Vorfällen am besten unterrichtet sei[119]. So unterblieb das Werk, welches auf die damalige Zeit so vieles Licht geworfen hätte. Als ein eifriger Arianer begünstigte Eurich die Katholiken nicht, zumal er einsah, daß für das Wohl eines Landes nichts gefährlicher ist als eine gegeneinander durch Religionshaß erbitterte gleich geteilte Bevölkerung, wodurch innere Stärke untergraben und äußeren Feinden Gelegenheit zu jedem Angriffe gegeben wird. Daß er aber die Katholiken mit schonungsloser Grausamkeit verfolgte, wie man aus dem Zeitgenossen Sidonius Apollinaris und dem später lebenden Gregor von Tours folgern wollte, ist gewiß unwahr. Denn schon der Umstand, daß er einen Katholiken, der sich frei und öffentlich als solchen bekannte, den ebengenannten Leo, zu seinem ersten Minister erhob, und einen anderen, den Römer Victorius, zum Grafen von Auvergne und zum Herzog von der ehemaligen Provinz Aquitania prima machte[120], spricht für den Duldungssinn des westgotischen Königs. Daß eine große Anzahl verfolgt wurde, besonders die höhere katholische Geistlichkeit, mußte dieselbe sich selbst zuschreiben, da sie sich in weltliche Dinge mischte, das Volk in den Städten gegen die arianischen Goten als Ketzer aufwiegelte, und daher Eurich gefährlich wurde.

Dazu gehört auch selbst der Bischof Sidonius Apollinaris, der im Lande Auvergne seinen Religionseifer den Einwohnern so mitzuteilen wußte, daß Eurich mit Recht ihn als die Ursache des heftigen Widerstands ansah. Wie sehr sich Sidonius bemühte, die Abtretung dieses Landes an die Goten zu hintertreiben, selbst wenn zum Nachteil des römischen Reiches der Friede nicht zustande käme, zeigten die Ermahnungen, welche er den drei von Nepos an Eurich abgesandten Bischöfe mitgab. Es ist daher nicht verfolgungssüchtig zu nennen, wenn Eurich, nach der Besitznahme von Auvergne, diesen Mann, der ihm so viel geschadet hatte, ergreifen und zwischen Narbonne und Carcassanne in das Schloß Liviane einkerkern ließ. Allein durch die Verwendungen des ihm wohlgesinnten Ministers Leo wurde ihm bald wieder seine Freiheit gegeben und er bekleidete darauf seine frühere Würde[121]. Man kann daher mit allem Fug behaupten, daß die Schilderungen des parteiischen Sidonius, wie des ihm nacherzählenden Gregor von Tours[122], von Eurichs Verfolgungen der Katholiken übertrieben sind, und wenn auch manche Geistliche hingerichtet, oder verbannt[123] oder eingekerkert wurden, und einige Hirtenämter unbesetzt blieben, so kann man doch Entschuldigungsgründe des strengen Verfahrens Eurichs beibringen, da er zu den gewaltsamen

Schritten durch die Katholiken selbst gereizt wurde, die öffentlich erklärten, unter Arianern zu stehen, mache der bloße Gedanke schon schaudern.

Der mächtigste der westgotischen Könige, dessen Lob selbst seine Gegner uns aufbehalten haben, die in dieser Hinsicht desto zuverlässigere Gewährsmänner sind, starb nach einer neunzehnjährigen Regierung (484)[124] in der Stadt Arles, wo er sich in den letzten Jahren hauptsächlich aufgehalten zu haben scheint[125]. Er hinterließ von seiner Gemahlin Ragnahild einen Sohn, Alarich, der nach ihm den Thron bestieg[126].

DRITTES KAPITEL

Untergang des tolosanischen Reiches durch die Franken: Alarichs II, Gesalichs, Theodorichs des Großen und Amalrichs Regierungen (v. 484–531)

Als Alarich die Regierung des mächtigen tolosanischen Reiches antrat, lebten zwei Herrscher, die, zu Eroberern geboren, bald der damaligen Welt eine ganz neue Gestalt gaben, und mit denen der jugendliche, keineswegs mit großer Geisteskraft ausgerüstete Alarich nicht in die Schranken treten durfte, obwohl er ein größeres und mächtigeres Land beherrschte als jeder von beiden. Selten folgen große Herrscher aufeinander. Oft sind die Nachfolger von mächtigen Eroberern so schwach, daß sie nicht einmal die übernommenen Länder erhalten können. So ging es mit Alarich. Die ersten Regierungsjahre waren zwar friedlich und durch keine Unfälle getrübt. Der kluge und erfahrene Minister Leo, der Ratgeber und Freund Eurichs, leitete fast alle Regierungsgeschäfte, und da Alarich von sanfterem Charakter als sein Vater war, so hörten die strengen Verfolgungen der Katholiken auf, und es wurde ihnen erlaubt, sich wieder frei Bischöfe zu wählen[127].

Kaum beherrschte der neue König zwei Jahre die Westgoten, als er einen furchtbaren Nachbarn an dem Frankenkönig *Klodwig* erhielt. Als dieser an beiden Ufern der Maas bald den größten Teil der Franken unter seine Herrschaft vereinigt hatte, richtete er seine Waffen gegen Syagrius. Dieser hatte unter dem Namen eines römischen Statthalters schon seit zehn Jahren nach dem Untergang des weströmischen Reiches in und um Soissons unabhängig regiert. Zum Kriege mit ihm fand Klodwig bald einen Vorwand, und die Rechte der Römerherrschaft unterlagen der fränkischen Übermacht. In einer Schlacht besiegt, flüchtete sich Syagrius zum Gotenkönig nach Toulouse, um hier Schutz und wo möglich Unterstützung zu erhalten. Klodwig, im Besitz der neuen Eroberung, herrschte nun von den Ufern des Niederrheins bis an die Seine und die Loire. Der neue Nachbar der Westgoten kündigte sich bald durch eine Gesandtschaft an, die er nach Toulouse mit der Forderung schickte, den geflüchteten römischen Statthalter auszuliefern oder eines Krieges gewärtig zu sein. Alarich, durch die Drohung des siegreichen Königs in Schrecken gesetzt, lieferte den unglücklichen Syagrius den Franken zum Tode aus[128] und begründete bei Klodwig dadurch die Vorstellung von seiner Übermacht über die Goten. Beständige Zänkereien wegen der Grenzen drohten bald in offenbare Streitigkeiten auszubrechen und wurden nur durch *Theodorich*, König der Ostgoten in Italien, da er durch Heirat mit beiden verwandt war, mit Mühe unterdrückt.

Die Ostgoten hatten nämlich seit dem Verfall des hunnischen Reiches nach Attilas Tod wieder ihre Unabhängigkeit erlangt. An den Ufern der unteren Donau hatten sie ihre Wohnsitze, wo sie mit den Kaisern zu Konstantinopel in manchfache Berührung kamen. Der junge Theodorich, des Königs Theodemir Sohn, war im 8ten Jahre als Geisel in die Hauptstadt des orientalischen Reiches gekommen und hatte daselbst seine Erziehung erhalten. Durch die Dienstleistungen, welche er dem Kaiser Zero erwies, als er an der Spitze der Ostgoten stand, erwarb er sich die Liebe und das Zutrauen dieses Fürsten und zugleich die ersten Würden des Reiches. Für den Kaiser den König Odoacer zu besiegen und Italien zu erobern, zog er mit seinen Ostgoten aus den bisherigen Wohnsitzen, fiel in Italien ein, und nach einem hartnäkkigen Kampfe und einer dreijährigen Belagerung Ravennas, wo der von den Italienern verlassene Odoacer sich eingeschlossen hatte, gelang es dem Ostgotenkönig endlich durch Hinterlist, sich seiner zu bemächtigen und ihn zu töten. Ohne auf die Ansprüche des Kaisers zu achten, nahm nun Theodorich das eroberte Land für sich in Besitz und nannte sich König von Italien (493).

Daß Eurich beständige Verbindungen mit den Ostgoten unterhielt, ist in dessen Geschichte angegeben worden. Sein Sohn hob diese nicht auf, sondern er schloß noch engere. Bei der Besiegung Odoacers hatten dem Theodorich Alarichs Völker wesentliche Dienste geleistet[129]; die stammverwandten Herrscher befestigten noch ihre frühere Freundschaft durch Heirat. Theodorich gab eine seiner natürlichen Töchter, die Theudigotha[130], dem westgotischen Könige zur Gemahlin: die andere Ostrogotha erhielt Sigismund, der Sohn Gundobalds, König von Burgund. Da dem Theodorich daran gelegen war, wegen der ausgebrochenen Feindseligkeiten mit dem Kaiser Anastasius in Konstantinopel, sich mit Europas mächtigen Königen zu verbinden, so heiratete er Klodwigs Schwester, Audeflede.

Als der Frankenkönig bei Zülpich (496) die Alemannen besiegt und er mit einem großen Teil der Franken die katholische Religion angenommen hatte, so erneuerten sich zwischen Alarich und Klodwig die Streitigkeiten, die in einen furchtbaren Krieg ausbrechen zu wollen schienen. Auf der einen Seite hoffte Klodwig, durch den neulich über ein mächtiges Volk erfochtenen Sieg, von der Rheinseite gesichert, leicht mit seiner nun sehr gesteigerten Macht den Westgoten große Stücke Landes abzureißen, wo nicht ihr Reich ganz zu zerstören. Daß man ihn fürchtete, wußte er schon früher, da Alarich sich bei der Auslieferung des Syagrius so feige benommen hatte. Der Westgotenkönig konnte nach der Niederlage der Alemannen die Bewegungen der Franken nur mit Unruhe beobachten. Zugleich bemerkte er, daß in seinem Lande, in Gothia[131], seitdem Klodwig Christ geworden, die Katholiken gefährliche Umtriebe machten, die Franken ins Land zu führen und sich der verhaßten arianischen Regierung zu entziehen. In Spanien wagten sie einen offenen Aufstand; der Rädelsführer Burdimelus, der sich schon zum Könige hatte ausrufen lassen, wurde aber ergriffen, nach Toulouse gebracht und in einem durch Feuer glühend gemachten erzenen Stier lebendig verbrannt[132].

Alarich und Klodwig hatten schon ihre Völker zusammengezogen und standen feindlich an der Grenze, als Theodorich, wohl hauptsächlich aus Furcht, daß durch die Niederlage des einen die zu große Macht des andern ihm gefährlich werden könnte, durch dringendes Zureden, ja selbst durch Drohungen den Krieg noch verhinderte. Er schickte nämlich sowohl an den Westgoten- als auch an den Franken-König schriftliche Vorstellungen, den Frieden zu erhalten. An den ersteren wandte er sich zuerst: Wenn die Menge der Deinigen (sagte er) und die Siege der Vorfahren, besonders die über den mächtigen Attila, deinen Mut erhöhen, so mußt du doch bedenken, daß die Kraft der Völker im langen Frieden erschlafft: Und doppelt gefährlich ist es, mit solchen Truppen, die den Schlachten fremd geworden, das Kriegsglück zu versuchen. Nicht lasse dich von schneller Erbitterung hinreißen, nur Vorsicht und Mäßigung erhält das Wohl der Völker. Will der Feind offenbar Krieg und stößt er jede Vorstellung von Recht zurück, dann ist es Zeit, zu den Waffen zu greifen. Daher warte, bis ich meine Botschafter an den Frankenkönig abgesandt, und ob nicht euer Streit durch des Verwandten schiedsrichterliche Bemühungen beigelegt wird. Noch ist keine wahre Ursache zum Krieg vorhanden – nur über Worte ist noch geringer Zank. Hat der Krieg aber einmal begonnen, so ist den Frieden wieder herzustellen keine leichte Sache. Sollte aber einer der verwandten Könige hartnäckig auf Krieg bestehen, so würden dem angegriffenen zahlreiche ostgotische Völker gegen seinen Feind zu Hilfe eilen. Denn leicht wird Übermut und stolzer Sinn der Könige gebrochen, wenn sie so viele bewaffnete Gegner vor sich finden[133].

Nachdem Theodorich auch den burgundischen König Gundobald[134] und die Könige der Warner, Heruler und Thüringer[135] durch Briefe und Gesandte hatte auffordern lassen, sich mit ihm zu vereinen, alles anzuwenden, daß zwischen den Westgoten und Franken kein Krieg ausbreche, so läßt er zuletzt durch eine Gesandtschaft dem Klodwig einen Brief überbringen, worin er ihn auf das wohlmeinendste zum Frieden ermahnt, und die jugendliche Kampfbegier, den Völkern nur verderblich, zu unterdrücken rät. Denn sehr unduldsam sei es, auf ganz geringe Veranlassung gleich zu den Waffen zu greifen und nicht erst zu versuchen, die Sache durch verwandte Schiedsrichter beizulegen. Daher (sagt Theodorich im Briefe weiter) bleibe der Kampf, der einen von euch vernichten kann, ferne. Die Waffen niederzulegen, beschwört euch der Vater, der wohlmeinende Freund. Der seine Mahnungen verschmäht, was jedoch nicht zu hoffen ist, wird ihn als Gegner haben[136]. Theodorichs eifrige Bemühungen hatten den gewünschten Erfolg. Die beiden feindlichen Könige unterdrückten aus Furcht vor dem Zorn des ostgotischen Herrschers ihre Kampfbegier und kamen überein, auf einer Insel der Loire in der Nähe von Amboise, auf der Grenze ihrer Reiche, sich zu unterreden und ihre Streitigkeiten gütlich beizulegen. Mit großer Pracht und scheinbar herzlicher Freundschaft empfingen sich die beiden Fürsten; nach der Unterredung folgte ein großes Gastmahl, worauf sie, sich wechselseitige Freundschaft heuchelnd, dem Anscheine nach friedlich voneinander schieden (498)[137].

Ihre feindlichen Bestimmungen, die, wie Feuer unter Asche verborgen, durch Theodorichs Macht unterdrückt waren, loderten, so bald sich die Gelegenheit dazu zeigte, in hellen Flammen auf. Klodwig mußte Krieg haben: da der westgotische, gewiß zu seinem großen Verdruß, nicht zum Ausbruch kam, so war bald ein Vorwand zu einem anderen gefunden. Der König von Burgund, Gundobald, geriet mit dem Frankenkönig in Streitigkeiten: dieser ließ sogleich ein starkes Heer gegen ihn rücken. Alarich, der jede Vergrößerung der fränkischen Herrschaft fürchtete und zu hintertreiben bemüht war, trat mit den Burgundern in Einverständnisse, ohne sie jedoch offenbar zu unterstützen. Als Gundobald Vienna eroberte und daselbst viele Franken zu Gefangenen machte, so schickte er dieselben in das tolotanische Reich zum Verwahrsam, wodurch Klodwig von neuem gegen Alarich aufgeregt und im Verdacht bestärkt wurde, daß den Burgundern heimlich westgotische Unterstützungen zukämen[138]. Als endlich Gundobald den Waffen des fränkischen König[139] unterlag (501) und diesem gewissermaßen lehenspflichtig wurde, da er ihm Tribut bezahlen und im Kriege Heeresfolge leisten mußte, so nahte das Verderben drohende Ungewitter immer mehr dem westgotischen Reiche, dessen König sich vergeblich bemühte, durch eine milde, gerechte und freisinnige Regierung die Zuneigung der katholischen Untertanen zu gewinnen. Denn er gab ihnen nach dem alten römischen Recht nicht nur ein eigenes Gesetzbuch, das sogenannte Breviarium Alaricianum oder den Codex Theodosianus, wonach bei ihnen gerichtet wurde[140], sondern er nahm auch aus anderen Ländern vertriebene Bischöfe (wie z. B. den heiligen Eugenius von Carthago)[141] freundlich auf, und ließ ihnen allen Schutz angedeihen. Die Geistlichkeit durfte auch Konzile halten und sich über die religiösen Ungelegenheiten frei besprechen und beraten[142]. Dessen ungeachtet verfehlte Alarich seinen Zweck: der arianische König war den Katholiken zu verhaßt, und der Wunsch, einen Fürsten ihres Glaubens zu haben, war bei ihnen so überwiegend, daß sie die Wohltaten Alarichs vergaßen und alle ihre Hoffnungen auf Klodwig richteten[143].

Von hohen und niederen Geistlichen wurde diese Stimmung des Volkes nicht nur noch mehr angefacht, sondern es wurden auch Einverständnisse mit den Franken unterhalten, und mehrere Bischöfe beabsichtigten sogar, ihnen ihre Städte verräterisch zu überliefern. Allein Alarichs Wachsamkeit verhinderte den Verrat, jedoch wagte er nicht, durch allzu strenge Bestrafung die Gemüter noch mehr zu erbitten: der heil. Volusian, Bischof von Tours, der mit den Franken Einverständnisse unterhalten hatte, wurde nach Toulouse gefangen weggeführt und nach Spanien verbannt[144]; Quintian, Bischof von Rhodes, wurde aus derselben Ursache abgesetzt[145]; und den heil. Cäsarius, Bischof von Arles[146], der den Burgundern, den Verbündeten Klodwigs, die Stadt verraten wollte, verbannte Alarich, jedoch rief er ihn bald wieder zurück[147]. Gegen die Laien verfuhr er mit mehr Strenge. In Spanien machten die Katholiken in der Stadt Tortosa einen Aufruhr, von den abgeschickten Truppen des Alarich wurde aber der Hauptrebell ergriffen; seine Hinrichtung und die strenge Bestrafung der anderen Empörer stellte die Ordnung wieder her und schreckte einige Zeit lang ab von ähnlichen Beginnen[148]. Sind aber einmal die Untertanen dem Fürsten entgegen und hat der Geist der Unzufriedenheit bei ihnen Wurzel gefaßt, so wird das Übel weder durch Milde noch Strenge getilgt, da erstere leicht Übermut und Frechheit, letztere aber Haß und Erbitterung erzeugt.

Alarich, die gefährlichen Bewegungen der alten Einwohner in seinem Lande wie auch die Einverständnisse bemerkend, die Klodwig mit ihnen unterhielt, rüstete sich zum Krieg. Die Freundschaft mit Theodorich befestigte er und erhielt auch, auf den Fall eines Angriffes der Franken, Hilfe zugesagt. Um seine Rüstungen schneller zu bewerkstelligen, da er von Klodwigs feindlichen Absichten unterrichtet war, wußte er sich durch Münzverfälschungen Geld zu verschaffen[149]. Klodwig aber wartete nicht ab, bis Alarich, der sich zuviel auf den Schutz des ostgotischen Königs verließ, seine Streitkräfte ganz gesammelt hatte; unter dem Deckmantel der Frömmigkeit und des Eifers für die Erhaltung der Religion kündigte er den ketzerischen Arianern den Krieg an[150]: eigentlich aber wohl aus keinen anderen Grund, als um sich der schönen und reichen Länder zu bemächtigen und Alarich für die Unterstützungen zu bestrafen, die er den Burgundern gegen ihn geleistet hatte. Da er auf den König von Burgund als Bundesgenossen rechnen konnte, so glaubte er sich hinlänglich gerüstet, auch sogar der Macht Theodorichs zu trotzen, wenn dieser den Westgoten zu Hilfe eilen sollte[151]. Um jedoch eines guten Erfolges versichert zu sein, mußte er rasch vorbringen, Alarich angreifen und schlagen, ehe aus Italien ein Hilfsheer ankommen konnte. Der fränkische König zog daher unerwartet schnell mit einem starken Heere über die Loire und bemächtigte sich, ohne Widerstand zu finden, der Gegend um Tours, denn die Goten hatten sie verlassen, um in einer festen Stellung bei Poitiers den Franken desto kräftiger entgegenwirken zu können und hier die aus Italien kommenden Hilfsvölker abzuwarten.

Um auch der Hilfe des Himmels versichert zu sein, oder vielmehr um dem Volke Vertrauen auf einen glücklichen Ausgang des Krieges zu machen, gelobte Klodwig nicht nur den Aposteln Peter und Paul eine Kirche zu bauen, sofern er schickte auch zum Grabe des heiligen Martin, dem damaligen Orakel des christlichen Westens, einige seiner Leute mit Geschenken, in der Absicht, etwas von dem Ausgang der Schlacht, die er zu liefern beabsichtigte, zu erfahren. Die Abgesandten wurden unterrichtet, sie sollten die Worte des Psalms merken, die bei ihrem Eintritt in die Kirche des Heiligen gesungen würden. Diese Worte drückten nun Tapferkeit und Sieg aus, worüber Klodwig sehr erfreut sich schon des Sieges versichert hielt. Zugleich gab er Befehl, alle Kirchen, Geistliche, Jungfrauen, Witwen und Diener der Kirchen zu schonen, unter Drohung der strengsten Strafen bei der Nichtachtung seiner Befehle. Als die Franken weiter vorwärts rückten, wurde ihr Marsch durch den angeschwollenen Fluß Vienna aufgehalten. Klodwig war daher genötigt, da er nicht übersetzen konnte, sich an dem Ufer desselben zu lagern und die Nacht da zuzubringen. Am Morgen sah er eine Hirschkuh von außerordentlicher Größe und Schönheit durch den Fluß setzen. Dieselbe Stelle merkte er sich und führte das ganze Heer glücklich hinüber[152]. Er richtete nun seinen Marsch gegen Poitiers, von wo aus den Franken ein Licht von der Kirche des heiligen Hilarius, wie den Juden die Feuersäule, die Hoffnung des himmlischen Beistandes bestärkte.

Alarich hatte bei Poitiers ein festes Lager bezogen und beschlossen, erst die Hilfe seines Schwiegervaters, des ostgotischen Königs, abzuwarten, ehe er des Schicksal seines Reiches einer entscheidenden Schlacht überließe. Dieser Plan war klug und zeigte ebenso sehr von Alarichs Besonnenheit, als seine Nachgiebigkeit, eine Schlacht zu liefern, seine Tapferkeit beurkundet[153]. Denn da das Hilfsheer zu lange ausblieb, so murrten die Westgoten, der Untätigkeit überdrüssig, und stolz auf die Siege ihrer Vorfahren, die Roms Herrschaft bezwungen hatten. Sie hofften auch, ohne die Hilfe der Ostgoten allein die Franken besiegen zu können. Der Kampflust seiner Leute nachzugeben, verließ Alarich seine vorteilhafte Stellung, zog den Feinden entgegen und lieferte die von Klodwig schon längst gewünschte Schlacht[154] in einer Ebene an der Vienne bei Vouglé, drei Stunden von Poitiers (507).

Mit Heftigkeit wurde auf beiden Seiten gestritten, jedoch konnten die Westgoten, weniger im Kriege abgehärtet und an die Schlachten gewöhnt als die Franken, nicht lange Widerstand leisten. Sie ergriffen die Flucht[155]. Tief verwundete das Ehrgefühl des gotischen Königs die Schmach seines Volkes: sie nicht zu überleben oder durch sein Beispiel die Fliehenden zum erneuerten Kampfe zurückzurufen, stürzte er sich, nur von wenigen begleitet, dem fränkischen Könige entgegen. Allein das Unglück verfolgte ihn; er wurde vom Pferde gestürzt und getötet[156]. Zwei tapfere Westgoten, die den Tod ihres Königs rächen wollten, drangen mit der größten Wut auf Klodwig heran und versetzten ihm solche Streiche, daß er nur durch die Stärke des Panzers und die Schnelligkeit des Pferdes gerettet wurde.– Am tapfersten hatte in der Schlacht das mutige Volk aus Auvergne, unter dem Apollinaris, Sohn des Dichters Sidonius, gefochten. Da sie am längsten das Schlachtfeld zu behaupten suchten, so kamen sie fast alle um, und gaben dadurch einen sprechenden Beweis ihrer Anhänglichkeit an die westgotische Regierung und zugleich ihrer Abneigung gegen Klodwig, obwohl sie Katholiken waren[157].

Die blutigsten Schlachten entscheiden oft nichts oder wenig: allein hier errang der fränkische König durch einen Sieg, was sonst mehrere glückliche Feldzüge nicht vermögen:– die Westgoten waren bestürzt und mutlos, selbst nicht einmal unter sich einig, wem sie nun gehorchten, die Hoffnung der meisten war noch auf die Hilfe Theodorichs gerichtet. Unterdessen rückte aber Klodwig unaufhaltsam vor: in mehreren Städten öffneten ihm die Katholiken die Tore und nahmen ihn mit Jubel auf. Den einen Teil des Heeres schickte er mit seinem ältesten Sohne Theuderich, der noch durch burgundische Truppen unterstützt wurde, nach Auvergne, und unterwarf sich dieses Land[158]; er selbst zog mit dem übrigen Heere durch Aquitanien gegen die Garonne, umging die feste Stadt Angouleme, um seinen Marsch nicht zu verzögern, und bemächtigte sich der wichtigen Seestadt Bordeaux. Da der Winter schon angebrochen war, so lieber hier, um im nächsten Frühling den Krieg und die Eroberungen fortzusetzen, und dem Heere die nötige Erholung zu gönnen.

Alarich hatte von der Theodigothe, Theodorichs natürlicher Tochter, nur einen fünfjährigen Sohn, Amalrich, hinterlassen. Die bedrängte Lage der Westgoten erforderte aber einen kräftigen und erfahrenen Führer; sie wählten daher zu Narbonne, noch vor dem Schlusse des Jahres 507, *Gesalich*, einen natürlichen Sohn Alarichs, zu ihrem Könige[159]. Die Nähe Klodwigs in Bordeaux, und die Gefahr eines Überfalls, wie auch die nicht als gültig anerkannte Erhebung Gesalichs zum König veranlaßte die Goten, welche Amalrichs Rechte schützten, Toulouse zu verlassen, und den Prinzen in Sicherheit nach Spanien zu bringen; zugleich ließen sie auch die meisten Schätze, welche noch von Roms Brandschatzung und Plünderung hier aufbewahrt waren, in die stark befestigte Stadt Carcassonne bringen; denn es war vorauszusehen, daß mit dem Beginn des Frühlings Klodwig gegen Toulouse, die Residenz der ostgotischen Könige, rücken, und daß ihm die Einnahme gelingen werde, da der größte Teil der Einwohnerschaft katholisch war und Klodwids Ankunft mit viel Sehnsucht erwartete. Wie man gefürchtet hatte, so geschah es. Klodwig wurde bei der Wiedereröffnung des Feldzugs ohne Widerstand Herr von Toulouse und den Schätzen, die nicht waren weggebracht worden. Nicht so glücklich war er gegen Carcassonne, wo sich die größten Reichtümer der Westgoten befanden[160]; er fand so hartnäckigen Widerstand, daß er die Belagerung aufheben und abziehen mußte, jedoch nur mit dem Vorhaben, später noch einmal die Erstürmung der Stadt zu versuchen. Darauf richtete er sich gegen die bisher im Rücken gelassene Festung Engolisma (Angouleme), deren Mauern, durch welche Veranlassung ist unbekannt, bei der Annäherung Klodwigs zusammenstürzten, und so die schutzlosen Goten in der Stadt den Franken in die Hände lieferten[161]. Nach solchen Taten zog er nach Tours zurück und brachte der Kirche des heiligen Martin viele Geschenke. Den Krieg im Süden Galliens weiter zu führen überließ er seinem Sohne Theuderich und dem Könige Gundobald von Burgund. Sie hatten schon mehrere Städte an der Rhone und der Loire erobert und nahten sich den Küsten des Mittelmeeres[162]. Gundobald rückte vor Narbonne, wo der neue gewählte König Gesalich sich befand. Allein dieser zeigte sich nicht des Vertrauens würdig, das man in ihn gesetzt hatte. Denn feige und der Anführung unfähig, oder vielmehr gegen sein Volk verräterisch, ergriff er nach einem bedeutenden Verluste schmählich die Flucht und eilte nach Spanien, wo er sich Barcellonas bemächtigte[163].

Nicht unwahrscheinlich ist es aber, wie die Folge zeigt, daß Gesalichs Flucht jenseits der Pyrenäen nicht aus Feigheit geschah, sondern daß er in Einverständnis mit Klodwig trat, diesem das westgotische Reich in Gallien abtrat, um desto ruhiger unter dem Schutz der Franken den Besitz Spaniens gegen Amalrich oder vielmehr dessen Großvater behaupten zu können. Denn der König der Ostgoten, der für seinen Enkel das westgotische Reich in Anspruch nahm, sah Gesalich nicht weniger für den Räuber der Besitzungen Amalrichs an, als Klodwig[164].

Nach der Einnahme von Narbonne, welche der Plünderung der Soldaten überlassen wurde, hatten Theuderich und Gundobald die Eroberungen fortgesetzt, während Klodwig wieder von neuem vorgedrungen war und Carassonne einschloß. Gundobald war bis in die Nähe von Arles gekommen und wollte sich der Brücke unterhalb der Stadt bemächtigen, um über die Rhone zu setzen, als er unerwartet heftigen Widerstand fand, und selbst vereinigt mit Theuderichs Heer konnte er die tapferen Verteidiger der Brücke nicht wegtreiben[165]. Endlich hätte aber doch die Übermacht gesiegt, und Arles, die frühere Hauptstadt Galliens, von den Feinden belagert, war auf dem Punkte zu unterliegen, als die schon lange erwartete Hilfe aus Italien anlangte und dem Krieg eine ganze andere Gestalt gab.

Theodorich, in seinem Reiche selbst durch den Kaiser Anastasius mit einem schweren Kriege bedroht, konnte anfangs dem Verlangen Alarichs, ihm ein Hilfsheer zu schicken, kein Genüge leisten. Als er aber von dessen Niederlage und Tod bei Vouglé hörte, und ganz Gallien, und vielleicht auch Spanien in Gefahr vor Klodwigs Waffen sah, so vereinigte er alle waffenfähige Goten, nebst vielen gepidischen Hilfsvölkern, zu einem Heereszug[166]. Am 25. Juni des Jahres 508 mußten sie versammelt sein. Da seine Gegenwart in Italien notwendig war, so stellte er sich nicht selbst[167] an die Spitze des Heeres, sondern er übergab es der Leitung des geschickten Feldherrn Ibbas[168]. Dieser rückte über die cottischen Alpen nach Gallien und kam gerade an die Rhone, als Arles von den Burgundern und Franken belagert[169], von dem tapferen Goten Tuluit[170] aber auf das Hartnäckigste verteidigt wurde. Bei der Annäherung des ostgotischen Heeres hoben die Feinde die Belagerung auf und zogen sich zurück: Ibbas folgte ihnen, und als er sie erreicht hatte, lieferte er eine blutige Schlacht, in der er einen vollkommenen Sieg erfocht und den Feinden eine solche Niederlage beibrachte, daß sie 30 000 Mann verloren[171]. Die Folge dieses Sieges war, daß die belagerten Städte[172] jenseits der Rhone wieder frei wurden, darunter auch das hart bedrängte Carcassonne mit feinen Schätzen[173]. Narbonne und viele andere Städte wurden wieder von den Goten besetzt und das ganze Land von der Rhone bis an die Pyrenäen mit Ausnahme von Toulouse war wieder den Goten[174]; auch fügten sich die katholischen Bewohner der gotischen Herrschaft mehr, als man hatte hoffen könne. Zu dieser Umwandlung der Gesinnung trug freilich Ibbas, dem Theodorich sehr anempfohlen hatte, sich durch Gerechtigkeit und Milde den Einwohnern geneigt zu machen, am meisten bei: denn er gewann nicht nur katholische Bevölkerung durch die Befolgung der erhaltenen Befehle, sondern auch hauptsächlich dadurch, daß er als Katholik seien Glaubensgenossen Zutrauen einflößte[175].

Obwohl auch Toulouse von den Franken verlassen wurde und das Vordringen der Goten nicht hätte gehindert werden können, so ließ Ibbas doch die Franken im ruhigen Besitz des Landes Aquitanien, zwischen der Garonne und der Loire, und richtete seinen Marsch auf Befehl Theodorichs über die Pyrenäen nach Spanien, um Gesalich zu bekriegen. Diese unterhielt in Barcellona schon lange mit den Franken Verbindungen, da er mit Recht befürchtete, daß ihn Theodorich als Feind behandeln werde. Er hatte sich durch seine schändliche Regierung und die grausame Ermordung mehrerer Großen auch seinen Untertanen verhaßt gemacht, daher auch dem Ibbas bei seinem Eintritte in Spanien viele Unzufriedene zuströmten. Gesalich, sonst kein Freund von Krieg und Schlachten, war nun genötigt, um sich als König zu behaupten, dem ostgotischen Feldherrn entgegen zu rücken. Bei Barcellona stießen die feindlichen Heere aufeinander (509). Alarichs natürlicher Sohn wurde geschlagen, von den Seinigen, die keine Ursache hatten, ihm Unhänglichkeit zu beweisen, verlassen, und rettete sich durch die Flucht zum Vandalenkönig Thrasamund nach Afrika, durch dessen Hilfe er seine Länder wieder zu erobern hoffte[176]. Indem Ibbas so Spanien für Theodorich, den Vormund und Großvater des jugen Amalrich, in Besitz nahm, versuchten die Franken und Burgunder in Gallien, wieder gegen Arles vorzudringen. Allein Mammon, ein Feldherr, den Theodorich nach Gallien geschickt hatte[177], verhinderte ihr weiteres Vordringen, schlug sie zurück und verfolgte sie bis in ihre Länder. Jedoch schon im folgenden Jahre (510) hatten die Franken und Burgunder eine solche Heeresmacht gerüstet, daß sie von neuem verheerend in die gotischen Provinzen einfielen und Arles ernsthafter belagerten als früher. Nur die größte Tapferkeit und Wachsamkeit der gotischen Besatzung konnte die Stadt retten: denn sowohl der katholische Bischof daselbst, Cäsarius, als die zahlreichen Juden in der Stadt unterhielten Einverständnisse mit den Franken und versuchten, die Stadt durch Verrat zu überliefern[178], und dabei hatte die Besatzung, der es schon an Lebensmitteln gebrach, beständig die stürmenden Angriffe der Feinde abzuschlagen, so daß es hohe Zeit war, daß neue Hilfstruppen aus Italien ankamen[179]. Marobaud befehligte sie. Dadurch verstärkt, machte man einen Ausfall auf die Belagerer; dieselben wurden in Anordnung gebracht, in die Flucht gejagt und bis jenseits der Durance verfolgt. Arles, das durch die Belagerung viel gelitten hatte, wurde von Theodorich mit Geld und

Lebensmitteln beschenkt und zugleich von allen Abgaben für das Jahr 511 befreit[180], auch den anderen Städten und Landschaften, die durch den Krieg viel gelitten hatten, gewährte der ostgotische König dieselbe Begünstigung. Überhaupt traf er viele Einrichtungen und Vorkehrungen, wodurch er sich die Herzen der Völker zu gewinnen wußte, so daß sie seine Regierung sowohl der fränkischen als jeder andern vorzogen.

Gesalich hatte unterdessen dem Vandalenkönig Thrasamund sehr angelegen, ihm zur Wiedereroberung Spaniens behilflich zu sein; er fand aber wenig Gehör und Unterstützung, weil dieser Fürst, der Theodorichs Schwester Amalafrede geheiratet hatte, fürchtete, sich mit dem mächtigen Schwager zu verfeinden. Endlich unterstützte er ihn doch: zwar nicht offenbar mit Mannschaft und Schiffen, aber heimlich mit Geld. Gesalich wagte sich in Spanien einzuschleichen und durch Austeilung reicher Geschenke suchte er sich einen Anhang zu verschaffen. Allein dem wachsamen Auge des Ibbas entging die Anwesenheit Gesalich im Lande nicht. Dieser mußte eiligst fliehen und rettete sich über die Pyrenäen zu seinen alten Verbündeten, den Franken. In Aquitanien, wo er sich ein ganzes Jahr aufhielt[181] und von Clodwig mit Mannschaft, Waffen und Geld unterstützt wurde, brachte er ein Heer zusammen, womit er über die Pyrenäen zog. In der Nähe von Barcellona wurde mit Ibbas die zweite Schlacht geliefert, worin dieser abermals wie in der ersten siegte. Gesalich flüchtete sich nach Gallien, und wollte ins Land der Burgunder, als er jenseits der Durance von ostgotischen Soldaten gefangen und getötet wurde (511)[182].

Von ihm sprechen die Schriftsteller mit viel Verachtung, sowohl in Hinsicht seiner Feigheit als Unfähigkeit zu regieren. Mit diesen schlechten Eigenschaften verband er noch Grausamkeit, wodurch er selbst seine Anhänger, die im Anfange seiner Erhebung zahlreich gewesen sein müssen, von sich abschreckte. Sein Gegner Theodorich war zu mächtig, als daß er sich gegen ihn hätte behaupten können. Nach Gesalichs Tod beherrschte der König der Ostgoten von den Säulen des Hercules bis zur Donau, also über ganz Italien und Sizilien, über die Länder südlich von der Donau, über ganz Spanien und über das südliche Gallien. Aqiutanien und Toulouse überließ er den Franken; jedoch wissen wir von keinem Vertrag oder Frieden, durch welchen er es ihnen eingeräumt hätte[183].

Man könnte daher mit Recht behaupten, daß Theodorich nicht eroberungssüchtig war, da er selbst Länder, auf die er Ansprüche zu machen hatte, wie auf Aquitanien, nicht mit Gewalt der Waffen den Eroberern zu entreißen suchte, was ihm als einem so mächtigen Könige gewiß nicht schwer hätte fallen können. Was auch die Ursache davon gewesen sein mag, so ist es immer zu verwundern, daß er selbst bei den günstigen Umständen, als das fränkische Reich nach Clodwigs Tod (511) unter seine vier Söhne, Theuderich, Clodemir, Childebert und Clotar geteilt wurde, keine Bewegungen zur Wiedereroberung Aquitaniens machte. Nur einiger Grenzländer, welche die Westgoten vorher im Besitz hatten, bemächtigte er sich wieder: diese waren hauptsächlich Rhodes, die Umgebung von Alby, Gevaudan und Velai[184]. Daß er nun mit den Söhnen Clodwigs Frieden geschlossen, wie einige neuere Schriftsteller angeben, sagt keine Quelle, wohl aber gibt Jornandes[185] ausdrücklich an, daß die Goten immer Feinde der Franken waren, so lange Theodorich lebte. Aus dem burgundischen Krieg, den die Söhne Clodwigs mit Siegmund

und dessen Bruder Godomar führten, zog Theodorich auch Vorteil, indem er seine Herrschaft auf dem rechten Ufer der Durance ausbreitete[186].

Was die innere Verwaltung des westgotischen Reiches betrifft, so schickte er Statthalter[187] dahin, die ihren Sitz in Arles hatten. Alarichs Sohn Amalrich, den er unter die Leitung des Ostgoten Theudes gestellt hatte, lebte in Narbonne und obwohl derselbe schon das regierungsfähige Alter erreicht hatte, so übergab er ihm doch nicht, so lange er selbst lebte, die Regierung. Um die Schätze, die sich in Caracassonne befanden, mehr in Sicherheit zu bringen und sie nicht der Gefahr auszusetzen, daß sie bei einem unerwarteten Überfall der Franken verlorengingen, ließ er sie nach Ravenna bringen[188]. Da er ostgotische Heere, Feldherrn und Obrigkeiten im westgotischen Reiche hatte, so befestigte er seine Herrschaft in diesem Lande immer mehr. Den Tribut, der ihm jährlich von den Großen des Landes geschickt wurde, verwendete er, um nicht für geizig gehalten zu werden, dazu, die Heere der Ost- und Westgoten damit zu beschenken[189]. Theudes, den er, wie oben bemerkt wurde, zum Erzieher Amalrichs gesetzt hatte, war zugleich auch Statthalter über Spanien[190]. Er war ein schlauer, hinterlistiger Mann, von dem der ostgotische König bald merkte, daß ihn sein Ehrgeiz zu gefährlichen Schritten verleiten konnte. Der Statthalter hatte eine sehr reiche Spanierin geheiratet und sich mit einer Leibwache von 2000 Mann umgeben. Er ließ schon damals merken, daß er lieber Herrscher, als Untertan sei, und seine Macht, mit der er sich umgab, war so bedeutend, daß Theodorich nicht wagte, ihn mit Gewalt abzusetzen, da er fürchtete, daß er sich dann mit den Franken verbinden möchte. Ihn nach Italien unter dem Schein von Ehrenbezeugung zu locken, gelang nicht, da der schlaue Mann die Falle merkte, die man ihm legte[191]. Die Völker des südlichen Galliens, durch vieljährige Leiden blutiger Kriege niedergedrückt, erfreuten sich unter der milden Regierung Theodorichs wieder des Friedens und des Wohlstandes. Geliebt von seinen Untertanen, und gefürchtet von seinen Feinden, starb er als der größte Herrscher seiner Zeit[192] nach 33jähriger Regierung über Italien und nach 15jähriger[193] über das wetgotische Reich (526).

Dem Theodorich folgten in der Regierung seine beiden Enkel. Athalarich, der Sohn seiner Tochter Amalasuntha, noch ein Kind von 7 Jahren, erhielt die Herrschaft in Italien über die Ostgoten; Amalrich, der damals schon 24 Jahre alt sein mochte, nahm nun sein väterliches Erbe, das westgotische Reich, in Besitz. Die beiden Könige setzten gleich im Anfange der Regierung ihre Ansprüche gütlich auseinander und traten miteinander in gutes Vernehmen. Amalrich erhielt die westgotischen Schätze, die Theodorich nach Ravenna hatte bringen lassen[194], zurück, und regierte sein Land ganz unabhängig vom ostgotischen Reiche; dafür aber trat er alles Land zwischen den Alpen und der Rhone an Athalarich ab, so daß zwischen beiden Reichen dieser Fluß die Grenze machte[195]. Der Tribut, den Theodorich bisher von den Westgoten erhielt, wurde aufgehoben. Weil zwischen den Ost- und Westgoten während der vorigen Regierung viele Heiraten geschlossen wurden[196], so kamen die beiden Könige überein, daß einem jeden Manne oder jeder Frau das Recht zustünde, da zu bleiben, oder dahin zu gehen, wo der Mann oder die Frau herstammte[197].

Da zu vermuten war, daß die Franken, die sich bisher aus Furcht vor Theodorichs Übermacht ruhig gehalten hatten, bald wieder feindlich auftraten, so wollte Amalrich, durch eine Heirat mit Childeberts Schwester, Klotilde, den Sturm beschwichtigen: allein er regte ihn nur desto mehr durch diese Verbindung auf. Aus übertriebenem Eifer für die arianische Lehre, obwohl er sich sonst durch Duldungssinn auszeichnete[198], suchte der westgotische König erst durch liebreiches Zureden, dann durch Drohungen, zuletzt gar durch Schläge und die größten Mißhandlungen seine katholische Gemahlin zur Verleugnung ihrer Religion zu zwingen. Wenn sie zur Kirche ging, so ließ er sie mit Kot werfen, und die durch solche Unbilde barbarischer Roheit auf das äußerste geängstigte Königin schickte ein Schweißtuch, getränkt von ihrem Blute, das sie durch die Mißhandlungen ihres Mannes vergoß, ihrem Bruder Childebert nach Paris und bat ihn flehentlich, sie aus den Händen des Tyrannen zu retten[199]. Amalrich hatte nicht nur seinen Zweck verfehlt, die fränkische Prinzessin zu seinem Glauben zu gewinnen, sondern er gab durch die unmenschliche Behandlung derselben dem Könige Childebert[200] einen guten Vorwand, den vielleicht schon längst vorgehabten Krieg gegen die Westgoten zum Ausbruch kommen zu lassen. Da Childeberts Brüder gegen die Thüringer beschäftigt waren, so marschierte er allein mit einem zahlreichen Heere gegen Narbonne, die damalige Hauptstadt des westgotischen Reiches (531).

Sobald Amalrich von Childeberts Bewegungen Nachricht erhielt, ließ er eine Flotte ausrücken, um im schlimmsten Falle durch einen Rückzug nach Spanien gedeckt zu sein. Bei Narbonne wurde eine blutige Schlacht geliefert. Man kämpfte auf beiden Seiten mit Tapferkeit: endlich siegten aber die Franken durch ihre stärkere Reiterei, schlugen die Goten in die Flucht, und richteten unter den Fliehenden, denen sie den Weg nach der Flotte abgeschnitten hatten, ein großes Blutbad an.

Über Amalrichs Ende sind die Nachrichten verschieden: nach Gregor von Tours hatte er bei der Annäherung Childeberts schon ein Schiff bestiegen, als ihm einfiel, daß er eine Menge Edelsteine zurückgelassen hatte. Zurückkehrend, um sie zu holen, wurde er vom feindlichen Heere umringt, und als er in eine Kirche flüchten wollte, stieß ihn, noch ehe er die Schwelle erreichte, ein Franke mit der Lanze nieder, worauf er den Geist aufgab[201]. Auch Aimon[202] und Procop[203] stimmen damit überein. Aber nach den glaubwürdigeren Berichten von Isidor, von der Appendix des Victor und von Fredegar [204] wäre Amalrich auf der Flotte wirklich nach Barcellona abgesegelt; es hätte dann das Heer (wahrscheinlich durch den herrschsüchtigen Theudes aufgewiegelt) einen Aufstand gemacht und ihn ermordet (531)[205].

Childebert, der bei der Plünderung von Narbonne selbst die Kirchen nicht verschonte, zog mit vielen Schätzen von der Stadt weg[206], seine Schwester, die er befreite, hatte durch die ausgestandenen Mißhandlungen soviel gelitten, daß sie bald darauf starb. Der Angabe Procops[207], daß Childebert sich des Landes bis an die Pyrenäen bemächtigte, widersprechen die fränkischen Geschichtsschreiber.

Theudes, der früher schon an der Spitze der Regierungsgeschäfte stand, übernahm nun, ungewiß ob durch Wahl der Großen oder aus eigener Macht, die Regierung; jedoch ist das letztere wahrscheinlicher, zumal er auch großen Verdacht auf sich lud, am Aufstande des Heeres und am Morde des Königs Schuld zu haben. Er war der erste westgotische König, der den Sitz seiner Regierung nach Spanien verlegte, wahrscheinlich nach Barcellona.

VIERTER ABSCHNITT
Westgotisches Wahlkönigreich in Spanien

———————•◆•———————

ERSTES KAPITEL

Westgotisches Wahlreich in Spanien unter den arianischen Königen Theudes, Theudisclus, Agila, Athanagild und Leovigild (v. 531–586)

Wenn auch der Ostgote[1] *Theudes* durch sein großes Ansehen und die Hilfsmittel, welche ihm durch seine Reichtümer zu Gebot standen, sich eigenmächtig auf den Thron schwingen konnte, so hielt er es doch den Besitz einer angemaßten Königswürde für zu unsicher, als daß er nicht lieber durch die Wahl der Großen sich dieselbe hätte befestigen wollen[2]. Obwohl man nicht behaupten kann, daß früher die westgotische Königswürde erblich gewesen, da Alarich, Ataulph, Wallia, Theodorich I. und Thorismund offenbar vom Volke, das heißt vom Heere, gewählt worden waren, und Theodorich II. und Eurich durch Gewalt und eine starke Partei zur Regierung kamen, so scheint doch Alarichs II. Erhebung auf den Thron mehr eine Folge des Willens seines Vaters Eurich, als der Wahl des Volkes gewesen zu sein: und so war auch Amalrichs Regierung mehr auf eine Verfügung des ostgotischen Königs Theodorich, als auf die Anerkennung seiner erheblichen Rechte gegründet. Von Theudes an bleibt das westgotische Königreich ein Wahlreich, abhängig von den Großen und der Geistlichkeit. Letztere hatte jedoch unter den arianischen Königen noch nicht sehr bedeutenden Einfluß. Diese Regierungsform war aber für die Westgoten von den traurigsten Folgen, da jeder ehrgeizige Große nach der höchsten Würde strebte und nun der Keim zu unzähligen Unruhen und Aufständen gelegt wurde.

Obwohl Theudes noch in Gallien im Besitze von den Städten Narbonne, Besiers, Nimes, Carcassonne, Lodeve, Agde, Maguelone etc. dem von nun an sogenannten Septimanien blieb, so hielt er es doch für sicherer, den Sitz seiner Regierung jenseits der Pyrenäen zu verlegen, da ihm die Nachbarschaft der fränkischen Könige zu gefährlich schien, als daß er hätte hoffen können, beim Ausbruch eines Krieges sich diesseits des genannten Gebirges zu behaupten. Über die gallische Provinz wurde ein Statthalter gesetzt; der König selbst, schlug den Sitz seiner Regierung anfangs in Barcellona auf; später auch in andern Städten, da noch keine Stadt zur Residenz der westgotischen Könige erklärt war[3].

Da er in Spanien seine Macht fest begründen wollte, und die alten Einwohner, welche doch immer die größere Volksmenge ausmachten, der katholischen Religion zugetan waren, so suchte er ihre Anhänglichkeit durch Duldungssinn zu gewinnen. Er verfolgte sie nicht wie die früheren Könige, erlaubte sogar ihren Bischöfen sich alle Jahre zu Toledo zu versammeln, in den Konzilien daselbst sich frei über alles zu besprechen und die notwendigen Bestimmungen zur Aufrechterhaltung der Kirchenordnung zu geben[4]. Theudes war nicht im ruhigen Besitze seines Landes, als er durch die fränkischen Könige zu den Waffen gerufen wurde. Theodorich, König von Austrasien, den bisher seine Kriege mit den Thüringern zu sehr beschäftigt hatten, erkannte in der Entfernung des Theudes über die Pyrenäen dessen Furcht und hoffte eine leichte Eroberung des Landes Septimanien. In Verbindung mit seinem Bruder Clotar, König von Soissons, schickte er in das westgotische Gebiet ein Heer unter der Anführung seines Sohnes Theudebert. Wahrscheinlich hätte dieser die Westgoten aus Gallien getrieben und sich des ganzen Landes bis an die Pyrenäen bemächtigt, wenn nicht Clotar, eifersüchtig auf das Übergewicht der Macht seines Bruders, seine Truppen plötzlich zurückgezogen hätte[5]. Dessen ungeachtet setzte Theudebert seinen Marsch fort, erobert Rhodez, Lodeve und Usez und mehrere Distrikte, welche Theodorich der Große den Franken abgenommen hatte, konnte aber in das Innere des Landes nicht weit vordringen (533). Die Westgoten, welche er in den eroberten Städten vorfand, entließ er nach Spanien[6].

Nach mehreren Jahren der Ruhe fingen Clodwigs Söhne, die Könige Childebert und Elotar (letzterer in Begleitung seiner drei Söhne)[7] die Feindseligkeiten mit Theudes wieder an. Sie brachten ein starkes Heer zusammen und trugen den Krieg jenseits der Pyrenäen, nahmen Pampeluna, rückten gegen Saragossa vor und belagerten es drei Tage lang vergeblich. Sie verwüsteten darauf die tarragonensische Provinz[8], d.i. das Land an den beiden Ufern des Ebro, und traten, als Theudes mit einem Heere gegen sie heranrückte, reich mit Beute beladen ihren Rückzug an. Theudes ließ ihnen denselben durch den General Theudisclus abschneiden. Dieser schlug die heimkehrenden Franken, und als sie an die Pyrenäen kamen, waren von den Westgoten alle Pässe besetzt. Das ganze fränkische Heer hätte zugrunde gerichtet werden können; Theudisclus aber ließ sich durch eine große Geldsumme bestechen, einen Tag und eine Nacht den Durchgang frei zu lassen. Die, welche sich diese Zeit nicht zu Nutzen machen konnten, wurden alle niedergehauen (543)[9].

Unterdessen war durch Justinians großen Feldherrn Belisarius das Vandalenreich in Afrika zerstört worden. Vergeblich hatte sein letzter König Gilimer den Beistand des westgotischen Königs angesucht, der die Hilfe wohl nicht aus Liebe zur Untätigkeit abschlug, sondern wegen der Einfälle der Franken sie versagen mußte[10].

Als Afrika dem griechischen Reiche wieder erworben war, so suchte der Kaiser Justinian auch Italien durch Besiegung der Ostgoten wieder zu erobern. Die Westgoten, bisher mit den Franken beschäftigt, hatten ihren Brüdern keine Hilfe leisten können. Sobald aber die Gefahr von dieser Seite entfernt war, so machte Theudes seinen Verwandten, dem ostgotischen Könige Ildebald, einen sehr gelegenen Zug nach Afrika, um dadurch die Aufmerksamkeit der Griechen von Italien weg nach einer andern Gegend zu richten. Theudes war in seiner Unternehmung anfangs sehr glücklich. Sobald er über die gaditanische Meerenge gesetzt hatte, bemächtigte er sich der festen Stadt Ceuta. Jedoch war er nicht lange im Besitze des Festung; die Griechen eroberten sie wieder. Da Theudes die Wichtigkeit diese Platzes einsah und befürchtete, daß von hier aus die Griechen nach Spanien herüber kämen, so rüstete er (545) eine Flotte aus, ließ bei Ceuta ein Heer ans Land setzen und die Stadt hart belagern. An einem Sonntage, an dem die Westgoten als fromme Christen die Arbeiten und Angriffe aussetzten, stürzten die Belagerten, weniger streng in der Beobachtung der Feier des Festtages, aus der Stadt auf die ungerüsteten Goten, die zu gleicher Zeit überall von der See- wie von der Landseite eingeschlossen, eine furchtbare Niederlage erlitten, worin alle umkamen[11].

Nicht lange nach diesem Unglück wurde Theudes in seinem Palaste durch einen Menschen, der sich wahnsinnig stellte, unbekannt aus welcher Ursache, mit einem Dolche erstochen. Ehe Theudes seinen Geist aufgab, verbot er noch, seinen Mörder zu verfolgen, da ihm nun durch Wiedervergeltung dasselbe widerfahren wäre, was er früher seinen Herrn bereitet (548)[12].

Man wählte nun den Feldherrn *Theodisclus*[13] zum König, da er sich im Kriege gegen die Franken ausgezeichnet hatte. Seine Habsucht hatte er schon bei der Gelegenheit gezeigt, als er das fränkische Heer, obwohl er es hätte vernichten können, gegen eine große Geldsumme abziehen ließ. Da er das zügelloseste Leben führte, die Frauen und Töchter seiner vornehmsten Untertanen vor seinen Lüsten nicht sicher waren und er sich durch Hinrichtungen noch verhaßter machte; so reizte er die Großen zu einer Verschwörung. Bei einem nächtlichen fröhlichen Mahle in Sevilla, wurden plötzlich alle Wachskerzen ausgelöscht und der König in der Dunkelheit mit dem Schwerte niedergestoßen[14]. Denn die Goten hatten die abscheuliche Gewohnheit, wenn ihnen ein König nicht gefiel, ihn zu ermorden, und den, welcher ihnen nach dem Sinne war, als König einzusetzen[15]. Theodisclus hatte nur sehr kurze Zeit regiert, nämlich ein Jahr und fünf Monate (549)[16].

Wie nachteilig ein Wahlreich der Ruhe eines Volkes ist, wenn seine Großen ehrgeizig und uneinig sind, hat sich besonders unter der folgenden Regierung bewährt. Nachdem man den Tyrannen Theodisclus umgebracht hatte, wurde *Agila* zum König gewählt[17]. Allein auch er war gewalttätig und grausam[18], oder schien es wenigstens einem Teil der Nation zu sein, da oft Ausübung und Handhabung der Gesetze trotzigen Untertanen Beschränkungen in ihrer Freiheit scheinen. Die Unzufriedenen rotteten sich zusammen und brachten eine Empörung zustande, an die besonders Cordova tätigen Anteil nahm. Agila, der mit einem zahlreichen Heere die rebellische Stadt zum Gehorsam zurückbringen wollte, wurde mit großem Ungestüm angegriffen und in die Flucht geschlagen. Ein großer Teil der Truppen des Agila, selbst sein Sohn, blieb im Gefechte: der ganze königliche Schatz fiel in die Hände der Rebellen und gab ihnen Mittel an die Hand, ihren Anhang auszubreiten; allein erst fremde Hilfe, welche ein ehrgeiziger Großer zu seiner Erhebung anrief, gab ihnen die Übermacht[19]. *Athanagild* nämlich, ein vornehmer Gote, hatte sich an die Spitze der Empörer gestellt und hoffte im Bürgerkrieg die höchste Würde im Staate zu erhalten. Zu schwach aber, Agila zu besiegen, rief er die Griechen herbei, die damals unter Justinians glücklicher Regierung alle Inseln des mittelländischen Meeres besaßen. In der Hoffnung, mehrere Seestädte in Spanien zu gewinnen und nach der gänzlichen Besiegung der Vandalen in Afrika, und der Ostgoten in Italien, seine Macht auch auf der pyrenäischen Halbinsel auszubreiten, schickte der Kaiser den Patrizier Liberius mit einer Flotte und Truppen zur Unterstützung Athanagilds nach Spanien[20].

Nun waren die Rebellen dem Könige Agila überlegen. Doch versuchte dieser noch das Kriegsglück in einer Schlacht, worin er aber geschlagen wurde. Er flüchtete nach Merida, um da neue Streitkräfte zu sammeln. Als die Seinigen aber überlegten, wie bei einem längeren Bürgerkrieg das Reich zugrunde ginge, und wie die Griechen, die schon einen großen Einfluß gewonnen hatten, sich des ganzen Landes bemächtigen könnten, so ermordeten (554) sie den König und erkannten *Athanagild* als alleinigen Beherrscher der Westgoten an[21].

Sobald der neue König sich der Einigkeit und Treue seiner Untertanen versichert hatte, so wendete er seine Waffen gegen seine früheren Bundesgenossen, die, im Besitze vieler festen Plätze, zu deutlich die Absicht merken ließen, sich noch andere zu unterwerfen. Leichter ist aber ein Volk ins Land geführt, als daraus entfernt, und solche Hilfe, wie die Griechen Athanagild leisteten, ist immer gewöhnlich für die Bundesgenossen am vorteilhaftesten. Ungeachtet aller Anstrengungen konnte der westgotische König ihnen nur einige Städte entreißen[22]. Denn sie hatten sich besonders in den Seestädten so festgesetzt, daß es erst nach achtzig Jahren den Nachfolgern Athanagilds gelang, sie gänzlich aus dem Lande zu vertreiben[23].

Mit den Franken stand Athanagild in gutem Vernehmen und trat in nähere Verbindung mit ihnen. Clotars Sohn Siegbert, König von Austrasien, zeichnete sich vor seinen drei älteren Brüdern vorteilhaft durch seinen sittlichen Lebenswandel aus. Ihr skandalöses Leben mit Frauen aus gemeinem Stande verachtend, suchte er sich eine des Thrones würdige Gemahlin.

Athanagilds jüngere Tochter, die in der fränkischen Geschichte so bekannte Brunnehild, traf seine Wahl. Mit der Schönheit der Gestalt und des Gesichtes vereinte sie Reinheit der Sitten, einen hellen Verstand und einnehmendes Vertragen. Der westgotische König gab zu der Verbindung seine Einwilligung und schickte die Prinzessin mit großen Geschenken ihrem königlichen Bräutigame zu. Mit vielen Festlichkeiten und großem Jubel feierte dieser seine Vermählung mit ihr und wußte sie bald durch eignes und der Priester Zureden der katholischen Lehre zu gewinnen[24]. Chilperich, König von Soissons, von der weisen Aufführung seines Bruders zum Bessern geleitet, entsagte seinem ausschweifenden Leben, entfernte seine Geliebte Fredegundis von sich, so schwer ihn dieses auch ankam, und freite und erhielt Athanagilds älteste Tochter, der Brunnehild Schwester, Galsuintha, zur Gemahlin. Auf einem silbernen Wagen mit vielen Geschenken reiste sie von Spanien zu Chilperich nach Rouen, wo das Beilager vollzogen wurde. Darauf schwur sie auch wie ihre Schwester den Arianismus ab und nahm den katholischen Glauben an (567). Der beiden Schwestern weitere Schicksale gehören der fränkischen Geschichte an[25].

Unter Athanagilds Regierung war das Suevenreich wieder zu Bedeutung gekommen, ohne daß jedoch zwischen ihm und dem westgotischen Streitigkeiten entstanden wären. Wie oben erzählt worden ist, waren die Sueven durch Theodorich II. fast ganz unterdrückt worden und hatten vergeblich gesucht, sich dem Drucke des westgotischen Joches zu entziehen: Uneinigkeit und Trennung unter mehreren Königen, Fratan, Masdras, Frumar und Remismund hatte verhindert, daß sie zu Selbständigkeit kommen konnten.

Da aber unter Alarich II. die Westgoten ihre ganze Aufmerksamkeit auf die Franken zu richten hatten, innere Streitigkeiten um die Regierung nach Alarichs Tod und die Einfälle der Franken und Griechen alle Kräfte der Westgoten in Anspruch nahmen, so konnten sich die vielfach besiegten Sueven wieder erholen und von neuem erheben. Remismund hatte die Nation zuerst wieder unter sich als alleinigem Könige vereinigt. Carrarich, (550–559) ein Nachfolger Remismunds, wird mit Recht als der erste König der Sueven angegeben, welcher dem arianischen Glauben entsagte und den katholischen annahm[26]. Dadurch näherte er sich den Franken und Griechen und konnte auf Unterstützung von diesen hoffen; mit den Westgoten aber trat er in kein freundschaftliches Verhältnis, jedoch brachen keine Streitigkeiten aus. Carrarichs Nachfolger Theodemir I. (559–569) ließ sich besonders die Verbreitung der orthodoxen Lehre angelegen sein, was auch Ursache sein mag, daß ihn Isidorus von Hispalis für den ersten katholischen König der Sueven hielt[27]. Unter seiner Regierung wurde zu Braga (563) ein Konzilium gehalten, worauf hauptsächlich gegen den Arianismus geeifert und verbesserte Kirchenordnung eingeführt wurde[28].

Nach einer vierzehnjährigen Regierung starb (567) Athanagild in seinem Palaste zu Toledo[29], allgemein betrauert von seinen Untertanen, die sich unter seiner Herrschaft glücklich befanden. Daß er noch vor seinem Tode sich von der arianischen Lehre ab zur katholischen gewendet habe, wie einige Schriftsteller melden[30], ist höchst unwahrscheinlich.

Ein Interregnum von fünf Monaten trat nun ein[31]. Denn man konnte sich nicht vereinen, wen man zum König erhebe, da zu viele Große da waren, die im Vertrauen auf ihre Macht nach der Herrschaft über das ganze Volk strebten. Endlich vereinte man sich doch so weit, daß man diesseits der Pyrenäen im narbonnensischen Gallien den *Liuva* oder *Luiba*[32] wählte, der seit sieben Jahren als Stadthalter dieser gotischen Provinz sich die Liebe seiner Untergebenen erworben hatte.

Die gotischen Großen in Spanien wollten ihn aber nicht anerkennen, weil sie bei der Wahl desselben nicht ihre Zustimmung gegeben hatten. Da Liuva zu schwach war, mit Gewalt der Waffen sich die Widerspenstigen zu unterwerfen, er vielmehr befürchten mußte, aus dem Besitze der gallischen Provinz von einem gegen ihn gewählten Gegner verdrängt zu werden, so trat er seinen Bruder *Leovigild*[33], der jenseits der Pyrenäen einen großen Anhang hatte, freiwillig die Regierung über Spanien ab (569)[34], und da nach einigen[35] Jahren (572) sein Tod erfolgte, so vereinte Leovigild[36] das ganze Reich der Westgoten unter seinem Zepter. Um die verschiedenen Parteien, besonders die Anhänger des verstorbenen Königs Athanagild sich geneigt zu machen, hatte er dessen Witwe Gosuintha, die Mutter der Brunnehild und Galsuintha, geheiratet[37].

Leovigilds Regierung ist eine sehr unruhige. Als er zur Königswürde in Spanien gelangte, hatte er einen schweren Stand; das Land war in Parteien geteilt, die sich unabhängig von der Regierung erklärten; die Griechen hatten während des Interregnums die für sie günstigen Umstände benutzt und im Inneren des Landes Eroberungen gemacht; die Gebirgsbewohner des heutigen Narvarra und Biscaya wie die katholischen Einwohner Spaniens wollten nicht mehr unter arianischen Herrschern sein und hofften Hilfe sowohl von den benachbarten Sueven als Franken. Allein alle diese großen Hindernisse, die sich der Befestigung seiner Macht entgegensetzten, überwand der Löwenheld und erwarb sich dadurch den Ruhm einer der größten Könige zu sein, der über die Westgoten herrschte.

Sobald er die Regierung angetreten hatte, war seine erste Sorge, die siegreichen Fortschritte der Griechen zu hemmen und die rebellischen Untertanen zum Gehorsam zurückzubringen. Er zog in das Gebiet von Malaga und Baeça, schlug die Griechen, verheerte die Gegend und kehrte dann siegreich zurück[38]. Dann rückte er gegen die stark befestigte Stadt Assidonia in Andalusien. Durch den Verrat eines gewissen Framidaneus bemächtigte er sich in der Nacht der Stadt, und durch das daselbst angerichtete Blutbad setzte er die griechischen Städte Spanien in Schrecken[39]. Doch Cordova, im Vertrauen auf die Stärke seiner Mauern und auf die Tapferkeit seiner katholischen Einwohner, die vorzogen, unter der orthodoxen griechischen Herrschaft zu sein, wagte den Zorn des Königs durch den hartnäckigsten Widerstand zu reizen. Da Leovigild sah, daß Gewalt ihn nicht zum gewünschten Ziele führte, so suchte er durch Geld, das, wie die Erfahrung lehrt, oft am schnellsten die Tore öffnet, sich in der Stadt Verräter zu erkaufen. Dieses gelang ihm auch. In der Nacht wurden ihm die Tore geöffnet, und so kam die Stadt in seine Gewalt. Ein großes Blutbad innerhalb der Mauern und außerhalb unter den Landleuten, die auch rebelliert hatten, verbreitete Furcht und Schrecken weit umher. Der Einnahme Codovas folgte die freiwillige Unterwerfung oder leichte Eroberung mehrerer Städte, die es bisher mit den Griechen gehalten hatten, so daß diese bald wieder auf ihre Festungen an der Seeküste beschränkt waren[40]. Als Leovigild im Süden die Griechen und Aufrührer besiegt und durch den Besitz von Septimanien nach Liuvas Tod (572) seine Streitkräfte vermehrt hatte, wandte er sich gegen den Norden der pyrenäischen Halbinsel, wo die Aufrührer in den Gebirgen größeren Widerstand zu leisten im Sinne hatten, da sie auch Hilfe vom Könige der Sueven zu erhalten hofften. Allein Leovigilds Schnelligkeit in seinen Bewegungen jagte überall Furcht und Schrecken ein; der Suevenkönig Mir wagte nicht, sich mit seinem mächtigen Nachbarn zu verfeinden und schickte daher die Hilfe nicht; die Aufrührer selbst handelten ohne Einheit, so daß sie nach der Reihe überwunden wurden. Zuerst rückte Leovigild gegen Sabaria[41] und unterwarf sich das ganze Gebiet; im folgenden Jahre (573) zog er nach Cantabrien, dem heutigen Biscaya, eroberte die Stadt Amaja, plünderte sie und zwang durch Gewalt der Waffen die ganze Provinz zur Unterwürfigkeit[42]. Gleiches Schicksal hatten die Bewohner der arragonischen Berge[43]. Den Hauptrebellen dieser Gegend, den Aspidius, führte er mit Frau und Kindern gefangen mit sich weg (574). Ungeachtet der Unterwerfung dieser aufrührerischen Provinzen war die Ruhe noch nicht hergestellt; Leovigild mußte (576) die rebellischen Bewohner von Orospeda[44] mit den Waffen zum Gehorsam zurückbringen, und kaum war der Aufstand gedämpft, als die Bauern in dieser Gegend von neuem sich empörten. Jedoch war der ungeordnete Haufen bald durch die Truppen Leovigilds zur Pflicht zurückgeführt[45]. Als nun der König die Aufrührer unterdrückt hatte, die Großen aber, die sich seiner Herrschaft nicht fügen wollten, hinrichten ließ und sich ihres Vermögens bemächtigte[46], so suchte er im Frieden das Glück und den Wohlstand des Volkes zu begründen. Er legte in Celtiberien eine neue Stadt an und nannte sie nach seinem zweiten Sohne Reccared Recopolis. Er ließ herrliche Gebäude darin aufführen, sie mit starken Mauern versehen, mit schönen Anlagen ausschmücken und der Einwohnerschaft die Vorteile einer neuen Stadt zukommen.[47]

Die übermütigen Großen des Reiches suchte er aber nicht bloß durch die Gewalt der Waffen, sondern auch durch neue Statuten oder Abschaffung alter einzuschränken und das königliche Ansehen auf jede Weise zu vergrößern. Er gab daher den früher von Eurich an gesammelten Gesetzen ihre Kraft wieder, oder eine bestimmtere Auslegung, und fügte neue dem Volke notwendige hinzu; die Verordnungen aber, welche die gotischen Großen zu ihren Gunsten durch ihre Übermacht ertrotzt hatten, ließ er herauswerfen[48]. Denn diese hatten einen solchen verderblichen Einfluß auf die Gesetzgebung ausgeübt – da sie die Königswürde zu vergeben hatten – daß das ruhige, fleißige und mehr als die anderen Völker der Nachbarschaft gebildete westgotische Volk allmählich unter den Druck kleiner Tyrannen kam.

Das königliche Ansehen, das nun durch innere Macht befestigt war, suchte er auch durch einen äußeren Glanz zu heben, dessen die westgotischen Wahlkönige bisher entbehrten. Früher verlor sich der König im Haufen der Großen: kein größerer Glanz unterschied ihn von diesen; allein Leovigild, wohl wissend, welchen Eindruck das Äußere auf die Menge macht, führte eine eigene Kleidung ein und bestieg bei Versammlungen einen erhabenen Thron, um gleich durch das Äußere seine Majestät anzukündigen.[49]

Daß sein Reich beständig durch innere Unruhen bewegt wurde, hatte mehrfache Ursachen. Die Großen sahen mit Verdruß einen kräftigen Regenten auf dem Thron, der ihren Stolz brach und ihre angemaßten Vorrechte minderte oder ganz aufhob; das Volk murrte und empörte sich, weil die erhöhten Abgaben, welche die Anlage einer Staatskasse[50] und die beständigen Kriege notwendig machten, es drückten und zur Unzufriedenheit reizten, wenn es auch auf der anderen Seite von dem Druck der kleinen Tyrannen durch Leovigilds neue Verordnungen befreit wurde. Die rechtgläubigen Griechen, Sueven und Franken fürchteten ihren kräftigen Nachbarn und regten die katholischen Untertanen zum Aufstand gegen ihren arianischen König an. Den gefährlichsten dieser Aufstände, welchen Leovigild zu dämpfen hatte, veranlaßte sein ältester Sohn Hermenegild.

Leovigilds Streben ging dahin, den Thron in seiner Familie erblich zu machen: er ließ daher seine beiden Söhne von der ersten Ehe Hermenegild und Reccared schon früh (572) zu seinen Mitregenten erklären.[51] Dieser Erhebung entkeimten viele Unruhen. Denn da die Mutter der beiden Prinzen, Theodosia, Tochter des griechischen Statthalters Severianus über die carthagenische Provinz, eine rechtgläubige Griechin gewesen war, so wurde ihnen von Kindheit auf eine Zuneigung zu der katholischen Lehre eingepflanzt. Leovigild, früher gar nicht gegen die Katholiken eingenommen, suchte diese Eindrücke der katholischen Lehre in dem Gemüte seiner Söhne nicht zu vertilgen. Als er aber nach dem Tode der Theodosia bei seiner Thronbesteigung die Goswintha, eine heftige Arianerin, die ganz von ihrer Geistlichkeit beherrscht wurde, geheiratet hatte, und er die feindliche Stimmung der katholischen Untertanen gegen die arianische Regierung bemerkte, so ließ er sich, besonders durch die Eingebungen seiner Gemahlin, zu vielen Verfolgungen der Katholiken verleiten.

Um die fränkischen und gotischen Häuser einander näher zu bringen, wurde hauptsächlich durch die Brunnehild eine Heirat mit Hermenegild und

Ingundis, der Tochter von Brunnehild, vermittelt.[52] Die fränkische Prinzessin kam mit einem glänzenden Gefolge und vielen Geschenken, welche sie von ihrem Bruder, dem König Childebert, erhalten hatte, nach Septimanien. Bei ihrem Aufenthalt zu Agde erhielt sie die Ermahnungen des frommen Bischofs dieser Stadt, Fronimius, ihrem Glauben nicht untreu zu werden. Dadurch lud dieser in der Folge den ganzen Haß Leovigilds auf sich.[53]

Ingundis wurde bei ihrer Ankunft in Toledo von ihrer Großmutter, der Königin, mit großer Freude aufgenommen, und es schien zwischen beiden das beste Vernehmen zu bestehen. Da aber die Rede davon war, daß sie ihren Glauben ändern sollte, weil es gewöhnlich Sitte war, daß die Königin die Religion ihres Gemahls annahm, so erklärte sie sich ungeachtet der schmeichelnsten Bitten auf das Bestimmteste dagegen. Dieses veranlaßte Mißhelligkeiten zwischen den beiden Königinnen, die bald durch die beleidigte weibliche Eitelkeit der an Gestalt und Seele häßlichen Goswintha in offenbare Streitigkeiten ausbrachen. Dieses Weib war nach der Schilderung der Schriftsteller von mißgestaltetem Körperbau, einäugig, und von einem solchen Stolz und einer so großen Rachsucht beherrscht, daß alle menschlichen Gefühle in ihr vertilgt wurden. Freilich mag der Trotz und Hochmut der Ingundis, die sich auf ihre jugendliche Schönheit nicht wenig einbildete, die Erbitterung der alten Königin hervorgerufen haben. Diese tat nach vergeblichen Versuchen, die Schwiegertochter für die arianische Lehre zu gewinnen, gewalttätige Schritte. Ingundis weigerte sich hartnäckig, den Glauben, worin sie erzogen worden, aufzugeben, und achtete nicht der Drohungen der Goswintha. Diese, durch ihre Hartnäckigkeit in Wut gebracht, ergriff sie bei den Haaren, warf sie auf den Boden und schlug sie so lange, bis sie mit Blut bedeckt war; zuletzt gab sie sogar Befehl, die schon so sehr Gemißhandelte zu peitschen und in einen Fischteich zu werfen.

Diese ärgerlichen Auftritte am Hofe erregten Leovigilds Unwillen und bewogen ihn, um künftig ähnlichen vorzubeugen, seinem Sohne ein eigenes Gebiet in Andalusien zum Aufenthaltsort anzuweisen.[54] Liebe und Ehre aber regten diesen an, die Mißhandlung seiner Gemahlin zu rächen. Allmählich zu der Überzeugung geleitet, daß diese für den wahren Glauben die Unbilden ertragen habe, wurde endlich Hermenegild, gerührt von der Ingundis zarter Hingebung und liebevoller Zusprache, und überredet von des Bischofs Leander gewichtigen Gründen, bewogen, zur katholischen Religion überzutreten und nahm nun den Namen Johannes an.[55]

Durch diese Glaubensveränderung gewann er sich die Katholiken, trat in enge Verbindung mit den Griechen in den Seestädten und den Sueven, die damals unter ihrem König Mir Gallicien, Portugal und einen Teil von Asturien und Leon besaßen. Leovigild, benachrichtigt von seines Sohnes Abfall, und zugleich in Kenntnis gesetzt von dessen aufrührerischen Verbindungen, zog ein Heer zusammen, um den abtrünnigen Sohn zur Pflicht durch die Gewalt der Waffen zurückzubringen. Allein der Kampf schien bedenklich. Ein großer Teil der Bevölkerung erklärte sich für Hermenegild; Griechen und Sueven schickten Unterstützung; die fränkischen Könige, obwohl uneinig untereinander, konnten sich versöhnen und Septimanien überfallen. Die katholischen Einwohner frohlockten bei der Hoffnung, künftig einen Regenten von ihrem Glauben auf dem Thron zu sehen, indem die Goten zitterten und den Arianismus in Gefahr glaubten. Bei diesem mißlichen Stand der

Dinge wagte Leovigild nicht, mit einem Heere gegen seinen Sohn zu Felde zu ziehen; er wollte erst Vorkehrungen treffen, so daß er nicht befürchten mußte, zugleich von mehreren Seiten mit Krieg und Aufstand bedroht zu werden. Vor allen Dingen suchte er dem Übermut der Katholiken Schranken zu setzen: er ließ sie verfolgen, schickte mehrere von ihren Bischöfen in die Verbannung, zog ihre Kirchengüter ein und suchte sie durch Drohungen und Schrecken wie durch Belohnungen und Anlockungen für die arianische Lehre zu gewinnen.[56] Seinen Zweck schneller zu erreichen, ließ er ein Konzilium der arianischen Bischöfe nach Toledo zusammen berufen und hier neue Anordnungen machen, in denen die Arianer manches nachgaben, um desto leichter die Katholiken zum Übertritt zu bewegen. Da nämlich denselben die nochmalige Taufe, der sie sich unterwerfen mußten, wenn sie Arianer wurden, sehr zum Abscheu war, so schaffte man diesen Gebrauch ab und bestimmte dafür bloß die Auflegung der Hände, den Empfang der Kommunion und die Ablegung der Erklärung: Gott dem Vater durch den Sohn in dem heiligen Geiste Ehre zu erweisen.[57] Viele laue Katholiken, selbst von der Geistlichkeit, welche glaubten, bei dieser Zeremonie doch ihren Glauben beibehalten zu können, fügten sich dem Willen ihres Gebieters, um den Verfolgungen zu entgehen und wurden Arianer.[58] Allein viele, die zeitliches Wohl nicht suchten und Verfolgungen nicht achteten und das Beispiel der Christen in den ersten Jahrhunderten vor Augen hatten, ertrugen lieber alle Martern als ihrem Glauben untreu zu werden.[59]

Als der König sich ziemlich der Ruhe in seinen Staaten versichert und Hermenegild vergeblich zu einer Unterredung eingeladen hatte, so brach er mit seinem Heere auf, um mit den Waffen die Rebellen zum Gehorsam zu bringen (585). Hermenegild hatte seinen Anhang im heutigen Andalusien, wo er auch der schnellen Hilfe der Griechen sich versichert hielt. Die Stadt Merida an der Quadiana war bald erobert[60], und Leovigild wollte seinen Marsch gegen Hispalis (Sevilla) richten, wo sein Sohn sich mit der Hauptstärke befand, als er Nachricht erhielt, daß die Sueven mit einem Heere heranrückten und die fränkischen Könige Chilperich und Childebert Miene machten, in Septimanien einzufallen, wenn er nicht aufhöre, feindlich gegen Hermenegild zu verfahren. Leovigild, der sich zu schwach fühlte, einer solchen Menge von Feinden zu widerstehen, zumal er nicht versichert sein konnte, daß nicht neue Aufstände im Lande ausbrächen, suchte durch Unterhandlungen auszuführen, was er durch die Waffen nicht vermochte. Er ließ bei Chilperich, der ohnehin mit Childebert in gespanntem Verhältnis stand, für seinen zweiten Sohn Reccared um dessen Tochter Rigunthis anhalten.[61] Zugleich unterdrückte er einen neuen Aufstand der Katholiken im heutigen Biscaya und Navarra. Mit großer Schnelligkeit waren die aufrührerischen Basken zu Ruhe gebracht, und Leovigild gründete bei dieser Gelegenheit die Stadt Victoria.[62] Die Besiegten behandelte er aber mit solcher Strenge und verfolgte sie so sehr, daß sie, freie Religionsübung dem Vaterlande vorziehend, über die Pyrenäen nach Aquitanien wanderten, wo sie sich Wohnsitze eroberten und dem Lande Gascogne den Namen gaben. – Als er den Krieg mit den Franken glücklich abgewendet und er von diesen nichts zu befürchten hatte, da Streitigkeiten unter ihren Königen ausbrachen, so suchte er die Belagerung von Sevilla eifriger zu betreiben. Weil Hermenegild von den Franken keine Hilfe erhielt, so wurde der Bischof Leander nach Konstantinopel zum Kaiser Mauritius geschickt, um verstärkte Besatzungen für die griechischen Städte zu holen; der Suevenkönig Mir, den gleiche Religion und Furcht vor Leovigilds Übermacht zum Bundesgenossen Hermenegilds machte, führte ein Heer gegen Sevilla, seinen bedrängten Glaubensgenossen zu Hilfe zu eilen. Allein Leovigild, rasch in seinen Bewegungen wie er sich immer zeigte, schloß das suevische Heere ein, und trieb es so in die Enge, daß Mir durch die größten Opfer den Rückzug erkaufen mußte. Er wurde nämlich genötigt, das Oberlehens-Recht der westgotischen Könige anzuerkennen. Ungewohnt des Wassers und der Luft des südlichen Spaniens und von den Strapazen angegriffen, erkrankte Mir auf dem Rückzug und starb (583) entweder unterwegs oder doch sehr bald nach seiner Heimkehr.[63]

Jetzt erst konnte der westgotische König mit allen seinen Streitkräften die Belagerung von Sevilla betreiben. Die Stadt, die sich lange auf das tapferste hielt, litt endlich durch eine schreckliche Hungersnot, denn Leovigild hatte sogar den Fluß Bötis (Quadalquivir) sperren lassen. Dann ließ er auch die Mauern der alten Stadt Italica, welche Sevilla gegenüber lag, wieder herstellen und schloß so die Stadt immer enger ein und verminderte die Zahl ihrer Streiter durch beständige Angriffe.[64] Endlich gelang es dem König, die Stadt mit Sturm zu erobern, Hermenegild rettete sich durch die Flucht nach Cordova, wo er unter dem Schutz der Griechen neue Streitkräfte zu sammeln hoffte. Unterdessen hatte der Vater die festen Schlösser und Städte, welche es bisher mit dem rebellischen Sohne gehalten hatten, erobert und zog nun gegen Cordova. Hermenegild wollte noch das Äußerste versuchen und glaubte sich ganz auf die Griechen verlassen zu können. Allein er hatte sich sehr geirrt. Sie waren Verräter. Der Statthalter von Cordova, in Furcht gesetzt durch die Übermacht des westgotischen Königs, hauptsächlich aber gewonnen durch eine große Geldsumme[65], welche ihm Leovigild zuschickt, überläßt den unglücklichen Prinzen seinem Schicksal. Dieser, von allen verraten, flüchtet sich, als Cordova von den Feinden besetzt war, in eine Kirche. Man fürchtet, den Unwillen des Volkes zu erregen, wenn man ihn mit Gewalt aus dem geheiligten Orte reißt. Der König schickt daher seinen zweiten Sohn Reccared, um den Bruder zu bewegen, durch freiwillige Unterwerfung vom Vater Gnade zu erbitten: Straflosigkeit und Vergessenheit des Vergangenen könne er dann auf das sicherste erwarten. Reccared tat, wie ihm befohlen worden. Hermenegild, keinen anderen Weg der Rettung sehend und im Vertrauen auf die feierliche Zusage der Straflosigkeit, verläßt seine Freistätte und wirft sich zu seines Vaters Füßen. Allein dieser brach schändlich das gegebene Wort, ließ ihn, der königlichen Kleidung, der Dienerschaft und Freiheit beraubt, gefesselt nach Toledo bringen und schickte ihn dann nach Valentia[66] in die Verbannung (584).[67]

Nach der Beendigung dieses Krieges, der für Leovigild so gefährlich hätte werden können, wenn er nicht mit so vieler Vorsicht zu Werke gegangen wäre, zeigte sich Gelegenheit, das Reich bedeutend durch die Eroberung des Suevischen zu vergrößern. Um aber die fränkischen Könige zu hindern, den Sueven Hilfe zu leisten, knüpfte er die schon angefangenen Unterhandlungen mit Chilperich wegen der Verheiratung der Rigunthis mit Reccared von neuem wieder an und suchte die Uneinigkeit zwischen dem Gemahl der Fredegunde und den beiden anderen fränkischen Königen, Childebert und Guntram, zu unterhalten, denn den beiden letzteren schien es besonders angelegen zu sein, die Mißhandlung Hermenegilds rächen zu wollen; sie wurden aber durch andere Hände von der Ausführung dieses Planes abgehalten.

Die Vermählung der Rigunthis mit Reccared war schon durch die Übergabe der Braut an den westgotischen Gesandten (wie dieses die Sitte mit sich brachte) in Paris gefeiert worden.[68] Jedoch wurde die Abreise der Prinzessin unter verschiedenen Vorwänden aufgeschoben, was Leovigild gar nicht unlieb war, da er die ganze Verbindung nie ernstlich betrachtete, sondern nur Zeit gewinnen wollte, die Sueven ungestört zu unterjochen.

Nach Mirs Tode (583) wurde dessen Sohn Eurich[69] König. Er suchte die Freundschaft Leovigilds und erkannte, wie sein Vater Mir, das Oberlehens-Recht des westgotischen Königs an. Allein in demselben Jahr, als er den Thron bestieg, machte gegen ihn sein Verwandter Andeca[70] eine Verschwörung, sammelte ein Heer und stürzte ihn vom Thron. Eurich behielt wohl das Leben, mußte sich aber die Haare abschneiden lassen und in ein Kloster gehen, wodurch ihm alle Hoffnung, je den Thron wieder zu besteigen, nach der damaligen Sitte benommen war. Andeca, der Mirs hinterlassene Witwe Siseguntia geheiratet hatte, um seine Usurpation weniger verhaßt zu machen, fand bald an Leovigild einen heftigen Gegner, der sich zum Rächer Eurichs aufwarf. Der westgotische König zog verheerend in das durch Parteien geteilte Land; die Eroberung war leicht: der König Andeca wurde abgesetzt, und ihm wurde dasselbe Schicksal, welches er dem Eurich widerfahren ließ, als Vergeltung zu Teil. Er beschloß, seine Tage in einem Kloster zu Beja oder Badajoz. Das Volk, die Schätze und das Land der Sueven betrachtete Leovigild als sein Eigentum, so daß er als der erste König anzusehen ist, der, außer einigen wenigen Seestädten im Süden, welche den Griechen gehörten, über die ganze pyrenäische Halbinsel herrschte. Wohl machten die Sueven Versuche, wieder ihre Unabhängigkeit zu erringen, allein vergeblich. Die Empörung des Sueven Maluricus, der das Volk in Gallicien vom gotischen Joche befreien und sich einen Thron verschaffen wollte, wurde durch die Wachsamkeit der Feldherren, die Leovigild im Lande zurückgelassen hatte, sogleich unterdrückt und der Rebell gefangen nach Toledo gebracht: seit dieser Zeit verschwinden die Sueven aus der Geschichte.[71]

Rigunthis hatte unterdessen unter vielen Tränen Paris verlassen, da sie das Schicksal der Ingundis fürchtete: mit dem Anfang des Septembers im Jahre 584 trat sie mit den westgotischen Gesandten die Reise nach Spanien an. Fredegunde hatte auf das reichste und prachtvollste ihre Tochter ausgestattet. Sie gab eine solche Menge von Kostbarkeiten und Möbeln mit, daß fünfzig Wagen zum Transport kaum hinreichten. Sie soll zu dieser Ausstattung die Schätze des Königs Chilperich, ihres Gemahls, erschöpft und das Land ausgesogen haben. Da Chilperich fürchtete, daß die ihm feindlich gesinnten Könige Childebert und Guntram die Reise der Prinzessin stören und sich ihrer Schätze bemächtigen möchten, so ließ er sie durch viertausend Mann begleiten. Allein ungeachtet dieser Vorsicht wurde Rigunthis doch bestohlen, und zwar gerade von den Leuten ihres Gefolges, die sich mit ihrem Raube in das Land Childeberts flüchteten, wo sie Schutz fanden. Als sie in Toulouse angekommen war, wo sie sich hier verweilte und die Nachricht von der Ermordung ihren Vaters Chilperichs anlangte, verließen die Begleiter der Prinzessin oder halfen dem Herzog Desiderius, die Schätze davonführen. Rigunthis wurde gefangengesetzt und erst später ihrer Mutter zurückgeschickt, ohne daß um dieses alles sich Leovigild und Reccared im geringsten bekümmerten: woraus man am besten ersehen kann, daß es ihnen mit dieser Heirat nie recht ernst gewesen war.[72]

Die größte Angelegenheit, welche nun der westgotische König betrieb, war, die Irrungen und Mißhelligkeiten in seiner Familie beizulegen, um Unruhen vorzubeugen, welche notwendig nach seinem Tode bei der Verschiedenheit des Glaubens seiner Söhne entspringen mußten. Er verlangte deshalb, daß Hermenegild sich öffentlich wieder als Arianer bekenne. Es wurde daher zu ihm ein arianischer Geistlicher geschickt: Leovigilds Sohn aber wies das arianische Abendmahl, das ihm als Preis der Freiheit und Restitution in seinen früheren Stand angeboten wurde, auf das standhafteste zurück: der erzürnte Vater, die Gefühle des Herzens dem Eifer für den Arianismus und dem Wohle des Staates unterordnend, befahl die Hinrichtung des ungehorsamen Sohnes. In Tarragona[73] am Ostertage des Jahres 585[74] fiel das Haupt Hermenegilds für den katholischen Glauben durch das Henkerbeil Sisberts, und er errang sich dadurch im Himmel die Märtyrerkrone und bei der Nachwelt den Namen eines Heiligen.[75] Seine Gemahlin Ingundis hatte sich früher mit ihrem kleinen Sohne Athanagild auf einem Schiffe zu ihrem Bruder Childebert nach Gallien flüchten wollen, allein die Griechen, welche die Vorteile davon hofften, wenn die Prinzessin als Geisel in ihren Händen bliebe, hielten sie in Spanien zurück[76] und wollten sie nach der Hinrichtung ihres Gemahls nach Konstantinopel bringen. Unterwegs erkrankte sie: sie mußte ans Land gesetzt werden und starb entweder in Afrika[77] oder auf der Insel Sizilien[78], denn die Nachrichten sind hier nicht einig. Ihr Sohn Athanagild aber wurde nach Konstantinopel gebracht und daselbst erzogen.

Der Krieg mit den Franken, der schon lange gedroht hatte, kam endlich zum Ausbruch. Childebert, der Bruder, und Guntram, der Onkel der Ingundis, übernahmen es, den Tod Hermenegilds zu rächen. Da aber der erstere gerade mit einem Heer nach Italien gezogen war, um die Longobarden dem Kaiser zu unterwerfen, so mußte er die Führung des Krieges gegen die Goten dem Guntram allein überlassen. Mit zwei starken Heeren drang dieser (585) in Septimanien vor, das eine rückte gegen Nismes, das andere gegen Carcassonne. Was die Franken gegen Leovigild noch mehr erbitterte, war die Entdeckung eines Planes, welchen der westgotische König mit der schändlichen Fredegundis anlegte, Brunnehild und ihren Sohn Childebert meuchelmörderisch aus dem Wege zu schaffen. Unter den größten Verheerungen drangen die fränkischen Heere im Lande der Westgoten vor: ihren glücklichen Fortschritten aber wurden bald Grenzen gesetzt. Aus Carcassonne, das die Franken schon besetzt hatten, wurden sie wieder verjagt; Nismes verteidigte sich auf das tapferste und konnte nicht erobert werden. Da Guntrams Leute im Lande fürchterliche Verheerungen anrichteten, so brachten sie die ganze Bevölkerung gegen sich auf. Als sich daher die Nachricht von Reccareds Annäherung, den sein Vater mit einem Heere aus Spanien geschickt hatte, verbreitete, so befiel die Franken, mitten unter einem feindlichen Volke ohne Lebensmittel, die sie früher selbst zugrunde gerichtet hatten, ein panischer Schrecken: sie ergriffen in der größten Unordnung eiligst die Flucht und verloren durch die aufgebrachten Einwohner, durch Reccareds Truppen und durch den Mangel an Lebensmitteln viele Leute. Der gotische Prinz verfolgte sie bis an die Grenzen und eroberte sogar noch innerhalb des feindlichen

Landes einige Schlösser, zwei im Gebiet von Toulouse und eines, Ugernum genannt, am Ufer der Rhone. Guntram war jetzt nur darauf bedacht, die Grenzen zu sichern, um nicht noch mehreres zu verlieren.

Auch die Expedition einer Flotte, welche dieser König hatte ausrüsten lassen, um in Gallicien Truppen ans Land zu setzen und in Verbindung mit den Sueven, die man zum Aufstand reizen wollte, die Goten mitten im eigenen Lande anzugreifen, mißlang gänzlich. Leovigild, der wahrscheinlich bei Zeit von dieser Unternehmung benachrichtigt war, hatte seine Anstalten so gut getroffen, daß die Flotte der Franken zerstört, ein Teil der Mannschaft niedergehauen, der andere gefangen wurde. Einige wenige entkamen, um Guntram die traurige Nachricht von der Niederlage zu überbringen.[79]

Der westgotische König, der sein Ende herannahen fühlte, wünschte Frieden. Er schickte Gesandte an Guntram, sie wurden aber mit ihren Vorschlägen nicht angehört. Um eher seinen Zweck zu erreichen, schickte er seinen Sohn Reccared, der unterdessen nach Spanien zurückgekehrt war, wieder nach Septimanien: während dieser dahin ging, und die fränkischen Grenzen beunruhigte[80], starb Leovigild zu Toledo (586).[81]

Dieser kräftige König hatte das königliche Ansehen gehoben wie kein König der Westgoten nach ihm. Unter beständigen Unruhen, von seinen eigenen Untertanen und selbst seinem ältesten Sohne erregt, von zahlreichen Feinden umgeben und angegriffen, ging er doch siegreich aus jedem Kampfe hervor. Freilich sind die Mittel, wodurch er seine Zwecke verfolgte, nicht immer die besten gewesen. Grausamkeit, List, Bestechungen, die versteckteste Politik in den Unterhandlungen, Meineid wurden angewendet, wo die Gewalt der Waffen nicht ausreichte. Was ihm von den alten Schriftstellern vorgeworfen wird, ist seine grausame Verfolgung der Katholiken, die ihm aber notwendig dünkte, um dieselben durch Schrecken von ferneren Aufständen abzuhalten und durch Einheit der Religion im Lande die Ruhe zu sichern. Denn mit Recht sah er die Verschiedenheit des Glaubens als die Wurzel aller seiner Kriege an. Daß er kurz vor seinem Tode die arianische Lehre verlassen und sich zum Katholizismus gewendet habe, wie Gregor von Tours[82] erzählt, ist nicht zu glauben, da die anderen Schriftsteller nichts davon erwähnen und die Sache an und für sich höchst unwahrscheinlich ist.

Da mit Leovigild die Reihe der arianischen Könige in Spanien schließt, möchte es nicht am unpassenden Ort sein, hier einen Blick auf den Arianismus bei den Westgoten nach Ulphilas Zeit zurückzuwerfen und zugleich seine Schicksale bis auf Reccareds Thronbesteigung zu verfolgen.

Nach Ulphilas Tod stand der Bischof Unila[83] bei den Goten im großen Ansehen; auch werden mehrere andere gotische Bischöfe, wie Nicetas und Theotimus, genannt[84], allein in solchem Zusammenhang, daß man glauben sollte, diese, wie der größte Teil ihres Volkes, wären der katholischen Lehre zugetan.[85] Wenn dieses auch von manchen Goten wirklich der Fall war, so ist doch ausgemacht, daß bei weitem die meisten sich zum Arianismus bekannten und manchmal von den Kirchenvätern zu den Rechtgläubigen deswegen gerechnet wurden, weil sie mehr den Worten als der eigentlichen Lehre nach Arianer waren, da sie Christus nicht erschaffen glaubten[86], sondern ihn als Gott anbeteten, wie des Ulphilas Übersetzung zeigt[87]; Arius dagegen lehrte: der Sohn sei eine Kreatur des Vaters in der Zeit und erhalte erst dadurch, daß Gott den heiligen Geist über ihn schicke, seine Göttlichkeit. Von den achtzehn arianischen Sekten[88], die schon zu den Zeiten des heiligen Athanasius aufgeführt werden, standen die Goten unter dem Namen Hexacioniten[89] den Katholiken am nächsten. Daher finden wir auch, daß die Kirchen dieser Sekte verschont blieben, als alle anderen arianischen in Konstantinopel auf Justinians Befehl niedergerissen wurden[90].

Die gotische Geistlichkeit verrichtete den Gottesdienst in ihrer Muttersprache[91], obwohl die meisten auch der griechischen und lateinischen Sprache kundig waren. Nicht damit zufrieden, die Bibel in der gotischen Sprache zu besitzen, erforschten sie auch in dem Grundtext, und während die Griechen sich herumzankten über die Festsetzung der Trinitätslehre, waren die Goten bemüht, aus der Vergleichung des griechischen, lateinischen und hebräischen Bibeltextes für die dunklen Stellen in dem ulphilanischen Werke Licht zu erhalten; und wo ihre Kenntnisse nicht ausreichten, wandten sie sich an berühmte und gelehrte Männer, wie Hieronymus[92]. – Von dem kirchlichen Zustande bei den Goten, als Alarich sie beherrschte, wissen wir nichts: doch ersehen wir sowohl aus der Zerstörung der heidnischen Götterbilder in Griechenland ihre Anhänglichkeit an die christliche Religion, als auch aus der andächtigen Feier des Osterfestes bei Pollentia ihre Frömmigkeit mitten unter dem Geräusche der Waffen. Ihre Schonung und Achtung von allem, was auf Kirche Bezug hatte, wird selbst von den Feinden gepriesen.

Als Ataulph sein Volk nach Gallien und Spanien hinüber führte, stand an der Spitze der gotischen Geistlichkeit der Bischof Sigesarius[93], der zugleich auch die Erziehung der königlichen Kinder leitete. Woraus man auch am besten die Ansicht neuerer spanischer Geschichtsschreiber[94] widerlegen kann, die glauben, Ataulph hätte, von seiner Gemahlin Placidia überredet, die katholische Religion angenommen. In der Zeit von Wallias, Theodorichs I., Thorismunds und Theodorichs II. Regierung haben wir keine Nachrichten von dem kirchlichen Zustande bei den Westgoten, da die kriegerischen Vorfälle den Geschichtsschreibern bedeutender schienen und auch bekannter waren. Doch hören wir gelegentlich von dem frommen Presbyter Salvianus[95], daß die Goten durch zwei echt germanische Tugenden, durch Keuschheit und Frömmigkeit, sich vor den damals in Üppigkeit und Lastern versunkenen Römern vorteilhaft auszeichneten. Die Goten waren mitten unter Andersdenkenden, die von ihnen mit den Waffen waren besiegt worden, sehr duldsam. Wie sie den Grundsatz hatten, ihre Gesetze den Überwundenen nicht aufzudrängen, sondern sie bei ihrem alten Rechte zu lassen, so hatten sie auch den, eines Jeden religiöse Meinung zu achten: sie ließen ihnen daher Kirchen und die bestehenden geistlichen Würden; auch wurde die katholische Geistlichkeit von den arianischen Goten höher geehrt als selbst von Römern. Als Eurich aber den Thron bestieg, wurden durch heftige Priester zwischen Arianern und Katholiken Streitigkeiten veranlaßt, die ihren Ursprung in politischen Ansichten hatten. Hernach aber, als der Haß und die Erbitterung wuchs, wurde der Glaube auf beiden Seiten in die Zwistigkeiten hineingezogen, und nicht nur wurden Religionsgespräche[96] gehalten, um die Gegner durch die Gründe der Bibel und der Vernunft von der Unrichtigkeit ihrer Lehre zu überzeugen, sondern man steigerte den Eifer für seinen Glauben bis zu dem Fanatismus, daß man jedes Mittel, Verfolgung, Verrat, List, Mord für erlaubt hielt, Vorteile für seine Kirche zu erringen. Ist eine Regierung kräftig wie die des Eurich war, so kann noch die hervorbrechende Flamme der Empörung durch Strenge unterdrückt werden; läßt diese aber nach, und man will durch Nachgiebigkeit und Milde den Sturm beschwichtigen, so wird eine aufrührerische Bevölkerung zu dem wenig gefährlichen Versuch, sich zu empören, gleichsam eingeladen, um so mehr, wenn ein gleich gesinnter Nachbarstaat Hilfe und Beistand verspricht. So wurde das tolosanische Reich gestürzt, mehr durch die römischen Untertanen als durch die Franken.

In dem westgotischen Königreiche in Spanien konnte sich aber der Arianismus auch nicht lange halten, da er durch verschiedene Ursachen seinem Sturze entgegen eilte.

1) Waren die Grundsätze der arianischen Könige sehr ungleich: der eine gestand den Katholiken zu, was ihnen der andere wieder nahm. Dadurch wurde die Erbitterung genährt: die Katholiken, die sich für die Verfolgten halten mußten, ergriffen alle Mittel, das lästige Joch abzuwerfen und machten Empörungen auf Empörungen.

2) Die Nähe der katholischen Nachbarstaaten der Griechen und Franken gab den Katholiken bei jedem Aufstand eine Stütze, und als endlich die suevische Nation, die schon den Arianismus abgeschworen hatte, mit dem westgotischen Reiche vereinigt wurde, so war die katholische Partei selbst unter denen von germanischer Abkunft in Spanien die überwiegende, da an Hermenegilds Aufstand viele Goten Anteil genommen und die Lehre des Arius verlassen hatten.

3) Am meisten stürzte aber den Arianismus bei den Westgoten Inkonsequenz, die Ursache des Verfalls jeder Religion, welche nicht auf feste Lehrsätze sich stützt, da alles Göttliche als etwas Vollkommenes keiner Verbesserung und Veränderung unterworfen sein soll. Nun zeigten die Katholiken in ihrer Dogmatik eine unveränderliche Beharrlichkeit und gaben ungeachtet aller Verfolgungen in keinem Punkte von irgendeiner Lehre etwas nach, während die mit den Waffen siegreichen Arianer um ihre Gegner desto eher für ihre Lehre zu gewinnen, wesentliche Punkte in ihrer Religion änderten, und dadurch nicht nur Schwäche verrieten, sondern die frommen Arianer auch in ihrem Glauben wankend gemacht wurden. So brauchte nur ein Beispiel von oben zu kommen, und der größte Teil der gotischen Nation nahm einen neuen Glauben an, worin sie größere Beruhigung fand.

ZWEITES KAPITEL

**Westgotisches Wahlreich, von Reccared, dem Katholiken,
bis auf Wambas Regierung, unter dem Einfluß der katholischen
Geistlichkeit (v. 586–672)**

Reccared[1], der schon früher von seinem Vater zum Mitregenten erklärt worden war, trat nach dem Tode desselben die Regierung über das westgotische Reich an. Seine erste Sorge und Angelegenheit war, die Verfolgungen der Katholiken einzustellen, die feindlichen Reibungen der religiösen Streitigkeiten zu verhindern und das Reich gegen außen durch einen dauerhaften Frieden mit den fränkischen Königen gegen die Übel des Krieges zu sichern. Das letztere zu erlangen, schickte er im besten Einverständnis mit seiner

Stiefmutter Goswintha sogleich beim Antritt seiner Regierung Gesandte an die Könige von Austrasien und Burgund. Behandelte der letztere, Guntram, sie sehr unfreundschaftlich und wies die Friedensvorschläge mit Verachtung ab, so nahm sie desto besser sein Neffe Childebert auf. Dieser schloß mit Reccared Frieden und schickte Gesandte mit Geschenken nach Spanien[2]. Als so einigermaßen das Reich gegen äußere Feinde sichergestellt war, konnte es der westgotische König schon wagen, seine Neigung für den Katholizismus öffentlich zu erklären, die er schon als Kind von seiner katholischen Mutter eingepflanzt bekam, welche er aber mit mehr Klugheit als sein Bruder Hermenegild, wäMhrend des Lebens seines Vaters, zu verbergen wußte. Die arianische Lehre aufzuheben, die katholische zur einzigen in seinem Reiche zu machen, war sein Entschluß; wozu ihn auch schon politische Ansichten bewegen konnten, da der größte Teil der Untertanen im westgotischen Reich Katholiken waren. Jedoch ging er bei diesem Schritte sehr vorsichtig zu Werke. Erst wurde die Nachricht verbreitet: „Leovigild habe einige Zeit vor seinem Tode die Hinrichtung seines Sohnes Hermenegild und die Verfolgung der Katholiken schmerzlich bereut. Ja, habe er sich selbst zum katholischen Glauben in seinen letzten Tagen gewendet und sogar Leander, dem Bischof von Sevilla, der nach seiner Rückkehr von Konstantinopel in gefänglicher Haft gehalten, derselben aber wieder entlassen worden war, den Auftrag gegeben, seinen Sohn Reccared in der katholischen Lehre zu unterrichten." Wie dieses nun auch sei, Reccared suchte diese Gerüchte nicht zu widerlegen, sondern eher zu bekräftigen, da sie seinem Vorhaben günstig waren. Zugleich zeigte er durch die Hinrichtung Sisberts, welcher Hermenegild enthauptet hatte, wie sehr er Leovigilds Verfahren gegen seinen Bruder mißbilligte[3]. Er saß erst zehn Monate auf dem Thron, als er die arianischen wie die katholischen Bischöfe nach Toledo zusammenberief. Hier erlaubte er den ersteren, frei die Gründe für die Wahrheit ihrer Lehre auszusprechen und den Katholiken darauf zu antworten. Reccared ließ lange die Geistlichkeit hin und her disputieren und überzeugte sich, daß endloses Streiten zu keinem Resultate führe. Durch gewichtige Gründe des Himmels und der Erde bewogen, wie er sich ausdrückte, bekannte er öffentlich die Gleichheit der Dreifaltigkeit und die katholische Lehre. Seinem Beispiel folgten die meisten arianischen Bischöfe und ein großer Teil der Westgoten (587)[4].

Gleich nach seiner Glaubensänderung schickte der westgotische König die zweite Gesandtschaft mit vielen Geschenken nach Gallien. Von Childebert wurden die Gesandten, wie das erste Mal, gut aufgenommen, und er, wie seine Mutter Brunnehild, willigten sogar in das Gesuch Reccareds ein, ihm zu einer festeren Dauer des Friedens Clodosintha, Childeberts Schwester, zur Gemahlin zu geben[5]. Diese war zwar schon dem longobardischen König Autharis versprochen: als aber ihr Bruder, der König von Austrasien, hörte, daß Reccared zum katholischen Glauben übergetreten sei, so nahm er sein Wort zurück und sagte sie dem westgotischen König zu, wenn sein Onkel Guntram die Einwilligung dazu gäbe[6]. Allein dieser war schwer zu gewinnen: die gotischen Gesandten wurden von ihm schnöde abgewiesen: „Wie könnt Ihr, sagte er, mir etwas versprechen oder wie könnt Ihr bei mir Zutrauen erwarten, da Ihr meine Nichte Ingundis der Gefangenschaft überliefert habt, und sie durch Eure Schlechtigkeit in der Fremde gestorben, ihr Mann aber hingerichtet worden ist? Ich nehme von Reccared keine Gesandtschaft an, so lange mir Gott befiehlt, an diesen Feinden Rache zu neh-men"[7].

Wie zu erwarten war, brachen bald unter den eifrigen Arianern, die den gänzlichen Sturz ihrer Religion voraussahen, Unruhen aus[8]. Religionsmei-nungen, welche den Menschen tief eingeprägt sind, auszurotten, ist schwer und in der ersten Generation nicht leicht ohne Unruhen möglich. Wenn es auch zu bezweifeln ist, was Fredegar[9] erzählt, daß Reccared die arianischen Glaubensbücher in einem Hause in Toledo habe verbrennen lassen, so war für die hartnäckigen Arianer doch Ursache genug zur Unzufriedenheit vor-handen. Der Triumph des früher unterdrückten, nun herrschenden Katholi-zismus, ihre eigene Zurücksetzung und die allmähliche Verminderung ihrer Glaubensgenossen spornte diese Unzufriedenen an, erst heimliche Ver-schwörungen, dann öffentliche Aufstände gegen den katholischen König zu machen.

Die ersten aufrührerischen Bewegungen brachen in Septimanien aus. Rec-cared hatte dahin Gesandte geschickt, um die Arianer dieser Provinz aufzu-fordern, seinem Beispiele zu folgen und zur katholischen Lehre überzutre-ten. Obwohl dieses auch ein großer Teil tat, so erklärte sich doch ein heftiger arianischer Bischof, Athalocus mit Namen, sehr dagegen. Mit zwei gotischen Grafen, Granista und Wildigern, eng verbunden, erregte er unter den Goten, die Arianer geblieben, einen Aufstand. Mit grausamer Verfolgung der Katho-liken begann dieser. Da die Aufrührer aber Reccareds Rache fürchteten und sich zu schwach fühlten, bei der in Religionsparteien getrennten Bevölke-rung Septimaniens dem König Widerstand zu leisten, so riefen sie Guntram von Burgund, Reccareds unversöhnlichen Feind, zu Hilfe[10]. Dieser ging in seinem Haß gegen Leovigilds Sohn so weit, wirklich den Arianern unter der Anführung des Desiderius, Herzogs von Toulouse, ein Heer zu schicken. Reccared, benachrichtigt von diesem Aufstande der Arianer jenseits der Py-renäen, schickte sogleich ein Heer dahin ab. Die Rebellen wurden überall zur Pflicht zurückgebracht, aber wo dieses nicht gelang, aller Strenge unterwor-fen. Das fränkische Hilfsheer, das bis Carcassonne vorgerückt war, ließ sich verlocken, die zum Scheine fliehenden Goten zu weit zu verfolgen, und wur-de größtenteils niedergehauen. Die Trümmer des geschlagenen Heeres wur-den bis über die Grenzen in das Gebiet Guntrams verfolgt und hier die Län-der durch schreckliche Verheerungen heimgesucht[11].

Nach dieser Niederlage und der Versöhnung mit seinem Neffen Chil-debert, ließ sich endlich der König von Burgund bewegen, mit dem König der Westgoten in freundschaftliche Annäherung zu treten und ihm die Ein-willigung zur Heirat mit seiner Nichte Klodoswintha zu geben (588), ob-wohl sie dem Longobarden-König versprochen war. Es ist ungewiß, ob die Vermählung wirklich vollzogen wurde, da die Geschichtsschreiber weiter nichts davon erwähnen[12]. Kaum war in Septimanien die Ruhe hergestellt, als in Spanien sich Aufrührer zeigten. Eine Verschwörung, welche der arianische Bischof Sunna, ein gewisser Segga und Witterich zu Merida in Lusitanien anstifteten, um den König vom Thron zu stürzen, war bald durch den Metro-politan Mausona und den Herzog Claudius entdeckt und vereitelt, und die Verschworenen wurden teils mit Verbannung, teils mit Verstümmelung be-straft[13]. Ungeachtet des unglücklichen Ausgangs dieser Aufstände brach doch wieder ein neuer aus, an dessen Spitze des Königs Stiefmutter Goswintha stand. Sie schien die katholische Religion angenommen zu haben. Beherrscht von dem arianischen Bischof Uldila, ließ sie sich bereden, gegen ihren Sohne einen Aufruhr zu erregen, um den verdrängten Glauben wieder zu heben. Diesem Unternehmen schien das Glück günstig, da die Franken von neuem Septimanien mit Krieg überzogen. Ehe aber die Verschwörung zum Ausbruch kam, wurde sie entdeckt. Die Königin, in Verzweiflung über den mißlungenen Plan, brachte sich selbst um. Gegen den verräterischen Bischof verfuhr Reccared mit Milde, da er ihn bloß verbannte[14].

Guntram, dem Anschein nach mit Reccared versöhnt, war es keineswegs. Ein Vorwand war leicht zum neuen Krieg gefunden. Er rüstete ein furchtbares Heer, nach der Angabe von Johann von Biclar 60 000 Mann stark. Der Feldherr Boso und Austrowald, der Herzog von Toulouse, befehligten es. Der letztere, welcher das Vorderheer anführte, fand bei seiner Annäherung die Einwohner von Carcassonne für sich, und besetzte ohne Mühe die Stadt, da ihm die Tore freiwillig geöffnet wurden. Das gotische Heer, welches Reccared unter die Anführung des lusitanischen Statthalters Claudius, eines sehr geschickten Feldherrn, gestellt hatte, lagerte sich in der Nähe des feindlichen bei Carcassonne: da er aber sah, daß er an Zahl der Mannschaft den Feinden nachstand, so nahm er zur List seine Zuflucht. Boso, der das geringe Heer der Feinde verachtete, ließ sich bei einem Angriff, den die Goten auf ihn machten, unvorsichtigerweise in einen Hinterhalt locken. Sein Heer wurde umringt und größtenteils niedergehauen oder zu Gefangenen gemacht (588). Er selbst blieb. Nur die fränkische Reiterei entrann der allgemeinen Niederlage. Wie sehr die parteiischen Nachrichten übertreiben, kann man hier sehen. Johann von Biclar[15] berichtet, daß das 60 000 Mann starke fränkische Heer von 300 Goten geschlagen wurde: auch Isidor[16] stimmt mit ihm überein, daß es eine der größten Schlachten gewesen, worin die Goten gesiegt hätten. Gregor von Tours[17] weicht von diesen beiden sehr ab. Nach ihm verloren die Franken nur 6000 Tote und 2000 Gefangene.

Dieser Sieg, der Hilfe Gottes und der Glaubensänderung Reccareds zugeschrieben, stellte die Ruhe in Septimanien wieder her. Reccared hatte vor äußeren Feinden nichts mehr zu fürchten: seine Waffen waren in große Achtung gesetzt worden. Er konnte daher schon mit größerer Sicherheit in seinem begonnenen Werke, die arianische Lehre gänzlich aufzuheben, weiter schreiten.

Er berief zu einer Kirchenversammlung nach Toledo (589), der dritten, die da gehalten wurde, sämtliche Bischöfe von Spanien, Gallicien und Septimanien. Gegen siebzig erschienen: an der Spitze standen die fünf Metropolitane von Merida, Sevilla, Toledo, Braga und Narbonne. Unter ihnen scheint Mausona, Metropolitan von Merida, das meiste Ansehen gehabt zu haben, obwohl Leander, Metropolitan von Sevilla, als der Älteste bei dem Konzilium den Vorsitz führte. Der König Reccared, die Königin Badda[18], die Geistlichkeit und der Adel unterschrieben hier ein den Kirchenversammlungen zu Nicäa, Konstantinopel und Chalcedon gemäß abgefaßtes Glaubensbekenntnis, welches den Arianismus gänzlich aufhob, und zugleich wurden Anathemata gegen die geschleudert, welche künftig noch den arianischen Irrtümern anhingen. Das Konzilium beschäftigte sich dann damit, Gesetze und Verordnungen zu geben in Hinsicht des Ritus, der Kirchenzucht und Abschaffung von heidnischer Idolatrie und der bei den Festen der Heiligen in der Kirche üblichen Vermummungen, unzüchtigen Tänze und Gesänge. Ferner wurde verordnet, daß jeder Metropolitan jährlich einmal in seiner Provinz ein besonderes Konzilium zu Befestigung der Lehre und der Kirchenzucht halten sollte[19].

Die fernere, glückliche und friedliche Regierung Reccareds wurde wenig durch innere und äußere Unruhen gestört. Die letzte Verschwörung, welche ein gewisser gotischer Herzog (dux provinciae) Argimund gegen seinen König angesponnen hatte, wurde bald entdeckt und der Rebell in Ketten geworfen. Seine Mitverschworenen wurden getötet, um andere von ähnlichem Beginnen abzuschrecken; dem Argimund aber wurde der Kopf geschoren (was bei den Goten der größte Schimpf war); und nachdem ihm öffentlich Peitschenhiebe gegeben waren, wurde ihm die rechte Hand abgehauen. Den Halbentseelten setzte man auf einen Maulesel und führte ihn zu abschreckendem Beispiele durch die Straßen von Toledo, wo er dem Gespötte und den Mißhandlungen des Volkes preisgegeben wurde[20]. – Die Griechen, die immer noch mehrere Seestädte innehatten, suchten mehrmals durch Aufwiegelung des Volkes sich weiter ins Land auszudehnen; allein ihre Pläne scheiterten an der Wachsamkeit Reccareds[21]. Durch den Papst Gregor, den Großen, den Freund des Bischofs Leander, wurde endlich zwischen dem Kaiser Mauritius und dem gotischen König ein Vertrag vermittelt, wonach die Griechen im ungestörten Besitz ihrer Seestädte blieben, aber auch ferneren Eroberungen entsagten[22].

So sehr Reccared Frieden wünschte und ihn zu erhalten suchte, wenn es mit dem Wohl des Landes verträglich war, so wurde er doch genötigt, in seinen letzten Regierungsjahren die Waffen zu ergreifen. Die Basken, welche wegen Leovigilds Unduldsamkeit Spanien verlassen und sich neue Wohnsitze in Aquitanien erworben hatten, wollten nun bei der jetzigen katholischen Regierung wieder die Ländereien an den Quellen des Ebro in Besitz nehmen. Sie drangen daher mit den Waffen in der Hand über die Pyrenäen in Spanien ein. Allein Reccared rückte ihnen entgegen, schlug sie, ließ jedoch denen, welche seinem Schwerte entronnen waren, einen sicheren Rückzug über die Pyrenäen[23].

Reccared, von den Geschichtsschreibern der *Katholische*[24] genannt, war der erste gotische König, der sich krönen[25] und salben ließ, wodurch die höhere Geistlichkeit den bedeutendsten Einfluß erhielt, da sie bei den wichtigsten Handlungen zugegen sein mußte und auf den Konzilien zu Toledo, die zugleich Reichsversammlungen wurden, bei weitem die Mehrzahl ausmachten. Kein König bei den Westgoten hatte einen solchen Einfluß auf die Veränderung des Volkscharakters als Reccared. Bis auf seine Regierung hatten die Goten, obwohl sie schon zwei Jahrhunderte unter Römern lebten, ihre Nationalität, d. h. Sprache, Sitten, Gebräuche und Denkweise beibehalten, was nicht leicht möglich gewesen wäre, wenn nicht Verschiedenheit der Religion, der Sprache, der Gesetze und das Verbot, sich mit den Römern zu verheiraten, sie von diesen durch eine starke Scheidewand getrennt hätten. Um die Bevölkerung seines Reiches mehr in ein Volk zu verschmelzen, hob Reccared das Verbot der Ehen zwischen Goten und Römern auf und gab beiden ein gemeinschaftliches Gesetzbuch, welches teils die Verordnungen und Gewohnheitsrechte der früheren gotischen Könige seit Eurich, teils römische Gesetze aus dem Breviarium Alaricianum, teils neue von Reccared gegebene Verfügungen enthielt[26]. Wenn auch die echt germanische Verfassung des Reiches blieb, so wurden doch am Hofe die Ämter den Großen nach römischen Namen benannt und nach römischer Weise verwaltet; die gotische Sprache aber, worin bisher die Gesetze niedergeschrieben, der Gottesdienst verrichtet und alle öffentlichen Verhandlungen gehalten wurden, wurde allmählich von der lateinischen verdrängt, da dieselbe nicht nur Hof- und Geschäftssprache wurde, sondern sich auch von nun an fast als alleinige Schriftsprache geltend machte, obwohl sich das Gotische noch im Volke erhielt. Selbst die Zeitrechnung der Römer in Spanien, die sogenannte spanische Ära, welche achtunddreißig Jahre vor der christlichen beginnt, nahmen nun die Goten an, und datierten danach ihre Reichsgeschichte[27].

Während die ganze übrige Welt nur Szenen des Krieges, Mord und Unglück sah, lebten Spaniens Bewohner unter der milden und weisen Regierung eines Fürsten, dem Sorge für das Wohl seines Landes Hauptbeschäftigung, und dem das Glück seiner Untertanen das höchste Ziel seiner Wünsche war. Isidor von Hispalis, ein Zeitgenosse von ihm, hat uns eine schöne Schilderung seines edlen Charakters hinterlassen[28]. „Er hatte in seinen Mienen so viel Annehmliches, und er besaß eine solche Herzensgüte, daß er alle für sich gewann; ja sogar seine Feinde und die Schlechten mit unwiderstehlicher Gewalt an sich zog. Er war so freigebig, daß er die Güter der Privatleute und der Kirche, welche sein Vater für den Fiskus eingezogen hatte[29], wieder herausgab, und oft seinen Untertanen die Abgaben nachließ. Seine Schätze teilte er Unglücklichen und Armen mit, da er wohl wußte, daß ihm Gott das Königreich dazu gegeben hatte, es zum Wohl des Volkes zu verwalten." Ganz mit Recht trug er daher den Namen *Flavius*[30], denn er war, wie Titus *die Lust und die Wonne* seiner Untertanen. Nach einer fünfzehnjährigen Regierung[31] starb er (601) und hinterließ das Reich in einem sehr blühenden Zustande. – Diesem Regenten hauptsächlich verdankte die Geistlichkeit ihr großes Ansehen in Spanien, so daß selbst der Adel, welcher ziemlich zahlreich war, ihr nachstand, sowohl in Ansehung der Macht, als der Zahl; denn auf den späteren Konzilien, wo zugleich Reichsangelegenheiten vorkamen und neue Verfügungen gemacht wurden, waren zwar die gotischen Großen auch zugegen, aber in ziemlich geringer Zahl, so daß sie von den weit zahlreicheren Bischöfen leicht überstimmt werden konnten. Reccared setzte sich ferner durch die Gründung vieler Kirchen, durch die Stiftung oder Bereicherung mehrerer Klöster und durch ausgezeichnete Frömmigkeit[32] bei den Geistlichen in Spanien in solch glorreiches Andenken, daß sie ihn nicht genug erheben können, und wenn uns ihr Lob deswegen auch verdächtig scheinen mag, so zeigen doch seine Anordnungen, daß er nicht unverdienterweise so hoch gepriesen wurde. An den Mißbräuchen, die aus Reccareds Staatseinrichtung entstanden, trägt er keine Schuld, da das Beste durch einzelne Menschen zum Schlechten umgeändert werden kann.

Ob Reccared das Reich in seiner Familie erblich zu machen suchte oder es als Wahlkönigtum bestehen ließ, ist ungewiß; ebenso wenig ist bekannt, ob *Liuva*, den er wahrscheinlich als unehelichen Sohn mit der später zur Königin erhobenen Badda erzeugt hatte[33], durch die Wahl der Großen oder von der Geistlichkeit unterstützt, den Thron bestieg. Durch seine Vorzüge[34] verdiente er die Liebe seiner Untertanen: und er versprach sich eine glückliche Regierung, als er schon im zweiten Jahre[35] das Opfer des Ehrgeizes eines aufrührerischen und fanatischen Großen wurde. *Witterich*, so hieß dieser, hatte zwar anfangs den Arianismus abgeschworen, aber sich später doch mit der Verschwörung Sunnas zu Merida gegen Reccared eingelassen[36]: er fand aber Verzeihung, da er vieles von der Verschwörung verriet. Als der junge König auf dem Thron saß, so erklärte er sich für einen Arianer, rief die arianisch Gesinnten zu einem Aufstande, bemächtigte sich der Person des Königs, hieb ihm die rechte Hand ab und ließ dann den zwanzigjährigen Fürsten hinrichten (603)[37].

Nachdem er sich so des Thrones bemächtigt hatte, versuchte er, die arianische Religion wieder einzuführen, was ihm aber nicht gelang[38]. Mit den Franken schien er in enge Verbindung treten zu wollen. Denn er gab seine Tochter Ermemberga dem Könige Theodorich (Thierry) von Burgund, jedoch nur unter der Bedingung, daß derselbe zuerst seine Konkubine von sich entfernte. Allein Brunnehild, Theodorichs Großmutter, und Theudelane, seine Schwester, die fürchteten, ihren Einfluß bei dem burgundischen König zu verlieren, wußten die gotische Prinzessin so verhaßt zu machen, daß Theodorich die Ehe eigentlich nie vollzog, seine Gemahlin nach Verlauf eines Jahres schimpflicherweise ihrem Vater zurückschickte, und die Geschenke, die sie mitgebracht hatte, behielt (607)[39]. Witterich, über diese Mißhandlung seiner Tochter aufgebracht, beschloß, glänzende Rache wegen dieses Schimpfes zu nehmen. Er machte mit Theodebert, König von Austrasien, Clotar, König von Soissons oder Neustrien, und dem Longobardenkönig Agilulph ein Bündnis gegen Burgund. Ein furchtbarer Krieg schien auszubrechen; allein er unterblieb; warum? – ist unbekannt[40].

Obwohl dem gotischen König persönliche Tapferkeit und Kriegskenntnis nicht abzusprechen sind, so war er in den Zügen gegen die Griechen wenig glücklich. Er zog mehrere Male gegen sie zu Felde, jedoch ohne etwas dabei zu gewinnen. Nur in der Stadt Segontia ließ er durch seine Feldherren die geringe Besatzung gefangennehmen[41].

Da er sich durch seine Gewalttätigkeiten und feindlichen Absichten gegen den katholischen Glauben bei dem größten Teile der Nation verhaßt machte, so bereitete er sich selbst die Strafe, die er wegen des Mordes seines Vorgängers verdiente[42]. Nach einer siebenjährigen Regierung wurde er bei einem Gastmahle plötzlich von Verschworenen angefallen und ermordet. Sein Körper wurde auf die Straße geworfen und wie der eines Missetäters behandelt und begraben (610)[43].

Die Verschworenen hoben nun den rechtgläubigen *Gundemar* auf den Thron. Anzunehmen, daß er durch Hilfe der Franken zu der königlichen Würde gelangt sei, wie Mariana[44] aus bisher noch nicht gedruckten Urkunden behauptet, scheint verworfen werden zu müssen. Denn außer dem, daß kein fränkischer Geschichtsschreiber erzählt, daß Gundemar, wie Marianas Urkunde angibt, den Franken einen jährlichen Tribut wegen der geleisteten Hilfe bezahlt habe, widerspricht sich dieselbe im Verlauf der Erzählung selbst. Gundemar, heißt es, habe gleich nach seiner Thronbesteigung Gesandte an die fränkischen Könige geschickt, um sich ihre Freundschaft zu erwerben: allein gegen alles Völkerrecht sei die Gesandtschaft gemißhandelt und mit Verachtung zurückgewiesen worden. Als Gundemar zum zweiten Male Gesandte geschickt habe und eben so beleidigt worden sei, habe er dem Statthalter von Septimanien, Bulgaran, Kriegsrüstungen befohlen. Dadurch erschreckt, habe Theodorich, König von Burgund, Gesandte geschickt, die

Bulgaran nicht ins Land gelassen, aber durch die Einnahme von zwei Schlössern an der Grenze, welche früher der Brunnehild von den Goten abgetreten worden, seien Gundemars Waffen in Achtung gesetzt worden[45].

Nach Toledo berief Gundemar zwei Kirchenversammlungen (610 und 611), worauf durch einen königlichen Beschluß der erzbischöfliche Sitz über die carthagenische Provinz in Toledo festgesetzt wurde, da die auf der Versammlung gegenwärtigen Bischöfe bewiesen, daß Toledo schon früher einen Erzbischof gehabt habe[46].

Die Kürze seiner Regierung (sie dauerte nur zwei Jahre) und der Mangel an ausführlichen Nachrichten erlauben nicht, viel von diesem Fürsten zu sagen. Nachdem er gegen die räuberischen Basken[47] zu Felde gezogen war, und sie zur Flucht auf die Berge genötigt hatte, suchte er auch die Macht der Griechen zu schwächen. Er belagerte sie in ihren Städten, jedoch ohne Erfolg, da er bald darauf starb (612)[48].

Man wählte zu seinem Nachfolger *Sisebut*. Von diesem Könige, gewiß einem der besten und trefflichsten, die zu Toledo auf dem gotischen Thron gesessen haben, hat uns das Schicksal leider nur wenige Nachrichten hinterlassen: allein, was uns von ihm aufbewahrt ist, reicht hin, denselben von der vorteilhaftesten Seite zu zeigen. Einige Aufstände, die in Nordspanien ausbrachen, unbekannt aus welcher Ursache, unterdrückte er durch seine Feldherren[49]. Rechila wurde gegen die aufrührerischen Asturier, Suinthila gegen die unruhigen Ruconier an Galliciens Grenze geschickt. Auch die Herrschaft über das Land der Basken befestigte er mehr und mehr[50]. Den bedeutendsten Krieg, den er mit persönlich führte, fing er mit den Griechen an. Diese hatten noch die Küste des mittelländischen Meeres von der Meerenge von Gibraltar bis Valentia inne und außerdem den südlichen Teil von Portugal, das jetzige Algarbien. Der Patrizier Cäsarius führte damals den Befehl über die griechischen Besatzungen in Spanien. Als er Sisebuts feindliche Bewegungen merkte, zog er seine Truppen zusammen und rückte den Goten in einer Schlacht entgegen: allein Tapferkeit und Menge entschied für diese: die Griechen erlitten einen großen Verlust an Toten und Gefangenen und mußten die Flucht ergreifen. Noch schlimmer erging es ihnen, als sie, wieder gesammelt, die zweite Schlacht gewagt hatten. Nur hinter den Mauern der festesten Städte konnten sie sich vor den siegreichen Goten retten. In diesem Kriege zeigte Sisebut eine sehr große Menschlichkeit und Milde gegen die Feinde. Die Verwundeten ließ er gut verpflegen und ging in seiner Wohltätigkeit so weit, daß er die Gefangenen von seinen eigenen Soldaten loskaufte und sie in Freiheit setzte[51]. Durch dieses menschenfreundliche Betragen besiegte der westgotische König die Herzen seiner Feinde, nachdem er sie durch die Waffen überwunden hatte.

Nach der zweimaligen Niederlage der Griechen war der Kaiser Heraklius, der damals in Konstantinopel regierte, nicht mehr imstande, die so sehr entfernten Besitzungen in Spanien länger zu behaupten, da er noch dazu gerade um diese Zeit im Osten von den Persern und im Norden von den Avaren sehr bedrängt wurde. Als Sohn des afrikanischen Statthalters kannte er den gotischen König aus früherer Zeit persönlich und wünschte mit ihm in freundschaftlichem Vernehmen zu stehen. Er gab daher der Friedensunterhandlung, welche der Patrizier Cäsarius mit Sisebut eingeleitet hatte[52], seine Bestätigung, und trat alle Besitzungen in Spanien längs der Küste des mittelländischen Meeres ab; nur einige Städte am atlantischen Ozean, in dem jetzigen Algarbien, behielten die Griechen noch (616)[53].

Da Sisebut in seinen Kriegen immer die größte Menschlichkeit zeigte und überall der Unglücklichen Not und Leiden zu mildern suchte, so ist es desto mehr zu verwundern, daß er mit so unerhörter Strenge, ja Grausamkeit, die zahlreichen Juden in seinem Lande verfolgte. Nach jüdischen Sagen wären sie zuerst durch Salomons Flotten nach Spanien gekommen. Der Kaiser Hadrian soll nach der Unterdrückung der jüdischen Rebellion 50 000 Juden mit Weibern und Kindern auf die pyrenäische Halbinsel haben versetzen lassen[54]. Diese zahlreiche Niederlassung vermehrte sich bis auf die Zeit der gotischen Regierung zu mehreren Hunderttausend Seelen. Der religiöse Bekehrungseifer, der früher seinen Stoff an dem Unterschied der Arianer und Katholiken oder an den Heiden hatte, richtete sich nun gegen die Juden. Wenn auch die Geistlichkeit die Bekehrung derselben gern hatte und die Notwendigkeit der Verminderung eines Volkes, das für sich im Staate unabhängig lebte, einsah, so ist doch die Beschuldigung mancher neuerer Geschichtsschreiber ungerecht, daß der Klerus hauptsächlich die Verfolgung veranlaßt habe, weil Geistliche an der Spitze der Gesetzgebung und der Gerechtigkeitspflege standen und daß der König gleichsam nur ihr Werkzeug gewesen sei. Die Mißbilligung der Geistlichen, die Juden gewaltsam zur christlichen Religion zu zwingen, die sowohl in Schriften als auf Konzilien ausgesprochen wurde, zeigt hinlänglich, daß die grausame Verfolgung von den Königen ausging.

Nach der nicht ganz zuverlässigen Nachricht eines fränkischen Schriftstellers[55], wären neunzigtausend Juden gezwungen worden, sich taufen zu lassen: die, welche sich hartnäckig weigerten, Christen zu werden, wurden auf das Grausamste verfolgt; ihr Vermögen wurde eingezogen; sie selbst waren der Geißelung und jeder Mißhandlung preisgegeben: aus dem Lande zu entfliehen, war für solche die einzige Rettung, dieses mußte aber heimlich geschehen[56]. In den beiden Gesetzen[57], worin Sisebuts heftiger Eifer gegen die Juden aufbewahrt ist, droht er sogar, milder denkenden Nachfolgern mit der Rache des höchsten Richters[58]. Der heilige Isidor, Erzbischof von Hispalis, mißbilligt sehr, auf diese Art die Juden zum Christentum zu bekehren[59].

Gewöhnlich schreibt man auch (obwohl kein alter Schriftsteller als Gewährsmann angeführt werden kann) dem Sisebut die Eroberung der beiden afrikanischen Städte Ceuta und Tanger zu, welche dem heutigen Gibraltar gegenüberliegen. Erst spätere Geschichtsschreiber[60] führen diese Eroberung an, wahrscheinlich doch aus Quellen, die jetzt nicht mehr vorhanden sind. Daß die gotischen Könige Tanger und die Gegend vor der Zeit des Einfalls der Mohammedaner in Besitz hatten, ist gewiß, aber nicht bekannt, wann sie in denselben gekommen sind, wenn man den späteren Nachrichten keinen Glauben schenken will.

Sisebut war mild und menschenfreundlich[61] gegen seine Untertanen, wie auch gegen seine besiegten Feinde, aus Religionseifer ein grausamer Verfolger der Juden, im Kriege ein tapferer Held, im Frieden ein kräftiger beglückender Regent und ein Freund der Wissenschaften[62] und Künste[63]. So ein eifriger Verbreiter der katholischen Religion er war, so scheint er doch bei der Geistlichkeit, die wegen der Kirchenzucht an verschiedenen Orten während seiner Regierung besondere Konzilien halten mußte, sich nichts von seiner königlichen Gewalt vergeben, sondern im Gegenteil sich manches erlaubt zu haben, was spätere Könige zu tun nicht wagten. Denn er setzte den Bischof von Barcelona, welcher ein Schauspiel geben ließ, das die Nichtigkeit der Verehrung der heidnischen Götter erweisen sollte, eigenmächtig ab, da er nach seinen strengen Ansichten dessen Betragen für ärgerlich hielt[64]. Bald darauf starb der westgotische König, ungewiß ob an Gift oder an einem allzu starken Arzneimittel, nach einer fast 9jährigen Regierung (620)[65].

Wie beliebt Sisebut bei dem Volke war, zeigt die Erhebung seines Sohnes *Reccared II.* auf den Thron[66]. Jedoch der junge König starb schon einige Monate nach dem Antritte seiner Regierung[67].

Die Goten wählten nun zum Könige den Flavius *Suinthila*, einen General Sisebuts, der sich in den Feldzügen gegen die nördlichen Gebirgsbewohner und die Griechen rühmlichst ausgezeichnet hatte. Einige spätere Geschichtsschreiber, vielleicht durch Namensähnlichkeit irregeführt, nennen ihn einen Sohn Reccareds, des Katholischen, und sagen, daß er die Theodore, die Tochter Sisebuts, geheiratet habe[68].

Durch Sisebut war die Macht der Griechen in Spanien ganz geschwächt, auch konnten sie nicht vom Heraklius auf Unterstützung hoffen, da derselbe durch die Perser zu sehr beschäftigt war. Suinthila benutzte diesen günstigen Augenblick; ohne den Feinden Zeit zu lassen, sich zu sammeln und Hilfe abzuwarten, ging er auf sie los, schlug sie, und trieb sie endlich im südwestlichsten Winkel der pyrenäischen Halbinsel so in die Enge, daß sie gezwungen waren, ihre letzten Besitzungen in Algarbien zu verlassen, und so das Land zu räumen (624). Ganz Spanien befand sich nun zuerst unter Suinthila unter der gotischen Regierung. Was seit Athanagild während 80 Jahre keinem Könige gelungen war, die Griechen zu vertreiben, hatte er ausgeführt, freilich auch am meisten von den Umständen begünstigt. Sein Kriegsruhm wurde noch durch einen Sieg über die Basken vergrößert, welche abermals aus Gallien (Gascogne) in die taragonensische Provinz eingefallen waren[69]. Suinthila zog ihnen eiligst entgegen und setzte sie durch seine unerwartete Ankunft in solchen Schrecken, daß sie sich, ohne ein Treffen zu wagen, unterwarfen und um Frieden baten. Diesen bewilligte er ihnen unter der Bedingung, daß sie ihre gemachte Beute auslieferten und an einer Stadt bauten, welche er gegen ihre Streifzüge als Grenzfestung unter dem Namen Oligitum anlegen ließ (625)[70].

Durch die Siege hatte sich der westgotische König bei seinem Volke Achtung und Ansehen, durch Freigebigkeit und gute Regierung Liebe und Anhänglichkeit erworben. Wenn man Isidor nicht für einen niedrigen Schmeichler halten will, wozu man geneigt sein könnte, wenn man sein nachheriges Betragen mit den Schlußworten seiner Chronik vergleicht, so war Suinthila ein vortrefflicher Regent und führte mit vollem Reche den Namen *„Vater der Armen“*. Er mag daher auch leicht die Bewilligung der Goten erhalten haben, nach dem Beispiele Leovigilds seinen Sohn Riccimer als Mitregenten anzunehmen[71]. Was den Sterblichen oft begegnet, übermütig gemacht durch großes Glück, das die Menschen weniger mit Besonnenheit ertragen können, als das Unglück, wurde er aus weisen und gerechten Regenten ein stolzer und drückender Tyrann. Seine Freigebigkeit, welche früher die Großen bereicherte und die Armen unterstützte, wurde nun durch einen unersättlichen Geiz verdrängt, so daß er sich durch dieses Laster hinreißen ließ, viele von seinen reichen Untertanen hinzurichten, um sich ihrer Güter anzumaßen. Früher von vernünftigen Ratgebern umgeben und durch eigenen Verstand zu Rechten geleitet, war er jetzt taub gegen den Rat der Mäßigkeit und Klugheit und gab ganz den schädlichen Einflüsterungen seines schlechten Bruders Geila Gehör. Ein solcher Regent mußte das Volk zum Aufstande bringen[72].

So erscheint uns Suinthila nach den freilich sehr parteiischen Berichten. Ist es dem Geschichtsschreiber erlaubt, in einem solchen Falle, wo die Quellen absichtlich die Wahrheit verdrehen, seine Meinung vorzutragen, wie sie aus dem Gange der Geschichte begründet werden kann, so wird Suinthila in einem ganz anderen Lichte erscheinen. Im Kriege glücklich und wegen seiner gerechten und milden Regierung von dem Volke geachtet und geliebt, hatte er die Bewilligung der Goten erhalten, seinen Sohn Riccimer zum Mitregenten anzunehmen. Ein großer Teil der Großen und die Geistlichkeit, welche der König nicht begünstigte – daher auch während seiner ganzen Regierung an keinem Orte eine Kirchenversammlung halten ließ – sahen mit der größten Unzufriedenheit diese Erhebung an, die sie aber wegen der Macht Suinthilas nicht hindern konnten. Wie sie glaubten, hatte Suinthila die Absicht, das Reich in seiner Familie erblich zu machen. Die Großen, wie die Geistlichen, eifersüchtig auf ihr Wahlrecht und wohl einsehend, daß nach dem Verlust desselben ihre ganze Bedeutung verlorenginge, machten jede Anstrengung, der Abnahme ihres Ansehens zuvorzukommen. Verschwörungen wurden gemacht, aber von dem Könige entdeckt, streng bestraft und die Güter der Verschworenen eingezogen; die Großen aber wie die Bischöfe, gegen welche die Regierung nun mit Argwohn erfüllt sein mußte, unter strengere Aufsicht gestellt, was von Tag zu Tag die Gemüter mehr erbitterte. Suinthila wurde dem Volke, welches von der wahren Lage der Dinge nicht einmal unterrichtet war, als ein habsüchtiger, grausamer, blutdürstiger Tyrann dargestellt, der nur damit umginge, das Wahlreich der Goten in eine erbliche Despotie umzuschaffen. Ungeachtet dieser Anschuldigungen, welche den Samen des Aufruhrs ausstreuen sollten, war doch ein großer Teil der Goten dem Könige, von dem sie mit Wohltaten überhäuft waren, zu ergeben, als daß sie ihn verrieten. Daher war es notwendig, auswärtige Hilfe zu suchen, und vielleicht erst dann entschieden sie sich – die meisten wider ihren Willen – die neue Regierung, die ihnen von den Großen aufgedrungen wurde, anzuerkennen.

Ein gotischer Großer, *Sisenand* mit Namen, pflanzte die Fahne des Aufruhrs in Septimanien auf. Da er aber ohne fremde Unterstützung den König nicht vom Thron stürzen konnte, ersuchte er den König Dagobert von Burgund und Neustrien um ein Hilfsheer und versprach ihm dafür aus dem gotischen Schatze das Kostbarste, nämlich eine goldene Schüssel (Missorius), welche der König Thorismund wegen der geleisteten Hilfe gegen die Hunnen von dem Patrizier Aetius erhalten hatte. Sie war von massivem Golde und wog fünfhundert Pfund[73]. Dagobert, ein Mann von habsüchtigem Sinne, war durch dieses Anerbieten sehr erfreut. Er schickte sogleich ein Heer von Burgund aus unter der Anführung des Abundantius und Venerandus nach Spanien, um Sisenands Rebellion, der sich zum König hatte ausrufen lassen, zu unterstützen. Suinthila hatte ein Heer zusammengezogen, um den Franken damit entgegen zu rücken, die bis in die Nähe von Saragossa vorgedrungen waren. Die Führer im gotischen Heere waren gewonnen, und der große Haufen folgte, wie gewöhnlich dieses der Fall ist, denen, von welchen sie sahen, daß sie die Übermacht hatten. Das ganze Heer, selbst der Bruder Suinthilas, Geila, ging zu Sisenand über, und man erkannte ihn allgemein, teils aus Hoffnung auf Gewinn, teils aus Furcht, als König des westgotischen Reiches an (631)[74].

Da man des fränkischen Heeres nun nicht mehr bedurfte, so kehrte dieses nach Hause zurück. Dagobert aber schickte sogleich zwei Gesandte, um das versprochene goldene Gefäß abzuholen. Sisenand händigte es ihnen auch ein: allein die Goten, darüber unzufrieden, daß ihr kostbarster Schatz außer Landes kommen sollte, setzten den Gesandten nach und nahmen es ihnen gewaltsam wieder ab. Um Dagobert zu befriedigen, zahlte ihm der gotische König den Wert des Gefäßes mit 200 000 Solidi[75].

Das weitere Schicksal des abgesetzten Königs und seines Sohnes Rissimer ist unbekannt, da die fränkischen Berichte, welche uns hier Quelle sind, nichts davon mitteilen und die späteren spanischen Schriftsteller, welche noch die jetzt verlorenen alten Quellen benutzen konnten, die Absetzung Suinthilas mit Stillschweigen übergehen[76]. Soviel nur ist bekannt, daß er noch im Jahre 633 lebte, wie aus den Beschlüssen des vierten toletanischen Konziliums zu ersehen ist.

Da bald Aufstände gegen den König ausbrachen, wovon der, welcher durch Suinthilas Bruder, Geila, erregt wurde[77], der bedeutendste mag gewesen sein, so suchte er, weil er die Nation nicht für sich hatte, die Geistlichkeit zu gewinnen und die Usurpation sich durch ein Konzilium bestätigen zu lassen. In dem 3ten Jahre seiner Regierung (633) wurde nach Toledo die vierte Kirchenversammlung berufen, die, wie die folgenden, zugleich als Reichstage zu betrachten sind. Isidor von Hispalis, der Lobredner des Königs Suinthila, hatte als ältester Metropolitan den Vorsitz. Das unterwürfige Betragen des Königs[78] und die vielen Vorrechte, welche er der Geistlichkeit einräumte, hob dieselbe zu solchem Ansehen, daß sie fast die ganze Regierungsgewalt in die Hände bekam und die Könige nur von ihr geleitet wurden. Nachdem die versammelten Bischöfe über kirchliche Angelegenheiten, über die Bekehrungen der Juden, über die Freilassung der Sklaven Satzungen gegeben hatten, schlossen sie damit, Sisenand durch Verordnungen auf dem Thron zu sichern. Wer gegen den König etwas unternimmt, ist in den Kirchenbann getan. Wenn der Regent gestorben, so sollen sich die Bischöfe und die Großen zur Wahl eines neuen Königs versammeln. Zuletzt wurde noch in Hinsicht Suinthilas und seiner Kinder der Beschluß gefaßt, daß sie nie ein Ehrenamt erlangen könnten und alle ihre Güter verlieren sollten, außer die, welche ihnen des Königs Gnade bewilligte. Eben diese Strafe traf den Bruder Suinthilas, Geila mit seiner Familie, weil er gegen Sisenand rebelliert hatte[79].

Nach Sisenands Tod (636) wählte man, wahrscheinlich nach manchen unruhigen Auftritten, den *Chintila*, einen der Geistlichkeit sehr ergebenen Mann zum König[80]. Gleich beim Antritt seiner Regierung hielt er ein Konzilium (das fünfte) zu Toledo, worauf er sich bestätigen ließ. Alle Unruhestifter und Empörer wurden mit dem Banne bedroht: ebenso die, welche dem Könige fluchten, oder über ihn Zauberworte sprächen. Zugleich wurde eine Verordnung wegen der Sicherheit der königlichen Kinder gegeben und unter scharfer Strafe verboten, während der Lebzeiten des Königs die Wahl eines neuen Königs vorzunehmen. – Aus allen diesen Verordnungen kann man zur

Genüge sehen, daß Chintila viel mit Aufrührern, die ihm nach der Krone strebten, zu tun hatte.

Unter den vorhergehenden Königen seit Sisebut scheinen die Juden durch Einstellung der Verfolgungen sich wieder im Lande vermehrt zu haben. Chintila, der diese Nation ganz besonders haßte, ließ ein Edikt ergehen, daß alle Juden ohne Ausnahme seine Staaten verlassen müßten. Bei der nächsten Kirchenversammlung zu Toledo (der sechsten), die der König zusammenberief (638), wurde dieses Edikt noch dahin ausgedehnt, daß jeder nachfolgende Regent bei seiner Thronbesteigung beschwören mußte, das halten zu wollen, was gegen die Juden entschieden worden war[81]. – Außerdem wurden von neuem wegen der Königswahl Verordnungen gegeben: nur aus vornehmen alten gotischen Geschlechte könnte sie vorgenommen werden. Die Satzungen endigen damit, des Königs Person zu sichern: über einen jeden, der dem König nach dem Leben strebt, ihn vom Throne stößt, Mannschaft sammelt, um ihn zu bekriegen, wird ein schrecklicher Bann vor dem Angesichte Gottes, seiner Engel, der Heiligen, der Kirche und der Gläubigen ausgesprochen. Wenn des Königs Nachfolger und die gotischen Großen nicht Verdacht auf sich laden wollen, so sollen sie des Königs Tod wie den eines Vaters rächen.

Obwohl Chintila (der 640 starb)[82] seinem Sohne *Tulga* die Krone verschafft hatte[83], so konnte derselbe sie doch nicht behaupten, ungeachtet der strengen Gesetze, die in den drei letzten Konzilien gegen Aufrührer erlassen waren. Die Jugend und Sanftmut des neuen Königs machte herrschsüchtige Große von Tag zu Tag verwegener. Die schwache Hand des Jünglings konnte das Ruder des Staates nicht mit Kraft führen. Seine Milde bestrafte nicht mit Strenge den Ungehorsam und Trotz der unruhigen Untertanen; endlich sank sein Ansehen so sehr, daß zur Erhaltung des Reiches die meisten Großen einen Regierungswechsel für notwendig erachteten. Sie boten daher dem *Chindasuinth*, einem schon bejahrten und strengen Manne aus vornehmen gotischen Geschlechte, die Krone an. Von ihnen unterstützt, stürzte er den jungen Tulga vom Throne (641), ließ ihm die Haare abschneiden und ein Kloster zum Aufenthaltsort anweisen[84], wodurch demselben jede Hoffnung zu einer Wiederbesteigung des Thrones nach damaligem Begriffe benommen war[85].

Spanien war in den ersten Jahren von Chindasuinths Regierung ein sehr unglückliches Land. Parteiungen entstanden, die an ihrer Spitze Große und Geistliche hatten und des neuen Regenten mit Gewalt erworbene Macht nicht anerkennen wollten. Dazu kam, daß eine schreckliche Hungersnot und ansteckende Krankheiten das Land heimsuchten.

Die Schonung und Milde, welche die früheren Könige gegen die Empörer bewiesen, nährten die Unruhen, ungeachtet die Konzilien in ihre Satzungen über jeden Rebellen die strengsten Strafen ausgesprochen hatten. Die Königswürde war bisher nicht mit der Scheu angesehen worden, wie in anderen Ländern: der König hatte nur den ersten Platz unter den Großen des Reiches; daher mochte es selbst kommen, daß verdrängte Könige wie Suinthila und Tulga am Leben erhalten wurden. Chindasuinth änderte aber das Verfahren. Wie er einsah, mußte bei den Goten Strenge, ja Grausamkeit angewendet werden, um ihnen Schrecken einzuflößen und sie im Zaume zu halten[86]. Er ließ daher die Großen, die sich gegen ihn empörten, oder die er nur im Verdacht hatte, daß sie etwas gegen ihn unternehmen wollten, mit ihren

Familien aus dem Wege räumen. Von den vornehmsten Goten soll er zweihundert, von den minder vornehmen fünfhundert haben hinrichten lassen. Ihre Weiber und Kinder machte er zu Sklaven, die Güter zog er ein und teilte sie seinen Getreuen als Belohnung zu. Viele, die das Schicksal der Hingerichteten fürchteten, flüchteten aus dem Lande und begaben sich nach Afrika oder zu dem fränkischen Könige, um bei günstigeren Umständen mit den Waffen in der Hand ihre verlorenen Rechte zu erkämpfen. Chindasuinth hatte aber seine Hauptabsicht erreicht: nach einigen Jahren war die Ruhe in Spanien und Septimanien so hergestellt, daß die Goten nicht wagten, irgend etwas gegen die Regierung zu unternehmen, wie sie unter den vorigen Königen gewohnt waren[87].

Um nötige Verbesserungen und Verordnungen zu machen, berief er, als das Reich beruhigt war, die siebente Kirchenversammlung nach Toledo (646). Gleich am Eingange ihrer Satzungen wurde gegen die Aufrührer und die Ausgewanderten, welche im Auslande Hilfe gegen ihr Vaterland suchten, der lebenslängliche Bann ausgesprochen und die Confiscation ihrer Güter bestimmt: wenn es Geistliche waren, so sollten sie abgesetzt werden. Nicht nur der König, sondern auch andere Fürsten (in deren Staaten sich die Ausgewanderten begaben) werden gebeten, dieser Verordnung nicht entgegen zu handeln[88]. Durch diese Satzung war zugleich der Geistlichkeit, die mit Chindasuinths kräftiger Regierung nicht zufrieden war, aber aus Furcht vor seiner Strenge nichts zu unternehmen wagte, die Gemeinschaft und das Einverständnis mit den Rebellen abgeschnitten, wenn sie sich nicht der Gefahr aussetzen wollte, gleich den Ausgewanderten behandelt zu werden. Auch in dem Gesetzbuche befinden sich von ihm mehrere Gesetze wegen der Auswanderung. Obwohl er keineswegs die weltliche Macht der Geistlichen hob, so stiftete er doch mehrere Klöster und Kirchen und machte reiche Schenkungen[89]. Zugleich lebte er in großer Frömmigkeit und erwarb sich die Liebe des Volkes, das, von seinen Unruhen in Furcht gesetzt, friedlich die Früchte seines Wohlstandes genoß[90]. Auch als einen Freund der Wissenschaften und Künste zeigte er sich durch die Erhebung des gelehrten Eugenius zum Metropolitan von Toledo, den er auch zu poetischen Arbeiten aufmunterte[91].

Als so das Reich befestigt war, sah der westgotische König ein, daß das ganze mühsam aufgebaute Werk wieder in die alte Zerrüttung zusammenfallen würde, wenn es nicht in die rechten Hände käme. Sein Ansehen war so groß, daß er, ohne Unruhen zu erregen, seinen Sohn *Reccesuinth* zum Mitregenten ernennen konnte (649), und da er einsah, daß die Wahlstreitigkeiten bisher am meisten zur Zerrüttung beigetragen hatten, so mag wohl seine Absicht gewesen sein, das Wahlkönigtum zu einem Erbreich zu machen. Obwohl er noch drei Jahre und vier Monate lebte, so überließ er doch, niedergedrückt von der Last der Jahre, seinem Sohne ganz die Regierung[92]. Er war zwar noch Zeuge von den Kämpfen, die Reccesuinth gegen neue Empörer zu führen hatte, erlebte aber doch die Freude, endlich ihn auf dem Throne befestigt zu sehen. Im Jahre 652, nach einer zehnjährigen Regierung, starb der neunzigjährige Greis[93]. Reccesuinths Erhebung erregte bei den ehrgeizigen Großen viel Unzufriedenheit, da sie sich bei dem hohen Alter Chindasuinths auf die baldige Wahl eines neuen Königs Hoffnung gemacht hatten. Sie glaubten sich nun durch die Einrichtung eines Erbrechtes von dem Throne ganz ausgeschlossen. Verschiedene Empörungen brachen aus. Die bedeutendste war die, welche von einem gotischen Großen namens Froja gemacht wurde. Dieser begab sich über die Pyrenäen zu den Basken und sammelte sich ein Kriegsheer, mit dem er unter Verwüstungen in Spanien einfiel und bis an den Ebro vordrang. Reccesuinth zog gegen den Empörer, schlug ihn in einer blutigen Schlacht und jagte die Basken wieder über die Pyrenäen zurück[94].

Um die Gährungen im Lande gänzlich zu unterdrücken, bedurfte es mehr als der Waffen. Die Großen, unzufrieden mit dem Regenten, der ohne ihre Wahl den Thron bestiegen hatte, fanden Schutz und Hilfe in vielen Städten und Landschaften, die ihrer Vorrechte beraubt und durch schwere Abgaben gedrückt wurden. Reccesuinth sah ein, daß, ohne diesen Samen des Aufruhrs zu tilgen, an keine Ruhe zu denken sei. Er versprach daher den Aufrührern eine allgemeine Verzeihung, dem Landvolke Verminderung der Abgaben, den Städten die Zurückstellung der genommenen Vorrechte.

Kaum saß Reccesuinth ein Jahr allein auf dem Throne (653), so berief er die achte Kirchenversammlung nach Toledo, um sowohl die kirchlichen als die Staatsangelegenheiten zu ordnen. Denn von jetzt an finden wir die Consilien zugleich als Landtage und Reichsversammlungen betrachtet, wo die Herzoge, Grafen und höhere Staatsbeamten erschienen und zugleich die Satzungen mit unterschrieben. Auf dieser Versammlung trug Reccesuinth darauf an, die gegen die Aufrührer früher abgefaßten strengen Beschlüsse zu mildern und Schiedsrichter aufzustellen, wenn irgend jemand Beschwerden gegen den König zu führen hätte. Dann erließ er ein Edikt, daß alle Güter des Königs nach seinem Tode an die Krone anheim fallen und nur die seinen Erben verbleiben sollten, welche er vor seiner Thronbesteigung als Eigentum besessen hatte. Der König solle von den Bischöfen und Großen jedesmal an dem Ort gewählt werden, wo sein Vorgänger gestorben. – Gegen die Juden wurden die früheren Edikte wiederholt; die, welche sich hatten taufen lassen, wurden unter strenge Aufsicht gestellt, da die Erfahrung gelehrt hatte, daß die meisten nur Scheinchristen waren[95].

Wie sehr Reccesuinth auf Ordnung, Gerechtigkeit und Kirchenzucht hielt, zeigen die häufigen Kirchenversammlungen (die achte 653, die neunte 655 und die zehnte 656), dann die vielen Gesetze, die er gab, und welche er nebst denen seiner Vorgänger als ein geschlossenes Ganze aufstellte und dieses Gesetzbuch zum einzigen in Spanien geltenden Rechte machte. Er und sein Vater hoben ausdrücklich den Unterschied des Rechts nach der verschiedenen Abkunft der Personen auf und wiederholten die schon von Reccared geschehene Aufhebung des verbots der Heiraten zwischen Römern und Goten[96]. Ungeachtet er 23 Jahre lang auf dem Thron saß, wie lange kein westgotischer König weder vor ihm noch nach ihm in Toledo regierte, so ist seine Regierungszeit wie die des trefflichen Kaisers Antoninus Pius[97] arm an Begebenheiten. Außer den Unruhen am Anfang und am Ende seiner Regierung ist uns nichts weiter aufgezeichnet: ein hinlänglicher Beweis, daß er durch treffliche Anordnungen und Erhaltung des Friedens und des Wohlstandes das Glück seiner Untertanen begründete, was aber, weil es in der Stille ohne Geräusch und Aufsehen geschah, von den Gerichtsschreibern als ruhiger Gang der Dinge übergangen, der Vergessenheit überliefert worden wäre, wenn nicht andere sprechende Denkmale, das Gesetzbuch, die Konzilienbeschlüsse und die Geistesprodukte der damals lebenden Schriftsteller uns erhalten worden wären.

Während Griechenland und Italien der Barbarei entgegeneilten oder vielmehr schon darin versunken lagen, die Franken in großer Rohheit lebten und nach Germanien noch wenig das Licht der Kultur durchgedrungen war, wurden Künste und Wissenschaften in Spanien gepflegt. Die ersten Männer des Staates, die Bischöfe, zeichneten sich als Schriftsteller aus und geben uns durch ihre hinterlassenen Schriften Beweise und Winke von der hohen Kultur und dem blühenden Zustande der Wissenschaften und Künste ihrer Zeit.

Reccesuinth, der liebenswürdigste[98] und uneigennützigste Fürst, der auf dem westgotischen Throne gesessen, brachte, um sein Volk glücklich zu machen, die größten Opfer, beschränkte sich selbst die Einnahme der Steuern und erklärte das durch seinen Vater schon zu einem Erbreich gemachte Land wieder zu einem Wahlreiche, wodurch er freilich den Grund zum Untergang des blühenden Königtums legte.

Noch ehe er die Augen schloß, mußte er sehen, wie wegen eines Nachfolgers unter den Großen Bewegungen stattfanden. Alt und schwach, begab er sich aus dem Geräusche der Hauptstadt in die Gegend von Salamanca, in die Stille eines sehr gesund gelegenen Landgutes, Gerticos genannt, wo er bald darauf starb (672).[99]

DRITTES KAPITEL

Über die Staatseinrichtung und Gesetzgebung bei den Westgoten in Spanien

A. Über die Staatsverfassung

Vor dem Könige Leovigild hatte das westgotische Wahlreich eigentlich keine geordnete Staatseinrichtung, da die Macht und der Übermut der Großen dieselbe nicht möglich machten. Wenn aber die Könige, welche wenig Ansehen besaßen, ihre Herrschaft zu erweitern versuchten, so liefen sie Gefahr, durch die, welche ihnen die Königswürde verliehen hatten, umgebracht zu werden[1]. Erst Leovigild, der die Absicht hatte, in seiner Familie den Thron erblich zu machen, führte durch strenge Bestrafung der Unruhestifter, durch eine verbesserte Gesetzgebung, durch die Anlage einer Staatskasse und Erhebung einer Grundsteuer ein geordnetes Staatsleben ein und hob zugleich das königliche Ansehen durch äußeren Glanz und innere Stärke[2]. Dabei hielt er fest an dem Altgotischen und zeigte sich allen römischen Einrichtungen feind und abhold.

Als aber sein Sohn Reccared den Arianismus im westgotischen Reiche aufhob und die sogenannten Römer mit den Goten in gleiches Rechtsverhältnis aufgenommen wurden, änderte sich die Verfassung des Staates wesentlich. Unverkennbar ist Reccareds Bestreben, durch Vermischung des Römischen mit dem Gotischen, die bisher durch Sitten, Sprache, Recht und Religion scharf geschiedenen Untertanen wo möglich in ein Volk zu verschmelzen. Da er bei den Römern den Vorzug der höheren Bildung erkannte und bemerkte, daß sie für eine geordnete Staatsverfassung viel empfänglicher als die trotzigen Goten[3] waren, so glaubte er am besten den Staat einzurichten, wenn er gotischen Einrichtungen römische Formen gäbe, so daß er beide Teile versöhnte: indem die Römer mit ihrer Religion auch ihre Sprache und Bildung bei den Goten geachtet sahen, diese aber ihre Sitten und Einrichtungen beibehielten. Dessen ungeachtet bildeten sich doch von nun an im Reiche zwei Parteien, die beide zwar darin übereinstimmten, daß ferner ein Wahlreich[4] bestehen sollte, allein wovon die eine, die Geistlichkeit und das Volk, die Herrschaft der Könige zu sichern und zu schützen suchte, weil ihr eigenes Wohl von des Königs Ansehen abhing; die andere aber, welche der zahlreiche gotische Adel bildete, dieselbe immer mehr zu beschränken strebte. Daher war es natürlich, daß die Könige der Geistlichkeit, welche in den Konzilien gegen die Rebellen leibliche und geistige Strafen aussprach, immer mehr Gewalt übertrugen, so daß dieselbe zuletzt mächtiger als die Könige wurde. Einzelne Regenten, wie Sisebut und Suinthila, behaupteten noch ihr königliches Ansehen: allein sie unterlagen endlich, entweder dem Verrat oder der Übermacht. Unter den Regierungen Sisenands, Chintilas und Tulgas, welche Könige offenbar ihre Erhebung der Geistlichkeit zu verdanken hatten, waren von den Regierungsgeschäften die Großen oder Palatinen fast ganz ausgeschlossen, denn auf den Konzilien, wo neue Verfügungen über die Staatsverfassung gemacht wurden, erschien damals nur die höhere Geistlichkeit. Der gotische Adel, wohl einsehend, wie viel er von seinen früheren Rechten verloren hatte, benutzte die schwache Regierung des Königs Tulga, verdrängte ihn vom Thron und hob darauf Chindasuinth, einen kräftigen, durch Weisheit und Erfahrung geprüften Mann, von dem man wußte, daß er sich nicht durch den Klerus beherrschen ließ.

Der westgotische Staat bedurfte sehr einer Reform. Er erhielt sie durch Chindasuinth und seinen Sohn Reccesuinth, und zwar besonders dadurch, daß nun die Staatseinrichtung eine festere Verfassung erhielt und über die Rechte des Königs, der Großen und des Volkes, die bisher vielen willkürlichen Bestimmungen unterworfen waren, feste Gesetze aufgestellt wurden.

Um der Königswürde, die überhaupt bei den Westgoten nicht mit großer Scheu und Ehrfurcht angesehen wurde[5], mehr Bedeutung und Heiligkeit zu geben, sollte die Krönung und Salbung der Könige, die Reccared als eine Nachahmung der fränkischen Sitte annahm, in Toledo von dem Erzbischofe oder Primas des Reiches in Gegenwart vieler anderer Bischöfe vorgenommen werden. In der früheren Zeit hatte man wenige Bestimmungen festgesetzt, wer wählen und wer gewählt werden konnte, da jeder Freie, der sich durch Tapferkeit im Kriege oder durch Verstand und Reichtum im Frieden Ansehen und Würden erworben hatte, auf die Wahl Einfluß haben und selbst gewählt werden konnte. Jedoch in späterer Zeit wurde die besondere Verfügung gegeben, daß nur aus alten gotischen Geschlechtern die Könige gewählt werden dürften, und von der Wahl waren ausgeschlossen: die das Bußgewand angetan, denen als Strafe die Haare abgeschnitten worden, deren Geschlecht sich auf Sklaven zurückführen ließ, Fremde, zumal wenn ihr freies Geschlecht und ihr unbescholtener Ruf nicht erwiesen war.[6]

Wahlort war die königliche Residenz Toledo: ausnahmsweise jeder andere Ort, wo der letzte König sich gerade befand, als er starb.[7] Wähler (oder, wie wir sagen würden, Kurfürsten) waren die Bischöfe und der höhere Adel (Herzöge, Grafen und Gardinge). Auch gab es ein ausdrückliches Verbot, nicht vor dem Tode des Königs eine neue Wahl vorzunehmen.

Ehe der gewählte König den Thron bestieg und die Salbung erhielt, wurde ihm eine Wahlkapitulation vorgelegt, die er mit einem feierlichen Eide beschwören mußte.[8] Aus dem Inhalte derselben ersieht man, daß sie hauptsächlich von der Geistlichkeit ausgegangen war. Der König mußte nämlich beschwören: die katholische Religion als einzige in dem Umfange seiner Staaten aufrechtzuerhalten, alle Ketzer, besonders aber die Juden, zu verfolgen, seine Untertanen mit Gerechtigkeit zu beherrschen, sie vor Unrecht zu schützen und zu verteidigen, ihnen keine Gewalttätigkeiten zuzufügen: ferner nicht die Güter des Staates zu verschwenden, nicht eigenes, sondern des Vaterlandes Wohl zu berücksichtigen und endlich die Erben des vorigen Königs nicht zu beinträchtigen.[9]

Das Letztere war besonders deswegen notwendig, weil fast bei einem jeden Regierungswechsel Streit über das Eigentum entstand, da der neue König oft die Güter seines Vorgängers, die derselbe vor der Thronbesteigung im Besitz hatte, in Anspruch nahm, was er nicht gesetzmäßig tun durfte.[10]

Seit Reccared dem Katholischen führten fast alle westgotischen Könige den Titel *Flavius*, nach dem Vorbilde und Beispiele der Kaiser in Konstantinopel, die schon lange diesen Titel von den Römern entlehnt hatten. Überhaupt ahmten die Goten in Spanien, wie sie früher, als sie noch in Gallien waren, manches von den Römern entlehnten, und Toulouse Roma Garumnae nannten, nun die Griechen nach, und Toledo hieß wie Konstantinopel die königliche Stadt, und die ganze westgotische Herrschaft führte vom Titel der Könige manchmal den Namen *Flavia*.[11]

Die Macht der Könige beschränkten am meisten die toletanischen Konzilien[12], die schon vor Chindasuinths Zeit sich mit weltlichen Dingen abgaben und gewissermaßen gesetzgebende Versammlungen bildeten, aber den Palatinen weder einen Anteil an den Beratungen, noch an den Beschlüssen einräumten. Erst Reccesuinth machte die toletanischen Kirchenversammlungen zu wirklichen Land- und Reichstagen, indem er zu dem achten Konzilium sieben Herzoge und neun Grafen zog, so daß von nun an zu Konzilien, worin nicht bloß von kirchlichen Angelegenheiten gehandelt wurde, auch die Palatinen des Reiches zugelassen wurden; jedoch war ihre Anzahl im Vergleich mit den Bischöfen und Äbten gering: denn nach den Unterschriften wohnten dem achten Konzilium 52 Bischöfe und 16 Palatinen bei, dem neunten 16 Bischöfe und 4 Palatinen; beim zehnten und elften blieben die Großen weg, weil nur über Kirchensachen gehandelt wurde: allein beim zwölften erschienen 15 mit 35 Bischöfen, und beim dreizehnten 26 mit 48 Bischöfen, da Staatsangelegenheiten wahrgenommen wurden. Noch kommen bei der fünfzehnten Kirchenversammlung 17 Palatinen vor mit 78 Bischöfen und Äbten, und bei der sechzehnten 16 mit 55 Bischöfen und 6 Äbten. Der älteste Erzbischof, in der letzten Zeit aber der Metropolitan von Toledo, führte als Primas der spanischen Kirche immer den Vorsitz. Die drei ersten Tage waren immer den Angelegenheiten der Kirche gewidmet, erst am vierten durften die weltlichen an den Beratungen teilnehmen, doch scheint diese Ordnung in der letzten Zeit des Reiches nicht mehr streng beobachtet worden zu sein.

Obwohl der Adel bei den Westgoten germanischen Ursprungs ist, so scheinen doch viele Würden und Ämter[13], besonders am Hofe, erst nach der Auflösung des tolosanischen Reiches entstanden und von den Römern durch die ostgotischen Regierungen Theoderichs des Großen und des Theudes entlehnt worden zu sein[14] : auch Reccared, dessen Vorliebe für das Römische überall hervorleuchtete, trug viel dazu bei. Doch hat sich in der Hauptsache das Germanische erhalten; in der Unterabteilung der Hofämter zeigt sich aber offenbar manche römische Nachahmung. Den ersten Rang[15] nach dem Könige hatten die Herzöge (duces), die als Statthalter über eine ganze Provinz im Namen des Königes die Regierungsgeschäfte besorgten; jedoch war diese Würde nicht erblich, und die Erteilung einer Provinz war nicht als Lehen[16] zu betrachten, wie dieses bei anderen germanischen Völkern der Fall war, sondern als ein Amt, über das der König ganz verfügen und in das er einsetzen konnte, wen er dafür am würdigsten hielt. Solche Herzöge, die Provinzen verwalteten, gab es nach der Anzahl der Erzbistümer sechs, nämlich über die Provinzen von Carthagena, Botica, Gallicia, Tarragona und Gallia oder Septimania. Die Hauptstädte Toledo, Sevilla, Merida, Braga, Saragossa (oder vielleicht auch Tarragona) und Narbonne waren ihre Wohnsitze. Enstand Krieg, so befehligte der Statthalter das Heer seiner Provinz. Hörte der Herzog auch auf, die herzogliche Würde zu bekleiden, so behielt er doch den Namen bei, und daher kommt es denn auch, daß er am Hofe, wo die Palatinen im Amte alle den Titel *Grafen* hatten, auch denselben führte, aber so, daß dieser immer dem Namen Herzog vorausging. Sonst war aber der Graf (Comes), da er nur in einer Stadt oder in einem besonderen Gaue oder Distrikt die richterliche Gewalt hatte, dem Herzog untergeordnet[17] und verhielt sich fast zu demselben wie der Bischof zum Metropolitanen. Wer ein Hofamt bekleidete, erhielt den Titel *Graf*: so die *Erzmundschenken* (Comites scantiarum)[18], welche für die königliche Hofhaltung, den Tisch und Wein sorgten; die *Kämmerer* (Comites thesaurorum), die der Staatskasse vorstanden; die *Domainenverwalter* (Comites patrimonii); die *Kanzler* (Comites notariorum)[19]; die *Obersten der Leibwache* oder *Garde* (Comites spathariorum); die *Kammerherren* (Comites cubiculi oder cubiculariorum); die *Marschälle* (Comites stabuli); die *Staabsauditoren* (Comites exercitus), welche beim Heere die Jurisdiction hatten[20]. Der Graf in der königlichen Residenz (Comes civitatis Toletanae)[21], der daselbst die richterliche Gewalt ausübte, scheint nicht unter dem Herzog der Provinz gestanden zu haben und wurde den ersten Palatinen gleich geachtet; daher durfte er auch den toletanischen Konzilien beiwohnen, welches wahrscheinlich den anderen Grafen in den Provinzialstädten nicht erlaubt war.

Zu dem höheren Adel, oder den Palatinen, wurden auch die Gardinge (oder Proceres) d. h. die Adligen gerechnet, die, von alten edlen Familien abstammend, als reiche Gutsbesitzer (Gardinge)[22] glänzten und oft am Hofe des Königes sich aufhielten, ohne ein Amt oder eine Würde zu haben. Sie waren eigentlich der Erbadel der Westgoten, während die Herzöge und Grafen, aus dem Stande der freien Männer, durch die Würden, wozu sie ihr Verdienst erhob, den Adel erlangten. Daher kam es auch, daß der Gardinge oder Procer, wenn er eine Würde bekleidete, sich Graf und Gardinge (Comes et procer) nannte, um zugleich Verdienst- und Erbadel anzudeuten[23].

Will man sich mit den weiteren Abstufungen der Rangverhältnisse bei dem westgotischen Volke bekanntmachen, so muß man von dem Gesichtspunkte ausgehen, daß die Einteilung der freien Goten, selbst in Friedenszeiten, ganz militärisch war, welche Sitte sie noch aus der Zeit der Wanderungen, wo das Heer den Staat bildete, beibehalten hatte. Der König war oberster Feldherr; die Herzöge und Grafen befehligten die einzelnen Heeresabteilungen. Die einzelnen Tausende, Hunderte, Zehnte hatten ihre eigenen Führer, die nach den Abstufungen des Ranges und der Zahl *Tiufathen*, (Oberste, Millenarii) *Hundafathen*, (Hauptleute, Centenarii) *Taihunfathen* (Feldwebel, Decani) genannt wurden[24].

In Friedenszeiten waren diese die niederen Obrigkeiten[25]; und der Gau oder Distrikt, wo der Graf unter dem Herzog die Jurisdiktion hatte, war in mehrere Tausende (Tiufathien) geteilt, über welche die Tiufathen als Vorsitzer besonders der Kriminalgerichte[26] oder als Stellvertreter des Grafen Recht sprachen[27]. In wichtigen Fällen, wo über das Leben, die Freiheit oder das Vermögen eines Freien gerichtet wurde, zog der Graf vorzüglich die Tiufathen, als die angesehensten und rechtlichsten Männer des Volkes, den richterlichen Versammlungen bei, wo sie ihr Urteil zu geben hatten, wie es ihnen Recht dünkte. Daß hier Spuren des Gerichtes der Schöffen vorkommen, welche zur Zeit Karls des Großen im fränkischen Reich Scabini genannt werden, ist unverkennbar.[28] Der Centenarius oder Hauptmann, welcher auch unter dem Namen Villicus und numerarius vorkommt, entsprach dem Sculdasius (Schultheiß) der Langobarden und Franken, wo sich auch die Unterabteilung der Decanien vorfand[29].

Weit über den Stand der gewöhnlichen Freigelassenen und Sklaven standen die königlichen Leibeigenen (Dienstleute) oder servi fiscales, die viele Vorrechte hatten und sogar gewisse Hofämter[30] bekleiden konnten; ja wenn sie Kriegsdienste mitgemacht und sich da ausgezeichnet hatten, konnte ihnen der König die Freiheit schenken und sie zu den höchsten Würden erheben[31]. Diese Servi fiscales wurden auch in Kriegszeiten von dem König in den Provinzen herumgeschickt, um die Truppenaushebung und die Anschaffung der Munition und des Proviants zu besorgen so wie auch die Lebensmittel auszuteilen: in der ersten Eigenschaft hießen sie Compulsores exercitus[32] (der gotische Name ist nicht bekannt), in der anderen Annonarii (Fouriere). In diesen Geschäften mußten sie von den Grafen eines jeden Gaues unterstützt werden: ließ sich derselbe eine Nachlässigkeit zuschulden kommen, so konnte ihn der Stabsauditor (Comes exercitus) verurteilen, vierfachen Schadensersatz von seinen eigenen Gütern zu geben[33]. – Auch die Sajonen oder Gerichtsboten gehörten zu den königlichen Leibeigenen. Sie waren die Vollstrecker der obrigkeitlichen Befehle.

B. Über die Gesetzgebung[34] bei den Westgoten

Die Goten waren lange ohne geschriebene Gesetze, obwohl schon ein Jahrhundert hindurch die Schriftsprache ziemlich allgemein bei ihnen eingeführt war. Sie lebten in einfachem, unkünstlichem Verbande: Gebrauch, Sitte, Gewohnheit, mit einem Worte, natürliches Recht war ihnen die lebendige Richtschnur und für sie bindender als der tote Buchstabe. Als sie aber in Gallien feste Wohnsitze erlangten mitten unter der Bildung des römischen Volkes, dem sie noch ein Drittel des Landes als Eigentum ließen[35]; so wurden die Staatsverhältnisse künstlicher und vielfältiger; sie lernten neue Bedürfnisse, neue Laster kennen; und eine erhöhte Kultur veranlaßte vielfältige Streitigkeiten, Ansprüche und Forderungen, die gesetzliche Bestimmungen verlangten. So reichte das Gewohnheitsrecht nicht mehr hin: die Abänderung und Erweiterung des Rechtes ging aber von dem Könige als dem obersten Richter des Volkes aus. Daher mögen schon Wallia, Theoderich I und II,[36] und Thorismund manche Verfügung und Verordnung gegeben haben, wodurch im tolosanischen Reiche das mangelhafte Gewohnheitsrecht der Westgoten Erweiterungen erhielt. Allein als Gesetze sind diese königlichen Verfügungen schon deswegen nicht zu betrachten, weil sie nicht aufgeschrieben, sondern nur in den Versammlungen der freien Männer bekannt gemacht worden waren. Erst Eurich fühlte das Bedürfnis, diese Verfügungen nebst den bisherigen Gewohnheitsrechten, die noch bleiben sollten, aufschreiben zu lassen[37]. Daß er selbst neue Verordnungen hinzufügte, ist höchst wahrscheinlich. Dieses Gesetzbuch – das kaum verdient, so benannt zu werden – war sehr mangelhaft und reichte schwerlich für die wichtigsten Fälle hin. Unter Alarich II, welcher seinen römischen Untertanen ein eigenes Gesetzbuch nach römischen Quellen, den Codex Theodosianus[38] gab, scheinen die gotischen Gesetze wenig oder nicht vermehrt worden zu sein. Als aber das tolosanische Reich durch die Franken sein Ende nahm und die westgotischen Wahlkönige ihren Sitz in Spanien aufschlugen, erhielt der zahlreiche gotische Adel einen sehr schädlichen Einfluß auf die Gesetzgebung. Er brachte nicht nur viele Verordnungen in die Gesetzsammlung, die für ihn vorteilhaft und dem niederen Volke äußerst drückend waren, sondern er warf auch die Gesetze, die seinem Übermute Schranken setzten, heraus. Leovigild, der das königliche Ansehen auf jede Weise zu heben suchte und in den Großen seine gefährlichsten Nebenbuhler erkannte, hob diese erzwungenen Gesetze auf und fügte mehrere neue Verordnungen hinzu, die dem Volke ersprießlich waren, den Adel aber beschränkten[39].

Nachdem das größte Hindernis, das bisher der Unterschied der Religion gegen die Vereinigung der Goten und Römer zu einem Volke machte, durch Reccared beseitigt worden war, ging dieser König in seinem Unternehmen noch weiter und gab den gleichen Religionsgenossen auch gleiches Recht[40], wodurch das Breviarium Alaricianum, wenn auch nicht ausdrücklich verboten, doch gewissermaßen unbrauchbar gemacht wurde. Daher kann man behaupten, daß er zuerst ein Gesetzbuch, das als ein geschlossenes Ganzes betrachtet werden sollte, aufstellte. Es bildete das frühere gotische Recht, so weit es ihm passend und besonders wegen der Religionsveränderung zulässig schien, zwar die Grundlage des Gesetzbuches, allein er selbst fügte nicht nur eigene Verordnungen, wahrscheinlich in nicht geringer Zahl, bei, sondern er nahm auch aus dem Breviarium römisches Recht auf, was ihm bei den Westgoten anwendbar schien. Daher möchte auch nicht unwahrscheinlich sein, daß alles, was von römischem Rechte in westgotischen Gesetzen vorkommt, von Reccared hineingebracht wurde; denn vor ihm und nach ihm zeigten sich die gotischen Könige demselben sehr abgeneigt, und seine Anwendung wurde sogar ausdrücklich unter schweren Strafen von Chindasuinth und Reccesuinth verboten[41]. Da die arianischen Könige, besonders Leovigild, viele Gesetze zu Gunsten der Arianer und zum Nachteil der Katholiken gegeben[42] hatten, so mußte Reccared diese Verfügungen entfernen, und mit Absicht mag er die Namen der früheren Könige von Eurich bis auf Leovigild, deren Andenken als Arianer verhaßt war, bei den Aufschriften weggelassen haben, so daß alle Gesetze bis auf Reccared ohne Bezeichnung ihrer Gesetzgeber sind[43]. Als nun die späteren katholischen Könige, durch die Umstände veranlaßt, neue Zusätze machten, und endlich Chindasuinth und Reccesuinth eine Menge neuer Gesetze hinzufügten, viele frühere aber aufhoben oder abänderten, so daß ein ganz neues Gesetzbuch entstand, so erhielten alle jene Gesetze, die man aus der Gesetzsammlung des Reccared aufnahm, die Überschrift Antiqua[44], ohne Rücksicht, ob der Ursprung des Gesetzes gotisch oder römisch war. Daß zu Reccareds Zeit, wie in der Folge, die Geistlichkeit Anteil an der Gesetzgebung hatte, ist unverkennbar: den Verbrechern und Übeltätern werden nicht nur bürgerliche Strafen (d. i. Tod, Ehrlosigkeit, Geldbußen und Peitschenhiebe), sondern auch kirchliche Verdammung angedroht.

Von den Gesetzen, die einem bestimmten Könige zugeschrieben werden, sind die ältesten von Gundemar (†612)[45] und Sisebut (†621)[46]. Von Sisenand (†636)[47] kennt man keine; die meisten aber sind von Chindasuinth und Reccesuinth. Diese beiden Könige sind daher als Urheber der Gesetzsammlung anzusehen, in welcher Form wir sie jetzt besitzen: denn wenn auch von den später lebenden Königen Wamba (680)[48], Erwig (†687)[49] und Egiza (†701)[50] nicht wenige Gesetze vorkommen, da neue Fälle berücksichtigt wurden und die Könige darüber die Entscheidung hatten, – so sind diese nur als Zusätze anzusehen, keineswegs aber als eine neue Umarbeitung[51]. Dieses zeigen nicht nur die Stellen[52], wo von dem Gesetzbuch als von einem geschlossenen und geordneten Ganzen die Rede, und die Zitate[53] von anderen Stellen nach Buch und Titel, wie sie noch in der gegenwärtigen Sammlung vorkommen, sondern auch hauptsächlich der Eingang und alle dem Buche Ordnung und Einteilung gebenden Stellen, die fast sämtlich von Chindasuinth und Reccesuinth herrühren.

Es war im zweiten Jahre seiner Regierung, als Reccesuinth das von seinem Vater und ihm selbst mit vielen neuen Gesetzen bereicherte, in 12 Büchern eingeteilte[54] Gesetzbuch einer Versammlung von Bischöfen, Herzögen und Gardingen vorlegte und es von ihnen bestätigen ließ[55]. Zugleich wurde nach dem lateinischen Original eine gotische Übersetzung[56] gefertigt, damit die Kenntnis des Rechts auch beim Volke allgemein ausgebreitet werde. Der Verkauf des Buches wurde auf den bestimmten Preis von 12 Solidi gesetzt, und bei der Überschreitung dieses Preises sollte sowohl der Verkäufer als der Käufer mit 100 Peitschenhieben[57] bestraft werden[58]. Der Gebrauch aller anderen Gesetze war durch eine Geldstrafe von 50 Pfund verboten, jedoch keineswegs das Studium des fremden Rechts zu eigener Bildung untersagt[59]. Nur die Untertanen fremder Mächte, die sich des Handels wegen im Reiche aufhielten, wurden bei Rechtsstreitigkeiten untereinander von ihren Konsuln nach ihrem Privatrechte gerichtet.[60]

Vergleicht man den Inhalt und die Form des westgotischen Gesetzbuches mit den anderen altdeutschen Gesetzsammlungen der Franken, der Ostgoten, Alemannen, Burgunder, Bayern, Angelsachsen etc., so wird man nirgendwo so selbständiges, nicht von fremden Gesetzen untermischtes, rein germanisches Recht finden als hier, obwohl durch die Teilnahme der Geistlichkeit an der Abfassung der Gesetze auch manche römische Gesetze aufgenommen wurden. Ferner übertrifft es die anderen germanischen Gesetzsammlungen in Ansehung der Form. Wenn sich auch nicht leugnen läßt, daß manchmal der Ausdruck etwas unbeholfen, oft auch ziemlich schwülstig ist und einen Anstrich von falscher Beredsamkeit hat[61], so kann man dessen ungeachtet hier nicht nur ein mehr zivilisiertes und mehr unterrichtetes Gesellschaftsleben, eine größere Gewandtheit im Ausdrucke des Gedankens, mit einem Worte eine höhere Bildung nachweisen, als in irgendeinem germanischen Staat der damaligen Zeit, sondern selbst das Bestreben, die Philosophie als die Grundlage alles Rechts anzusehen und daher das besondere Gesetz auf eine allgemein vernünftige Ansicht zu gründen, zeigt, wie weit die Westgoten ihren germanischen Brüdern voranstanden. Zugleich erscheint auch die ausschließende Beherrschung des praktischen Rechts: denn jede Rechtssache wurde nur aus dem Gesetzbuche, und wenn dieses schwieg, vom Könige selbst entschieden, wodurch sich dieser die Ergänzung des Gesetzbuches vorbehielt[62], und dieses immer wieder Novellen hinzugefügt bekam.[63]

Die Quellen[64] zu dem westgotischen Gesetzbuche waren zweierlei Art: entweder sie strömten aus der germanischen Verfassung oder sie kamen von den Römern herüber: und zwar aus dem Breviarium Alaricianum. Obwohl das justinianische Gesetzbuch in Spanien nicht unbekannt sein konnte, da die Griechen lange mehrere Besitzungen daselbst hatten, so scheint es doch nicht von den Westgoten benutzt worden zu sein.

Daß die Westgoten andere germanische Gesetzbücher bei der Abfassung des ihrigen zu Rate zogen und benutzten, scheint verneint werden zu müssen, da sie mit Recht das Gefühl haben konnten, schon bessere Gesetze zu besitzen. Umgekehrt konnte aber der Fall stattfinden, daß die westgotischen Gesetze von anderen germanischen Völkern benutzt wurden, und dieses kann man namentlich aus den bayerischen Gesetzen nachweisen. Zwar hat man die Behauptung aufgestellt[65], daß das bayerische Gesetzbuch bei dem westgotischen benutzt worden weil jenes früher als dieses gegeben worden und daher notwendigerweise als die Quelle zu betrachten sei, allein diese Ansicht kann leicht widerlegt werden. Denn diejenigen westgotischen Gesetze, welche mit Gesetzen im bayerischen Kodex wörtlich übereinstimmen[66] oder eine auffallende Ähnlichkeit[67] haben, sind alle mit der Überschrift Antiqua versehen; nun ist es so gut als erwiesen, daß Gesetze dieser Art nicht nach Gundemar († 612) oder vielmehr nicht nach Reccared († 601) in die westgotische Gesetzsammlung kamen. Wir wissen aber nach der Einleitung zu den bayerischen Gesetzen ganz bestimmt, daß dieselben unter König Dagobert († 638) gegeben worden sind; daher kann zwar das westgotische Gesetzbuch nicht in der Form, wie wir es jetzt besitzen, benutzt worden sein, da es dieselbe erst im zweiten Regierungsjahre Reccesuinths (651) erhielt, sondern in der früheren von Reccared gegebenen. Auch läßt sich die Bekanntschaft und Benutzung fremder Gesetze für die Bayern viel leichter erklären, als für die Westgoten. Denn die ganze Abfassung der bayerischen Gesetze zeigt, daß man römisches Recht, sowohl aus dem Breviarium als aus dem justianischen Gesetzbuche aufnahm: germanische Gesetze zu benutzen, wurde für ebenso erlaubt und nützlich gehalten. Welche Gesetze konnten ihnen dann näher liegen als die westgotischen, da einige von den vier Urhebern des bayerischen Gesetzbuches, Claudius, Chadoind, Magnus und Agilulf, ganz in der Nähe des westgotischen Reiches gelebt hatten. Von Claudius läßt sich dieses vermuten; Agilulf aber wird von Fredegar als Bischof von Valentia an der Rhone angeführt[68], wo er mit dem Lande Septimanien, das gotisch war, in naher Berührung stand.

Daß aber die Westgoten mit den Bayern in Berührung gekommen sein sollten, läßt sich nicht denken, und angenommen, daß dieses auch stattgefunden habe, so sprach sich auch zu sehr der Widerwillen Chindasuinths (denn um die Zeit des Anfangs seiner Regierung hätten die bayerischen Gesetze den Westgoten bekannt werden müssen) gegen fremde Gesetze und Einrichtungen aus[69], als daß man von ihm denken kann, daß er bayerische Gesetze in sein Gesetzbuch aufgenommen habe.

Das westgotische Gesetzbuch war im Umfang der pyrenäischen Halbinsel und in Septimanien oder dem nachherigen Languedoc einziges Recht, während der Dauer der Herrschaft der Westgoten: allein selbst nach dem Sturze derselben erhielt es sich in Spanien[70] in den christlichen Staaten als ausschließendes Rechtsbuch[71] unter dem Namen Fuero Juzgo, bis um die Mitte des dreizehnten Jahrhunderts König Alphons X. von Castilien das justinianische Recht begünstigte und nach römischem Rechte ein neues Gesetzbuch, Partidas genannt, verfassen ließ.

VIERTES KAPITEL

Innere Zerrüttung des westgotischen Reiches unter den Königen Wamba, Erwig, Egiza und Wittiza
(v. 672–710)

Einer der vornehmsten gotischen Großen, namens Wamba, teilte mit dem Volke den Schmerz über den Verlust des gerechten und weisen Königs Reccesuinth. Er, wie ein großer Teil des Adels und der Bischöfe, war nach Gerticos gekommen, um die königlichen Leichenfeierlichkeiten zu begehen. Nach dem Gesetze mußte der neue König am Sterbeort des Vorgängers gewählt werden. Die Wählenden waren alle, was früher nie der Fall war, eines Sinnes. Wamba, ausgezeichnet durch sein vornehmes Geschlecht, geprüft durch Alter und Erfahrung, geschmückt mit edlem Charakter und vielen Tugenden, schien ihnen des Thrones am würdigsten. Jede Regung des Ehrgeizes und des Neides unterdrückten die sonst so eigennützigen und unruhigen Großen, da keiner von ihnen sich an Vorzugen mit ihm vergleichen konnte[1]. Man hatte nun die in Spanien unerhörte, und bei andern Wahlreichen seltene Erscheinung, daß der zum König Gewählte die Krone ausschlug und die Wählenden hartnäckig in ihn drangen, sie anzunehmen. Wamba, mit der drückenden Last der Regierung über ein trotziges Volk wie die Westgoten bekannt, hatte weder Ehrgeiz noch Herrschlust genug, sein ruhiges Leben mit dem bewegten eines Regenten zu vertauschen. Daher weigerte er sich lange, ihre Bitten zu erhören. Endlich erhob sich ein Gote, zog das Schwert und drohte ihn niederzustechen, wenn er noch länger bei seiner Weigerung beharre; denn du bist, sagte er, wenn du deine Ruhe und Bequemlichkeit dem allgemeinen Besten nicht aufopferst, als ein Verräter des Vaterlandes anzusehen, da von deiner Einwilligung der Frieden und das Wohl des Landes abhängt. Durch diese Worte bewogen, willigte endlich Wamba ein, die Krone zu tragen und wurde neunzehn Tage nachher zu Toledo von Quiritius, dem Metropolitan dieser Stadt, zum Könige gesalbt.

Da man die Goten in Septmanien bei der Wahl nicht befragt hatte, so versagte Hilderich, der Graf von Nismes, ein ehrgeiziger Mann, dem Könige den Gehorsam. Sich mit der Hoffnung schmeichelnd, den Thron zu besteigen, versuchte er das Volk in den Aufruhr zu verwickeln, den er erregte. Bald gewann er Gumild, Bischof zu Magelona, und den Abt Ramir (oder Ranimir). Nicht bloß Ehrgeiz mag den Grafen zum Aufstande angespornt haben, sondern auch Furcht vor Bestrafung. Denn er hatte ungeachtet der früheren königlichen Edikte und der toletanischen Kirchenbeschlüsse wegen der Verjagung der Juden dieselben nach Septimanien wieder zurückgerufen und den im Lande noch befindlichen Schutz angedeihen lassen. Um sich der Strafe, der er sich durch ein solches eigenmächtiges Verfahren aussetzte, zu entgehen, entzog er sich dem Gehorsam des neuen Königs: er rechnete dabei nicht nur auf einen großen Anhang im Lande, sondern auch auf die Unterstützung der Franken. Da er den Bischof Aregius von Nismes nicht zur Untreue verführen konnte, so setzte er ihn ab, ließ ihn gefesselt ins fränkische Gebiet in gefängliche Haft bringen und den obengenannten Abt Ranimir eigenmächtig an dessen Stelle erheben. Darauf bemächtigte er sich schnell eines großen Teils Septimaniens und richtete im übrigen schreckliche Verwüstungen an, um die Bewohner, die sich noch nicht für ihn erklärt hatten, durch Schrecken zu zwingen, an seiner Empörung teilzunehmen.

Wamba, der grade Zurüstungen zu einem Feldzuge gegen die Bewohner des heutigen Navarra und Asturien in den nördlichen Gebirgen machte, da sie Abgaben zu geben sich weigerten, schickte mit einem bedeutenden Heere den Paulus, einen geschickten General von griechischer Abkunft[2], gegen den aufrührerischen Hilderichs. Die Treue des Generals entsprach nicht seiner Kriegserfahrenheit. Sobald er an der Spitze des Heeres stand, das er gegen die Aufrührer führen sollte, faßte er den Entschluß, Wamba zu entthronen und sich selbst die Krone aufzusetzen. Er marschierte daher anfangs langsam durch die tarragonensische Provinz (dem heutigen Arragonien und Catalonien) und zog daselbst in seinen verräterischen Plan von Herzog Ranosind und einen vornehmen Reichsbeamten, den Gardingen Hildegis, Männer, welche in dieser Gegend die angesehensten waren und durch ihr Beispiel viele zur Partei des Paulus hinüberzogen. Noch ehe dieser über die Pyrenäen ging, machte er neue Truppenaushebungen unter dem Vorwande, die Rebellen schneller zu besiegen. Den Plan, sich von Narbonne, der Hauptstadt Septimaniens, Meister zu machen, führte er glücklich aus, obwohl der Metropolitan daselbst, Argebald, von den aufrührerischen Gesinnungen des Generals benachrichtigt, Maßregeln hatte treffen wollen, ihm den Eingang zu verwehren. Allein Paulus erschien so unerwartet schnell vor der Stadt, daß er ohne Schwierigkeit sich derselben bemächtigte. Bis jetzt hatte er noch immer im Namen des Königs als General gehandelt; nun nahm er die Maske ab. Er versammelte im Lager alle Offiziere seiner Armee und die Vornehmsten seines Anhanges um sich. Zuerst machte er dem Metropolitan Vorwürfe, daß er ihm die Tore der Stadt habe schließen wollen, dann erklärte er die Wahl Wambas für ungültig, dessen Person des Thrones unwürdig und sie alle des Gehorsams gegen ihn entbunden. Endlich riet er der Versammlung, die Wahl eines neuen Königs vorzunehmen. Darauf trat der Herzog Ranosind auf und schlug Paulus als König vor. Ohne die Zustimmung der anderen abzuwarten, erklärte sich *Paulus* von allen einstimmig auf den Thron gehoben. Es war ihm leicht, den Grafen von Nismes und seinen Anhang für sich zu gewinnen, und da fast die ganze tarragonensische Provinz auf seiner Seite war, so nahm das

Land vom Ebro bis gegen die Rhone an den Aufruhr gegen Wamba Anteil. Zugleich wurden Einverständnisse mit den Basken unterhalten, daß sie von den Gebirgen herab Züge in das platte Land machten, und von den Franken und Sachsen wurde heimlich Unterstützung gegeben und noch größere zugesagt, obwohl die fränkischen Könige den Frieden mit dem Hofe zu Toledo aufrecht zu erhalten schienen.

Als die Nachricht von der Empörung seines Generals an Wamba gelangte, stand er gerade in den nördlichen Gebirgen, um deren rebellische Bewohner zum Gehorsam zurückzubringen. Ohne auf den Rat vieler seiner Offiziere zu hören, erst nach Toledo zurückzukehren, große Truppenaushebungen zu veranstalten, um so, wohlgerüstet, Paulus zur Pflicht zurückzuführen, erkannte Wamba die Notwendigkeit, den Feinden keine Zeit zu lassen, ihren Aufruhr auszubreiten und ihnen durch schnelles und unerwartetes Erscheinen Furcht einzujagen. Auch war es ihm leicht, sein Heer zu verstärken, da bei einem Aufgebot alle Männer, ja sogar die Geistlichen, die Waffen tragen mußten.

Mit der größten Schnelligkeit drang er in das Land der Basken; sein rasches und siegreiches Vorwärtsschreiten setzte diese in Schrecken: sie baten um Frieden und erhielten ihn, wahrscheinlich unter der Bedingung, ihre junge Mannschaft für den König zu rüsten; denn die Basken sind um diese Zeit fast so zu betrachten, wie die Schweizer am Ende des fünfzehnten Jahrhunderts, ein freies, keinem König unterworfenes Volk auf beiden Seiten der Nordpyrenäen, die durch ihre Einfälle bald Spanien, bald das Frankenreich beunruhigten, und wie die Umstände und die Vorteile es erheischten, als Bundesgenossen für oder gegen die benachbarten Staaten kämpften. Als nun der westgotische König sich durch die schnelle Besiegung der Gebirgsbewohner den Rücken gesichert hatte, so zog er gegen die Rebellen unter Paulus. Über Calahorra und Hueska richtete er seinen Marsch in das heutige Katalanien, dessen Städte mit starken Besatzungen versehen waren. Allein durch die unerwartet schnelle Ankunft Wambas erschreckt, ergaben sie sich. Erst Ausona (Vich), dann Barcellona, und endlich Gerunda (Girona) fielen in seine Hände. Paulus hatte, im vollen Vertrauen auf seine Macht, dem Bischof der letztgenannten Stadt einen Brief zugeschickt, worin er nur von ihm verlangte, dem die Stadt zu übergeben und den als König zu betrachten, der zuerst mit einem Heere vor den Thron erscheine. – Wamba durch sein rasches Vorwärtsdringen hatte den Vorteil.

Nach einigen Tagen der Ruhe und der Handhabung der strengsten Disziplin im Heere brach der König auf und zog gegen die Pyrenäen. Auf dem Wege dahin erhielt er von Paulus einen Herausforderungsbrief in stolzen Worten, der so lautete:

„Im Namen Gottes, der König Flavius Paulus, der Beherrscher der östlichen Provinzen Spaniens, dem Wamba, König der westlichen. Laß uns wissen, edler und braver Krieger, und benachrichtige uns, Herr, der du bewohnest die Wälder und Felsen, ob du schon die rauhesten Fußsteige und Gebirge überstiegen, ob du wie ein brüllender Löwe durch die dichtesten Wälder und die dunkelsten Gehölze, ob du die Behendigkeit der Hirsche und Hindinnen, und die Stärke der Eber und der Bären auf dem Wege übertroffen hast; denn wenn dir dieses alles gelungen ist, und da du dich eiltest zu uns zu kommen, um uns den Gesang der Nachtigall hören zu lassen, und da du als ein tapferer Führer entschlossen bist uns zu bekämpfen; so brauchst du nur von den Gebirgen herabzusteigen, die uns trennen, und du wirst einen Abtreiber finden, der deiner in der Ebene wartet und mit dem du dein Schwert messen kannst[3]."

Ohne auf diesen schwülstigen Brief zu antworten, ließ Wamba den Übergang über die Pyrenäen an drei Punkten machen. Die eine Abteilung des Heeres, unter der Anführung seines Neffen Desiderius, schickte er über Julia Livia, wo jetzt Puycerda liegt; an die Spitze der zweiten stellte er sich selbst und führte sie bei dem Schlosse Clausura oder dem alten Tropaeum Pompeji über das Gebirge; und die dritte Heerabteilung rückte auf der großen Straße längs der Meeresküste nach Septimanien vor. Livia, von dem Bischofe Hyacinthus von Urgel und dem General Araugisus, und Clausura, vom Herzoge Ranasind auf das tapferste verteidigt, fielen wie noch einige andere feste Plätze nach einer hartnäckigen Gegenwehr in die Hände Wambas und öffneten ihm den Eingang in Septimanien. Siegreich zogen nun die verschiedenen Heeresscharen in die Ebene hinab und vereinigten sich in der Nähe von Narbonne.

Paulus, der sich hier befand, hatte nicht den Mut, sich mit Wamba in eine Schlacht einzulassen. Vermutlich wartete er noch Verstärkungen von den Franken und Sachsen ab. Er zog sich nach Nismes zurück und überließ die Verteidigung von Narbonne seinem getreuen Anhänger Wittimir. Die ganze Besatzung, von diesem General angefeuert und für Paulus Sache ganz eingenommen, leistete den tapfersten Widerstand. Da jedoch die Stadt auch von der Seeseite durch eine Flotte, die Wamba zu diesem Zwecke hatte ausrüsten lassen, eingeschlossen wurde, so war Wittimir nicht imstande, ungeachtet der höchsten Anstrengungen die Stürme der Belagerer auszuhalten. Nach einem dreistündigen Kampf gelang es den Stürmenden, schon die Mauern zu ersteigen, die Tore zu erbrechen und Meister der Stadt zu werden. Eine Kirche war der letzte Zufluchtsort Wittimirs, wo er sich hinter dem Altar der heiligen Jungfrau verzweifelt wehrte. Doch konnte er den ehrenvollen Tod, den er suchte, nicht erlangen: mit einem Brette stieß ihn ein Soldat zu Boden. Er wurde dann ergriffen, entwaffnet und nebst mehreren anderen Rebellen durch die Straßen gepeitscht.

Der Einnahme der Hauptstadt Septimaniens folgte bald die Eroberung von Beziers, Agde und Magelone. Letztere Stadt hatte der Bischof Cumildus, einer der ersten Rebellen, zu verteidigen gesucht: als aber die Flotte Wambas auch zur See die Stadt einschloß, so entfloh er nach Nismes; die Besatzung aber ergab sich nach einiger Zeit.

Es blieb nun noch Nismes übrig, um den Krieg zu beenden. Hier war Paulus zwar von dem Unglücke der Seinigen unterrichtet, allein er verlor doch nicht die Hoffnung, siegreich aus dem Kampf hervorzugehen. Er bereitete sich auf eine lange Verteidigung vor, vermehrte und verstärkte die Befestigungswerke, füllte die Magazine mit Lebensmitteln, nahm den Kern seiner Truppen in die Stadt auf und ermutigte diese wie die Bürger durch die Versicherungen einer baldigen Hilfe der Franken. Als Wamba in die Nähe von Nismes gekommen war, so schlug er einige Meilen davon ein Lager auf und schickte unter der Anführung von vier Herzögen oder Feldherren 30 000 Mann voraus, um die Stadt einzuschließen. Er selbst blieb mit dem übrigen Heere zurück, um bei einer etwaigen Annäherung eines fränkischen Hilfsheeres, diesem sogleich den Weg zu Paulus abzuschneiden. Dieser Rebell, in der Hoffnung die Vorausgeschickten zu schlagen, noch ehe Wamba mit dem Hauptheer ankäme, macht einen Ausfall mit dem größten Teile seines Heeres. Auf das heftigste wird vom Morgen bis Abend gestritten; erst die Nacht schied die Kämpfenden, ohne daß ein Teil sich den Sieg hätte zuschreiben können.

Um die Belagerung und Erstürmung der Stadt mehr zu betreiben, schickte Wamba von seinen besten Truppen zehntausend Mann zur Verstärkung unter der Anführung des Herzogs Wandemir. Sobald Paulus dieses bemerkt hatte, so suchte er, um den Seinigen Mut einzuflößen, durch alle ihm zu Gebot stehenden Redekünste die Macht des gotischen Heeres herabzusetzen und die Seinigen durch den Wahn, daß jetzt das ganze Heer Wambas mit ihm selbst vor ihnen stehe, mehr anzufeuern. Wenn sie die Stürmenden überwunden hätten, was nicht schwer fallen könnte, da dieselben durch den langen Frieden unter der vorigen Regierung verweichlicht seien, so hätten sie den Krieg siegreich beendigt. Ein neuer Sturm wurde auf die Stadt unternommen. Bis gegen Mittag hielten sich die Belagerten, ermutigt von ihrem Könige, wie Paulus sich nannte, und zur Tapferkeit angetrieben durch die Furcht vor der Strafe wegen ihrer Rebellion. Feigheit der Soldaten Wambas, worauf Paulus so viel gerechnet hatte, zeigte sich nirgends: im Gegenteil kämpften sie so tapfer als möglich. Überzahl besiegte endlich die ermatteten Verteidiger der Stadt. Die Stürmenden rückten an die Mauern, legten an die Tore Feuer, erstiegen die Befestigungswerke und brachen nach heftigem Widerstand in die Stadt, wo ein schreckliches Blutbad angerichtet wurde. Noch war man nicht Herr der Stadt: jeder Schritt wurde von Paulus Leuten verteidigt, und wo sich Wambas Soldaten einzeln zeigten, wurden sie von den Belagerten niedergehauen. Endlich, nach einem verzweifelten Kampfe, in dem die Straßen mit Toten angefüllt wurden, brachen unter den Truppen des Rebellen und unter den Bürgern, die sich verraten glaubten, Streitigkeiten aus: und Paulus, der sich mit dem Kern seiner Truppen in ein altes römisches Amphitheater[4], das als eine Festung benutzt werden konnte, zurückgezogen hatte, mußte zusehen, wie sich selbst seine Anhänger einander ermordeten. Als der Usurpator seinen Weg der Rettung vor sich sah, so legte er die Krone, deren er sich angemaßt hatte, am 1. September 673, gerade an dem Jahrestag der Wahl Wambas, nieder und suchte, um sein Leben zu erhalten, die Gnade des Königs. Der Metropolitan Argebald von Narbonne, den er in dem Amphitheater bei sich hatte, wurde an Wamba abgeschickt, und er traf diesen einige Meilen von Nismes, als er seinen Einzug in die Stadt halten wollte. Der Erzbischof warf sich vor dem König nieder und bat flehentlich für die Rebellen um Gnade. Wamba, von einem milden und weichen Gemüte, ließ sich durch Argebalds Bitten rühren und versprach, ihres Lebens zu schonen, jedoch sie ganz straflos zu lassen, erlaube die Größe ihres Verbrechens nicht.

Nachdem der König seinen Einzug gehalten hatte, ließ er sich die Rebellen, 27 an der Zahl, die bei der Empörung besonders tätig waren, ins Lager führen. Paulus an der Spitze derselben wurde durch die Reihen des Heeres von zwei Reitern, die ihn zwischen sich hatten, an den Haaren geführt. Kaum war er vor Wamba gekommen, so warf er sich vor ihm nieder und löste seinen Gürtel auf, eine Andeutung seiner Unwürdigkeit, die Waffen zu tragen. Der König, von dem entstellten und totenbleichen Gesichte des Paulus gerührt, und gar nicht übermütig wegen seines Sieges, den er in der Frömmigkeit seines Herzens Gott zuschrieb, sprach dann zu den Rebellen, die vor ihm niederlagen: „Ich will hier nicht das Ungeheuere eurer Verbrechen untersuchen: gehet und bleibet gefangen, bis man euch euer Urteil spricht. Ich . schenke euch das Leben, obwohl ihr es nicht verdient." Viele Franken und Sachsen, und darunter mehrere Söhne von Häuptern, die von ihren Vätern bei den geschlossenen Verträgen mit Paulus als Geisel gegeben worden waren, wurden in der Stadt zu Gefangenen gemacht. Wamba behandelte diese gar nicht feindlich und schickte sie ohne Lösegeld in ihre Wohnsitze zurück. In Nismes ließ er alles Beschädigte wiederherstellen, gab den Kirchen die von Paulus geraubten Kostbarkeiten zurück und setzte die Befestigungswerke der Stadt wieder in guten Stand.

Nach einigen Tagen wurde Paulus mit den Hauptrebellen abermals vor den König geführt. Dieser saß mitten im Lager auf einem Throne, umgeben von den vornehmsten Offizieren und Hofbeamten; das ganze Heer stand unter den Waffen. Nachdem Paulus und seine Mitschuldigen selbst eingestehen mußten, wie undankbar und meineidig sie an Wamba, ihrem Wohltäter, gehandelt hatten, wurden die toletanischen Konzilienbeschlüsse vorgelesen, welche auf ihr Verbrechen Tod und Konfiszierung der Güter bestimmten. Allein der König wendete die Strenge der Gesetze nicht an, obwohl solche schwere Verbrechen auch nicht ungestraft bleiben konnten. Die Milde Wambas verurteilte die Schuldigen nur zur Ehrlosigkeit (daher ihnen die Haare ausgerissen wurden) und zur beständigen gefänglichen Haft. Wenn wir einem späteren Schriftsteller[5] Glauben schenken, so wurde Paulus, als der Hauptrebell, auch noch geblendet.

Nachdem so der Aufruhr in Septimanien gedämpft war, und die Franken, welche an der Grenze feindliche Bewegungen machten, und sogar die Gegend von Beziers verwüsteten, bei der Annäherung des gotischen Heeres die Flucht ergriffen hatten, so kehrte Wamba noch Toledo zurück.

Seine Rückkehr in diese Stadt glich einem Triumphaufzug[6]. Paulus an der Spitze der anderen Rebellen eröffnete den Zug. Sie waren alle mit Ketten belastet, ohne Haupt- und Barthaare, barfuß und wie Sklaven mit elenden Häuten bedeckt. Um Paulus noch mehr dem Gespötte des Volkes preiszugeben, so wurde ihm eine schwarze lederne Krone auf das Haupt gesetzt. Nach vielen Mißhandlungen wurden dann die Schuldigen in ein Gefängnis gebracht, woraus sie erst Erwig, Wambas Nachfolger, nach 11 Jahren (684) entließ.

Sobald Wamba nach Toledo zurückgekommen, gab er ein Gesetz, wodurch befohlen wurde, daß alle, sowohl Weltliche als Geistliche, welche die Waffen tragen könnten, im Krieg erscheinen müßten, es möge das Vaterland durch äußere oder innere Feinde bedroht werden. Wer sich vom Kriegsdienste ausschließe, werde mit Landesverweisung, Konfiszierung der Güter und Ehrlosigkeit bestraft[7].

Unter Wambas Regierung zeigt sich besonders der Verfall der Geistlichkeit und ihr schädlicher Einfluß auf die inneren Angelegenheiten des Staates. Durch das neue Gesetz des Königs waren sie so gut als der Adel zum Kriegsdienst verpflichtet. Früher hatten die Bischöfe nur kirchliche Angelegenheiten zu besorgen und den Frieden zu predigen; aber nun wurde es, besonders seitdem Männer aus vornehmen gotischen Geschlechtern die ersten kirchlichen Würden bekleideten, sehr gewöhnlich, da ihrem kriegerischen Charakter gemäß ihnen dieses gar nicht auffallend war, daß die Geistlichen sowohl im Frieden als im Felde wie die Adligen erschienen, so daß man mehr die großen Herren und mächtigen Statthalter in ihnen erkannte, als die friedlichen Verbreiter des Evangeliums.

Da zwischen den Bischöfen öfters Streitigkeiten über die Grenzen der Bistümer vorfielen[8], ließ Wamba auf einer Kirchenversammlung zu Toledo eine neue Einteilung vornehmen[9]. Auch war die Macht einiger Bischöfe in den früheren inneren Unruhen außerordentlich groß geworden, und es mag daher auch Wambas Absicht gewesen sein, mehr Gleichheit unter die Bistümer und Kirchensprengel zu bringen. Daß er sich dadurch den Haß vieler Geistlichen, die in ihrem Gebiete geschmälert wurden, zugezogen habe, ist sehr wahrscheinlich. Die Akten der Versammlung sind verlorengegangen; auch das Jahr, worin sie gehalten wurde, ist unbekannt. Jedoch hat uns Lucas Tudensis die Einteilung, obwohl mit vielen Unrichtigkeiten, erhalten. Die sechs Erzbistümer, welche zugleich die sechs Provinzen des Reichs ausmachten, blieben, jedoch mit veränderten Grenzen; sie hießen: Toledo, Hispalis, Merida, Braga, Tarragona und Narbonne. Toledo, die Hauptstadt des Reiches und der Sitz des ersten Erzbischofs oder Primas, hatte in seinem Gebiete neunzehn Bistümer: Hispalis oder Sevilla neun, Merida dreizehn, Braga acht, Tarragona fünfzehn, und Narbonne nur acht. Außer diesen gab es noch zwei unabhängige Bistümer, Leon und Luco, so daß das ganze westgotische Reich außer den sechs Erzbistümern vierundsiebzig Bistümer zählte.[10]

Was den kirchlichen Zustand[11] im westgotischen Reiche betrifft, so war dieser mehr als in irgendeinem anderen germanischen Lande der damaligen Zeit angeordnet. Wenn ein Bischofssitz erledigt war, so besetzte ihn der Metropolitan wieder nach der Wahl der Bischöfe und des Volkes, jedoch mußte er dazu die Erlaubnis und die Einwilligung des Königs haben[12]. Aber einen Bischof oder Metropolitanen absetzen, konnte nur eine Kirchenversammlung[13]. Unter der folgenden Regierung wurde dem Erzbischofe von Toledo als dem Primus des Reiches das Recht übertragen, alle Bischöfe in Spanien und Septimanien nach der Wahl des Königs zu ordinieren, wenn dieselbe für passend gehalten wurde. Jedoch mußte der neue Bischof längstens in drei Monaten nach der Ordination, unter Strafe des Kirchenbannes, sich vor dem Metropolitanen der Provinz stellen; es müßte denn sein, daß ein Befehl des Königs ihn hinderte[14].

Alle kirchlichen Angelegenheiten wurden auf den Konzilien ausgemacht. Auf die allgemeinen, die nach Toledo auf den Befehl des Königs zusammenberufen wurden, mußten alle Bischöfe des Landes oder ihre Abgeordneten kommen. Ein Metropolitan, in früheren Zeiten der älteste, seit Eugenius aber der von Toledo, führte den Vorsitz. Außerdem sollten auch jährlich von jedem Metropolitanen Provinzialsynoden gehalten werden[15], was jedoch nicht immer beobachtet wurde. Merkwürdig ist es, daß selbst auf diesen Konzilien in den Provinzen Reichsangelegenheiten vorkamen[16]. In den drei ersten Tagen durften aber nur kirchliche Angelegenheiten vorgetragen und beraten werden[17]; daß es in diesen Versammlungen oft sehr stürmisch herging, zeigen die Beschlüsse, die zur Ruhe, Ordnung, Mäßigung in Ausdruck, und zur Bescheidenheit anweisen[18].

Die Kirche war sehr reich[19], da sie sowohl von den Königen, als auch von frommen Christen sehr beschenkt wurde. Um diese Güter durch verschwenderische Bischöfe keiner Gefahr auszusetzen, so durften diese nur den dritten Teil der Güter benutzen[20], und zur Verwaltung derselben konnten keine Weltlichen, sondern nur Geistliche angestellt werden.

Da der geistliche Stand bei den Goten als der erste betrachtet wurde, und daher im Rang den Herzögen, Grafen und anderen Hofbeamten vorging[21], so wollte er auch der gewöhnlichen Gerichtskarkeit nicht unterworfen sein[22], und der Bischof, der eine Rechtsstreitigkeit, die er mit einem Geistlichen hatte, an die weltliche Behörde brachte, war mit dem Kirchenbann bedroht. Der Metropolitan sollte die Entscheidung haben.

Auch hatten die Bischöfe und Priester ungerechte Richter zur Rede gestellt und von ungerecht entschiedenen Prozessen eine Revision vornehmen zu lassen[23]. Sie schützten selbst die Juden gegen Gewalttätigkeiten[24]; Verbrecher, die sich in Kirchen geflüchtet hatten, konnten nur mit ihrer Erlaubnis daraus geholt und zur Strafe weggeführt werden[25]. Außerdem hatte die Kirche noch viele Vorrechte: sie war von Steuern befreit, durfte keine Frohnden tun[26] und war in früherer Zeit auch vom Kriegsdienste befreit[27]. Allein Wamba hob dieses in früheren Konzilien gegebene Gesetz auf und zog die Geistlichen mit in den Krieg[28], was auf ihre Sitten sehr nachteilig wirkte. Denn von nun an beschäftigten sie sich mehr mit weltlichen als geistlichen Dingen.

Die Kirchenzucht war früher sehr streng gewesen, und die Reinheit der Sitten wurde auf allen Konzilien den Geistlichen als ein Hauptgesetz vorgestellt. Sie mußten alle im Zölibat leben[29], jede Übertretung wurde mit Absetzung bestraft, welche selbst den Metropolitan Potamus von Braga traf (656), da er das Gelübde der Keuschheit brach. Die Bischöfe mußten jedes Jahr in den Kirchsprengeln herumreisen und untersuchen, ob alles in Ordnung sei[30]; zugleich wurde für die Bildung junger Männer gesorgt, die sich dem geistlichen Stande widmen wollten[31]; sie waren in Seminaren unter strenger Aufsicht und wurden in Wissenschaften und den zu ihrem Berufe nötigen Kenntnissen unterrichtet. Da es aber häufig vorkam, daß Eltern ihre Kinder zu früh für den Mönchsstand bestimmten, so war ihnen dieses nicht mehr erlaubt, wenn das Kind nicht zehn Jahre alt war[32]. Vor dem 25. Jahr konnte keiner die Priesterweihe empfangen und vor dem 30. keiner eine geistliche Würde bekleiden. Auch war eine besondere Kleidung für die Geistlichen vorgeschrieben[33]: sie mußten eine Krone von Haaren und den Kopf oberhalb geschoren tragen.

Die Klostergeistlichen unterschieden sich von den Weltlichen: jedoch weiß man von keiner Ordensregel. Daß die Nonnen eine besondere Kleidung trugen, ersieht man aus einigen Konzilienschlüssen[34]. Unter den Königen, welche neue Klöster anlegen ließen und alte bereicherten, werden besonders Reccared, Chindasuinth und Reccesuinth gerühmt. Martin von Dume in Gallicien war einer der frühesten (564), welcher in Gallicien solche einrichtete. Unter den Gründern von Klöstern sind besonders Victorian (566), Donatus (570), Millanus (572), Johann von Biclar (580), Fructuosus (646) berühmt[35].

Daß viel Aberglaube in Spanien herrschte[36], liegt teils in der damaligen rohen Zeit und der nahen Angrenzung ans Heidentum[37], teils tragen auch unwissende Priester viele Schuld. Daß aber die größte Anzahl, besonders die höhere Geistlichkeit, davon frei war, zeigen die Konzilienbeschlüsse.

In Hinsicht des Kultus hatte man eine eigene Liturgie, das sogenannte Officium Gothicum[38], für alle gotischen Kirchen eingeführt. Man schreibt sie dem heiligen Isidor zu: sie weicht sehr von der römischen ab. Beim Abendmahl bediente man sich des ungesäuerten Brotes und mit Wasser vermischten Weines. Der an einigen Orten eingeführte Gebrauch, dafür gewöhnliches Brot und Milch oder Traubenbeeren zu nehmen, wurde auf den Konzilien verboten[39].

Die geistige Bildung war bei den Westgoten seit Reccared ganz ein Eigentum der Geistlichkeit, die in Spanien größere Kenntnisse und Wissenschaft besaß, als in den anderen germanischen Ländern, wo zu jener Zeit noch eine große Roheit herrschte. Alle Bildung und Wissenschaft ging von ihr aus[40]; daher wurde auch für alle gelehrten Gegenstände die lateinische Sprache gebraucht und die gotische Sprache nur noch im Umgange von dem Volke erhalten: allein auch hier mag diese am Ende des Reiches ziemlich vom Lateinischen verdrängt gewesen sein, obwohl sie zu Reccesuinth Zeit noch allgemein war[41]. Die Gelehrten, welche im westgotischen Reiche lebten und deren Schriften uns bekannt sind, waren alle Geistliche von dem heiligen Leander, Erzbischof in Sevilla, bis auf Felix, Metropolitan von Toledo: der wichtigste von ihnen ist Isidor, Erzbischof von Sevilla, der aus den Kirchenvätern und anderen Schriftstellern Auszüge machte, um das Nachschlagen dieser Bücher weniger nötig zu haben. So faßte er in seinen zwanzig libris originum sive etymologiarum alles dasjenige zusammen, was er für den Inbegriff des menschlichen Wissens hielt, und er ist daher sowohl in Hinsicht der Philosophie als auch der Theologie für die folgende Zeit im Abendlande von großer Wichtigkeit. Eugenius, Ildefons, Julian, alle drei Erzbischöfe, waren große Freunde der Wissenschaften und zeichneten sich durch schriftstellerische Bemühungen aus, der erste von ihnen auch durch seine poetischen Arbeiten.

Indem Wamba mit der Verbesserung der Kirchenzucht beschäftigt war, wurde er plötzlich durch einen den Goten bisher unbekannten Feind zu den Waffen gerufen. Ohne hier den Ursprung und das Wachsen der mohamedanischen Herrschaft zu verfolgen (was unten geschehen soll), ist hier genug zu wissen, daß Mahomeds Nachfolger nach der Eroberung von Ägypten mehrere Feldherrn in die westlich gelegenen Länder schickten; so daß endlich Okba (von 670–683) die den Griechen gehörigen nordafrikanischen Provinzen eroberte, die Spanien gegenüber gelegene Festung Tanger nahm und bis an die Fluten des atlantischen Meeres vordrang.

Okba machte schon den Versuch, nach Algesiras, d. i. dem südlichen Teil Spaniens, überzusetzen. Der Gotenkönig, frühzeitig davon benachrichtigt, hatte sich auf einen solchen Angriff vortrefflich gerüstet; die Mahomedaner, weniger erfahren in der Schiffahrt als die Goten, die beständig zur See mit dem südlichen Frankreich und Italien Verbindungen unterhielten, hatten bei diesem ersten Unternehmen auf die pyrenäische Halbinsel wenig Glück. Sie verloren 272 größere und kleinere Schiffe mit dem größten Teil der darauf befindlichen Mannschaft. So war der gefährliche Sturm von Afrika aus, obwohl nur auf kurze Zeit, noch durch eine kräftige Regierung abgewendet[42].

Nach einer ruhmvollen Besiegung der Feinde wurde der edle und tapfere Wamba auf eine schändliche Weise um den Thron gebracht. Ardebast, ein Grieche aus vornehmem Geschlechte, vielleicht ein Nachkomme Athanagilds, des Sohnes von Hermenegild, war unter Chindasuinth Regierung von Konstantinopel nach Spanien gekommen. Der König gab ihm eine nahe Verwandte zur Gemahlin, die ihm den Erwig gebar. Dieser wurde am Hofe erzogen, zur Würde eines Palatinen erhoben und von Wamba vor allen Hofleuten ausgezeichnet. Der undankbare Günstling ließ sich durch seinen Ehrgeiz hinreißen, seinem Wohltäter, dessen Gesundheit ihm noch sehr dauerhaft schien, einen Gifttrank zu bereiten, der ihn an den Rand des Grabes brachte. Dem aller Besinnung beraubten Könige wurden die Haare abgeschnitten und eine Mönchskutte[43] angelegt gleich einem Büßenden. Auch wurde er mit Sterbesakramenten versehen[44]. Unterdessen übernahm Erwig, wahrscheinlich im Einverständnis mit der Geistlichkeit, die ganze Leitung[45] der Regierungsgeschäfte und ließ sich zum Könige salben. Die starke Natur Wambas überwand die Wirkung des Trankes, und als er wieder zum Gebrauch seiner Geisteskräfte gelangt, die teuflische Bosheit und Undankbarkeit des Thronräubers[46] durchschaute, so besaß er so viel Seelengröße, lieber großes Unrecht zu leiden und sich in die Stille eines Klosters zurückzuziehen, als einen blutigen Bürgerkrieg im Lande zu erregen, da Erwig, weniger streng als er gegen die Geistlichkeit, dieselbe fast ganz auf seiner Seite hatte. Ohne sich weiter um die Eitelkeiten der Welt zu kümmern und irgendeinen Versuch zu machen, den geraubten Thron wieder in Anspruch zu nehmen, lebte er noch mehrere Jahre im Kloster, wo er Muße hatte, die Richtigkeit dieses Lebens zu betrachten[47].

Erwig erkannte, daß er sich nur durch die Geistlichkeit, die seit Chindasuinths Regierung in ihren Rechten beschränkt worden war, auf dem Throne erhalten könnte. Er berief daher eine Kirchenversammlung oder vielmehr einen Reichstag nach Toledo, worauf eine sehr zahlreiche Geistlichkeit unter dem Vorsitz des Erzbischofs Julian von Toledo erschien. Außerdem fanden sich noch fünfzehn Palatinen des Reichs ein. Da die meisten entweder schon von Erwig gewonnen, viele aber von dem rechten Stande der Dinge nicht gehörig unterrichtet waren, so erkannte man allgemein Erwig als rechtmäßigen König an, weil Wamba sich durch das Haarabschneidenlassen in seiner Krankheit des Thrones unfähig gemacht; weil derselbe mit Einwilligung der Großen des Reiches Erwig zu seinem Nachfolger ernannt und weil denselben auch der Metropolitan schon zum König gesalbt habe.

Wie sich der neue König den Bischöfen und Großen gefällig zu machen suchte, zeigen die Satzungen sowohl dieser 12. Kirchenversammlung als auch der 13., welche zwei Jahre später (683) gehalten wurde[48]. Der Geistlichkeit und den Palatinen wurden nicht nur die größten Vorrechte zugestanden, sondern die unter Wambas Regierung ehrlos gewordenen Großen wurden wieder in ihre alten Rechte eingesetzt, selbst die Anhänger des Rebellen Paulus ihrer Haft entlassen und wieder in ihre früheren Verhältnisse aufgenommen[49]. Um sich das Volk auch ergeben zu erhalten, wurden alle rückständigen Steuern bis auf das erste Regierungsjahr Erwigs erlassen.[50] Julian, der durch das Vorgeben, als hätte Wamba in seiner Krankheit Erwig zu seinem Nachfolger ernannt, die festeste Stütze des Thrones war, wurde als Primas der gotischen Geistlichkeit so sehr erhoben, daß die Geistlichen darüber ihr Mißvergnügen gezeigt zu haben scheinen.[51]

Daß der westgotische König durch manche Unruhen, welche die Anhänger der vorigen Regierung erregten[52], noch mehr aber durch sein Gewissen geängstigt wurde, zeigen nicht nur die Akten der unter seiner Regierung gehaltenen Kirchenversammlungen, sondern auch sein ganzes Leben. Sich und die Seinigen sicher zu stellen, und sein geängstigtes Gewissen zu beruhigen, ließ er sich und seine Familie für unverletzlich erklären, verheiratete seine Tochter Cixilona mit dem Neffen[53] und Erben Wambas und erklärte ihn mit Überzeugung seiner eigenen Söhne zum Nachfolger. Als er aufs Krankenlager geworfen, die unrechtmäßig erlangte Krone noch drückender fand, glaubte er, in der Mönchskutte Buße zu tun, verschaffe ihm die innere Ruhe und bei Gott Verzeihung wegen des dem Wamba zugefügten Unrechts. Er stieg daher freiwillig von dem Throne herab, und begab sich in ein einsames Kloster, worin er schon nach einigen Tagen starb (687).[54]

Was seit Chindasuinth, Reccesuinth und Wamba Gutes in dem gotischen Reiche mühsam aufgebaut war, wurde größtenteils durch diese einzige kaum achtjährige Regierung niedergerissen. Der Übermut der Großen, der fast ganz gebeugt war, erhob sich nun furchtbarer als je, da ihnen neue Vorrechte zugestanden worden und das Wahlrecht unter ihnen beständig den Zunder des Aufruhrs erhielt. Die Geistlichkeit vergrößerte nicht nur ihr Ansehen, sondern sie setzte auch durch, daß die gegen die Juden erlassenen früheren Dekrete in aller Strenge vollzogen wurden, um so mehr, da dieselben durch Gelehrsamkeit und Bildung sich auszeichneten und das Christentum bekämpften. Daher auch selbst der Erzbischof Julian es nicht für unwichtig erachtete, gegen sie eine Schrift zu schreiben. Auch die Ehr- und Rechtlosigkeit, die sich einzelne Gegenden durch die Versäumung der ihnen obliegenden Pflicht, in den Kriegszügen Wambas Heeresfolge zu leisten, zugezogen hatte, wurde aufgehoben, und dadurch die Leibeigenen des Königs wieder zur Freiheit gebracht.

Wahrscheinlich um die feindlichen Parteien zu vereinen, hatte Erwig, da er daran verzweifelte, seine Söhne auf den Thron zu bringen, seine Tochter Cixilona an den Verwandten Mambas, *Egiza*, verheiratet, und ihm mit Bewilligung der Großen am 20. November 687 die Krone abgetreten. Kaum hatte dieser zu regieren angefangen, so berief er (688) eine Reichs- und Kirchenversammlung (die 15.) nach Toledo, sich seiner dem Erwig geleisteten Eide entbinden zu lassen, da sie in offenbarem Widerspruche zueinander ständen. Er hatte nämlich seinem Schwiegervater einen feierlichen Eid leisten müssen, als er die Cixilona heiratete, die königlichen Angehörigen zu schützen und in nichts zu kränken: und als Erwig ihm die Krone abtrat, so mußte der neue König durch einen Eid versprechen, allen Untertanen Gerechtigkeit widerfahren zu lassen. Egiza stellte nun der Versammlung vor, daß der Fall leicht eintreten könnte, zumal unter der vorigen Regierung mehrere auf unrechtmäßige Weise ihres Adels und ihrer Güter beraubt worden, um keine Ungerechtigkeit an seinen Untertanen zu begehen, er den Eid in Betreff der hinterlassenen Angehörigen Erwigs verletzen mußte. Daher entband ihn die Geistlichkeit des letztern Eides, wenn er mit dem andern, heiligern, seinen Untertanen allen gleiches Recht widerfahren zu lassen, in Widerspruch käme.[55] Doch geschieht nirgends davon Erwähnung, daß er von dieser Lossprechung Gebrauch gemacht und Erwigs Hinterlassene gekränkt habe. Nur seine Gemahlin Cixilona, ob auf Anraten des noch lebenden Wamba, ist ungewiß, entfernte er von sich[56], aber den mit ihr erzeugten Sohn setzte er mit Einwilligung der Großen und der Bischöfe oder aus eigener königlichen Macht als Statthalter über Gallicien, das ehemalige Königreich der Sueven, um ihm auf diese Weise den Weg zum Throne zu verschaffen. Die Anhänger Wambas, die unter Erwigs Regierung verfolgt worden, wurden wieder in den Besitz ihrer Güter eingesetzt und ihnen der genommene Adel wieder zugeteilt; dem Volk erließ er viel von den auferlegten Steuern, und um sich auch die Geistlichkeit bei gutem Willen zu erhalten, so beschenkte er reichlich die Kirchen, die bei den innerlichen Unruhen gelitten hatten.[57]

Ungeachtet seiner Milde und Bemühungen für das Wohl des Reiches hatte er doch bei dem unruhigen Volke der Goten manchen Aufstand zu bekämpfen, was ihn zuweilen streng machen mußte. Der gelehrte, einflußreiche und selbst dem römischen Stuhle imponierende Erzbischof Julian von Toledo war zwei Jahre nach Egizas Thronbesteigung (600) gestorben, und Sisebert, ein stolzer, ränkesüchtiger, verwegener und wenig religiöser Mann bekleidete nun die erste geistliche Würde in Spanien. Durch seine große Verstellungskunst hatte er sich so hoch gehoben, daß ihm noch Größeres gelinge, überredete ihn Eitelkeit und Stolz. Obgleich er den größten Teil des Volkes wie der Geistlichkeit durch Verspottung von Reliquien[58] gegen sich aufgebracht hatte, so war dessen ungeachtet doch noch sein Ansehen so bedeutend, daß er eine Verschwörung gegen die Regierung anzetteln konnte, wobei er die Absicht hatte, den König mit seiner ganzen Familie und den ihm ergebenen fünf Hofleuten umzubringen und einen Verwandten oder ihm ganz untertänigen Großen auf den Thron zu setzen. Daß solche gewaltsame Regentenwechsel, von der Geistlichkeit geleitet, mit Glück schon waren ausgeführt worden, lehrte ihn die frühere vaterländische Geschichte. Um desto sicherer in seinem Unternehmen zu sein, ließ er sich im Einverständnis mit der Witwe Erwigs ein, welche wahrscheinlich nach seinem Plane mit dem neuen Regenten verheiratet werden sollte, um die von Egiza unterdrückte Partei für sich zu gewinnen.[59]

Glücklicherweise wurde dem Könige die ganze Verschwörung verraten. Man bemächtigte sich sogleich der Person Siseberts, und eine Kirchenversammlung (die 16.) wurde nach Toledo zusammengerufen (693), um über ihn zu entscheiden. Indes hatten die Anhänger des Erzbischofs auf die Nachricht seiner Gefangennehmung zu den Waffen gegriffen, das Kriegsglück zu versuchen. Egiza zog gegen sie. Zu schwach und vereinzelt, wie auch überrascht und ängstlich gemacht, schmolz ihre Anzahl schnell auf wenige herab, die sich der Gnade des Königs ergaben oder sich durch die Flucht in fremde Länder zu retten versuchten.

Auf der erwähnten Kirchenversammlung wurde Sisebert, als Rebell und Meineidiger, seiner Würde entsetzt, seines Vermögens zum Vorteil der königlichen Schatzkammer beraubt, ins Elend verwiesen und aus der Kirche gestoßen. Erst auf dem Totenbette sollte er wieder[60] in ihren Schoß aufgenommen werden. Zugleich wurde der schon früher gegebene Ausspruch erneuert: auf jeden, der dem Könige, dessen Gemahlin und Kindern nach dem Leben trachte, werde der Bann geschleudert, und wer sich in eine Verschwörung gegen die Regierung einlasse, der verliere Ehre und Recht und sei des Königs Leibeigener.

Kaum war diese Verschwörung bestraft, als eine andere gemacht wurde, deren Ausbruch für ganz Spanien die traurigsten Folgen hätte haben können. Die meisten Juden, durch viele strenge Gesetze unterdrückt, waren, um den Verfolgungen zu entgehen, oder aus Eigennutz, weil ihnen bei dem Übertritt Adelstand und Freiheit von Zöllen zugestanden wurde, zum Schein Christen geworden, sie warteten aber mit Ungeduld den Zeitpunkt ab, wo sie das lästige Joch wieder abwerfen konnten. Nordafrika, wohin sich bisher viele von ihren Glaubensgenossen geflüchtet hatten, war in dieser Zeit unter der Herrschaft der Mohamedaner gekommen, welche den Juden die Ausübung ihrer Religion ungestört ließen, wenn sie das gewöhnliche Kopfgeld zahlten. Dieses Verhältnis wäre der ganz unterdrückten Judenschaft in Spanien sehr erwünscht gewesen; sie knüpften daher mit den Mohamedanern Einverständnisse an, um sie nach Spanien hinüberzuführen. Ungeachtet alles mit der größten Vorsicht und Heimlichkeit betrieben wurde, erhielt Egiza doch Kunde davon. Er berief (694) sogleich eine Kirchenversammlung (die 17te) nach Toledo, durch deren Satzungen die Juden mehr als je gedrückt und verfolgt wurden. Sie sollten alle zu Sklaven gemacht, ihre Güter eingezogen, sie selbst aber so unter die Christen verteilt werden, daß dadurch ihnen jede Möglichkeit zur nochmaligen Verschwörung genommen würde. Um aber ihr hartnäckiges Beharren auf dem Judentum mit der Wurzel auszutilgen, so sollten die Kinder vom siebten Jahre an den Eltern weggenommen und Christen zur Erziehung gegeben werden. Die Mädchen sollten Christen zu Ehemännern erhalten und die Jünglinge an christliche Mädchen verheiratet werden, so daß mit der nächsten Generation das Judentum gänzlich ausgerottet wäre.[61] Obgleich die Verschwörung entdeckt worden war, so machten die Mohamedaner doch einen Versuch auf Spanien, der aber durch die Tapferkeit des gotischen Anführers auf der Flotte, Theodemir, glücklich abgeschlagen wurde. Ob die Seeschlacht stattfand, und in welcher Gegend die feindlichen Völker zusammentrafen, kann, wie alles Nähere dieses Krieges, aus Mangel an Nachrichten nicht angegeben werden.[62]

Auch über den Krieg, den Egiza in Gallien führte, wissen wir nichts Bestimmtes[63]; selbst ob gegen die Franken oder Gascogner gefochten wurde, ist zweifelhaft; soviel aber ist gewiß, daß Egiza nicht unterlag, wenn auch angegeben wird, daß es dreimal zur Schlacht gekommen sei, ohne daß sich für einen Teil der Sieg entschieden. Wahrscheinlich möchte es sein, daß nicht gegen die Franken Krieg geführt wurde, da diese durch innere Streitigkeiten zu sehr beschäftigt waren, sondern gegen die Gascogner, weil dieses unruhige und kriegerische, von seinem Nachbar unterjochte Volk die Grenzländer oft durch verheerende Einfälle erschreckte.

Wie großes Ansehen Egiza sich bei der Geistlichkeit und den Palatinen zu verschaffen wußte, kann aus der Erhebung seines Sohnes *Wittiza* zum Mitregenten ersehen werden. Er hatte ihn erst wahrscheinlich mit Bewilligung der Großen zum Statthalter über Gallicien gesetzt, aber bald darauf eigenmächtig zum Mitregenten erhoben[64], so daß seit 698 Vater und Sohn über alle Provinzen zugleich als Könige herrschten und daher auch zusammen auf Münzen vorkommen.[65]

Als Egiza die Freude hatte, das Land im Innern beruhigt, sich von äußeren Feinden gefürchtet und seinen hoffnungsvollen Sohn von dem ganzen Volke geliebt zu sehen, endigte der Tod seine dreizehnjährige Regierung (701).

Wittiza saß mit dem Anfang des achten Jahrhunderts allein auf dem Thron; er beherrschte ein blühendes Reich, das sich in einem höheren Grade wissenschaftlicher Bildung, der Künste und des Reichtums erfreute, als irgendein anderes, das damals existierte; auch hatte es mehr Kraft und Festigkeit als das in inneren Streitigkeiten versunkene und von Schattenkönigen regierte Frankenreich. Mächtig und bleibend konnte sich die gotische Bildung und Herrschaft behaupten, hätte nicht der nagende Wurm an dem Staatsgebäude, der verderbliche Ehrgeiz der Großen, alle Stützen des Reiches so durchfressen, daß ein Stoß hinreichte, das morsche Werk zusammenzustürzen.

Alle Nachrichten stimmten darin überein, daß Wittizas erste Regierungsjahre voll von Beweisen seiner Gerechtigkeit und Weisheit waren, so daß selbst die Stimme des Neides verstummen mußte. Vielen, welche unter seinem Vater rebelliert hatten und deswegen in gefänglicher Haft waren, schenkte er die Freiheit. Alle aufgefundenen Briefe und Papiere aufrührerischen Inhalts ließ er verbrennen, um alles dies in Vergessenheit zu begraben. Allein ungeachtet dieses vortrefflichen Anfangs war er bald fast allgemein gehaßt. Der Grund dieser Änderung in der Gesinnung des gotischen Volkes gegen seinen König deutlich nachzuweisen, ist um so schwerer, als parteiische Schriftsteller[66], seine Feinde, allein die Aufbewahrer seiner Geschichte sind, die durch ihre widersprechenden Nachrichten den Verdacht erregen, daß sie uns Falsches und Entstelltes berichten.

Folgten wir ihnen, so würde uns Wittiza in folgendem Bilde erscheinen: Nachdem er durch Heuchelei und Verstellung einige Jahre sein Volk getäuscht hatte, warf er, als er sich auf dem Thron befestigt sah, die Maske ab; seine frühere Gerechtigkeit und Mäßigkeit veränderte sich in Tyrannei und Schwelgerei. Wie Nero war er die Geißel des Landes. Vor seinen viehischen Lüsten war die Ehre keiner Jungfrau, keiner Frau sicher, selbst nicht, wenn sie die Angehörigen seiner vornehmsten Palatinen waren. Auf die beständigen Mahnungen und Predigten des frommen und strengen Erzbischofs Gunderich von Toledo hörte er nicht. Die Unruhen der Großen, durch seine Tyrannei und die Kränkungen ihrer Ehre veranlaßt, unterdrückte er auf die grausamste Weise, mit Blendung und sonstiger Verstümmelung, und was für das Land von den betrübtesten Folgen war, es wurde bald das ganze Volk, selbst die Geistlichkeit mit in das lasterhafte Leben hineingerissen. Den Letzteren erlaubte er nicht nur das ehelose Leben aufzugeben, sondern gestand ihnen wie den Weltlichen schon Verheirateten zu, sich auch noch Beischläferinnen zu halten.[67] Unglücklicherweise starb der Mann, der noch Mut und Kraft besaß, gegen den Strom einen Damm aufzuwerfen; nämlich der Erzbischof Gunderich unterlag dem Grame über den Verfall der Sitten und dem Alter. Sein Nachfolger Sindered, eine Kreatur des Königs, war ganz so, wie ihn Wittiza wünschte; anstatt daß er den König von seinem liederlichen Leben und seiner despotischen Regierung abzubringen suchte, verbreitete er durch Gutheißen der königlichen Laster das Verderbnis der Sitten noch mehr und bestrafte sogar die Geistlichen, die, noch frei von dem Verderbnis ihrer Zeit, dasselbe mit scharfen Worten züchtigten. Der Papst Constantin, von dem traurigen Zustand der spanischen Kirche in Kenntnis gesetzt, schickte einen Legaten an den König ihn aufzufordern, dafür zu sorgen und zu wirken, daß die Kirchenzucht in seinem Lande wiederhergestellt werde. Dieses habe, sagt man, Wittiza nicht nur abgeschlagen, sondern er hätte sich auch der geistlichen Güter bemächtigt, sie seinen Freunden gegeben, die Geistlichkeit, sie seiner Gewalt unterwerfend, der Abhängigkeit von dem römischen Stuhle entzogen und so ein Schisma in der katholischen Kirche herbeigeführt. Um dieses alles besser bewerkstelligen zu können, habe er dem Erzbischof von Sevilla, seinem Bruder Oppas[68], den Primat von Spanien übertragen. Durch eine zu Toledo gehaltene Kirchenversammlung habe er außer vielen den früheren Satzungen zuwiderlaufenden Verfügungen die gegen die Juden erlassenen Beschlüsse zurücknehmen lassen und den ausgewanderten Erlaubnis gegeben, wieder ins Land zurückkehren zu dürfen.

Um seinen Untertanen alle Mittel zu nehmen, sich gegen seine Despotie aufzulehnen und gegen ihn eine Verschwörung zu machen, habe er alle Mauern der Städte, außer denen von Toledo, Astorga und Tuy niederreißen lassen, und dadurch wie durch die Hinrichtung und Einkerkerung vieler Großen gezeigt, daß er auf die gänzliche Unterdrückung des Volkes hinarbeite. Endlich brach aber der Aufstand der Nation in vollen Flammen aus. Der Herzog Theodofred, ein naher Verwandter (Sohn oder Neffe) Reccesuinths, ein Mitschuldiger an einer Verschwörung, war von Toledo nach Cordova verbannt worden, wo ihm Wittiza die Augen hatte austechen lassen. Haß und Rache gegen den Tyrannen verbanden mehrere beleidigte Große, den Ausschweifungen und der Despotie des Königs Grenzen zu setzen. An der Spitze dieser Verschwörung stand Roderich, der Sohn jenes geblendeten Theodofreds. Sobald die Fahne des Aufruhrs aufgepflanzt war, strömten von allen Seiten Tausende herbei, des Vaterlandes Freiheit wieder zu erkämpfen. Der König, nicht ohne treue Anhänger, welche die Genossen seiner Ausschweifungen waren, suchte zwar mit Gewalt der Waffen die Rebellen zu unterwerfen, allein diese waren zu mächtig. Entweder in einer Schlacht oder in seinem Palaste ermordet, oder in der Dunkelheit eines Klosters verborgen, oder, in gemeinschaftlicher Regierung mit Roderich, eines natürlichen Todes sterbend, verschwindet er nach den widersprechenden Nachrichten.[69]

So erscheint uns Wittiza nach den verschiedenen Berichten, woran gewiß viel Wahres ist, aber auch die Parteilichkeit ohne Zweifel manches entstellt hat. Daher ist zu versuchen, soviel als möglich aus der Vergleichung der Widersprüche und den wahren Winken, die hie und da gegeben werden und wie einzelne Lichtstrahlen die Dunkelheit erleuchten, die unentstellte Geschichte dieses Königs zu geben.

Als Wittiza nach dem Tode seines Vaters allein die Regierung übernahm, wurde er allgemein wegen seiner trefflichen Eigenschaften geliebt; er entließ mehrere Staatsverbrecher ihrer Haft, rief Verbannte zurück und setzte sie wieder in den Besitz der ihnen genommenen Güter. Dem Volke erließ er die rückständigen Steuern und gewann sich so die Herzen der Untertanen.[70] Da er es mit seinem Lande redlich meinte, so erkannte er, daß zum Wohl des Staates vor allen Dingen notwendig sei, die Übel, welche bisher das gotische Reich beunruhigt hatten, mit der Wurzel auszureißen. Er wollte eine Reform der ganzen Staatseinrichtung machen und viele Mißbräuche abschaffen, um in Zukunft sein Volk glücklicher zu sehen. Allein weil er hier ganz nach seinem Sinne handelte und nicht mit der gehörigen Behutsamkeit auftrat, da er bei den Schwierigkeiten, auf die er stieß, den Eigensinn, seinen Plan durchzuführen, steigerte, so mußte bald eine despotische und grausame Regierung ins Leben gerufen werden, die alle Mittel für gut hielt, wenn sie nur zum Ziele führten. Am meisten brachte er die Geistlichkeit gegen sich auf, unter der er jedoch auch eine bedeutende Partei für sich gehabt haben muß, zumal ja sein Bruder Oppas, Erzbischof von Sevilla, ihm ganz ergeben war. Er ließ eine Kirchenversammlung (die 18te) zu Toledo halten, deren Akten, weil sie den früheren Kirchensatzungen zuwiderliefen, zugrunde gerichtet wurden. Es ist zu vermuten, daß er mit königlicher Gewalt es durchsetzte, daß, nach diesen Satzungen, die Bischöfe dem König unterworfen seien, und die Berufung auf den Papst, als den höchsten Schiedsrichter in Glaubenssachen, nicht mehr stattfinden; ferner daß die Verfolgungen gegen die Juden aufgehoben werden und die Vertriebenen wieder die Erlaubnis der Rückkehr erhalten sollten; daß auch den Geistlichen erlaubt sei, sich zu verheiraten; daß endlich von den zu großen Gütern der Geistlichkeit ein Teil eingezogen und damit die dem König ergebenen Großen bereichert werden, diese aber dafür in ihren Vorrechten bei der Königswahl manches aufgeben sollten.

Durch diese neue Staatseinrichtung hatte Wittiza viele für sich gewonnen, noch mehrere aber sich zu Feinden gemacht, da tief Gewurzeltes plötzlich ausgerissen werden sollte. War auch ein Teil der Geistlichen, durch die Erlaubnis zu heiraten, für Wittiza gewonnen, so war doch gewiß der größere gegen ihn, teils aus Ärgernis, welches sie an der Neuerung nahmen, teils auch aus Ehrgeiz, da ihre geistliche Herrschaft ganz von den weltlichen abhängig gemacht war und sie viele von ihren Gütern einbüßten. Hatte sich auch der König einen Teil der Großen durch Erhebungen und reiche Geschenke gewonnen, so waren die meisten doch einem Herrscher keineswegs gewogen, der ihrer Familie die Möglichkeit nahm, die königliche Würde zu erlangen.

Daher wurde von den Unzufriedenen alles Mögliche angewendet, den Regenten dem Volke als gottlos, lasterhaft und tyrannisch darzustellen; dieses scheint sich jedoch bei dieser Regierung nicht schlecht befunden zu haben. Verschwörungen wurden angesponnen, da aber das Volk keinen Teil daran nahm, so waren die Großen verlassen und wurden verbrannt oder nach damaliger Sitte statt der strengen Todesstraße des Augenlichts beraubt. So wurde der schon unter Egiza unruhige Theodofred, ein Sohn Reccesuinths, zu Cordova geblendet, und Pelagius[71], dem Gleiches bevorstand, mußte in die nördlichen Gebirge flüchten. Beide leiteten ihr Geschlecht von gewesenen Königen ab und mochten hauptsächlich deswegen den Aufruhr gemacht haben, weil sie die Absichten Wittizas durchschauten, das Königreich in seiner Familie erblich zu machen. Die kräftige Regierung ist nicht zu verkennen; während der König mit inneren Unruhen beschäftigt ist, erscheint an der südlichen Küste eine mohamedanische Flotte und versucht eine Landung: die zahlreichen Schiffe der Goten segeln unter der Anführung des tapferen Theodemir, der schon einen Seesieg errungen, den Feinden entgegen und schlagen sie mit großem Verluste zurück (709). Während dieses Krieges scheinen die Großen, vorzüglich von römischer oder spanischer Abkunft, nebst einem Teil der Geistlichkeit die Gelegenheit zu einer neuen Verschwörung benutzt zu haben. Roderich, der Sohn jenes geblendeten Theodefred, stand an der Spitze der Verschworenen[72]; der größte Teil der Großen wurde täglich dem König mehr abgeneigt, da er unumschränkt regierte. Die Geistlichkeit unterstützte den Aufstand, der wahrscheinlich keinen guten Fortgang gehabt hätte, wenn nicht Wittiza schnell und, wie es scheint, auf heimliche oder meuchelmörderische Weise aus dem Wege geräumt worden wäre. Roderich wurde nun zum König ausgerufen, nicht nach der gesetzmäßigen Weise[73], sondern von seinem Anhange, der kaum so stark war, daß er sich gegen die Partei, unter Wittizas zwei Söhnen, Eba und Sisebut, und dem Erzbischof Oppas behaupten konnte. Ein verderblicher Bürgerkrieg um die Krone, welche Wittizas Söhne, vermutlich den Satzungen des achtzehnten Konziliums gemäß, in Anspruch nahmen, verwüstete das Land. Roderich hatte Königstitel und eine größere Zahl der Großen und Geistlichkeit für sich; auf seiner Seite wurde mit Einheit und Kraft gehandelt, daher sein baldiges Übergewicht, das ihn im Besitz des Thrones ließ, jedoch ohne die Macht zu haben, seine Gegner zu entwaffnen. Diese warteten die günstige Zeit ab, mit mehr Glück im Feld wieder zu erscheinen, unterdessen Roderich sich durch tyrannische Herrschaft und ausschweifendes Leben täglich verhaßter und verächtlicher machte. So lagen die Keime zur nahen Umwälzung des gotischen Königtums, als sich neue verderbliche Wolken in dem Süden zusammenzogen, das Ungewitter über das zerrüttete Reich losbrach und es gänzlich zertrümmerte.

FÜNFTES KAPITEL

Sturz des westgotischen Reiches unter König Roderich durch den Einfall der Mohamedaner

Die mohamedanische Religion und Herrschaft hatte sich unter des Stifters ersten Nachfolgern, Abubekr und Omar, schnell über einen großen Teil der damals bekannten Erde ausgebreitet. Dem Schwerte Khaleds und dem Glück Obeidahs unterlagen Syrien und Palästina; Saad stürzte der Sassaniden Herrschaft in Persien, und der unermüdete Amru eroberte Ägypten. Dieses alles war in kurzer Zeit nach Mohameds Tod geschehen. – Schon Amru hatte einen Zug gegen die afrikanische Pentapolis unternommen und war hier mit den Brebern, einem den Beduinen ähnlichen Volke in Nordafrika[1], in Verbindung getreten. Als sie an ihn (643) Gesandte schickten, ließ er diese zu dem Kalifen geleiten. Omar nahm sie nicht nur gütig auf, sondern ließ ihnen auch ganz besonders seinen Schutz zusichern, da zu ihren Gunsten ihre Lebensart und eine Prophezeiung Mohameds sprach. Amru, der beste, der in Afrika eine Unternehmung hätte leiten können, da ihm auch eben so sehr die Ägypter als die Araber zugetan waren, wurde in seinen Kriegsrüstungen von Othman, Omars Nachfolger (654) abgerufen. An seine Stelle trat Abdallah, Saads Sohn. Vom Kalifen mit allen Hilfsmitteln reichlich versehen, machte er einen glücklichen Zug gegen Nordafrika, die jetzigen Raubstaaten, worüber damals noch die Griechen herrschten. Nachdem er das Land geplündert, ließ er Abdallah, Nafis Sohn, zurück, der bis an die spanische Küste seine Raubfahrzeuge geschickt haben soll. Obwohl er die griechische Flotte schlug, die mit Landungstruppen erschien, so ging doch für die Araber der Besitz dieser Gegend verloren, da die Griechen mit größerer Macht ankamen, und innere Kriege die Mohamedaner beschäftigten, was auch Ursache war, daß Abdallah, Saads Sohn, von seinem Zug gegen Nubien zurückgerufen wurde. Die Griechen, die den Verlust ihrer Kornkammer nicht verschmerzen konnten, rüsteten eine bedeutende Flotte gegen Ägypten aus, und hatten das Glück, Alexandria wieder ihren Feinden zu entreißen. Doch nur kurz war der Besitz dieser starken Festung. Amru, der Eroberer Ägyptens, wurde geschickt, und es gelang ihm, die Stadt wieder zu nehmen. Ihre Mauern aber wurden geschleift.

Diese Eroberungen waren aber nicht bleibend und wurden erst dauernder und ausgedehnter, als die eingeborenen Afrikaner, mit den Griechen in Streitigkeiten verwickelt, (665–668) die Araber zu Hilfe riefen. Als diese kamen und viele tausend Griechen in Sklaverei wegführten[2], so erkannten die Landeseingeborenen, daß die Herrschaft der Araber bei weitem nicht so drückend wäre, als die bisherige despotische Regierung. Akba, Nafis Sohn, der (schon im Jahre 666) mit 10 000 Reitern das verlorene Cyrene zum zweitenmal erobert hatte, wurde von Moawia, dem ersten Ommajaden, zurückberufen und so die Eroberung der Nordküste Afrikas verzögert. Allein als Yezid Kalif wurde, übernahm er wieder die Kriegsleitung. Das schon früher[3] angelegte Kairwan verdankte ihm eigentlich seinen Glanz und seine Größe, da er diese Stadt zum Sitz des Statthalters erhob, und sie bald durch ihren ausgedehnten Karawanenhandel und ihre günstige Lage Mittelpunkt der Verwaltung und der arabischen Ansiedlungen wurde. Kairwan wurde erst recht mächtig, nachdem es den Griechen, die es erobert hatten, wieder abgenommen war; es gehörte dann zu den größten Städten der arabischen Welt. Als Akba mit der Erbauung der Stadt fertig geworden, drang er weiter vor bis nach Tanger, welche Stadt er belagerte. Der gotische Stadthalter darin, Albelias[4], unterwarf sich bald, und machte dem arabischen Feldherrn reiche Geschenke[5]. Darauf wollte Akba nach Spanien übersetzen, von welchem Entschlusse ihn aber Albelias abbrachte, da er ihm die Gefahr vorstellte, in ein fremdes Land einzufallen, ohne auf die Treue der Völker im Rücken rechnen zu können. Denn die Brebern waren den Arabern nicht mehr so geneigt als früher, weil ihre Feinde, die Küstenbewohner, von Akba in Schutz genommen wurden. Von Tanger aus wandten sich die Araber gegen die mächtigen Völkerschaften, die in der Wüste von Sus herumzogen. Akba schlug diese Horden in der Wüste von Lemtuna, machte sich aber dadurch dieselben zu hartnäckigen Feinden. Auf diesem Zuge drang er unaufhaltsam vorwärts, bis die Fluten des atlantischen Meeres seinem Weiterschreiten ein Ziel setzten. Er spornte sein Pferd bis an den Gurt in das Meer, dankte für den Erfolg seiner Waffen, und rief begeistert aus: „Herr, wenn die Wogen des Meeres mich nicht aufhielten, ich würde immer weiter dringen, um die Kenntnis deiner heiligen Religion auszubreiten![6] Als Akba nach Kairwan zurückgekehrt und ein Aufstand der Brebern unterdrückt war, machte er mit der Reiterei einen Streifzug gegen das Land Zab. In der Gegend von Tehuda wurde er aber von einer unzähligen Menge von Brebern und Christen angegriffen. Fast alle Araber, mit ihnen Akba, kamen um (682–683), nur wenige konnten[7] die Trauernachricht nach Kairwan bringen. Nach dieser Niederlage gingen alle Eroberungen so schnell verloren, als sie gemacht worden. Da selbst Kairwan in die Hände der Feinde fiel, so sahen sie sich bloß noch auf Barca als den einzigen entfernten festen Punkt beschränkt. Von hier aus machte Zohair auf die herumstreifenden Brebern einen Zug und trat mit reicher Beute erst den Rückweg an, als er die Kunde von der Ausschiffung neuer griechischer Truppen erhielt. Auf sein früheres Glück vertrauend zog er gegen den überlegenen Feind und büßte seine Kühnheit mit dem Verluste einer Schlacht und des größeren Teils des Küstenlands. Nach Zohairs Tode wurde Hassan, Naamans Sohn, Statthalter von Ägypten. Seine Kampflust hielt ein Vertrag in Schranken, den der Kalif Abdelmelec und der Kaiser Justinian II. miteinander geschlossen hatten. Letzterer hatte aber die Torheit, den für die Griechen so wohltätigen Frieden zu brechen, und gab so den Arabern Gelegenheit in dem von Truppen entblößten Afrika Eroberungen zu machen (693–694). Hassan, durch 40 000 Mann verstärkt, benutzte den günstigen Augenblick; rasch drang er vor, sich der Küste zu bemächtigen und aus den Seestädten die Griechen zu vertreiben, war sein Plan, den er auch glücklich ausführte. Der Hauptort der Griechen, Karthago, wurde mit Sturm genommen, und durch das daselbst angerichtete Blutbad wurden die übrigen Städte zur schnellen Übergabe gebracht, da sie den Zorn der Sieger nicht zu reizen wagten. Als jedoch im folgenden Jahre Leontius, Justinians II. Nachfolger, den Patricier Johann mit einer Flotte dem bedrängten Lande zu Hilfe geschickt[8] und man sich mit den Brebern gegen die Araber vereinigt hatte, wandte sich plötzlich alles zum Nachteil des Islams. Die Brebern, bis zum Unglaublichen von ihrer Königin Damiah angefeuert, entrissen dem Hassan alle Eroberungen und jagten ihn nach Barca (696–697) zurück. Die Griechen, anstatt die Begeisterung ihrer Bundesgenossen zu benutzen, segelten, nachdem sie wieder Karthago verloren und bei Utica geschlagen worden, unter dem Vorwande, Verstärkungen zu holen, nach Hause zurück.

Unterdessen war Hassan nicht untätig; sobald er wieder ein neues Heer um sich gesammelt hatte, überströmte er wieder die oft eroberten und verlorenen Länder. In einer mörderischen Schlacht wurde die Königin der Brebern Damiah von den Arabern besiegt und gefangen, und da sie ungeachtet alles Zuredens nicht zum Islam übergehen wollte, ließ ihr Hassan den Kopf abschlagen.[9] Von nun an fochten die Brebern, denen die Leitung der heldenmütigen Königin und der kriegserfahrenen Griechen fehlte, ohne Mut und Ordnung, wovon bald ihre gänzliche Unterwerfung Folge war.

Noch ehe Hassan sein Werk, die gänzliche Unterjochung Afrikas, vollendet hatte, wurde er abgerufen, und Musa, Noseirs Sohn, trat (698) an seine Stelle. Als die unruhigen Landesbewohner den letzten unglücklichen Versuch machten, sich der mohamedanischen Herrschaft zu entziehen, unterdrückte er den Aufstand mit großer Kraft und fügte den schon gemachten Eroberungen neue zu. Tanger, das seit Akbas Tod verlorengegangen, nahm er wieder, und erhielt dadurch einen festen Punkt, von wo aus er die Brebern im Zügel halten konnte, und auch eine Brücke zu neuen Eroberungen. Hier ließ der arabische Feldherr eine starke Besatzung, zehntausend Mann unter dem tapferen und schon sehr erprobten Anführer Tarik, Zeyads Sohn[10]: er selbst, in der Absicht den Walid (seit 705 Kalif) zur Eroberung Spaniens zu stimmen, reiste nach Damaskus, und legte hier seine Pläne vor.[11] Nicht nur der allen Mohamedanern eigene Antrieb, den Islam überall hin auszubreiten, sondern auch selbst Aufmunterungen von unruhigen Großen Spaniens, die sich durch fremde Hilfe zu erheben suchten, veranlaßten die Araber, auf die pyrenäische Halbinsel überzusetzen. Walid, dessen Feldherren im Osten bis Indien, im Westen bis ans atlantische Weltmeer vorgedrungen waren, zweifelte nicht an der glücklichen Ausführung des Planes, den Musa vorlegte, und schenkte ihm seinen ganzen Beifall.

Nach den Erkundigungen, die man von dem Lande eingezogen hatte, sowohl durch Afrikaner als durch verräterische Goten, hielt er die Eroberung für eben so leicht als reich an Belohnung. Das Volk war wenig an Krieg gegen äußere Feinde gewöhnt, stand unter dem Druck der Großen und litt viel durch die Bürgerkriege, von denen es keinen Nutzen hatte; der König, der nur von einer Partei auf den Thron erhoben war, und der despotisch regierte, entbehrte der sichersten Stützen des Thrones, der Liebe des Volkes und der Anhänglichkeit der Großen, die, von dem größten Ehrgeiz angetrieben, durch ihre Spaltungen und Reibungen von Tag zu Tag das Land unglücklicher machten, und eine große Menge heimlicher Juden erwartete mit Sehnsucht den Augenblick, wo sie sich an ihren bisherigen Unterdrückern rächen konnten. Was Musa von den Vorzügen des Landes hörte, stimmte ihn in seinem Entschluß noch fester. Es hat, sagte man ihm, einen immer heiteren Himmel, große Reichtümer und einen Überfluß an heilsamen Kräutern und Früchten: die Fruchtbarkeit des Bodens wird durch das zeitige Eintreffen des Regens und die vielen Flüsse und wasserreichen Quellen befördert. Große und prachtvolle Städte können einen Begriff von dem Reichtum der Bewohner geben. Man verglich Spanien mit Syrien in Betreff des heiteren Himmels und der Fruchbarkeit, mit dem glücklichen Arabien in Ansehung des Klimas, mit Indien in Hinsicht seiner Wohlgerüche und Blüten, mit China wegen seiner kostbaren und reichhaltigen Minen, mit Griechenland wegen seiner Bequemlichkeiten und seiner zahlreichen Küstenländer.[12]

Ehe aber der Übergang gemacht werden konnte, war es, um keine Feinde im Rücken zu haben, durchaus notwendig, die feste Stadt Ceuta einzunehmen, worin der gotische Graf Julian befehligte. Solange Wittiza auf dem Throne war, verteidigte jener sich auf das Tapferste und schlug alle Angriffe der Feinde kräftig zurück.[13] Als aber Roderich sich des Thrones bemächtigte, so scheint Julian keineswegs diesem zugetan gewesen zu sein. Ohne hier der verdächtigen Erzählung[14] zu folgen, daß Roderich durch die Verführung von Julians Tochter sich diesen zum unversöhnlichen und rachsüchtigen Feinde gemacht habe, ist es nach den arabischen Berichten mehr als wahrscheinlich zu machen, daß der gotische Graf im Einverständnis mit den Söhnen Wittizas handelte, sich der Herrschaft des in seinen Augen unrechtmäßigen Königs entzog, die Stadt Ceuta den Arabern überlieferte und mit Hilfe derselben Roderich und seinen Anhang zu besiegen hoffte.

Im Einverständnis mit den beiden Söhnen Wittizas, Eba und Sisebut, und deren Oheim, dem Erzbischof Oppas von Sevilla, machte er dem Musa den Vorschlag, ein Heer nach Spanien überzuführen, und stellte ihm bei der inneren Zerrüttung des Landes die Leichtigkeit und Gefahrlosigkeit der Unternehmung vor. Der arabische Feldherr, von dem Kalifen zur Eroberung dieses Landes beauftragt, ging anfangs sehr vorsichtig zu Werke, da er wußte, daß schon einige Male die Mohamedaner von der gotischen Flotte geschlagen worden waren; auch konnte er sich nicht auf die spanischen Verräter verlassen, zumal sie ihm bloß Beute zusicherten, ohne ihm die Verbreitung des Islams zu erlauben, so daß er bloß als Unterstützer einer unterdrückten Partei sich betrachten durfte.[15]

Zuerst machte der Graf Julian mit zwei Schiffen und eigenen Leuten eine Landung an der südlichen Küste von Spanien, knüpfte mit den unruhigen Großen Verbindungen an und kehrte mit Beute nach Musa zurück. Dieser,

Julians aufrichtigem Verrat seines Vaterlandes mehr Glauben schenkend, schickte, da er sich doch erst von seinen eigenen Leuten von den erhaltenen Nachrichten überzeugen wollte[16], (im Juli 710) in 4 Schiffen vierhundert Afrikaner zu Fuß und hundert arabische Reiter unter der Führung des kühnen Tarik[17] nach Spanien oder Algezirat al Ghadra, d. i. der grünen Insel[18] hinüber. Sie landeten an der Halbinsel Tariffa. Die ganze Unternehmung war nichts anderes als ein Streifzug, auf dem man hauptsächlich das Land rekognoszieren wollte; daher mag die Nachricht, die Conde[19] aus einem Araber gibt, mehr für sich haben, daß Tarik nur Reiter und gar kein Fußvolk mitnahm, um schnell bei der Annäherung einer starken Macht sich wieder auf die Schiffe zurückziehen zu können. Es wurde das ganze Küstenland Andalusiens[20] durchstreift; nirgends fand man Widerstand; sie führten Menschen und Herden weg und kehrten nach mehreren Tagen mit dem glücklichsten Erfolg und der Hoffnung, bald wiederzukommen, nach Tanger zurück.

Musa wurde nun bestimmt, ein größeres Heer hinüberzuschicken, das er abermals dem Feldherrn Tarik anvertraute. Man segelte im Frühjahr 711[21] über die Meerenge mit 5000 oder 12 000 Afrikanern[22] auf Schiffen, die Julian zusammengebracht hatte, und landete glücklich an Gezira Alghadra. Zwar setzten die 1700 Goten, die hier aufgestellt waren, und von dem besten Feldherrn Spaniens Theodemir (die Araber nennen ihn Tadmir) befehligt wurden, einigen Widerstand den Anlandenden entgegen, allein ohne Erfolg; Theodemir wurde geschlagen. Tarik besetzte die verlassenen Anhöhen; auf der höchsten Spitze von Gezira Alghadra schlug er sein Lager auf. Diese Anhöhe erhielt dadurch auch den Namen, der Berg Tariks (Gibraltar verdorben aus Gebel al Tarik).

Sein Heer zum Sieg oder zum Tode zu führen, soll Tarik, wie Xerif Edris erzählt, nach der Landung alle Schiffe haben verbrennen lassen, um den Truppen jede Hoffnung zu einer Flucht zu nehmen.

Nach drei Tagen war Theodemir von seinen festen Punkten vertrieben und in die Flucht geschlagen. Er benachrichtigte den König Roderich, der gerade Krieg mit den Basken führte[23], und bat um schleunige Verstärkung; zugleich stellte er nach dem Stand der Dinge die Sache so gefährlich vor, daß er für nötig erklärte, daß der König mit allen Kriegsvölkern eiligst selbst heranziehe. Roderich traf so schnell als möglich die tätigsten Kriegszurüstungen, ließ ein allgemeines Aufgebot ergehen, die Waffen zu ergreifen, und schickte, um dem weiteren Vordringen der Feinde Einhalt zu tun, den besten Teil der Reiterei unter Edeco voraus. Mit dieser vereinigte Theodemir den Rest der Seinigen; es wurden mehrere Gefechte geliefert, worin beide Teile empfindlichen Verlust erlitten, doch so, daß beständig die Mohamedaner im Vorteil blieben, und daher Theodemir immer mehr zurückdrängten. Schon streifte die leichte arabische Reiterei, von Landesverrätern geführt, bis an die Ufer des Quadalquivir und weiter, und verbreitete überall Furcht und Schrecken, da unerwartetes Erscheinen des Feindes den friedlichen Bewohnern jede Besinnung zur Verteidigung nahm und sie die Anzahl der Feinde für viel größer hielten, als sie wirklich war.

Ungeachtet der inneren Unruhen brachte der gotische König doch in kurzer Zeit ein sehr starkes Heer zusammen, das nach den arabischen Berichten auf 90 000 Mann angegeben wird.[24] Anstatt mit Vorsicht erst die Feinde zu rekognoszieren, ihre Streitkräfte gehörig kennenzulernen und ihre Hitze durch langwierige Belagerung der festen Städte zu dämpfen, rückte er mit Kampfeslust gegen die Mohamedaner. Tarik war unterdessen von Musa mit 5000 Mann[25] frischer Truppen verstärkt worden, eine Menge Juden, die den Augenblick, das drückende Joch abzuwerfen, herannahen sahen, lief zu ihm über; dann stießen zu ihm mehrere Scharen mit der Regierung mißvergnügter Christen, die von Julian befehligt wurden, so daß das Heer des arabischen Feldherrn 25 000 Mann zählte.[26]

Obwohl die Goten eine viermal größere Macht hatten, so trug doch Tarik kein Bedenken, sich mit ihnen in eine Schlacht einzulassen. Die feindlichen Heere lagerten sich in der Nähe von Xeres de la Frontera, unfern der Stadt Cadir; der kleine Fluß Guadalete trennte sie. Am Morgen eines Sonntags, des 19. July 711, begann die Schlacht, und währte bis zum anderen Sonntag.[27]

Der Angriff geschah auf beiden Seiten gleich tapfer und entschlossen. Mit den ersten Sonnenstrahlen wurde die Schlacht begonnen und währte den ganzen Tag hindurch, ohne daß sich der Sieg auf die eine oder die andere Seite neigte, bis die Nacht dem heftigen Kampfe ein Ziel setzte. Auf dem Schlachtfelde, das mit den Leichnamen der Erschlagenen angefüllt war, übernachteten die Heere, um mit dem kommenden Tag das Morden zu erneuern. Als dieser erschien, führte er sie wieder in großer Kampfeswut zusammen, und erst die Nacht machte dem Würgen ein Ende. Schon waren die Reihen der Streiter auf beiden Seiten sehr vermindert; da aber Tarik den erlittenen Verlust empfindlicher fühlte, weil sein kleines Heer schmolz[28], ohne daß er die ganz Ermüdeten durch frische Truppen ersetzen konnte, so wurde an dem dritten Tag von den Mohamedanern mit weniger Heftigkeit als an den früheren der Übermacht Widerstand geleistet; schon wichen sie, und der Sieg schien sich endlich auf die Seite der Goten zu neigen. Als Tarik die Gefahr und die Erschöpfung der Seinigen immer größer werden sah, so hob er sich hoch in seinen Bügeln empor und redete von seinem Roße die Seinigen also an: „Moslim! Ihr Sieger in Afrika, wohin wollt ihr fliehen? Das Meer ist hinter euch; vor euch der Feind. Folgt eurem Führer, ich bin entschlossen, entweder hier zu sterben, oder den gefallenen König der Goten mit Füßen zu treten."[29] Neue Kraft belebte die Erschöpften, und das schon verlorene Treffen wurde wieder hergestellt. Jedoch schien es nicht wahrscheinlich, daß das kleine mohamedanische Heer den anderen Tag noch den Kampf bestehen könnte. Julian ließ sich daher in der Nacht mit den beiden Söhnen Wittizas, die dem König hatten Heeresfolge leisten müßen, und welche die beiden Flügel befehligten, in Unterhandlungen ein. Ihre Aussöhnung mit Roderich war nur scheinbar und durch Zwang erzeugt; sie ergriffen daher die Gelegenheit, durch Verrat den König zu stürzen, und hofften mit Hilfe Tariks sich der Regierung zu bemächtigen.[30] Mit der in der Schlacht gemachten Beute, dachten sie, würde er sich begnügen und wieder nach Afrika zurückkehren. Als Roderich am vierten Tag die Seinigen in Schlachtordnung stellte und mit Unwillen und Zorn die Entfernung eines großen Teils der Krieger, die unter Eba und Sisebut standen, bemerkte, so verließ ihn doch nicht die Hoffnung des Sieges. Denn von seiner Tapferkeit hingerissen, erneuerte er mit doppelter Kampfbegier die Schlacht, um die Verräter zu züchtigen, die nun in den Reihen der Feinde kämpften. Auf diese Weise wurde mit beständiger Anstrengung der zweifelhafte Kampf bis an den Sonntag fortgesetzt; indem Tariks Heer durch Überläufer wuchs, schmolzen Roderichs tapfere und treue Scharen immer mehr. Als aber der König verschwunden war, so ergriffen die Goten in der größten Verwirrung und Unordnung die Flucht und überließen den Feinden das Schlachtfeld, unermeßliche Beute und zugleich das Schicksal des Landes.[31]

Wie Roderich umkam, ist ungewiß.[32] Nach den spanischen Schriftstellern sollte man glauben, daß er sich durch die Flucht gerettet und unter dem Kleide eines Einsiedlers in einem einsamen Tale den Nachforschungen seiner Feinde entzogen hätte. Die Araber melden, daß ihn Tarik in der Schlacht selbst erschlagen und seinen Kopf abgehauen habe. Derselbe wäre dem Kalifen nach Damaskus geschickt und vor dem Palaste auf eine Stange gesteckt worden.[33] Beide Nachrichten sind falsch. Wahrscheinlich ist es, daß er in einem Fluße ertrank, denn sein Pferd, Diadem, und seine Kleider, auch einen Stiefel, fand man am Ufer; jedoch seinen Körper nie.[34]

Er beschließt die Reihe der westgotischen Könige. Abstammend aus dem königlichen Geschlecht Reccesuinths gehörte er zu einer der ansehnlichsten gotischen Familien. Rache wegen der seinem Vater zugefügten Mißhandlung zu nehmen, spornte ihn an, Aufruhr gegen Wittiza zu machen. Seine Erhebung auf den Thron beweist die Stärke seines Anhangs, der in ihm gewiß einen tapferen und entschlossenen Mann erkannte. Seine kurze, einjährige Regierung kann ebensowenig nach den kurzen Nachrichten klar dargestellt werden, als sein Charakter, ober er ein Tyrann oder ein strenger, gerechtigkeitsliebender Regent, oder ein den Vergnügungen ergebener Weichling und Wollüstling gewesen war. Nur soviel scheint doch aus dem Gang der Begebenheiten hervorzugehen, daß er in der Schlacht viel Tapferkeit gezeigt und keineswegs so weichlich und üppig sich benommen habe, wie ihn manche Araber[35], besonders in den Romanzen, und nach ihnen viele spanische Geschichtsschreiber schildern. Daß das Grabmahl, welches man zu Viseu in Portugal auffand mit der Inschrift: Hic requiescit Rudericus, ultimus rex Gothorum, falsch ist, haben schon spanische Schriftsteller dargetan.[36]

Auf dem Schlachtfelde lag nicht nur der größte Teil des gotischen Adels erschlagen, sondern auch der Kern der streitbaren Freien; selbst Wittizas Söhne konnten nicht die Früchte ihres Verrats genießen, da sie auch in den letzten Tagen der Schlacht gegen ihre Landsleute fechtend den Tod fanden. Die gotischen Adeligen und Großen, welche umgekommen, erkannte man an den goldenen Ringen an ihren Fingern; die Freien hatten sie von Silber und die Sklaven von Kupfer. Von der Beute nahm Tarik ein Fünftel weg, das Übrige wurde unter 9000 Moslim und ihre Diener verteilt.[37]

Als das Volk an der afrikanischen Küste von dem Siege Tariks Kunde erhielt, so eilte es von allen Seiten herbei, und setzte, wo es nur ein Fahrzeug fand, nach Andalusien hinüber. Daher waren die Goten genötigt, das flache Land zu verlassen und sich in die Festungen und Gebirge zurückzuziehen. Tarik richtete zuerst seinen Marsch gegen Sidonia, das er belagerte und mit Sturm nahm. Dann[38] rückte er gegen Eciga am Quadalquivir und schloß die Stadt ein. Die Besatzung, durch die Trümmer des geschlagenen Heeres sehr verstärkt, machte die tapferste Gegenwehr. Eine neue Schlacht wurde unter den Mauern der Stadt geliefert, worin Tarik viele Leute verlor; jedoch siegte er. Es war die letzte Anstrengung der Goten; nach dieser Schlacht ergab sich Eciga unter der Bedingung, die bestehenden Gesetze und das Eigentum zu behalten und den gewöhnlichen jährlichen Tribut zu bezahlen. Als das Landvolk erfuhr, daß Tarik immer weiter vorrückte, stieg die Verwirrung aufs Höchste, dann man hatte bisher immer geglaubt, Tariks Absicht sei nur, Beute zu machen, und dann wieder nach Afrika zurückzukehren. Mit großer Verzweiflung flohen sie nun nach Toledo und in andere feste Städte, oder verbargen sich in einsame Täler unzugänglicher Gebirge. Tarik aber schritt immer weiter vor, und der ihm vorauseilende Schrecken jagte alle Scharen, die ihm widerstehen wollten, wie der Wind die Spreu auseinander. Um diese Furcht noch zu steigern, ließ er seine Leute in Gegenwart der Gefangenen das Fleisch der Erschlagenen kochen, als wollten es die Mohamedaner essen; er gab dann einigen von den Gefangenen Gelegenheit zu entfliehen, und diese erzählten nun die wilde Lebensweise ihrer fürchterlichen Feinde mit den grellsten Farben.[39]

Nach der Schlacht bei Xeres und der Einnahme von Eciga riet der Verräter Julian dem Tarik, schnell auf die Hauptstadt Toledo zu marschieren, ehe das bestürzte Volk sich erhole und einen neuen König wähle. Diesem Rat folgte der arabische Führer, oder er fand ihn vielmehr mit seinem Plane übereinstimmend.[40]

Indem er seinen Marsch gegen Toledo richtete, schickte er eine Reiterschar von 700 Mann gegen Cordova. Es waren sowohl in der Schlacht als auch bei der Einnahme mehrerer Städte eine Menge Pferde erbeutet worden, so daß ein großer Teil der Mohamedaner beritten gemacht werden konnte.[41] Durch einen Schäfer wurde den Feinden Cordovas zugängliche Stelle verraten; in der Nacht wurden die Mauern erstiegen und die Stadt erobert. Der gotische Befehlshaber zog sich mit 400 Mann in eine Kirche, wo er sich mit der größten Tapferkeit drei Monate lang behauptete, bis man endlich die Kirche in Brand steckte und so die Tapferen vernichtete.[42]

Eine andere Heeresabteilung bemächtigte sich der Stadt Malaga und nahm Granada mit Sturm. In allen diesen Städten fanden sich viele Juden, die früher scheinbar zum Christentum übergetreten waren. Mit der Ankunft Tariks bekannten sie sich wieder für ihre frühere Religion und unterstützten ihn auf jede Weise, so daß er sie fast wie Bundesgenossen ansah, denn in den Städten, worin sich viele Juden befanden, ließ er nur eine ganz geringe Besatzung zurück.[43]

Nach einem beschwerlichen, aber doch schnellen Marsch durch die Sierra Morena gelangte Tarik an den Tajo, und erschien vor den Mauern von Toledo. Diese Hauptstadt des Reiches, die mit starken Befestigungswerken versehen war, leistete keinen Widerstand. Es war keine Besatzung darin, die meisten Einwohner hatten sich mit ihren Schätzen und Heiligtümern in die nördlichen Gebirge des Landes geflüchtet; eine Menge Juden aber füllten die von den Christen fast verlassene Stadt an.[44]

Nachdem er den zurückgebliebenen Goten Freiheit der Religion, Ausübung ihrer Gesetze und Beibehaltung ihrer Obrigkeit bewilligt und in der reichen Stadt viele Kostbarkeiten[45] erbeutet hatte, verfolgte er die Flüchtigen und zog gegen die Gebirge von Leon und Gallicien. Auf diesem Marsche bemächtigte er sich einer kleinen Stadt, wo er den kostbaren sogenannten Salomon-Tisch erbeutete.[46]

Unterdessen kam Musa, der über Tariks allzugroßes Glück eifersüchtig war und ihm deswegen befohlen hatte, vor seiner Ankunft nicht weiter vorzurücken, mit 18 000 Reitern und einigen tausend Mann Fußvolk (im Juni

712) nach Spanien herüber.[47] Er nahm die Richtung seines Marsches durch die Gegenden, wohin Tarik noch nicht gekommen war. Er wandte sich daher zuerst gegen die große und reiche Stadt Sevilla, welche er hauptsächlich durch den Verrat des Oppas erhielt, welcher lange mit Sindered, Metropolitan von Toledo, wegen des Primats in der Kirche gestritten hatte. Dieser ehrgeizige Mann vergaß die Pflichten, die er der Religion und dem Vaterland schuldig war, so sehr, daß er den Feinden des Landes den Besitz vieler Städte verschaffte, die sie nicht mit Gewalt der Waffen nehmen konnten. Merida wurde wahrscheinlich nach einer langen, hartnäckigen Belagerung auch durch Verrat genommen.[48] Nachdem Musa durch seinen Sohn Abdelaziz das aufrührerische Volk von Sevilla gezüchtigt[49] und ihn dann gegen die Küstenländer von Murcia und Valentia abgeschickt hatte, wandte er seinen Marsch gegen Toledo, um da mit Tarik zusammenzukommen und ihn zur Rechenschaft zu ziehen, weil er seinem Befehle nicht Folge geleistet. Ohne darauf Rücksicht zu nehmen, daß Tarik nicht aus Ungehorsam, sondern um die Umstände zur Ausbreitung des Islams zu benutzen, seine Eroberungen fortgesetzt hatte, ließ er denselben in einen Kerker werfen, jedoch bald wieder in Freiheit setzen.[50] Tarik wurde wieder an die Spitze eines Heeres gestellt, und während dieser seine Eroberungen bis an den Ebro ausdehnte, unterwarf sich Musa Leon und Gallicien. Als der Erstere Saragossa belagerte und seine schon zu sehr geteilten Streitkräfte nicht mehr hinreichten, die Stadt mit Sturm zu nehmen, kam Musa vom Duero her an den Ebro und durch die Annäherung dieses Heeres sank den Christen so sehr der Mut, daß sie die Stadt übergaben. Darauf wurde Barcellona und die anderen Städte in den heutigen Provinzen von Catalonien, Arragonien und Navarra unterworfen.[51] Ob Musa auch über die Pyrenäen gesetzt und die Stadt Narbonne erobert habe, wie der Araber Noveiri erzählt, ist sehr zu bezweifeln.[52] Gewiß ist aber, daß er sich von den Pyrenäen nochmals gegen Gallicien und Asturien wendete[53], wo in den Gebirgen die tapfersten Christen sich gesammelt hatten und ungeachtet aller Anstrengung nicht besiegt werden konnten. Diese, wie die Bewohner der Gegend von Murcia, welche Theodemir beherrschte, waren die einzigen Goten, die nicht unter die mohamedanische Herrschaft kamen. Mit den Letzteren hatte Musas Sohn Abdelaziz, da sie nicht unterworfen werden konnten, einen Vergleich geschlossen, wonach ihnen Frieden, unabhängige Regierung unter Theodemir und ihre Religion zugesichert wurde, jedoch mit der Verbindlichkeit, keine feindliche Unternehmung gegen die Mohamedaner zu unterstützen und jährlich einen mäßigen Tribut zu geben.[54] Mit Theodemirs Tod hörte jedoch diese Begünstigung auf, und nur in den Asturischen Gebirgen blieb noch der Same der gotischen Freiheit, der bald unter dem tapferen *Pelagius* Wurzel faßte, sich zwar nicht sehr schnell, aber doch sehr kräftig entwickelte, den spanischen Königreichen Asturien und Leon den Ursprung gab, und auf diese Weise zu der nachherigen christlichen Übermacht in Spanien den Grund legte, obwohl der Name und die eigene Bildung der Westgoten aus der Geschichte verschwand.

Wirft man hier bei dem Verschwinden der Westgoten aus der Reihe der Völker einen Blick auf ihre Geschichte zurück, so wird sich der Gedanke von selbst aufdrängen, daß ihre Entwicklung, die so Großes versprach, nicht vollendet wurde, gleich einer Blüte, die der Sturm hinwegreißt, ehe sie zur Frucht gereift ist. Denn früher, wie kein anderes germanisches Volk, waren sie schon in ihren östlichen Wohnsitzen am Schwarzen Meer und an den Ausflüssen der Donau mit griechischer Bildung bekannt, hatten am frühesten dem Heidentum entsagt, am frühesten den Gebrauch der Schrift unter sich verbreitet. Im Kriege hatten sie sich Ruhm erworben, wie kein anderes Volk. Vor den Mauern von Konstantinopel waren sie gelagert; sie sahen Athen und Sparta; sie demütigten zuerst die Weltbeherrscherin Roma durch eine dreimalige Einnahme. Sie überschritten ohne Schwierigkeiten die Alpen und die Pyrenäen und bewegten ihren wandernden Staat von dem äußersten Osten Europas bis zum äußersten Westen. Mitten in den römischen Provinzen errichteten sie, selbst mit Bewilligung des Kaisers, den ersten geordneten germanischen Staat, das tolosanische Reich, welches an Macht und Kultur bald das römische überflügelte, und das nach Attilas Niederlage keinen Gegner hatte, der sich mit ihm messen konnte. Ein Zusammenfluß unglücklicher Umstände stürzte es schneller, als es sich erhoben hatte.

Ein westgotisches Reich, neu an Einrichtungen, alt durch den Sinn seiner Gründer, entsteht in Spanien mitten unter einer in Religion, Sprache, Sitten und Denkungsweise ganz verschiedenen Bevölkerung. Die Sieger nehmen allmählich die Religion, ja zuletzt selbst die Sprache der Besiegten an; Sitten und Denkungsweise der germanischen Vorzeit sind aber tiefer gewurzelt. Der Kampf um die Vertilgung des Volktümlichen oder um dessen Behauptung entzieht dem Staate, wie eine wuchernde Pflanze einem starken Baume, die Kräfte, und leicht wird er dann darnieder geschmettert. Wäre bei den Westgoten weniger der auf eine selbstsüchtige Erhebung gerichtete Volksgeist und weniger Anmaßung von Vorrechten bei den verschiedenen Ständen herrschend gewesen, und hätte dagegen bei ihnen Gemeinsinn und eine auf die Verbesserung des Staates hinarbeitende Tätigkeit die Jugendfrische des Volkslebens erhalten, so würden sie nicht von den Nomaden der arabischen und afrikanischen Sandwüsten besiegt worden sein, wohl aber hätten sie, durch die Lage ihres Landes von der Natur begünstigt, bis auf den heutigen Tag in der Reihe der europäischen Nationen Name, Bedeutung und eigene Bildung behaupten können.

Beilagen

zur

Geschichte der Westgoten

Erste Beilage

———•••◆•••———

Über das Breviarium oder das von Alarich II. den Römern gegebene Rechtsbuch.[1]

Als die Westgoten Aquitanien besetzt und in der Folge ihre Herrschaft in Gallien bis an die Loire und jenseits der Rhône, und in Spanien bis ans Meer ausgebreitet hatten, trafen sie mit den alten Einwohnern, den Römern, die Landesverteilung[2] in der Art, das dieselben ein Drittel behielten, sie selbst eigneten sich zwei Drittel zu; sowohl der gotische als der römische Anteil hieß *Loos* (Sortes Gothicæ et Romanæ).[3]

Wollte ein Gote Land oder Haus im römischen Landesteil erwerben, so mußte er es kaufen.[4]

Die Bevölkerung der alten Eingeborenen war weit stärker als die neue eingewanderte. Die letztere wurde in der ersten Zeit der tolosanischen Herrschaft nach ihrem eigenen Gewohnheitsrecht gerichtet. Dieses konnte aber bei den Römern nicht angewendet werden; sie behielten, als Untertanen der gotischen Könige, ihre bürgerliche Freiheit und hatten in der städtischen Gemeinde ihre eigene alte Gerichtsbarkeit, und zwar unabhängiger als selbst unter den Kaisern. Die erste Magistratsperson einer Stadt war der Defensor oder Duumvir, der auch oft den Namen Judex führte; jedoch bezeichnete die letzte Benennung auch häufig den gotischen Grafen des Districtes.

Es war überhaupt fast bei allen germanischen Nationen die humane Ansicht anzutreffen, daß ein jeder seine hergebrachten und angeerbten Rechte behalten müsse. Daß den besiegten Völkern keine fremden Gesetze aufgedrungen wurden, sondern man sie bei den ihrigen ließ, findet sich bei allen germanischen Staatseinrichtungen in den römischen Provinzen. Erst in späteren Zeiten, als man den Nachteil einsah, den die Verschiedenheit des Rechts den Bürgern eines Staates brachte, verließ man den früher allgemeinen Grundsatz.

Um nicht der Willkür jedes einzelnen römischen Richters die Entscheidung von Rechtssachen zu überlassen, und um die Ordnung des Staates fester zu gründen, wahrscheinlich auch, um sich in der unruhigen Zeit die Römer zu gewinnen, faßte *Alarich II.* den Entschluß, ihnen ein eigenes Gesetzbuch, aus römischen Quellen zusammengetragen, zu geben. Zu diesem Endzweck berief er ein Collegium von römischen Rechtsgelehrten, denen er wahrscheinlich auch einige Goten von Gelehrsamkeit beigesellte. Wenigstens war der gotische Graf (Comes Palatii) *Gojarich*, unter dessen Leitung die ganze Arbeit gestellt wurde, mit den Gesetzen der Römer nicht unbekannt und eigene Neigung konnte ihn bei dem mangelhaften Rechtszustande seines Volkes so gut zur Forschung in fremden Gesetzen geleitet haben, wie früher den Bischof Ulphilas zur Forschung der heiligen Schrift. Daher möchte der gelehrte und scharfsinnige v. Savigny zu weit gehen, wenn er behauptet, daß Goten keinen Anteil an der Abfassung des römischen Gesetzbuches gehabt hätten, indem er ihnen sowohl Antrieb als Fähigkeit zu dieser Arbeit abspricht.[5] Durch einen hundertjährigen Aufenthalt des gotischen Volkes in den römischen Provinzen und durch das Leben in Städten, wo die römische Gerichtsverfassung unverändert bestand, konnten einzelne Goten nicht bloß eine oberflächliche Bekanntschaft mit derselben machen, sondern durch eine dem Gotenvolke eigene Neigung zu forschen, fanden sie auch Vergnügen daran, in die römische Gesetzgebung tiefer einzudringen.

In der Stadt Aire in Gascogne wurde im Jahre 506 das neue Gesetzbuch vollendet, welches unter dem Namen *Lex Romana*, oder *Codex Theodosii* (von dem ersten und wichtigsten Stücke seines Inhalts) und später gewöhnlich unter dem Namen *Breviarium* oder *Breviarium Alaricianum* angeführt wird.

Der König bestätigte das Gesetzbuch und gab dem Gojarich den Auftrag, es zu verbreiten und für dessen Anwendung bei den Römern Sorge zu tragen. Vorher wurde aber die römische Geistlichkeit und der Adel zusammenberufen und von dieser Versammlung das Werk bestätigt. Gojarich schickte im Namen des Königs einem jeden Grafen in der Provinz eine Abschrift zu, die von Anian, dem königlichen Referendarius, eigenhändig unterschrieben war. Denn nur nach solchen Exemplaren sollte mit Gültigkeit entschieden werden können. Zugleich wurde diesen öffentlich beglaubigten Abschriften ein Rescript, das sogenannte Commonitorium, beigefügt, worin die Entstehung des Gesetzbuches angegeben und seine alleinige Befolgung unter schweren Strafen anempfohlen wurde. Ob die Unterschrift des Anian zu diesem Commonitorium gehöre oder ans Ende des Werkes, darüber streitet man; jedoch scheint das Letztere mehr für sich zu haben. Allein eine ausgemachte Sache ist es nun, daß Anian nicht, wie man früher glaubte, der Verfasser des Gesetzbuches ist, sondern, daß er nur dabei als Referendarius des Königs sein Recognovit darunter setzte.

Das Commonitorium aber lautet so:

Alarici Regis exemplar Auctoritatis. In hoc corpore continentur leges sive species juris de Theodosiano et diversis libris electæ, et sicut præceptum est explanatæ anno XXII. regnante domino Alarico rege, ordinante viro illustri Gojarico Comite. Exemplar auctoritatis Commonitorium Timotheo V. S. Comiti.

Utilitates populi nostri propitia divinitate tractantes hoc quoque quod in legibus videbatur iniquum, meliori deliberatione corrigimus, ut omnis legum Romanarum et antiqui juris obscuritas, adhibitis sacerdotibus ac nobilibus viris, in lucem intelligentiæ melioris deducta resplendeat, et nihil habeatur ambiguum, unde se diuturna aut diversa jurgantium impugnet objectio. Quibus omnibus enucleatis atque in unum librum prudentium electione collectis, hæc quæ excerpta sunt, vel clariori interpretatione composita, venerabilium Episcoporum vel electorum provincialium nostrorum roboravit adsensus. Et ideo subscriptum librum, qui in tabulis habetur collectus, Gojarico comiti pro distringendis negotiis nostra jussit clementia destinari, ut juxta ejus seriem universa causarum sopiatur intentio: nec aliud cuilibet aut de legibus aut de jure liceat in disceptatione proponere, nisi quod directi libri et subscripti viri spectabilis Aniani manu, sicut jussimus, ordo complectitur. Providere ergo te convenit, ut in foro tuo nulla alia lex neque juris formula proferri vel recipi præsumatur. Quod si factum fortasse constiterit, aut ad periculum capitis tui, aut ad dispendium tuarum noveris facultatum. Hanc vero præceptionem directis libris jussimus cohærere, ut universos ordinationis nostræ et disciplina teneat et pœna constringat.

Anianus vir spectabilis ex præceptione D. N. Gloriosiss. Alarici Regis hunc codicem de Theodosiani legibus atque sententiis juris vel diversis libris electum Aduris anno XXII. eo regnante, edidi atque subscripsi. Recognovimus. Dat. sub die IV. non. Febr. anno XXII Alarici Regis Tolosae.

Es kann nicht in der Absicht des Verfassers liegen, darzutun, wie sich das Breviarium zu den römischen Rechtsquellen verhält, da wir darüber sehr Schätzbares von dem gelehrten Juristen v. Savigny über Inhalt, Form und Gebrauch anzugeben.

Als das Breviarium abgefaßt wurde, waren folgende römische Rechtsquellen vorhanden:

1) die Constitution von Valentinian, wonach allein fünf Juristen: Papinian, Paulus, Gajus, Ulpian und Modestin gesetzliches Ansehen erhielten.

2) Die Gregorianische und Hermogenianische Sammlung der kaiserlichen Rescripte.

3) Der Kodex des Kaisers Theodosius II., welcher die Sammlung der kaiserlichen Edikte seit Constantin des Großen Zeit enthält.

4) Die Novellen, die als Fortsetzung und als Ergänzung des Kodex Theodosianus anzusehen sind.

Nach diesen vorhandenen römischen Rechtsquellen wurde das Breviarium ausgearbeitet, und zwar so daß

A) die Constitutionen, d. h. die kaiserlichen Verfügungen (leges) wie auch

B) die Schriften der Juristen (jus) in das neue Gesetzbuch aufgenommen wurden. Jedoch rechnete man den Gregorianischen und Hermogenianischen Kodex nicht zu den leges, sondern zu dem jus, und daher folgen die aufgenommenen Stücke in dieser Ordnung:

A. Leges
1) Kodex Theodosianus 16 Bücher,
2) Novellen von Theodosius, Valentinian, Marcian, Majorian und Severus.

B. Jus
1) Des Gajus Institutionen.
2) Paulus (receptæ sententiæ) 5 Bücher.
3) Kodex Gregorianus 13 Titel.
4) Kodex Hermogenianus 2 Titel.
5) Papinian (lib. I. responsor.) nur eine kleine Stelle.[6]

Die römischen Rechtsquellen sind nicht immer vollständig aufgenommen; besonders in den Constitutionen ist vieles ausgelassen, was man nicht für brauchbar hielt; daher finden auch häufig Abkürzungen, ja oft Umarbeitungen statt; so sind des Gajus Institutionen ganz umgeschrieben. Daher fehlt ihnen auch die *Interpretation*, womit alle andere Stücke dieses Rechtsbuches versehen sind.[7] Sie gibt entweder wirkliche Erklärung oder erweitert und beschränkt oder verweist auf andere Stücke dieses Gesetzbuches. Daß an dieser Interpretation besonders Goten Anteil genommen, ist nicht unwahrscheinlich; mehrere neue Juristen[8] bestreiten diese Ansicht, obwohl an vielen Stellen die Berücksichtigung[9] auf die veränderte Verfassung unter den Goten sehr dafür spricht, denn die Goten konnten eher mit der römischen Gesetzgebung, als die Römer mit der gotischen Staatseinrichtung bekannt sein.

Vergleicht man das Breviarium mit ähnlichen Versuchen, aus den verschiedenen römischen Rechtsquellen ein Gesetzbuch aufzustellen, so steht es freilich den Rechtsbüchern von Justinian, die beinahe ein Menschenalter später gemacht wurden (v. J. 528–534) bei weitem nah, übertrifft aber im Plan, Ausführung und Selbsttätigkeit den sogenannten Papian oder das römische Gesetzbuch bei den Burgundern, als auch das Edikt des ostgotischen Königs Theodorich.

Wo sich römisches Recht in germanischen Gesetzbüchern findet, kann bei weitem in den meisten Fällen nachgewiesen werden, daß es aus dem Breviarium aufgenommen ist. Das Ansehen dieses Rechtsbuches im westgotischen Reiche sank zwar schon zu Reccareds Zeit, und sein Gebrauch wurde unter großer Strafe von Chindasuinth und Reccesuinth verboten, allein seine Unterdrückung scheint doch nicht gelungen zu sein, da besonders in Septimanien die Anwendung desselben schon zu tief gewurzelt war, daher findet sich auch das ganze Mittelalter hindurch in dieser nachher fränkischen Provinz das Breviarium als Gesetzbuch, was man nicht nur aus der Menge der Abschriften schließen, sondern auch aus vielen Urkunden[10] beweisen kann.

Als besondere Bearbeitungen des Breviarium werden angegeben[11]:

1) *die Summæ legum* (zu Antwerpen 1517 gedruckt). Sie sind ein Auszug aus dem Breviarium. Alle Stellen des Originals, welche die Verfassung betreffen, sind weggelassen, was für die spätere Abfassung in einer ganz anderen Gegend als im ehemaligen westgotischen Reiche zeugt.
2) Noch kürzer ist der Auszug in einer Wolfenbüttler Handschrift.
3) Ein Auszug mit einer eigenen Vorrede von einem Mönche, der ihn auf Befehl seines Abts gemacht hat. Er scheint früher als die beiden angegebenen aufgesetzt worden zu sein.
4) Der Kodex Uticensis oder die Lombardische Umarbeitung um das Jahr 900.
5) Der ungedruckte Auszug des Guilielmus Malmesburiensis im zwölften Jahrhundert.

Zweite Beilage

Konzilien, die unter der westgotischen Herrschaft in Spanien gehalten worden[1]

Das erste toletanische Konzilium (400), wie auch das zweite, welches unter König Amalrich (527) gehalten wurde, geht eigentlich die Goten nichts an, so auch die kleineren Konzilien, worauf sich zu Toledo (448), zu Tarragona (516), zu Gerunda (517), zu Barcellona (540), zu Ilerda (546), zu Valentia (546), zu Braga (561 und 572) und zu Lugo (569) die katholische Geistlichkeit in Spanien versammelte, indem die Goten noch Arianer waren.

Erst das *dritte toletanische Konzilium* (589) unter König Reccared ist von den Goten besucht worden. Achtundsechzig Bischöfe erschienen darauf. Unter Reccared waren noch folgende Provinzialsynoden:

Zu *Sevilla* (590) mit acht Bischöfen.

Zu *Saragossa* (591) mit 14 Bischöfen.

Zu *Toledo* (597) mit 16 Bischöfen.

Zu *Hueska* (598) (die Zahl der Bischöfe ist unbekannt).

Zu *Barcellona* (599) mit 12 Bischöfen.

Unter König *Gundemar* wurden nur zwei Provinzialsynoden gehalten.

Zu *Toledo* (610) mit 15 Bischöfen, und noch einmal im folgenden Jahr mit 26 Bischöfen.

Unter König *Sisebut* gab es ebenfalls zwei Provinzialversammlungen:

Zu *Egara* (614) mit 12 Bischöfen.

Zu *Sevilla* (619) mit 8 Bischöfen.

Unter König *Sisenand* fand das *vierte allgemeine toletanische Konzilium* (633) statt mit 62 Bischöfen.

Unter *Chintila* das *fünfte* (636) mit 20 Bischöfen und das *sechste* (638) mit 48 Bischöfen, unter *Chindasuinth* aber das *siebente* (646) mit 37 Bischöfen.

Reccesuinth ließ vier Konzilien halten: drei allgemeine zu *Toledo*, das *achte* (653) mit 52, das *neunte* (655) mit 16 und das *zehnte* (656) mit 20 Bischöfen. Dann wurde auch zu *Merida* (666) von 12 Bischöfen eine Provinzialsynode gehalten.

Wamba berief das *elfte toletanische Konzilium* (675) mit 17 Bischöfen; in demselben Jahre war auch eine Provinzialsynode zu *Braga* von 8 Bischöfen.

Erwig ließ drei toletanische Kirchenversammlungen halten: die *zwölfte* (681) mit 35 Bischöfen, die *dreizehnte* (683) mit 48 Bischöfen nebst 27 Vicarien und Äbten, die *vierzehnte* (684) mit 17 Bischöfen.

Unter Egiza wurden vier allgemeine Konzilien zu Toledo und ein besonderes gehalten; nämlich das *fünfzehnte* (688) mit 61, das *sechzehnte* (693) mit 60 Bischöfen, von dem *siebzehnten* (694) ist die Zahl der Bischöfe unbekannt, und das *achtzehnte* (699), dessen Satzungen nicht mehr vorhanden sind.[2] Das besondere Konzilium war in Saragossa (691).

Das *neunzehnte Konzilium* zu *Toledo,* welches aber gewöhnlich das achtzehnte genannt wird, hielt König *Wittiza* (701). Die Akten sind verloren.

Über den Zweck und die Ordnung der Haltung der Konzilien geben besonders die dritte und vierte Satzung des vierten toletanischen Konziliums Auskunft[3]; daher mögen beide Satzungen hier ihre Stelle finden.

Canon III

Nulla pene res disciplinae mores ab ecclesia Christi magis depulit, quam sacerdotum negligentia, qui contemptis canonibus ad corrigendos ecclesiasticos mores synodum facere negligunt. Ob hoc a nobis universaliter definitum est, ut quia juxta antiqua patrum decreta bis in anno difficultas temporis fieri concilium non sinit, saltem vel semel a nobis celebretur. Ita tamen ut si causa fidei est, aut quaelibet alia ecclesiae communis *generalis totius Hispaniae et Galliae synodus* convocetur: si vero nec de fide, nec de communi ecclesiae utilitate tractabitur, *speciale erit concilium* uniuscujusque provinciae, ubi Metropolitanus elegerit peragendum. Omnes autem qui caussas adversus episcopos, aut judices aut potentes, aut contra quoslibet alios habere noscuntur, ad idem concilium occurrant, et quaecumque examine synodali a quibuslibet prave usurpata inveniuntur, regii executoris instantia justissime his quibus jura sunt, reformentur: ita ut pro compellendis judicibus vel sæcularibus viris ad synodum, Metropolitani studio idem executor a principe postuletur. XV autem Kalendarum Juniar. congreganda est in unaquaque provincia synodus, propter vernale tempus, quando herbis terra vestitur, et pabula germinum inveniuntur.

Canon IV

Formula habendae synodi

Hora itaque prima diei ante solis ortum ejiciantur omnes ab ecclesia, obseratisque foribus cuncti (cunctis) ad unam januam, per quam sacerdotes ingredi oportet, ostiarii stent: et convenientes omnes episcopi pariter introeant, et secundum ordinationis suæ tempora resideant. Post ingressum omnium episcoporum, atque consessum, vocentur deinde presbyteri quos caussa probaverit introire. Nullus se inter eos inserat diaconorum. Post hos ingrediantur diaconi probabiles, quos ordo poposcit interesse: et corona facta de sedibus episcoporum, presbyteri a tergo eorum resideant. Diaconi in conspectu episcoporum stent. Deinde ingrediantur laici, qui electione concilii interesse meruerunt. Ingrediantur quoque et notarii, quos ad recitandum vel excipiendum ordo requirit et obserentur januae. Sedentibusque in diuturno silentio sacerdotibus, et cor totum ad Deum habentibus, dicat archidiaconus: *Orate.* Statimque omnes in terra prostrabuntur, et orantibus diutius tacite cum fletibus atque gemitibus unus ex episcopis senioribus, surgens orationem palam fundat ad Dominum, cunctis adhuc in terra jacentibus. Finita autem oratione et responso ab omnibus, *Amen,* rursus dicat archidiaconus: Erigite vos. Et confestim omnes surgant, et cum omni timore Dei, et disciplina, tam episcopi quam presbyteri sedeant. Sicque omnibus in suis locis in silentio considentibus, diaconus alba indutus codicem canonum in medio proferens, capitula de conciliis agendis pronuntiet. Finitisque titulis, metro- politanus episcopus concilium alloquatur, dicens: Ecce, sanctissimi sacerdo- tes, recitatæ sunt ex canonibus sanctorum patrum sententiæ de concilio cele- brando. Si qua igitur quempiam vestrum actio commovet, coram suis fratri- bus proponat. Tunc si aliquis quamcumque querelam, quæ contra canonem agit, in audientia sacerdotali protulerit, non prius ad aliud transeatur capitu- lum, nisi primum quæ proposita est actio terminetur. Nam et si presbyter aliquis, aut diaconus, clericus, sive laicus de his qui foris steterint, consilium pro qualibet re crediderit appellandum, ecclesiæ metropolitanæ archidiacono caussam suam intimet et ille concilio denuntiet. Tunc illi, et introeundi et proponendi licentia concedatur. Nullus tamen episcoporum a cœtu commu- ni secedat, ante quam hora generalis secessionis adveniat. Concilium quoque nullus solvere audeat, nisi fuerint cuncta determinata: ita ut quæcumque deli- beratione communi finiuntur, episcoporum singulorum manibus subscriban- tur. Tunc enim Deus suorum sacerdotum concilio interesse credendus est, si tumultu omni abjecto, sollicite atque tranquille ecclesiastica negotia termi- nentur. Die ersten Satzungen des elften und siebzehnten toletanischen Con- ciliums geben zu dieser Stelle noch nachträgliche Bestimmungen.

Dritte Beilage

Über die Erzbischöfe von Toledo[*]

Obwohl schon Athanagild Toledo zur Residenz des westgotischen Rei- ches erhoben hatte, so war es doch nicht der Sitz eines Erzbischofs. Selbst als Reccared durch die Annahme der katholischen Religion Toledo sehr hob, war noch die Stadt Karthagena der Sitz des Erzbischofes der Provinz, und *Euphe- mius* und *Adelphus*, welche zu dieser Zeit lebten, waren nur Bischöfe von Toledo. Erst König Gundemar ließ durch zwei Provinzialsynoden (610 und 611) Toledo für den Metropolitansitz der karthagischen Provinz erklären.

Aurasius war der erste Erzbischof; ihm folgte (612) *Helladius*, ein vorneh- mer Gote, der früher ein hohes Hofamt bekleidet hatte. *Justus* stand als sein Nachfolger nur vier Jahre (von 632–636) dem Erzbistume vor. Ihm folgte *Eugenius I.*, der sich durch Reinheit der Sitten, Verstand und astronomische Kenntnisse auszeichnete. Auf ihn folgte *Eugenius II.* (von 647–658) ein Mann aus vornehmem gotischen Geschlechte, der sich früher als einer der erfahrensten Feldherrn ausgezeichnet, und daher in dem ersten militärischen Rang eines Herzogs gestanden hatte. Er war zugleich Schriftsteller und zeichnete sich als Dichter aus.

Ildefons, sein Nachfolger (658–668) und Schüler des heiligen Isidor von Sevilla, wird besonders wegen seiner großen Beredtsamkeit gerühmt. Er war auch Schriftsteller: setzte die gotische Chronik des Isidorus fort, schrieb mehrere theologische Werke und versuchte sich auch in poetischen Arbeiten. Zur Verehrung der heiligen Jungfrau Maria in Spanien trug er am meisten bei. *Quiritius* (v. 668–680) stand zwar dem Ildefons in Hinsicht der Gelehrsamkeit nach, als Verbesserer der Kirchenzucht aber bei weitem vor, denn ohne Zweifel mit seiner Bewilligung konnte Wamba die verbesserte Einteilung der Bistümer und die strengere Kirchenzucht einführen; daher scheint ihn auch der König über alle andere Metropolitane erhoben zu haben, so daß er als der erste Primas der gotischen Geistlichkeit anzusehen ist.

Nach seinem Tode suchte die Geistlichkeit einen Mann an die Spitze zu bringen, der mehr das Interesse der Kirche als des Königs verfechte; dieser auch beim König Wamba geachtete Mann war *Julian* (von 680–690); er stammte von jüdischen Eltern und erlangte durch seine mannigfaltigen Kenntnisse und große Gelehrsamkeit die höchsten geistliche Würden bei den Goten. Da Erwig ihm ganz allein seine Thronbesteigung zu verdanken hatte, so erlangte er durch diesen König, der ganz von ihm abhing, ein so großes Ansehen, daß man behaupten kann, daß weder vor noch nach ihm ein Erzbischof in Toledo ein solches gehabt hat. Es wurden ihm, als dem Primas im Reiche, nicht nur alle Geistlichen unterworfen, und von ihm ging die Besetzung aller Bistümer aus, sondern in den vier unter seinem Vorsitze gehaltenen toletanischen Konzilien oder Reichstagen hing auch die ganze Kirchen- und Staatsverfassung von ihm ab. Als aber Papst Benedict II., welchem Julian seine Schrift, Apologia fidei betitelt, nach Rom geschickt hatte, darin einige Stellen für nicht orthodox erklärte, und den Bischöfen in Spanien befahl, diese zu ändern, so konnte man sehen, wie groß Julians Ansehen in Spanien war. Denn ungeachtet der Papst selbst einen Legaten nach Spanien geschickt und durch ihn die Bischöfe noch besonders hatte auffordern lassen, die Apologia fidei auf dem von König Egiza (688) berufenen Konzilium zu verwerfen, so weigerten sich dieselben nicht nur, dieses zu tun, sondern sie gaben ihr auch durch eine Satzung und nähere Erklärung ihre Bestätigung, und Sergius, der unterdessen den päpstlichen Stuhl bestiegen hatte, fand für ratsam, den Streit auf sich beruhen zu lassen. – Zu keiner Zeit wurden gegen die Juden mehr Gesetze erlassen, als in der, wo Julian den erzbischöflichen Stuhl innehatte; er scheint an der Abfassung derselben viel Anteil gehabt zu haben. Diese Gesetze bilden zum gotischen Rechsbuch am Ende einen eigenen Anhang; sie sind alle vom König Erwig. Außer einigen Schriften gegen die Juden, wovon er auch eine diesem König zueignete, schrieb er mehrere theologische Werke, Briefe, Reden, und verfertigte auch Lieder, Epitaphien und Epigramme. Auch als Geschichtsschreiber zeichnete er sich aus; freilich ist die Chronik, welche unter dem Namen *Vulsa* vorkommt, nicht erwiesen von ihm, obwohl es nach dem Schluße zu urteilen, wo der Verfasser den König Egiza *„seinen Herrn"* nennt, sehr wahrscheinlich ist: allein desto bestimmter weiß man, daß die Gechichte des ersten Regierungsjahres Wambas und dessen Feldzug gegen Paulus, von ihm geschrieben wurde. Es ist das ausführlichste Stück, was wir über die westgotische Geschichte in Spanien besitzen.

Nach Julians Tode erhob man den *Sisibert,* einen stolzen und ehrgeizigen Mann von gotischer Abkunft, zum Erzbischof von Toledo (690). Er griff die Vorurteile und den Aberglauben seiner Zeit mit weit größerem Spotte an, als man ihm verzeihen konnte. Da er aber auch durch eine Verschwörung gegen König Egiza sich als einen Unruhestifter zeigte, so wurde er von dem König, wie vom Klerus, gleich gehaßt und durch die sechzehnte toletanische Kirchenversammlung abgesetzt (693), wie oben erzählt worden ist. Obwohl sonst kein Vorrücken der anderen Metropolitane gewöhnlich war, da oft Äbte von Klöstern gleich zu Erzbischöfen der Hauptstadt gemacht wurden, so wählte die Kirchenversammlung doch dieses Mal den ältesten und angesehensten der Metropolitane, *Felix,* Erzbischof von Sevilla, zum Primas. Er war ein sehr gelehrter und verständiger Mann und scheint weniger ehrgeizige Gesinnungen als sein Vorgänger gehabt zu haben, denn unter ihm hob sich wieder das königliche Ansehen, das durch Julians Bemühungen sehr gesunken war. Leider bekleidete Felix nur sieben Jahre seine Würde (bis 700), und sein Nachfolger *Sisebut* lebte nur sehr kurze Zeit, daher er gewöhnlich auch gar nicht in der Reihe der toletanischen Erzbischöfe angeführt wird. Man erhob nun den *Gunderich,* einen sehr achtbaren Mann, auf den erledigten erzbischöflichen Stuhl. Von ihm wird gemeldet, daß er vergeblich den König Wittiza von seinen Lastern abzubringen gesucht habe; jedoch muß er kein heftiger Mann gewesen sein, da unter seinem Vorsitz die letzte toletanische Kirchenversammlung gehalten wurde, welche viele der Macht der Geistlichkeit Schranken setzende Verfügungen gab. Ins Jahr 707 stetzt man seinen Tod.

Sindered, sein Nachfolger, schließ die Reihe der toletanischen Erzbischöfe nach den Nachrichten einiger Schriftsteller. Sein Betragen ist in ein sehr zweideutiges Licht gestellt, und von ihm wird erzählt, daß er die Sittenlosigkeit der Geistlichkeit beförderst und ihr mit seinem Beispiele vorangegangen sei; bei dem Sturz des westgotischen Reiches soll er nach Rom geflohen sein. Allein nach anderen Nachrichten wurde Oppas, Wittizas Bruder, der zugleich auch Erzbischof von Sevilla war, wider Willen der Geistlichkeit auch zugleich zum Primas der gotischen Kirche erhoben und, was gegen alle Kirchensatzungen ging, er bekleidete die erzbischöfliche Würde zugleich über Toledo und Sevilla. Bei dem Einfall der Mohamedaner zeigte er sich als Vaterlandsverräter, überlieferte denselben mehrere Städte und führte die Feinde der Christenheit selbst gegen die in die nördlichen Gebirge geflüchteten Goten, die ihn gefangen und umgebracht haben sollen.

Vierte Beilage

Über das Officium Gothicum

Auf dem vierten toletanischen Konzilium, das unter Sisenands Regierung 633 gehalten wurde, beschloß man eine allgemeine Liturgie für alle gotischen Kirchen in Spanien und Septimanien einzuführen, deren man sich künftig bei der Messe und den Gesängen bedienen sollte. Die Satzung (Concil. Tolet. IV. can. 2. bei Colet. T. VI. p. 1450) lautet so: Post rectæ fidei confessionem, quæ in sancta ecclesia prædicatur, placuit, ut omnes sacerdotes, qui catholicæ fidei unitate complectimur, nihil ultra diversum, aut dissonum in ecclesiasticis sacramentis agamus, ne quælibet nostra diversitas apud ignotos seu carnales schismatis errorem videatur ostendere, et multis existat in scandalum verietas ecclesiarum. *Unus igitur ordo orandi atque psallendi* nobis per omnem Hispaniam atque Galliam (i. e. Septimaniam) conservetur, *unus modus in missarum solennitatibus, unus in vespertinis matutinisque officiis:* nec diversa sit ultra in nobis ecclesiastica consuetudo; quia in una fide continemur et regno: hoc enim et antiqui canones decreverunt, ut unaquæque provincia et psallendi et ministrandi parem consuetudinem contineat.

Weil auf diesem Konzilium der Erzbischof Isidor von Sevilla den Vorsitz gehabt hat, so glaubt man, daß er der Verfasser des alten gotischen Missale[1] und Breviarium[2] ist, das in der späteren Zeit sowohl unter dem Namen Officium Gothicum als auch Officium Mozarabicum und Toletanum[3] vorkommt. Man nennt es auch Officium Isidorianum, von seinem vermutlichen Verfasser. Jedoch ist es höchst wahrscheinlich, daß schon vor Isidor ein solches Officium existiert hat, und man sollte nach den Nachrichten der Alten eher geneigt sein, den Erzbischof Leander von Sevilla, Isidors Vorgänger, als den Urheber dieser gotischen Liturgie anzusehen, da von ihm ausdrücklich gemeldet wird, daß er sich mit der Form des Gottesdienstes eifrig beschäftigt und in dieser Hinsicht auch mehreres geschrieben habe.[4] Isidor, Ildefons, Julian haben wahrscheinlich in der Folge manches hinzugefügt.

Übrigens hat sich dieses Officium Gothicum, das in vielen Gebräuchen und Formeln von dem römischen abweicht, auch nach der Auflösung des westgotischen Reiches, allgemein in Spanien bis gegen das Ende des elften Jahrhunderts erhalten. In dieser Zeit bemühten sich die Päpste auf das eifrigste, daß in Spanien dieses Officium abgeschafft würde. Der erste Versuch wurde auf dem Konzilium zu Iacca (1060) im Königreich Arragonien gemacht und gelang auch ziemlich.[5] Allein in Catalonien hielt man an der alten Liturgie fester. Denn als Papst Alexander II. den Kardinal Hugo von Spanien schickte (1064) und bei einer Versammlung in Barcellona auf die Abschaffung antrug, so widersetzten sich die Bischöfe dieser Zumutung, und schickten drei Bischöfe aus ihrer Mitte auf das Konzilium nach Mantua, die daselbst die gotischen Bücher vorzeigten und sie zu rechtfertigen suchten.[6]

Im Königreich Castilien und Leon, wo man am längsten das Officium Gothicum beibehalten hatte[7], ging die Aufhebung von der Constantia, Gemahlin des Königs Alphons VI., aus, die eine Tochter des Herzogs Robert von Burgund war. Da sie an die römische Liturgie gewöhnt war, so wollte ihr die gotische nicht gefallen; sie bestimmte daher ihren Gemahl, den Bernardus aus dem Kloster Clugny nach Spanien zu rufen und ihn zum Erzbischof in Toledo zu machen. Auf ihr vieles Bitten ersuchte der König den Papst Gregor VII., daß er einen Legaten nach Spanien sende, um hier das Officium Romanum einzuführen. Der Papst, dessen Wünsche diesem ganz entsprach, schickte Richard, Abt von St. Victor zu Marseille, nach Castilien; und obwohl der päpstliche Legat, der Erzbischof und der König sahen, daß die Geistlichkeit, die Ritter und das Volk gegen die Einführung der römischen Liturgie waren, so ließen sie doch nicht von dem begonnenen Werke ab. Wie es damals Sitte war, in verwickelten Rechtsstreitigkeiten seine Zuflucht zu den Gottesurteilen zu nehmen, so setzte es die zahlreiche Ritterschaft endlich durch, daß die Sache durch einen Zweikampf entschieden werden sollte. Es wurden zwei Ritter auserlesen, der eine, vom König, um für das römische, der andere, von der Ritterschaft und dem Volke, um für das Gotische Officium zu kämpfen. Gleich im Beginn des Kampfes unterlag der erstere, zur großen Freude der versammelten Volksmenge, und das Andenken des Siegers hat sich bis in die neuere Zeit in Spanien erhalten, indem sich alte Geschlechter rühmen, von ihm herzustammen. Allein der König, von seiner Gemahlin Constantia und dem Legaten noch mehr aufgeregt, nicht nachzugeben, erklärte die Sache noch nicht für entschieden: hier gelte nicht rohe Kraft, der Wille der Gottheit müsse entscheiden. Durch die Feuerprobe solle es sich bewähren, welche Art des Gottesdienstes und der Gesänge künftig in Castilien stattfinden sollte. Der Aufruhr der Ritter und des Volkes, der auszubrechen drohte, legte sich, als sie von dem Entschlusse des Königs hörten, denn sie glaubten sicher, daß auch die Gottheit das Officium billigte, dessen Verfasser oder Verbesserer sie als Heilige verehrten.

Ein Scheiterhaufen wird errichtet und in Gegenwart der Geistlichkeit und des Volkes angezündet, nachdem zwei Bücher, das eine das Officium Gothicum, das andere das Officium Romanum enthaltend, darauf gelegt sind. Nach den Nachrichten des Erzbischofs Roderich verzehrte die Flamme schnell das Letztere, und beschädigt nicht im Mindesten das gotische Buch[8]. Das zuschauende Volk lobte laut den Herren, da er ihre Weise, den Gottesdienst zu halten, durch ein Wunder gebilligt habe. Allein dessenungeachtet blieb der König unabänderlich dabei, daß sein Wille geschehen müsse: und er setzte ihn auch durch. Auf dem Konzilium zu Leon (im J. 1091) wurde die Einführung des Ordo Romanus bestätigt[9] und zugleich die gotischen oder toletanischen Buchstaben, eine aus dem Altgotischen und dem Lateinischen gemischte Schriftform, abgeschafft und dafür die auch in Frankreich übliche römische Schrift eingeführt.[10]

Dennoch blieben mehrere Gemeinden, und selbst in Toledo sechs Kirchen, bei dem Officium Gothicum und zur Zeit Ferdinands, des Katholischen, hat selbst der berühmte Kardinal Ximenez eine besondere Kapelle zu Toledo für diese Art des Gottesdienstes gestiftet.[11] Er ließ auch zuerst das Officium Gothicum im Anfange des sechzehnten Jahrhunderts zu Toledo drucken.[12]

Fünfte Beilage

Über die Münzen der Westgoten

Von den Münzen, die man gotische[1] nennt, ist gewiß ein großer Teil nicht mit diesem Namen zu benennen; dahin gehören hauptsächlich alle die kupfernen und silbernen von ziemlich roher Form und mit unbekannter Schrift, welche in Spanien gefunden werden. Ezechiel Spanheim mag hier das Richtige gesehen haben, wenn er behauptet, daß die meisten dieser alten Münzen, welche auf der einen Seite einen unbärtigen Kopf und auf der anderen einen Reiter mit Lanze haben und mit unbekannten Buchstaben versehen sind, für karthagische und ihre Buchstaben für phönizische gehalten werden müssen. Allein darin scheint er sich geirrt zu haben, wenn er einen Teil der unförmlichen Silbermünzen, welche einen Reiter darstellen, eher den Goten als den alten Spaniern, den Oscensern, zuzuschreiben, und in der darauf befindlichen Schrift Ähnlichkeit mit den Runen und den gotischen Buchstaben finden will. Mahudel hat schon gegen die Behauptung Spanheims eine gründliche Widerlegung gegeben, und es bedarf wohl dazu keiner weiteren Auseinandersetzung, wenn man erwägt, daß in einem Staat wie der westgotische in Spanien, wo man silberne und goldene Münzen mit ordentlichem Brustbilde der Könige und ihren Namen in toletanischer (d. h. in gotisch-lateinischer) Schrift hatte, nicht daneben auch so unförmliche Münzen mit ganz anderer Schrift vorkommen konnten. Auch findet sich auf keiner bisher bekannt gewordenen, erweislichen westgotischen Münze ein Reiter abgebildet, desto häufiger aber religiöse Symbole, als Kreuz, Sterne, Strahlensonne etc.

Überhaupt war man gleich geneigt, alle alten Münzen, die im südlichen Europa gefunden wurden, für gotische zu halten, wenn das Kopfbild kaum ein menschliches Ansehen hatte, und fehlte gar die Schrift oder war sie in unbekannten Zeichen, so zweifelte man nicht mehr an der Richtigkeit der Behauptung. Auch selbst griechische Münzen, die man in der Gegend der Donauausflüsse fand, mußten als gotische gelten, da die alte Form der griechischen Buchstaben mit der gotischen Schrift verwechselt wurde.

Will man sich nicht in Wahrscheinlichkeiten und Hypothesen verlieren, so können wir vor dem sechsten Jahrhundert keine Münzen der westgotischen Könige mit Bestimmtheit anführen. Denn daß die Münze, die man dem Alarich I. zuschreibt[2], falsch ist, haben schon Spanheim[3] und Gusseme dargetan; und die beiden goldenen Münzen, welche vom Wallia sein sollen[4], können diesem König mit mehr Wahrscheinlichkeit ab- als zugesprochen werden. Daß die Könige im tolosanischen Reiche Münzen schlagen ließen, läßt sich wohl nicht bestreiten, doch hat man vor Alarich II. keine Nachricht davon. Avitus Viennensis[5] meldet nämlich, daß dieser König beim Ausbruch des Krieges mit Klodwig sich durch Münzverfälschungen habe Geld zu machen gesucht: keine von diesen verfälschten Münzen ist aber bis jetzt aufgefunden worden.

Die Münzen, die von den westgotischen Königen bekannt sind, rühren alle aus der Zeit her, als das Wahlkönigreich in Spanien bestand, und zwar hat man solche von allen Königen von Athanagild an bis auf Roderich. Nach den Nachrichten, welche im westgotischen Gesetzbuche über das Münzwesen enthalten sind, und nach den vorhandenen Münzen selbst zu urteilen, so scheint es, daß dabei viele Nachahmungen der griechischen Münzen stattgefunden haben. Denn wie bei den Griechen hatte bei den Westgoten das Pfund Gold 72 Solidi, auch kommen bei ihnen die Drachmen und Siliquen vor.[6]

Falschmünzer oder Münzverderber wurden wie die größten Kriminalverbrecher behandelt. Sogar die, bei welchen man falsches Geld fand, wurden bestraft; war er ein Sklave, so wurde ihm die rechte Hand abgehauen. Hatte man einen Freien in Verdacht der Falschmünzerei, so konnten dessen Sklaven auf die Folter gebracht werden, um von ihnen ein Geständnis über die sträflichen Beschäftigungen ihres Herrn herauszubringen. Der König behielt sich vor, dem Täter, wie das auch bei dem Majestätsverbrecher geschah, selbst die Strafe zu bestimmen. War er ein Freier, so wurden ihm gewöhnlich seine sämtlichen Güter konfisziert, und er selbst wurde leibeigen.[7]

Es folgen nun hier nach der Reihenfolge der westgotischen Könige die in historischer Hinsicht oder in Schreibung der Namen bedeutenden Münzen vom König Leovigild bis Roderich: zwar hat man auch eine von Athanagild[8], und einige von Liuva[9], aber nicht von besonderer Wichtigkeit.

Die Münzen des *Leovigild*[10] geben auf der einen Seite den Namen des Königs, gewöhnlich LIVVIDGILDVS, seltener LEOVIGILDVS, dann ein Brustbild mit einem Diadem, und über dem Kopf oder vor der Brust ein Kreuz. Auf der anderen Seite ist ein Beiname des Königs, mit vorgesetztem Namen der Stadt, wo die Münze geschlagen wurde (dieses findet sich fast bei den meisten westgotischen Münzen z. B. TOLETO IVSTVS, NARBONA PIVS etc. und darunter ein Kreuz auf Stufen, gewöhnlich zwischen zwei Sternen) oder bei Siegesmünzen ONO (vielleicht Onoba) INCLITVS REX mit einer Victoria.

In historischer Hinsicht sind besonders die drei folgenden wichtig:
1) Auf der einen Seite: LEOVIGILDVS RE. Ein Brustbild, darüber ein Kreuz. Auf der anderen Seite: CORDOBA BIS OPTINVIT (so), dann ein Kreuz.
2) Auf der einen Seite: Wie Nr. 1. Auf dem Revers: CVM D. OPTINVIT SPI. (cum deo obtinuit Spalim), dann ein Kreuz auf Stufen.
3) Auf der Vorderseite: DN. LIVVIGILDVS REX. Brustbild, darüber ein Kreuz. Auf der Rückseite: EMERITA VICTOR. Eine Victoria, worüber ein Kreuz.

Diese Münzen beziehen sich auf Siege über die Griechen und den rebellischen Sohn Hermenegild, von dem man auch noch eine Münze hat.[11]

Auf der einen Seite: ERMENEGILDI. Brustbild mit einem Kreuz. Auf der anderen: REGNVM BONO OVITA, andere lesen REGI A DEO VITA, dann eine Victoria.

Die Münzen von König *Reccared*[12] haben im Ganzen in der Form viel Ähnlichkeit mit denen seines Vaters Leovigild: der Name ist immer mit zwei C geschrieben: RECCAREDVS, auch RECCARIDVS. Auf beiden Seiten ist ein Brustbild mit einem Kreuz oder darüber gesetztem Stern. Die zu den Städten gesetzten Beinamen des Königs sind IVSTVS, PIVS, VICTOR.

Besonders merkwürdige Münzen von diesem König sind folgende:
1) Die Vorderseite: wie beschrieben. Die Rückseite. RECCOPOLI. FE-CIT. Dann ein Brustbild mit darüber gesetztem Kreuz.
2) Vorderseite: RECCAREDVS REX. Brustbild mit Diadem. Rückseite: Ein Kreuz auf einer Kugel aufgestellt, und an dessen Endpunkten die Buchstaben: M. A. V. II. Darum VICTORIA AVIONV.
3) Vorderseite: RECCAREDVS REX. Mit einem Strahlenhaupt. Rückseite: VICTORIA A ... CONOB. (Harduin. Num. Saec. Constant. in Oper. select. p. 427.)

Die Münzen vom König *Witterich*[13] haben auf beiden Seiten ein Brustbild und ein Kreuz: auf der einen steht des Königs Name (WITTERICVS,

WITERICVS und WITTIRICVS geschrieben), auf der anderen der Name einer spanischen Stadt mit Hinzufügung des königl. Prädikats PIVS oder P.

Ebenso sind die wenigen Münzen von Gundemar[14] (GVNDEMARVS, auch einmal GONYEMARVS geschrieben.) Auch die Münzen, welche Gusseme (VI p. 286) und Rasche (T. V. P. I. p. 567) einem anderen König, dem Conjemar, zuschreiben, welches Namens es nie einen gotischen gab, ist von Gundemar. Die Vorderseite hat: CONYEMARVS. Ein Brustbild mit einem Kreuz. Auf der Rückseite: TARRACO. A IVO (für IVSTVS) Brustbild mit Kreuz.

Die zehn Münzen, welche Florez und nach ihm Gusseme[15] von König *Sisebut* mitteilen, haben nichts Besonderes: die folgende einzige scheint sich auf den Sieg über die Griechen zu beziehen. Vorderseite: DN. SISEBVTVS REX. Brustbild. Auf der Rückseite: CIVITAS EBORA. Kreuz. Am Rande herum: DEVS ADIVTOR MEVS.

Die Münzen von König *Suinthila*[16] (man findet darauf immer SVINTHI-LA) haben in ihrer Form und Aufschrift nichts Besonderes.

Vom König *Sisenand* hat man nur eine Münze[17]: Vorderseite: SISENAN-DVS REX Brustbild, worüber ein Kreuz. Rückseite: TOLETO PIVS. Mit gleichem Brustbild und Kreuz.

Die Münzen von *Chintila*[18] haben gewöhnlich über dem Kreuz oder über dem Brustbild einen Stern, auch einigemal das Brustbild und das Kreuz mit einem Lorbeerkranz umgeben.

Von *Tulga* ist nur eine Münze bekannt.[19] Vorderseite: TVLGAN RE Brustbild, darüber ein Kreuz. Rückseite: CORDOBA PIVS. Mit gleichem Brustbild und Kreuz.

Die Münzen von *Chindasuinth*[20] haben nichts Besonderes, außer daß eine, welche zu Narbonne geschlagen wurde, auf jeder Seite zwei Brustbilder hat. Der Name ist CINDASVINTVS, CINDASVINTHVS und CHINDAS-VINDVS geschrieben.

Von seiner gemeinschaftlichen Regierung mit seinem Sohne Reccesuinth gibt es zwei Münzen.

1) Auf der Vorderseite: CINDA SVINΘVS RX. Brustbild mit Kreuz. Auf der Rückseite RECCESVINΘVS RX. THOLET. letztere Buchstaben in der Form eines Kreuzes gesetzt.

2) CINDASVINΘVS RX. Ein Kreuz, an dessen Endpunkten die Buchstaben S. P. A. L. (d. h. Hispalis). Auf der Rückseite: RECCES-VINTVS RE. Brustbild und Kreuz.

Von *Reccesuinth* allein[21] hat man mehrere Münzen. Sie haben das Ausgezeichnete, daß das Brustbild gewöhnlich mit einem Diadem versehen ist und das auf der anderen Seite befindliche Kreuz auf drei oder vier Stufen ruht; oft befindet sich darüber oder daneben auch ein zweites Kreuz, nebst einem oder zwei Sternen: dieses alles umgibt auf einigen Münzen ein Lorbeerkranz. Der Name ist immer mit doppeltem C geschrieben: RECCESVINTHVS: nur einmal kommt vor RECENSVINTHVS.

Die Münzen des Königs *Wamba*[22] haben vor dem Namen WAMBA RX (er wird auch WANBA und WABA geschrieben) die Buchstaben IN. D. I. N. oder IDI. NME oder IDNMN. (d. i. IN DOMINI oder DEI NOMI-NE). Das Brustbild ist mit einem Diadem versehen, einmal auch mit einer Krone. Auf der anderen Seite ist kein Brustbild, sondern immer ein Kreuz, das auf drei Stufen ruht, und darüber noch ein Kreuz hat, einmal sind neben dem unteren Kreuz auch zwei Sterne angebracht, und auf der anderen Münze befindet sich bei dem Kreuze auch ein Ast und ein Stern mit sechs Strahlen.

Die Münzen des Königs Erwig[23] haben vor dem Namen ERVIGIVS ebenfalls I. D. N. M. N. oder IDN. N. N. oder I. DI. NM. Auf einer Münze kommt eine achtstrahlige Sonne vor, auf einer anderen ein Brustbild mit bärtigem Gesicht und vorstehendem Kreuz.

Die Münzen vom König *Egiza*[24] (der Name ist darauf immer EGICA geschrieben) haben meistens von denen des Erwig außer dem Namen nichts sehr Unterscheidendes; nur auffallend ist, daß einigemal der Kopf mit einem Hute bedeckt ist, daß das Kreuz einigemal auf zwei Stufen steht, und daß eine Münze bei dem Namen EGICA RX den Zusatz VCTR (victor) hat, was sich vielleicht auf einen Seesieg über die Mohamedaner bezieht.

Man hat auch mehrere Münzen von diesem König, die unter der gemeinschaftlichen Regierung mit seinem Sohne *Wittiza* geschlagen wurde[25] IN. D. NN. EGICA RX. R. C. (In Dei Nomine Egica rex regni consors). Dann zwei Köpfe oder Brustbilder mit Diademen oder Kronen, dazwischen ein Kreuz. Auf der anderen Seite WITTIZA R. R. C. dann der Name der Stadt, die Buchstaben in der Form eines Kreuzes zusammengestellt z. B.

T
TOE
L

Auch hat man Münzen, wo auf jeder Seite sich nur ein Brustbild befindet, wovon das des Egiza mit einem Bart versehen ist. Die merkwürdigste von diesen Münzen ist folgende: Auf der einen Seite: ID. NN. EGICA. RX. Dann zwei gekrönte Brustbilder, in deren Mitte ein Kreuz, darum ein Lorbeerkranz. Auf der anderen Seite: WITTIZA PX. Ein Kreuz, an dessen Endpunkten C. R. G. S. (Cæsar Augustus erklärt man es), alles in einem Lorbeerkranz.

Von *Wittiza* allein sind nur zwei Münzen bekannt; die eine hat auf der Vorderseite den Namen, (welcher sonst immer WITTIZA geschrieben wird) WITTIGES REX mit dem Brustbild; auf der anderen Seite steht PIVS TOLETO.

Vom König *Roderich* ist nur eine Münze bekannt: die eine Seite: IN. DI. NE. RVDERICVS RX. ein gekröntes Brustbild, darüber ein Kreuz. Auf der anderen Seite: EGITANIA PIVS. Ein Kreuz auf drei Stufen: auf der einen Seite ein Stern; über das Ganze ein Kreuz.

Sechste Beilage

Chronologisches Verzeichnis der westgothischen Könige

	Regierungszeit Nach Christi. Geb.
Athanarich	366–381
Alarich	395–410
Ataulph	410–415
Siegreich	(nur sieben Tage)
Wallia	415–415
Theodorich I.	419–451
Thorismund	451–453
Theodorich II.	453–466
Eurich	466–484
Alarich II.	484–507
Gesalich	507–511
Theodorich der Große	511–526
Amalrich	526–531
Theudes	531–548
Theudisclus	548–549
Agila	549–554
Athanagild	554–567
Liuva I.	567–572
Leovigild (von 572 allein König)	569–586
Reccared I. der Katholische	586–601
Liuva II.	601–603
Witterich	603–610
Gundemar	610–612
Sisebut (Reccared II. seit 618 Mitregent)	612–620
Reccared II.	620–621
Suinthila (Mitregent Riccimir)	621–631
Sisenand	631–636
Chintila	636–640
Tulga	640–641
Chindasuinth (Nach Julians Chr.)	641–652
Reccesuinth (von 652 allein König)	649–672
Wamba	672–680
Erwig	680–687
Egiza	687–701
Wittiza (von 701 allein König)	698–710
Roderich	710–711

Erklärung der Tafel II

————— ·◆· —————

welche Bruchstücke aus der in den Mailänder Palimpsesten
aufgefunden ulphilanischen Bibelübersetzung enthält.

No. 1. Esdræ cap. II. v. 38–39. *Sunjus fallasuris thusundi ·S· M· Z·* (247) *Sunjus Jareimis thusundi ·I· Z·* (17)

No. 2. Evangel. Mathhæi cap. XXVII. v. 1. *At Maurgin than waurthanana
garuni nemun allai thai gudjans jah thai* ✳✳✳

No. 3. Der Anfang von des Paulus Brief an die Ephesier. Nach den beiden
Zeichen (A. F.) folgt: *Aipistaule Paulaus du Aifaisium anastodith.
Paulus apaustaulus Christaus Jesuis thairh wiljan guths. thaim weiham
thaim wisandam in Aifaison.*

No. 4. Das Ende vom Briefe Paulus an die Galater: *[In lei]ka meinamma
baira: ansts fraujins unsaris Jesuis Christaus mith ahmin izwaramma
brothrjus Amen. du Galatim ustauh.*

No. 5. Ein Bruchstück von einer gotischen Homilie: *[Jupath]ro than quath
tho weihon jah himinakundon Gabaurth anthara* (desuper autem dixit
sanctam et cœlestem nativitatem secundam).

Anmerkungen

1 Photius (in der Bibliothek Cod. XL.) hat das zwölfte Buch der Kirchengeschichte des Philostorgius in einem Auszug aufbewahrt. Es endigt mit dem J. 425.

2 Beide lebten in der ersten Hälfte des fünften Jahrhunderts in Konstantinopel. Ihre Werke sind unter den Scriptoribus Græcis historiæ ecclesiasticæ, Amstel. 1695. aufgenommen.

3 Fragmente von Olympiodors Werk in der Bibliothek vom Patriarchen Photius Cod. LXXX. ed. Bekker, p. 56–63.

4 Zosimi historiæ ed. Reitemeier, Lips. 1784. Gewiß ist es, daß er nicht vor 431 seine Geschichte aufgesetzt hat: Alles andere über seine Lebenszeit ist unbekannt.

5 Pauli Orosii Presbyteri Hispani adversus Paganos historiarum libri VII. ed. Havercamp.

6 Sie steht in der Hispania illustrata ed. Andreas Schottus. Francofurt. 1603–1608. fol. Tom. IV p. 160. Besser bei Du Chêsne (historiæ Francorum scriptores coaetanei. Paris 1636. Tom. I.) Sehr gute Erläuterungen über diese Chronik finden sich in den ersten Bänden des España sagrada oder des Teatro geographico-historico de la Iglesia de España. Su Autor Fr. Henr. Florez. Madrid 1747–1804. Das Werk, welches 42 Voll. in 4. hat, ist vom 30sten Bande an von Risko fortgesetzt.

7 Solii Apollinaris Sidonii opera omnia ex rec. Jacob. Sirmondi Paris. 1652. 4.

8 Bei Muratori Scriptt. rerum Italicar. Tom. I. und bei Hugo Grotius in der historia Gothorum, Vandalorum et Longobardorum. Amstelodam. 1655.

9 Procopii Cæsariensis opp. omnia ed. Maltret. Paris 1662. Hugo Grotius hat das auf die gotische Geschichte Bezug habende in der angef. Sammlung ins Lateinische übersetzt.

10 In der Hispan. illustrat. T. IV. p. 117 sqq. und in Canisii Lectt. antiq. T. I, p. 319 sqq.

11 In der Hispan. illustrat. T. IV. p. 152 sqq. in Canisii lectt. antiqq. T. I. p. 359, und in Scaligeri thesaurus temporum. Florez in der España sagrada T. VI. p. 422 sqq. gibt eine Continuatio dieser Chronik von einem incertus auctor, die auf jeden Fall nach der Zeit des Isidorus Pacensis geschrieben ist, und nur wenig für die westgotische Geschichte enthält.

12 Historia Francorum lib. X. bei Du Chêsne T. I. Besser nach Ruinarts Ausgabe bei Dom Bouquet (recueil des Historiens des Gaules et de la France. Par. 1733 T. II.)

13 Fredegarii Scholastici Chronic. findet sich bei Du Chêsne und Dom Bouquet hinter Gregor von Tours.

14 Isidori Hispalensis Chronic. Gothor. in der Hispania illustrata T. III. p. 847 sqq. Hier ist der Text oft fehlerhaft und unvollständig angegeben, und das Ende, was über Suinthila gesagt ist, fehlt ganz. Besser ist der Abdruck, den Hugo Grotius in der Sammlung der gotischen, vandalischen, lombardischen etc. Geschichtsschreiber gegeben hat, obwohl auch da der Text nicht ganz von Fehlern und Lücken frei ist. Areval, der sämtliche Werke Isidors ediert hat, gibt noch die beste Ausgabe. Isidori Hispalensis opera omnia recens, Faustin. Arevalo. Rom. 1797–1803. 4. 7 Voll.

15 Sein Chronicon Mundi, das bis 1236 geht, steht in der Hispania illustr. T. IV. im Anfange.

16 Rodericus Toletanus, der in der ersten Hälfte des 13ten Jahrhunderts lebte und die früheren, zum Teil verlorengegangenen, Chroniken in seine spanische Geschichte aufnahm, steht in der Hispan. illustrat. T. II.

17 Sie steht bei Du Chêsne T. I. und bei Dom Bouquet T. II.
18 Coleti Conciliorum collectio Venet. 1728–1733. in Tom. VI, VII u. VIII, oder in der Sammlung des Kardinal Aguirre (Collectio conciliorum omnium Hispaniae et novi orbis. Romæ 1693–1695.)
19 Leges Wisigothorum in der Hispan. illustrat, T. III. bei Dom Bouquet T. IV. bei Cauciani (Barbarorum leges antiquæ) T. IV. Auch Walther hat einen neuen Abdruck davon veranstaltet im Corpus juris German. antiq. T. I. p. 415–669. Berolin. 1824.
20 Sie steht bei Du Chêsne T. I. p. 821 sqq. und bei Dom Bouquet T. II. p. 707.
21 Dieses Chronicon ist im 2ten Band der Konzilien-Sammlung des Kardinal Aguirre herausgegeben und in der Hispan. illustr. T. III hinter dem Isidor Hispal.; jedoch fehlt dort der Name des Verfassers. Ferreras in der spanischen Geschichte Bd. II, ad ann. 690 bemerkt, der Name Vulsa wäre aus Mißverstand von Julse i. e. Juliani Sancti Episcopi, entstanden. Nicolaus Antonius in der Bibl. Hisp. Vet. Part. II. p. 272. hält es für einen Schreibfehler anstatt WISEgothorum regum chronicon.
22 Prudent. Sandoval gab den Isidorus Pacensis zuerst nach zwei gotischen Handschriften von Alcala und Osma heraus. Am besten und vollständigsten möchte der Abdruck sein, den Florez in der España Sagrada T. VIII p. 282 sqq. gibt. – Über Wittizas widerspruchsvolle Geschichte hat man einige neuere Schriften, die aber nicht mit strenger Prüfung der Zeugnisse abgefaßt sind: Verteidigung des Königs Wittiza von Don Gregorio Mayans y Siscar, aus dem Spanischen ins Deutsche von Plüer übersetzt, in Büschings Magazin Th. I. S. 381. Bachmanssons Beschreibung der wahren Ursachen vom Untergange des Gotischen Reiches in Spanien aus dem Schwedischen übersetzt, Kopenh. und Leipz. 1749.
23 *Cardonne* histoire de l'Afrique et de l'Espagne sous la domination des Arabes, à Paris 1765. – *Murphy* history of the Mahometan Empire in Spain. London 1816. – *Conde* historia de la dominacion de los Arabes en España. Madrid 1821.
24 Joannis *Marianae* (e. societ. Jesu) historiae de rebus Hispaniae Libri XXX in der Hispan. illustrat. T. II. – Synopsis historica chronologica de España, formados de los autores seguros y de buena fè por Dom Juan de *Ferreras* Madrid 1700. 4. Französisch von Hermilly. Paris 1741. Deutsch unter Baumgartens Aufsicht. Halle 1754. 4. Neben beiden Werken verdient außer der oben angeführten España sagrada von Florez noch folgendes Buch angeführt zu werden: Istoria critica de España y de la cultura española por Don Juan Franc. de *Masdeu*. Madrid 1787.

ERSTER ABSCHNITT

1 Sie werden bei den Alten verschiedentlich genannt: Gothi, Gothones, Guttones, Gythones. Die Griechen nennen sie häufig auch Σκύϑαι, weil von ihnen die ehemaligen Wohnsitze der Skythen besetzt wurden. Daher kommen sie auch unter der Benennung Geten vor, obwohl dieses der griechische Name einer ganz andern Nation, der von den Römern sogenannten Daker, ist. Wir schließen daher alles, was von diesen in der Geschichte vorkommt, hier aus, als nicht zu den Goten gehörig. Was der Name Gote eigentlich bedeute, kann nicht mit Bestimmtheit gesagt werden: Adelung vergleicht damit das altisländische Gudr, der Mann, Barth (Urgeschichte der Deutschen. Tl. II. S. 199.), das persische Choda und das Sanskrit Codam, Gott.
2 Plin. Hist. Nat. XXXVII, 11. Sehr zu bezweifeln ist, daß unter den Cossinern, welche Artemidorus um das Jahr 104 vor Chr. an der Ostsee erwähnt, Goten zu verstehen seien: Stephanus Byzant. p. 490. Ostiones, populus ad Oceanum occidentalem, quos Cossinos Artemidorus vocat, Pytheas vero Ostyaeos. Mit mehr Grund kann man vermuten, daß hier von den Aestyis oder Aestris im heutigen Estland die Rede ist, von denen Jornandes de rebus Geticis c. 23. spricht. – Auch Strabo (rerum geogr. Lib. VII, 1. § 3.) kennt die Goten an der Ostsee: denn offenbar ist *Βούτονες* (welcher Name nirgends vorkommt) ein Schreibfehler anstatt *Γούτονες*.
3 Zur Zeit des Geographen Ptolemäus (160 nach Chr.) wohnten sie noch an der Weichsel, waren aber schon vom Meeresufer weg südlicher gezogen: Sie heißen bei ihm *Γύϑωνες* (Geograph. III, 5.).

183

4 Taciti German. c. 43. Trans Lygios Gothones regnantur, paulo jam adductius quam ceteræ Germanorum gentes: nondum supra libertatem. Protinus deinde ab Oceano Rugii et Lemovii: omniumque harum gentium insigne, rotunda scuta, breves gladii et erga reges obsequium.

5 Taciti Annal. L. II, c. 62 et 63.

6 Jornandes de reb. Getic. c. 13. Hier möchte wohl eher der Meinung Tillemonts (in Domitiano p. 143) beizustimmen sein als dem gelehrten Maskou (teutsch. Gesch. B. V. § 6. not. 2). Dieser verteidigt die Nachricht des Jornandes gegen die Angriffe des Franzosen, der mit Recht behauptet, daß der gotische Geschichtsschreiber hier den Goten zugeeignet habe, was eigentlich den Dakern oder Geten zukomme.

7 Dio Cassius in der Römischen Gesch. L. LXXI, c. 12. Vorausgesetzt, daß wir hier anstatt Κοτινοί läsen Γοτινοί oder Γοϑινοί, so ist immer noch zu bezweifeln, daß die Goten damit gemeint seien. Denn nach Tacitus (German. c. 43.) werden die Gothini von den Gothones (den Goten) sehr unterschieden und nicht einmal zu den germanischen Völkern gerechnet.

8 Spartian. in Caracalla c. 20. Helvius Pertinax – dicitur joco dixisse, si placet, etiam Geticus Maximus, quod Getam occiderat fratrem, et Gothi Getae dicerentur, quos ille dum ad Orientem transiit, tumultuariis proeliis vicerat.

9 Jornand. c. 14 et 17.

10 Petri Patricii excerpt. de legat. p. 24–25. Tillemont ad vit. Alexandr. Sever. p. 347–48.

11 Jornandes c. 15. Ex eorum (Visigotharum) reliquiis fuit et Maximinus imperator post Alexandrum Mammeae, ut dicit Symmachus in quinto suae historiae libro – in Thracia natus, a patre Gotho nomine Mica, matre Alana. – Capitolin. in Maximin. c. 1.

12 Jornand. c. 16. – Capitolin. in Gordian. c. 34.

13 Jornand. c. 17.

14 Jornand. c. 18. – Tillemont T. III. P. II. p. 592.

15 Ammian. Marcellin. XXXI, c. 5. Er gibt die Zahl der Umgekommenen auf hunderttausend an.

16 Jornand. l. c. – Aurel. Victor c. 29.

17 Zosimus Lib. I, c. 23. ed. Reitemeyer. Aurelius Victor. de Caesaribus c. 29 et Epitome c. 29. Syncell. p. 375. (nach des Dexippus Geschichte), Zonaras L. XII. p. 627 et 628. Zosimus und mehrere nach ihm verwechseln die Donau mit der Tanais und setzen die Schlacht in die Ebene von Skythien. Über den Verrat des Gallus wird hauptsächlich bei Zosimus gesprochen, Aurelius Victor sagt dagegen: Decii barbaros trans Danubium persectans *Bruti* fraude cecidere. Auch der Tod des Decius wird verschieden erzählt. Daß er von seinen eignen Leuten erschlagen worden sei, ist nicht so wahrscheinlich, als daß er nach dem Sturz vom Pferde im Sumpfe von den feindlichen Geschossen getötet wurde. Ammian. Marcellin. XXXI, c. 13. stimmt in dieser Hinsicht mit Zosimus überein.

18 Zosimus I, c. 24–28. Jornandes c. 19. Zonaras L. XII, l. c.

19 Folgten wir Trebellius Pollio (c. 13), so hätte freilich Gallienus sie in Illyrien geschlagen und dadurch zum Rückzug genötigt. Allein er ist ein unsicherer Gewährsmann, der überall die Goten von den Römern besiegt werden läßt und doch nicht leugnen kann, daß sie immer vorwärts dringen: Pugnatum est circa Pontum et a Byzantiis ducibus victi sunt barbari. Veneriano item duce, navali bello Gothi superati sunt, tum ipse Venerianus militari periit morte. Atque inde Cyzicum et Asiam, deinceps Achajam omnem vastaverunt et ab Atheniensibus duce Dexippo, scriptore horum temporum, victi sunt. Unde post per Epirum, Acarnaniam, Boeoticam, pervagati sunt. Gallienus interea, vix excitatus publicis malis, Gothis vagantibus per Illyricum occurrit et fortuito plurimos interemit.

20 Hauptquelle für diese 3 Züge der Goten ist Zosimus Lib. I. c. 32–39 incl., der, den Geschichtsschreiber jener Zeit, Dexippus, vor sich hatte. Was uns Jornandes c. 20 davon sagt, ist kurz und höchst mangelhaft, auch sind daselbst die Züge nicht streng voneinander geschieden. Trebellius Pollio in Gallien. c. 5. 6 u. 13. scheint parteiisch. Eutrop. Breviar. L. IX, c. 6. fertigt das Ganze mit einer Zeile ab: Auch Aurelius Victor de Caesaribus c. XXXIII. ist nicht viel umständlicher. Von den Späteren ist noch Syncell. p. 382, D. Zonaras Lib. XII, p. 635 und Orosius L. VII, 22 zu vergleichen.

21 Zosimus L. I, c. 43–45 gibt die genauesten Nachrichten über den Krieg des Claudius mit den Goten. Jornandes schweigt ganz von der Schlacht bei Naissus. Trebellius Pollio (in Claudio c. 8–12) und Zonaras XII, p. 638 geben über manches Aufschluß. Victor in Epitome und Eutropius IX, 11 erwähnen der Sache auch. Nach Zonaras l. c. hätten die Goten bei diesem letzten Seezug auch Athen erobert, was sich aus keinem andern Schriftsteller beweisen läßt. Er erzählt dabei das bekannte Märchen, die Goten hätten alle Bücher in der Stadt zusammengetragen und sie verbrennen wollen, wären aber von ihren Führern von diesem Beginnen abgehalten worden. Denn, sagten sie, solange sich die Griechen mit Büchern beschäftigen, werden sie an der Übung der Waffen verhindert und uns nicht gefährlich.

22 Trebell. Pollio in Claudio c. 12. Sub hoc (Quintillo) barbari, qui superfuerant, Anchialo vastata, conati sunt Nicopolin obtinere. Sed illi provincialium virtute obtriti sunt. Nach Jornandes c. 20 sollte man jedoch diese Angabe sehr in Verdacht ziehen.

23 Über Aurelians Krieg und Vertrag mit den Goten vergleiche man Zosimus L. I, c. 48 et 49. Flavius Vopiscus in Aureliano c. 22. Gothorum quin etiam ducem, Cannabam sive Cannabaudem, cum quinque millibus hominum, trans Danubium interemit; u. c. 34, wo von dem Triumphzug des Kaisers die Rede ist: Ductae sunt et decem mulieres, quas virili habitu pugnantes inter Gothos ceperat. Eutrop. IX, 15. Sext. Ruf. c. 9. Dexippus in excerpt. legationum p. 8. ed. Venet. Ammian. Marcellin. XXXI. c. 5.

24 Nur unter des Kaisers Tacitus Regierung fielen die Goten in Kolchis und Kleinasien ein, wurden aber von ihm mit Verlust geschlagen. Vopiscus in Tacit. c. 13. Zosimus L. I. c. 53. Auf des Tacitus Münzen findet man auf dem Revers Victoria Gothica. ap. Banduri p. 427.

25 Panegyr. Vet. Mamertin II. c. 16. Ruunt omnes in sanguinem suum populi, quibus non contigit esse Romanis obstinatæque feritatis poenas nunc sponte persolvunt. c. 17. Gothi Burgundios penitus exscindunt. Rursum pro victis armantur Alamanni (Valesius liest Alani) itemque Thervingi, pars alia Gothorum, adjuncta manu Thaifalorum, adversum Vandalos Gepidesque concurrunt.

26 Nach Jornandes c. 21. hätte Maximinian (oder vielmehr Galerius) mit gotischen Hilfsvölkern gegen die Parther Krieg geführt, und als man ihrer Hilfe nicht mehr bedurfte, sie vernachlässigt. Kein anderer Schriftsteller erwähnt etwas davon.

27 Lib. II, 21. Man vergl. auch Panegyr. Optatian, c. 23. Auctor. anonym. vitæ Constantin. hinter den Valesian. Ammian. Jornandes c. 21.

28 Euseb. in vit. Constantin. L. IV, c. 5. Socrates L. I, c. 14.

29 Gibbon (history of the decl. and fall of the R. emp. ch. 14. T. II, p. 212. ed. Lip.) folgt dieser Angabe.

30 Nach dem Anonym. Valesian. heißt es freilich: Sed servi Sarmatarum adversum omnes dominos rebellarunt: quos pulsos Constantinus libenter accepit, et amplius CCC millia hominum mistæ ætatis et sexus per Thraciam, Macedoniam Italiamque divisit.

31 Die Quellen über Constantins Kriege mit den Goten sind trübe und abgerissen wie auch nicht wenig entstellt durch Panegyriker und selbst sonst unparteiische Männer, denen Constantin als der erste christliche Kaiser alles war: So sagt Eusebius (in vita Constant. L. IV, c. 6. u. L. I. c. 8.), Constantin hätte ganz Skythien erobert. Das im Text Gesagte ist nach Zosim. L. II. Julian. Orat. I. c. 26. Eutrop. X, 4. Sext. Ruf. de provinc. c. 26. Jornand. c. 22. Sext. Aurel. Vict. de Cæsar. c. 41. Anonym. Vales. ad calc. Ammian. Marcell. ed. Bip. Idat. ad ann. 332. Isidor. Chronic. p. 709. ed. Grot. Hieronym. in Chronic.

32 De reb. Getic. c. 23 et 24.

33 Jornandes c. 14 et 17. An der ersten Stelle ist er unentschieden, ob der Name Ostgoten a nomine regis Ostrogothæ, an a loco orientali herzuleiten sei; die übrigen, sagt er, hießen Westgoten.

34 In Claudio c. 6. Doch ist die Lesart zweifelhaft: Vielleicht hat auch eine spätere Hand den Namen hineingesetzt.

35 Man gibt gewöhnlich Thervingi als gleichbedeutend mit Thoringi oder Thuringi an und glaubt, daß sich später ein Teil dieses gotischen Volksstammes in der Mitte von Deutschland niedergelassen und dem Lande Thüringen den Namen gegeben

habe. Dieses alles aus der Namensähnlichkeit zu folgern, ist zu gewagt, da uns andere historische Beweise fehlen.

36 Daß die Greuthunger zu den Westgoten gerechnet werden müßten, wie der geistreiche und gelehrte Luden im zweiten Bande der Gesch. des teutschen Volkes (p. 543–545 in der langen Note 18 zum 5ten Buche, 2tes Kap.) hat beweisen wollen, ist gewiß eine unrichtige Ansicht. Die dort angeführten neun Gründe für die neue Behauptung lassen sich widerlegen und sind zum Teil von ihrem Aufsteller selbst widerlegt. Der nähere Verlauf der Geschichte, der den Quellen getreu gegeben ist, wird am besten dartun, daß die Gruthunger Ostgoten waren: Es bedarf daher keiner weitern Auseinandersetzung.

37 Amaler wird auch erklärt, daß es Himmlische bedeute: Barth, in der deutschen Urgeschichte, gibt die Erklärung Makellose, nach dem Sanskrit, worin das Wort diese Bedeutung hat.

38 Ammian. Marcellin. L. XXXI, 3. spricht bei dem Einfall der Hunnen, vom weiten Länderbezirke Ermenerichi, bellicosissimi regis, et per multa variaque fortiter facta, vicinis nationibus formidati.

39 Bei Jornandes c. 23. sind die Namen angegeben, aber offenbar von den Abschreibern so verstümmelt und verdorben, daß man wahrscheinlich von den wenigsten eine Spur hat, wie sie eigentlich geheißen haben.

40 Des Jornandes Worte l. c. Omnibusque Scythiæ et Germaniæ nationibus ac si propriis laboribus imperavit sagen freilich zu viel.

41 Es heißt, Athanarich habe lieber den Namen Richter als König angenommen: denn der letztere bezeichne bloß Macht, der erstere aber zugleich auch Weisheit.

42 Ammian. Marcellin. Lib. XXVI. c. 6. gibt 3000 an, Zosimus L. IV, c. 7. 10 000, auch Eunapius excerpt. legat. p. 18. spricht von einem großen Heere.

43 Über den ganzen Krieg ist Ammian. Marcellin. Lib. XXXVII, c. 4 et 5. die beste Quelle. Zosimus L. IV, c. 11 et 12. ist nicht so bedeutend. Jornandes erwähnt von diesem Kriege gar nichts. Daher sagt Tillemont (Tom. V. P. I. p. 145.), der überhaupt nicht viel auf Jornandes hält: Il paroit avoir été assez mal instruit de l'histoire de sa nation, puisqu'il ne parle point du tout de cette guerre contre Valens.

44 Daß man bei Ammian. Lib. XXVII, c. 5. Continuatis itineribus longius agentes Greuthungos bellicosam gentem aggressus est anstatt Greuthungos, wie alle Handschriften geben, Thervingos lesen müsse, ist gewiß falsch.

45 L. c. Postque leviora certamina Athanaricum, ea tempestate judicem potentissimum – coëgit in fugam.

46 Ammian. Lib. XXXI, c. 4. Athanaricus coëgit Principem firmare pacem in medio flumine.

47 Die Goten hatten dieselbe Kriegsweise wie die Menapier und Eburonen in Gallien, welche Cæsar de bell. Gall. Lib. VI, c. 34. ausführlich beschreibt: Ubi cuique aut vallis abdita aut locus silvestris, aut palus impedita, spem præsidii aut salutis aliquam offerebat, consederat. Nachdem er von dem Nachteil gesprochen, der aus einer solchen Kriegsweise, sich zu verbergen und unerwartet hervorzubrechen, für ein Römerheer entstehe, fährt er fort: ad finitimas civitates nuncios dimittit, omnes ad se evocat spe prædæ, ad diripiendos Eburones, ut potius in silvia Gallorum vita, quam legionarius miles periclitetur.

48 Ammian. Marcellin. et Zosimus l. c.

49 Themist. Orat. X, p. 129–141 ed. Paris. 1684.

50 Zosimus L. IV. c. 11.

51 Daß die Edda, welche die Religion der Isländer und Skandinavier enthalten soll, auch zugleich die der Goten in sich begreife, wie manche Gelehrte meinen, ist eine sehr verwerfliche Ansicht. Mag es immer sein, daß die Goten aus ihren früheren Wohnsitzen an der Ostsee Odin als höchstes Wesen anbeteten, so ist immer noch nicht damit dargetan, daß sie die Religionslehren, welche die Edda gibt, gehabt haben.

52 Philostorg. L. II, c. 5.

53 Eusebius in vita Constantini L. IV, c. 5. Socrates L. I, c. 14.

54 Subscriptiones Concilii Nicæni in coll. concilior. Labbæi: Provinciæ Gothiæ Theophilus Gothiæ metropolis. In andern Abschriften: de Gothis Theophilus Bosphoritanus.

55 L. IV, C. 27.

56 L. VI, c. 36.
57 Jornandes und andere christliche Schriftsteller haben diese Zusendung der Bischö-
    fe durch Kaiser Valens später gesetzt, als die Goten bei dem Einfall der Hunnen in
    Thrakien aufgenommen wurden. Allein diese Angabe ist offenbar falsch, da sie
    damals schon größtenteils Christen waren und sie außer Ulphilas, wenn auch nicht
    Bischöfe, doch viele Priester hatten.
58 Ambrosius comment. in evang. Luc. L. I. Hieronym. epist. 57. ad Lætam. Chryso-
    stomus ep. 14. Augustin. de civitate dei L. XVIII, c. 52. Prudentius in Apotheosi
    V. 494. Cyrill. Hierosolym. Catech X.
59 Basilii Magni epist. 338 et 339.
60 Epiphan. adv. hæres. L. III, c. 14.
61 Acta SS. Antw. ad d. 12 Apr.
62 Suidas in voce Athanaricus, und Nicephorus L. XI, c. 48.
63 Philostorgius, selbst ein Kappadokier und eifriger Arianer, möchte gern Ulphilas
    zu seinem Landsmann machen und läßt ihn deswegen von kappadokischen Gefan-
    genen aus dem Dorfe Sadagolthina abstammen. Daß Gefangene aus Kleinasien und
    selbst aus dem angegebenen Dorf von den Goten weggeführt worden sind, mag
    seine Richtigkeit haben. Daran knüpft aber Philostorgius des Ulphilas Ursprung,
    und in dieser Hinsicht ist seine Mitteilung verdächtig.
64 Der Name wird verschieden geschrieben: Ulphilas, Urphilas, Wulphilas, Gulfilas,
    Gulfias, Hulfias, Gilfulas, Galfilas, Ulphias. Wulphilas nennt ihn Jornandes; dieses
    möchte das richtigste sein. Ulphilas hat wohl mit veränderter Aussprache dieselbe
    Bedeutung: Wölflein.
65 Theodoret. hist. eccles. L. IV, c. 37. Doch fügt er hinzu, die Goten hätten sich nie
    so weit in die Arianismus eingelassen, daß, ungeachtet sie in der Lehre von der
    Dreifaltigkeit den Vater über den Sohn setzten, sie doch nie behaupteten, wie
    andere Arianer, daß der Sohn erschaffen sei.
66 Philostorgius, Socrates, Sozomenus locc. citt.
67 Sozomenus L. VI, c. 36. Πρῶτος δὲ γραμμάτων εὑρετὴς αὐτοῖς ἐγένετο – Socrates
    IV, 27. Τότε δὲ καὶ Οὐλφίλας, ὁ τῶν Γότϑων ἐπίσκοπος, γράμματα ἐφεῦρε γοτ-
    ϑικά. – Philostorgius II, 5. Καὶ τάτε ἀλλ᾽ αὐτῶν ἐπεμελεῖτο, καὶ γραμμάτων
    αὐτοῖς οἰκείων εὑρετὴς καταστάς. Cassiodor. hist. eccles. trip. VIII, 13. Tunc
    etiam Ulphilas, Gothorum episcopus literas gothicas adinvenit. – Jornandes c. 51.
    Wulphilas eos dicitur et literis instituisse – Historia Miscell. L. XII, c. 12. – qui
    etiam gothicas literas primus adinvenit. – Isidor. Hispal. Chronic. Visigothorum
    Era 415. (i. e. 453 nach Chr.) Tunc Gulfilas eorum episcopus gothicas literas adin-
    venit.
67a Man sehe die beigefügte Tafel I.
68 Grimm in dem Buche über deutsche Runen S. 43. findet in den vier Buchstaben O,
    U, TH und V Überbleibsel der alten Runenschrift; allein vergleicht man dieselben
    damit, so wird man sie, außer dem U, viel ähnlicher den entsprechenden griechi-
    schen Schriftzeichen finden.
69 Die Buchstaben F, R und S scheinen aus dem Lateinischen aufgenommen zu sein;
    allein dem ist nicht so: denn das Zeichen F ist auch den Griechen unter dem Na-
    men Digamma Aeolicum bekannt, und R und S findet man auch im Griechischen,
    obwohl selten, anstatt der Zeichen P und Σ: Von Q allein könnte man behaupten,
    daß das Zeichen aus dem Lateinischen sei.
70 Dahin sind besonders die Zeichen für I, HW und U zu rechnen: denn das Zeichen
    für W ist offenbar aus dem Y, und das Zeichen für O aus dem Ω entstanden. Das
    Zeichen für HW könnte aus dem syrischen Wau genommen sein; U vielleicht aus
    der Runenschrift.
71 Über Ulphilas Bibelübersetzung besitzen wir ein sehr gutes Werk von Zahn, der
    nicht nur den gotischen Text nach Ihre mit lateinischer Übersetzung und kriti-
    schen Noten herausgab, sondern auch eine gotische Sprachlehre von Fulda und ein
    Glossar, umgearbeitet von Reinwald, hinzufügte. In der Einleitung bringt Zahn
    den im Text behandelten Gegenstand zur Sprache und stattet ihn mit aller Gelehr-
    samkeit und Breite aus; wir verweisen daher dorthin auf das Nähere, müssen aber
    hier bemerken, daß wir, wenn wir auch in den meisten Fällen seinen Ansichten
    folgten, doch auch in manchen von ihnen abweichen mußten, da innere und histo-
    rische Gründe uns dazu bewogen.

72 Childebertus – – LX calices, XV pateras, XX evangeliorum capsas detulit, omnia ex auro puro ac gemmis pretiosis ornata.
73 Zahn in der Einleitung p. 77–79. Es sind die sogenannten 4 neapolitanischen Verkaufsurkunden und die eine aretinische.
74 Dieses wollen viele bestreiten, gewiß aber mit Unrecht. Man sehe darüber Zahn, Einleitung p. 29–36.
75 Im Evangelium 1) des *Matthäus* fehlen: Cap. I–V, 15. VI, 33. 34. VII, 1–12. X, 1–23. XI, (hier ist ein halb zerrissenes Blatt) v. 25 bis Kap. XXVI, 70. XXVII, 19 bis zum Ende des Evangeliums. 2) Des *Johannes* Kap. I–V, 45. XI, 47 bis XII, 1. XII, 49. 50. XIII, 1–11. XIX, 30 bis zu Ende. 3) Des *Lucas* Kap. X, 30 bis XIV, 9. XVI, 24 bis XVII, 3. XXI. bis zu Ende. 4) Des *Marcus* Kap. VI, 30–54. XII, 38 bis XIII, 16. 29 bis XIV, 5. 16–41. XVI, 12 bis zu Ende. In der angegebenen Ordnung folgen die Evangelisten aufeinander; jedoch hat man sie nach der sonst gewöhnlichen Ordnung zusammenbinden lassen.
76 Daher führt der Kodex auch den Namen Argenteus; also nicht wegen des silbernen Einbandes: denn schon ehe ihn der Graf de la Gardie so binden ließ, ist er schon unter jenem Namen angeführt.
77 Der Brief Pauli an die Römer ist jedoch nicht ganz erhalten: Nur Kap. XI, 33–36. XII, 1–5. 17–21. XIII, 1–5. XIV, 9–20. XV, 3–13. enthält er.
78 Ulphilae partium ineditarum in Ambrosianis palimpsestis ab Angelo Majo repertarum specimen conjunctis curis ejusd. Maji et Car. Oct. Castillionaei editum Mediolani. MDCCCXIX.
78a Man s. Tabul. II. Nr. 3.
78b Man s. Tabul. II. Nr. 4.
78c Man s. Tab. II. Nr. 1.
78d Man s. Tab. II. Nr. 2.
78e Man s. Tab. II. Nr. 5.

ZWEITER ABSCHNITT

1 Jornand. c. 24.
2 Jornand. c. 24. Quam adversam ejus valetudinem captans Balamirus, rex Hunnorum, in Ostrogothas movit procinctum, a quorum societate jam Visegothæ discessere, quam dudum inter se juncti habebant. Daher sagt auch Isidor. Chronic. Goth. ær. CCCCVII. primus (Visi) Gothorum gentis administrationem suscepit Athanaricus.
3 Über den Einfall der Hunnen, Hermanrichs Tod und die Besiegung der Ostgoten vergl. man Jornandes c. 24. Ammian. Marcellin. XXXI, 2 u. 3.
4 Ammian. l. c. c. 4.
5 Hauptquelle ist hier bis zum Tode des Kaisers Valens Ammian. Marcellin. im 31sten Buche: vom Übergang der Goten über die Donau in c. 3 u. 4. Zosimus L. VI, c. 20. Eunap. excerptt. legatt. p. 19. Oros. VII, 33. Jornandes 25 u. 26. Sozomen. L. VI, c. 37.
6 Ammian. Marcellin. c. 5. Über die Habsucht der beiden Statthalter (welche Zosimus u. Eunapius ganz verschweigen) Jornand. c. 26. Ammian. c. 4. u. Hieronymus. Chronic. p. 188.
7 Das nun Folgende bis zum Tode des Kaisers Valens ist nach Ammian. Marcellin. v. c. 5 bis zu Ende. Das Wenige, was außer Zosimus L. IV, c. 22, 23 u. 24. Jornand. c. 26 u. 27. u. Orosius L. VII, c. 33. andere Geschichtsschreiber darüber bemerken, wird jedesmal an seinem Orte angeführt werden.
8 Ammian. Marcell. l. c. c. 6. Pacem sibi esse cum parietibus memorans.
9 Ammian. Marcell. l. c. am Ende des 6ten c.
10 Ammian. Marcellin. L. XXXI. c. 7. beschreibt diese Schlacht ausführlich, und seine Bemerkung: corpora diræ volucres consumserunt assuetae illo tempore cadaveribus pasci: ut indicant nunc usque albentes ossibus campi – macht wahrscheinlich, daß er selbst das Schlachtfeld gesehen. Nach ihm war die Schlacht unentschieden: (aequo Marte partes semet altrinsecus afflictabant.) Jedoch Theodoret in der hist. eccles. Hieronym. in Chr. sprechen von einer Niederlage der Römer, vielleicht

deswegen, weil sie zuerst das Schalchtfeld verließen. Des Orosius (L. VII, c. 33) Worte: victo Valentis exercitu sind nach dem Zusammenhang auf die Niederlage des Lupicinus zu beziehen.

11 Amm. Marcell. l. c. c. 9.

12 Socrates L. IV, c. 38. Ammian. L. XXXI, c. 11. Moratus paucissimos dies, seditione popularium pulsus.

13 Ammian. Marc. l. c. c. 12.

14 Über die Schlacht und Valens Tod Ammian. Marc. XXXI, c. 12 u. 13. Orosius L. VII, c. 33 – Zosimus c. 25. ist über Sebastian sehr ausführlich: die Schlacht erzählt er kurz; nach ihm flüchtete sich Valens in ein offenes Dorf, das die Goten in Band steckten, so daß er mit den Einwohnern in den Flammen umkam. Nach Ammian, Socrat. IV, 38. u. Sozomen. L. VIII. init. wäre er in der Schlacht umgekommen; jedoch erwähnt der erste auch, daß man erzähle, daß er seinen Tod in den Flammen gefunden. Jordandes c. 26. u. Sext. Aurel. Victor Epit. c. 46. Orosius l. c. Isidori Chronic. Goth. u. Idatii Chronograph. Historia Miscella L. XXII, c. 13. stimmen darin überein, daß Valens verwundet in eine Hütte geflüchtet und darin verbrannt sei: Die genanten christlichen Schriftsteller sehen diesen Feuertod als eine Strafe des Himmels an, weil er als Arianer, durch die Zuschickung der arianischen Bischöfe, die Goten zur arianischen Lehre hinübergezogen hätte.

15 Ammian. Marcellin. c. 15.

16 Amm. Marcell. c. 16. Ex ea (turma Saracenorum) critinus quidam, nudus omnia praeter pubem, subraucum et lugubre strepens, educto pugione agmini se medio Gothorum inseruit, effusumque cruorem exsuxit. Quo monstroso miraculo barbari territi, postea non ferocientes ex more, cum agendum peterent aliquid, sed ambiguis gressibus incedebant.

17 Ammian. Marcellin. XXXI, c. 16. in f. billigt dieses Würgen der jungen Goten. Dieser Geschichtsschreiber, ungeachtet seiner geschraubten Schreibart und mancher anderer Fehler, doch der beste in der späteren Kaisergeschichte, endigte hiermit sein Werk. Er ist Hauptquelle von dem Übergang der Goten bis zum Tode des Valens. Zosimus L. IV, 20–25. ist nach seiner Art oft ohne allen historischen Takt, bei den unbedeutenden Dingen sehr breit, und den wichtigsten außerordentlich kurz: oder er übergeht Hauptfakta ganz. Die Ermordung der jungen Goten in den kleinasiatischen Städten erzählt er genauer als Ammian. Jedoch irrt er, wenn er berichtet, daß sie nach der Thronbesteigung des Theodosius vorgefallen sei L. IV, c. 26: τῷ μὲν βαδιλεῖ Θεοδοσίῳ δῆλον καταστῆσαι τὸ μελετώμενον οὐκ ἔγνω, καὶ ἐν τοῖς περὶ Μακεδονίαν ἐνδιατρίβοντι τόποις, καὶ προςέτι γε ὡς μὴ παρ' αὑτοῦ, παρὰ Οὐάλεντος δὲ ταύτην ἐπιτραπεὶς τὴν φροντίδα, καὶ οὔπω σχέδον τῷ τότε βασιλεύοντι γνωριζόμενος. Tillemont (T. V. p. 714. Not. XI.) hat Zosimus schon gut widerlegt. Eunap. excerptt. Legatt. p. 21. verdient auch verglichen zu werden.

18 Themistius orat. XVI. ad Theodos. de pace p. 206. D.

19 Zosimus L. IV, c. 24. Socrates L. V, c. 6. Sozomenus L. VIII, c. 4.

20 Idat. ad an. 379.

21 Jornand. c. 27.

22 Nach Zosimus L. IV, c. 34 hätte er mit Gratian und Theodosius einen Vergleich geschlossen, vermöge dessen er wieder über die Donau gegangen; wie Maskou vermutet, hätte er hier den Athanarich bekriegt und vertrieben. Dagegen spricht das Zeugnis von Jornandes c. 28.

23 Zosimus L. IV, c. 25 sq.

24 Ammian. Marcellin. XXXI, c. 3.

25 Jornand. c. 28. Qui (Athanaricus) tunc Fridigerno successerat. Ammian. Marcellin. XXVII, c. 5. freilich aus einer andern Ursache. Ubi (Constantinopoli) postea Athanaricus, proximorum factione genitalibus terris expulsus, fatali sorte deccessit, et ambitiosis obsequiis, ritu sepultus est nostro. Daß hier unter proximorum factione nach der verdächtigen Erzählung des Zosimus L. IV, c. 34. Fridigern, Alatheus und Saphrax zu verstehen sei, wie Maskou (teutsch. Gesch. B. VII, § 29. not. 2) will, ist sehr zu bezweifeln.

26 Themist. Orat. XV, p. 190. C. ed. Harduin. erwähnt auch des Vaters von Athanarich, des Rhotest: cujus (Athanarici) ad placandum parentem maximus ille Constantinus statuam olim erexerat, quae post curiam adhuc collocata cernitur. Bei

Ammian Marcell. L. XXVII, c. 5. gedenkt Athanarich auch seines Vaters, durch dessen Befehle und durch einen Eidschwur sei ihm verboten, den römischen Boden zu betreten.

27 Jornandes c. 28.

28 Idat. ad ann. 381. Ingressus est Athanaricus rex Gothorum Constantinopolim die III Idus Januar. Eodem mense diem functus idem Athanaricus in VIII Kal. Febr. Marcel. in Chronic. ad ann. 381. Tillemont. not. IX, ad vit. Theodosii und not. VIII und IX. ad vit. Valentinian.

29 Die Säule, die von dem Theodosius errichtet wurde, als Athanarich nach Konstantinopel kam, ist noch vorhanden: Sie steht im Palast des Sultans am dritten großen Tore. Nur die Statue fehlt. Man vergl. Dallaway Constantinople ancienne et moderne (traduct. française An VII.) Tom. I, p. 34.

30 Zosimus L. IV, c. 34. Jornand. l. c. et Ammian. Marcellin. L. 27, 5. Themist orat. XV, p. 190. c. Ambrosius de spiritu Sancto L. I. in pr. p. 214.

31 Jornand. c. 28. Synesius in der Rede an Arcadius über gute Einrichtung der Regierung p. 25. c. tadelt deshalb Theodosius. Themist. aber Orat. XVI, p. 211. rechtfertigt den großen Kaiser.

32 Ausi Danubium quondam tranare Gruthungi.
   In lintres fregere nemus: ter mille ruebant
   Per fluvium plenæ cuneis immanibus alni.
                                 Claudian in IV. Consul. Hon. v. 623.

33 l. v. V. 623. – Odothæi regis opima Retulit.

34 Zosimus IV, 38 u. 39 erzählt umständlich diese Niederlage der Goten. Nach ihm führte der General Promotus die Römer an und Theodosius kommt erst, nachdem der Sieg entschieden ist. Dieser Nachricht kann man mit Recht mißtrauen, da Zosimus gern Theodosius Ruhm zu schmälern sucht, so wie im Gegenteil Claudian übermäßig ihn zu heben.

35 Zosimus L. IV, c. 38. statt *Προθιγγοι* ist dort *Γρθιγγοι* zu lesen. Idat. in Chronic. et in Fastis ad ann. 386. Octavo anno regni Theodosii Grætingorum gens a Theodosio superatur. Marcell. Chronic.

36 Latini Pacati panegyricus c. 32.

37 Jornandes c. 28. Zosim. L. IV, 57. 58.

38 Zosim. L. V, c. 5. Socrat. L. V, c. 34. Orosius L. VII, c. 35. Ita et hic duorum sanguine bellum civile restinctum est, absque illis decem millibus Gothorum, quos, præmissos a Theodosio, Arbogastes delesse funditus fertur, quos utique perdidisse lucrum et vinci vincere fuit.

39 Über diesen Vorfall zwischen den gotischen Führern vergl. man Eunap. excerptt. legat. p. 21 et 22. Zosimus lib. IV, c. 56. erzählt diese Geschichte auch, nennt aber den Fravitta *Φραούστιος* und den Eriulf *Πρίουλφος*. Fravitta oder Travitta (so wird er auch genannt) blieb dem kaiserlichen Dienste getreu, auch nach dem Tode des Theodosius. Er wurde 401 Konsul. Cf. Tillemont. histoire des Empereurs. Tom. V. p. 467.

40 Zosimus L. VI, c. 5. – Jornand. c. 29. ist für die erste Geschichte Alarichs im oströmischen Reiche ein schlechter Führer, wenn wir ihm auch manche gute Angabe zu verdanken haben.

41 Claud. in Rufin. II. v. 124. sqq. früher aber sagt er von Rufin. v. 78.
   Ipse inter medios, ne qua de parte relinquat
   Barbariem, revocat fulvas in pectore pelles
   Frenaque et immensas pharetras, arcusque sonoros
   Assimilat, mentemque palam testatur amictus.
   Nec pudet Ausonios currus et juga regentem
   Sumere deformes ritus vestemque Getarum.

42 Jornandes c. 29. (Alaricho) erat post Amalos secunda nobilitas, Baltharumque ex genere origo mirifica, qui dudum ob audaciam virtutis Baltha, id est, audax, nomen inter suos acceperat. Dem Sinne dieser Stelle, deren Konstruktion etwas unatürlich ist, und die daher Anlaß zu Mißverständnissen gegeben hat, wird nicht widersprochen, wenn Jornand. c. 17. von den Goten am schwarzen Meere sagt: Vesegothæ familiæ Balthorum, Ostrogothæ præclaris Amalis serviebant; denn dieses ist wie vieles andere bei diesem Schriftsteller eine Antizipation in der Geschichte.

43 Claudian de VI. Consulatu Honorii v. 104 sqq.

Maurusius Atlas
Gildonis furias, Alaricum barbara Peuce
Nutrierat: qui sæpe tuum sprevere profana
Mente patrem: Thracum veniens e finibus alter
Hebri clausit aquis.

Damit ist Claudian. de bello Getico v. 539 sq. zu vergleichen.

44 Zosimus L. V, c. 5. Ἀλάριχος ἠγανάκτει, ὅτι μὴ στρατιωτικῶν ἡγεῖτο δυναμέων, ἀλλὰ μόνονς εἶχε τοὺς βαρβάρους, οὓς Θεοδόσιος ἔτυχεν αὐτῷ παραδοὺς, ὅτε σὺν αὐτῷ τὴν Εὐγενίου τυραννίδα καθεῖλε.

45 Claudian. in Rufin. l. II. v. 7–100. Tillemont. Mem. Eccles. Tom. XII, p. 200 sqq.

46 Jornand. c. 29. Mox ut ergo ante fatus Alaricus creatus est rex, cum suis deliberans suasit suo labore quærere regna, quam alienis per otium subjacere. Gibbon verschiebt ohne historischen Grund diese Erhebung bis zum J. 400.

47 Claudian. in Rufin. II, v. 30. –

Jam pascua fumant
Cappadocum volucrumque parens Argeus equorum:
Jam rubet altus Halys: nec se defendit iniquo
Monte Cilix. Syriæ tractus vastantur amœni,
Assuetumque choris et læta plebe canorum
Proterit imbellem sonipes hostilis Orontem.
Hinc planctus Asiæ; Geticis Europa catervis
Ludibrio prædæque datur, frondentis ad usque
Dalmatiæ fines, omnis quæ mobile Ponti
Acquor et Hadriacas tellus interjacet undas
Squalet inops pecundum, nullis habitata colonis.

48 Zosimus L V, c. 5. Claudian. in Rufin. L. II, v. 186–191.

49 Zosimus V, c. 6. Wenn Gibbon ch. XXX. zu weit geht und dem Alarich als einem ganz ungebildeten Barbaren alle Kenntnis des Homer und der griechischen Götterwelt abspricht, so erheben andere Geschichtsschreiber ihn zu sehr und geben ihm eine Kentnis des Altertums, die er gewiß nicht besaß. Lord Byron in Childe Harolds Pilgrimage Canto II. St. 14. sagt in Beziehung auf obige Angabe des Zosimus:

Where was thine Aegis, Pallas, that appall'd
Stern Alaric and havock on their way?
Where Peleus' Son? Whom Hell in vain enthralled
His shade from Hades upon that dread day
Bursting to light in terrible way.

Und in dem curse of Menerva sagt derselbe englische Dichter, indem er von Lord Elgins Weise spricht, die Altertümer von Griechenland nach England zu bringen: v. 136. sqq.

That all may learn from whence the plunderer came,
Th' insulted wall sustains his hated name.
For Elgin's fame thus grateful Pallas pleads,
Below, his name – above, behold his deads!
Be ever hail'd with equal honour here
The Gothic monarch and the Pictish peer.
Arms gave the first his right – the last had none,
But basely stole what less barbarians won!

50 Eunapius (in Vit. Philosoph. p. 90–93 ed. Commelin.) deutet an, daß eine Schar Mönche Griechenland verrieten und dem gotischen Heere folgten.

51 Zosimus l. c.

52 Claudian I Consulat. Stilich. v. 172–186. – IV. Consul. Honor. 459–487.

53 Zosimus L. V, c. 7. Die andere gibt Claudian de bello Get. v. 531. Hier sagt ein gotischer General zu Alarich:

Extinctusque fores, ni te sub nomine legum
Proditione, regnique favor tegisset ëoi.

54 Claudian. in Eutrop. II, 212. – qui foedera rumpit
Ditatur: qui servat, eget: vastator Achivæ
Gentis, et Epirum nuper populatus inultam
Præside Illyrico: jam, quos obsedit, amicos

Ingreditur muros.
und Claudian. de bello Getico v. 535 sqq.

55 Auch dieser Minister wurde durch Gainas, den gotischen General in kaiserlichen Diensten, gestürzt. Derselbe wurde aber endlich so übermütig, daß der Kaiser sich gegen seinen verräterischen Plan die Hilfe des Goten Frajuta bediente und ihn besiegte. Socrates L. VI, 6. Zosimus L. V, 18–22. Tillemont in Arcad. Art. XVIII.

56 Claudian. de bello Getico v. 535 sqq.

57 Claudian. de bell. Get. v. 566. – foedera fallax
Ludit, et alternæ perjuria venditat aulæ.

58 Nach Jornand. c. 29. womit auch Prosperi und Cassiodori Chron. übereinstimmen. Pagius ad. ann. 403. not 6–9.

59 Claudian. de bello Getico v. 575. gibt allein davon Nachricht. Er läßt den Stilicho vor der Schlacht bei Pollentia so zu den Soldaten sprechen:
Nunc, nunc o socii, temeratæ sumite tandem
Italiæ poenas. Obsessi principis armis
Excusate nefas. Deploratumque Timavo
Vulnus, et Alpinum gladiis abolite pudorem.

60 Gibbon chapt. 30. erklkärt sich die Verzögerung des Vordringens so: the siege of Aquileja and the conquest of the provinces of Istria and Venetia, appear to have employed a considerable time. Unless his operations were extremely cautious and slow, the length of the interval would suggest a probable suspicion, (Tillemont. not XIV. ad vit. Honorii ist dieser Meinung) that the Gothic king retreated towards the banks of the Danube; and reinforced his army with fresh swarms of Barbarians, before he again attempted to penetrate into the heart of Italy.

61 Claudian. l. c. v. 162 sqq.

62 Jornandes c. 29. – Gibbon l. c., der die beliebte Manier hat, vieles in der Geschichte zu substituieren, wenn es der Erzählung eine gefällige Farbe gibt, auch wenn es eine trügerische sein sollte, glaubt, daß sich Honorius auf der Reise nach Arles in die Stadt Asta geflüchtet habe. Diese Annahme, die er nur machte, um sich den Zug Alarichs nach Ligurien zu erklären, ist ganz falsch. Denn des Honorius Anwesenheit in Ravenna im J. 402 u. 403 ersieht man aus dem Codex: und daß Alarich nicht weiter nach Rom zurückte, war durch die Furcht vor Stilicho, der aus Gallien erwartet wurde, veranlaßt.

63 Claudian. de bello Getico. v. 302–420. Aur. Prudentius L. II, v. 707 sqq.

64 Tillemont glaubt, der Ort müsse am Tanaro nicht weit vom heutigen Chierasco gelegen haben. Pagius ad. ann. 403. n. 6. sagt: quod oppidum erat Liguriate apud Tanarum fluvium, nunc excisum. ef. Claudian. de bell. Get. v. 569 u. 651 sqq.

65 Claudian. de bell. Get. ist für den ersten Einfall Alarichs in Italien Hauptquelle. Nach diesem schätzbaren historischen Gedichte wären die Goten gänzlich geschlagen worden: eben dieses sagt Claudian auch de VI. consulatu Honorii v. 200 sqq.

66 Aurel. Prud. Clement. advers. Symmachum L. II. v. 695. sqq.
Tentavit Geticus nuper delere tyrannus
Italiam, patrio veniens iratus ab Istro,
Has arces æquare solo, tecta aurea flammis
Solvere, mastrucis proceres vestire togatos.
Jamque ruens, Venetos turmis protriverat agros
Et Ligurum vastrarat opes, et amoena profundi
Rura Padi, Thuscumque solum victo amne premebat.
Depulit hos nimbos equitum, non pervigil anser
Proditor occulti tenebrosa nocte pericli:
Sed vis cruda virum præfractaque congredientum
Pectora, nec trepidans anumis succumbere leto
Pro patria, et pulchram per vulnera quaterere laudem.

—   —   —   —   —   —

Illic ter denis gens exitiabilis annis
Pannoniæ pœnas tandem deleta pependit.
Corpora famosis olim ditata rapinis
In cumulos congesta jacent, mirabere seris

Posteritas seclis inhumata cadavera late,
Quæ Pollentinos texerunt ossibus agros.
67 Orosius VIII, 37. Dieses scheint in den Worten zu liegen: Taceo de infelicibus
bellis apud Pollentiam gestis – pugnantes vicimus, victores victi sumus.
68 De reb. Getic. c. 28. Omnem pæne exercitum Stiliconis in fugam conversum usque
ad internecium dejiciunt. Cassiodori Chron. ad ann. 402. Pollentiæ Stiliconem cum
exercitu Romano, Gothi victum acie fugaverant.
69 Prosperi Aquitani Chronic. Pollentiæ adversus Gothos vehementer utriusque partis glade pugnatum est. – Zosimus, welcher der ausführlichste Schriftsteller über
Alarichs Geschichte ist und der den Eunapius, dessen Geschichte bis 404 ging, vor
sich hatte, sagt gar nichts über diese Schlacht, wie überhaupt von dem ersten Einfall der Goten in Italien. Entweder ist eine Lacune im Buche, oder Zosimus hat
absichtlich die Schlacht bei Pollentia und Verona verschwiegen.
70 Claudian VI. Consul. Honor. v. 297 sqq.
71 Claudian de VI. Consulat. Honor. v. 531 sqq.
72 Claudian. VI. Consul. Honor. v. 300 sqq.
73 Claudian. de VI. Consul. Honor. v. 218.
74 Claudian. de VI. Consul. Honor. v. 230.
Occulto tentabat tramite montis,
Si quas per scopulos subitas exquirere posset
In Rhætos, Gallosque vias. Sed fortiter obstat
Cura ducis.
75 Orosius VII, 37. Taceo de Alaricho, rege cum Gothis suis, saepe victo, sæpe con-
cluso, semperque dimisso. Wegen des Sieges über Alarich hielt Honorius 404 in
Rom einen Triumphzug. Stilicho fuhr dabei auf einem Wagen; vor demselben ritt
sein Sohn Eucherius. Claudian. de VI. Consul. Honor. v. 552–577. Mabillon in d.
Analectis T. IV, p. 359 gibt eine Inschrift von diesem Triumph, die Tillemont mit
Unrecht auf den Sieg über Rhadagais bezieht; sie lautet so: IMPP. CLEMENTIS-
SIMIS. FELICISSIMIS. TOTO. ORBE. VICTORIBVS. D. D. D. N. N. N. AR-
CADIO. HONORIO. THEODOSIO. AVGGG. AD. PERENNE. INDICIVM.
TRIVMPHO. QVO. GETASIMVLACRIS. EORVM. TROPÆISQVE. DECO-
RA. S. P. Q. R. TOTIVS. OPERIS. SPLENDORE.
76 Claudian. de bell. get. in f. und de VIto Consulatu Honorii, v. 200 sqq. besonders
über die Schlacht bei Verona.
77 Orosius VII, 37. Isidor in Chronic. Gothorum.
78 Zosimus V, c. 26.
79 Paulin. vita Amborsii c. 50.
80 Orosius VII, 37 nennt die Völker, die Rhadagais nach Italien führte, Goten. Solche
mögen wohl viele unter seinem Heere gewesen sein, allein er selbst war kein gotischer König, wie ihn Prosper in der Chronik und Augustin nennen. Außer Zosimus
L. V, c. 26. stimmen alle Schriftsteller darin überein, daß Rhadagais in Italien mit
seinem Heere vernichtet worden. Nach dem griechischen Schriftsteller hätte Stilicho den Feind jenseits der Donau besiegt. Um Zosimus mit den andern Schriftstellern zu vereinen, hat man statt Ἴστρον— Ἄρνον oder Ἠρίδανον zu schreiben
vorgeschlagen. Gegen das erstere erklärt sich jedoch Tillemont T. V. p. 807. not. 21.
Über Rhadagais vergleiche man Augustin, de Civitate dei V. 23. und Serm. CV. c. 10.
u. Chronicon Marcellini. Nach Olympiodor. ap. Phot. p. 180. wäre Rhadagais nicht
umgekommen, sondern hätte mit Stilicho einen Vertrag geschlossen.
81 Zosimus V. 26.
82 Zosimus L. V, 29. Ἐδόκει τῇ γερουσίᾳ χρυσίου τετρακισχιλίας ὑπὲρ τῆς εἰρήνη
Ἀλλαρίχῳ δίδοσθαι λίτρας, τῶν πλειόνων οὐ κατὰ προαίρεσιν, ἀλλὰ Στελίχωνος φόβῳ, τοῦτο ψηφισαμένων. – Olympoidor. apud Photium p. 57. ed. Bekker.
Ἀλάριχος ἔτι ζῶντος Στελίχωνος μί κεντηνάρια μίσθον ἔλαβε τῆς ἐκστρατείας.
83 Orosius (VII, 38) erzählt, daß Stilicho seinem Sohne Eucherius, einem Feinde des
Christentums habe auf den Kaiserthron erheben wollen, und fährt dann so fort:
quamobrem Alaricum cunctamque Gothorum gentem pro pace optima et quibus-
cunque sedibus suppliciter et simpliciter orantem occulto fœdere vovens, publice
autem et belli et pacis copia negata, ad terendam terrendamque rempublicam. Doch
ist hier des Drosius Bericht verdächtig, da er offenbar Stilichos Charakter, der
vielleicht nicht ganz ohne Flecken ist, doch einer der besten der damaligen Welt,

schlecht zu machen sucht. Sozomenus hist. eccl. (L. IX, 4. und VIII, 25.) sagt, daß Stilicho zu Gunsten seines Sohnes nach dem morgenländischen Reiche getrachtet habe. Der Verräterei beschuldigt ihn ferner Philostorgius hist. eccl. XII, 2. und XI, 3. Socrates. hist. eccl. VII, 10. Hieronymus ad Ageruchiam de monogamia epistol. IX, p. 748. Prosper. et Marcellin. in Chronic. geben ihm die Schuld, die germanischen Völker aufgeregt zu haben, in Gallien einzufallen. Marcellin. hat unstreitig Orosius vor sich gehabt. Doch Olympiodorus (bei Photius p. 57. ed. Bekker) spricht ihn von aller Schuld frei, ein Zeugnis, das sehr gut die übrigen aufwiegt, da dieser Schriftsteller nicht wie die angeführten befangen ist. Zosimus, dem wir die ausführliche Nachricht (L. V, c. 30–35) über den Sturz Stilichos verdanken, stimmt mit Olympiodor überein, den er auch gewiß vor Augen gehabt. Vergl. bes. c. 32. ab init.

84 Zosimus L. V, c. 35.
85 Man sehe Gibbon. chapt. 31. not. 66–73. : Lipsius de Magnitud. Romana L. III, c. 3. und Isaac Vossius (Observat. var. p. 26–34) träumen von vier oder acht oder sogar vierzehn Millionen Einwohner in Rom.
86 Hieronymus ad Principiam. Tom. I. p. 121. Ad nefandos cibos erupit esurientium rabies, et sua invicem membra laniarunt, dum mater non parcit lactenti infantiae; et recipit utero, quem paullo ante effuderat. Zosimus L. V, c. 40.
87 Tillemont. (Mem. Ecclest. T. X. p. 645) bezweifelt die Wahrheit dieses Berichtes.
88 Zosimus V, 41. – Nach Sozomen. L. IX, c. 6. wäre ein unglücklicher Versuch gemacht worden: jedoch erwähnt er nicht des Papstes Innocenz.
89 Hauptquelle für die erste Belagerung Roms durch Alarich, welche oft mit der zweiten und dritten verwechselt oder verschmolzen wird, ist Zosimus Lib. V, c. 35–42. Dann vergl. man Olympiodor. apud Phot. Cod. LXXX, p. 57. ed Bekker. Sozomen. L. IX, c. 6. Philostorgius L. XII, c. 3.
90 Zosimus Lib. V., c. 42.
91 Zosimus L. V. c. 44 und 45. Er gibt den Verlust Ataulphs an, der verglichen mit dem römischen unwahrscheinlich ist: – ἐπιθέμενοι καὶ συμπεσόντες, ἀναιροῦσι μὲν τῶν Γότθων ἑκατὸν καὶ χιλίους ἑπτακαίδεκα δὲ μόνοι πεσόντες εἰς τὴν Ῥάβενναν ἐσώθησαν.
92 Zosimus L. V. c. 49–51. Sozomen. L. IX, e. 7.
93 Zosimus Lib. VI, 6 et 7. Nach dem Text, den wir jetzt von Zosimus besitzen, wird feilich nichts von der Erhebung Ataulphs zum *Comes domesticorum* gesagt: allein schon Sigonius sagt es, der zwar nicht ein vollständigeres Manuskript von diesem Schriftsteller als wir hatte, aber wahrscheinlich die Stelle bei Sozomen. L. IX. c. 9. berücksichtigte, wo es heißt: Χειροτονεῖται Ἀλάριχος στρατηγὸς ἑκατέρας δυνάμεως · Ἀδάουλφος δὲ ἡγεμὼν τῶν ἱππέων δομεστίχων καλουμένων. Über Attalus sehe man noch Olympiodor. ap. Phot. p. 57. ed. Bekker. Philostorg. L. XII, c. 3. u. Procop. hist. Vandalic. I, 2. Orosius VII, 42.
94 Zosimus L. VI. c. 7.
95 Zosim. L. VI, c. 11 sqq.
96 Zosimus Lib. VI, c. 12. 13. Hier endigt dessen verstümmeltes Werk. – Sozomen. et Philostorg. l. c. Oros. Lib. VII, c. 42. Olympiodor. ap. Phot. ed. Bekker p. 57.
97 Nach Tillemont not. XXIX ad vit. Honor. – Pagius ann. 410 § VII–XIII. Meint die Belagerung sei noch 409 gewesen.
98 Histor. Vandal. L. I. c. 2.
99 Hieronymus (epist. 96.) ad Principiam T. I. p. 121.
100 Das erstere sagt Orosius VII, 39 und c. 40. Irruptio urbis per Alarichum facta est; das andere Sozomenus L. IX, c. 15. τὴν Ῥώμην (Ἀλάριχος) εἷλε προδοσία.
101 Procop. histor. Vandalic. L. I, c. 2. Daß ein Teil von Rom verbrannte, sagt auch das Chronicon Marcellini: partem urbis cremavit: discedunt (Gothi) facto quidem aliquantarum aedium incendio: auch Philostorgius XII, c. 3. Allein Jornandes c. 30. der nur der letzten Belagerung Roms erwähnt, behauptet, daß nichts durch Brand zerstört wurde: (Gothi) Romam ingressi, Alarico jubente, spoliant tantum: non autem, ut solent gentes, ignem supponunt.
102 Jornandes l. c. Orosius l. c.
103 Procop. l. c. Augustin. de excid. c. 2 u. de Civitate Dei ab initio et inpr. c. 12 et 13. Hieronym. l. c. u. in epist. 98 ad Gaudentiam, doch übertreibt dieser offenbar die Greuelszenen. Urbs inclyta, et Romani imperii caput, uno hausta est incendio:

nulla est regio, quae non exules Romanos habeat. Cf. Baron. Annal. Ecclest. A. D. 410. N. 16–24. – Socrates VII, c. 10 versichert, daß viele Senatoren umgebracht worden waren, Orosius aber sagt, wo er die Einnahme Roms durch die Gallier mit der durch die Goten vergleicht: L. II. C. 19. Ibi vix quenquam inventum senatorem, qui vel absens evascrit; hic vix quemquam requiri, qui forte ut latens perierit.

104 Orosius Lib. VII, c. 39 erzählt uns diese Begebenheit: so auch nach ihm Isidorus in dem Chronicon Gothorum. Auch Sozomen. IX, 10 u. Augustin. L. III, c. 29 de civitate Dei rühmen die Menschlichkeit der Goten bei der Einnahme der Stadt. So auch Hieronym. Epist. 154 ad Principiam. Wodurch diese beiden Kirchenväter sich selbst widersprechen, da sie an andern Orten die Greuelszenen so fürchterlich schildern.

105 Marcellin. Chronic. gibt 6 Tage an. Orosius L. VII, c. 39 läßt den Alarich sich nur 3 Tage in Rom verweilen. Lächerlich ist es, wenn Socrates Lib. VII, c. 10 sagt, daß Alarich vor Furcht so schnell aus Rom gezogen sei, weil er gehört habe, daß die Armeen des oströmischen Reiches heranrückten, ihn anzugreifen. Die Historia Miscella bei Muratori T. I. p. 91 gibt die Furcht vor Mangel an Lebensmitteln als Ursache des kurzen Verweilens in Rom an.

106 Jornand. c. 30. Olympiod. ap. Phot. P. 58 ed. Bekker.

107 Die Goten führten eine Menge von Gefangenen aus Rom und Italien mit sich fort. Jedoch behandelten sie die Christlichen nicht hart. Augustin. de Civitat. Dei L. I. c. 14.

108 Jornandes c. 30.

109 Prosper. Chronicon: Arcadio VI et Probo COSS. Vandali, ut Alani, trajecto Rheno, prid. Kal. Januarii Galliam ingressi. Man sehe darüber Maskous teutsch Gesch. Buch VIII, § 15 u. 16.

110 Gibbon, hist. of the decl. etc. chapt. 31. T. V. p. 192. ed Leips. – Maskou B. VIII, c. 17. not. 5.

111 Orosius VII, c. 40.

112 Sozomen. L. IX, c. 12.

113 Salvian. Episcop. de provident. Dei L. VII, p. 137.

114 Chronicon bei du Chêsne scriptt. rer. Gallicar. T. I, p. 186.

115 Über den Einfall der Vandalen, Alanen und Sueven in Gallien und Spanien sind zu vergl. Orosius L. VII, c. 40. Sozomen. L. IX, c. 12. Zosimus L. VI, c. 5. Idat. Chronic. ap. du Chêsne l. c. – Isidor. historia Vandalor. et Chronicon Gothorum.

116 Über Constantins Empörung: Zosimus L. VI, c. 2 u. 5. Orosius L. VII, c. 42. Sozomen. l. IX, c. 12. Olympiodor. ap. Phot. Cod. LXXX. p. 58. ed. Bekker. Idat. Chronic. l. c. Marcellin. Chronic. Gregor. Turon. L. II, c. 9.

117 Olympiodor. l. c. Gregor. Tur. l. c.

118 Mit Recht sagt Gibbon (history of the decl. etc. chapt. 31. not. 132.) The retreat of the Goths from Italy and their first transactions in Gaul are dark and doubtful. Nach den Quellen aber, die uns noch übrig sind, würde Gibbon Ataulphs Aufenthalt in Gallien gewiß besser erzählt haben, wenn er mehr Olympiodor berücksichtigt hätte, und weniger seiner Phantasie gefolgt wäre.

119 Jornandes c. 31. Und die historia miscella (Murat. P. 90) Bei jenem heißt es: Athaulfus suscepto regno revertens item ad Romam, si quid primum remanserat, more locustarum rasit: nec tantum privatis divitiis Italiam spoliavit, immo et publicis, imperatore Honorio nihil resistere praevalente, cujus et germanam Placidiam urbe captivam abduxit.

120 Dieses will man schließen aus L. VII. Cod. Theod. de indulgentiis creditorum cf. Godofredi comment. ad h. l. und Tillemont Art. 51 sur Honoré.

121 Nach Jornand. c. 31. Die Histoire de Languedoc T. l. p. 164 glaubt, daß kein Vertrag geschlossen worden.

122 Olympiodor. l. c.

123 Olympiodor. l. c. p. 59. Ἰοβῖνος παρὰ γνώμην Ἀδαούλφου τὸν ἴδιον ἀδελφὸν Σεβαστιανὸν βασιλέα χειροτονήσας εἰς ἔχθραν Ἀδαούλφῳ κατέστη.

124 Über Ataulphs erstes Erscheinen in Gallien und sein Verhältnis zu Jovinus ist Olympiodor. p. 58 et 59 ed. B. Hauptquelle. Außerdem sind zu vergleichen: Prosperi Chronicon bei duChêsne T.I. p. 198. Idat. et Marcellin. Chronic. Orosius L. VII, c. 42. Sozomen. L. IX, c. 15.

125 Olympiodor. ap Phot. p. 59.

126 Idat. Chronic. l. c. Nach Tillemont Art. 51 sur Honoré hätte Ataulph Narbonne früher erobert, als er den Versuch machte, sich Marseilles zu bemächtigen. Vaisette in der Histoire de Languedoc Not. XLV. T. I. p. 642 zeigt, daß Narbonne später erobert wurde.

127 Rutilii Numantian. itinerar. v. 493 sqq.

128 Paulini Eucharistic. v. 311 sq.

129 Sie war die Tochter Theodosius des Großen und der Galla, seiner zweiten Gemahling, wurde in Konstantinopel erzogen, und kam mit ihrem Bruder Honorius nach dem Tode ihres Vaters in den Okzident. Bei der ersten Belagerung Roms durch Alarich war sie in der Stadt zugegen, wie wir aus Zosimus L. V. c. 38 wissen, da dieser erzählt, daß sie mit zum Tode der Serena, der Gemahlin Stilichos, gestimmt habe.

130 Zosimus L. VI, c. 12

131 Gibbon chapt. 31. sagt ganz gegen Olympiodor, den Hauptschriftsteller für Placidias Geschichte: The daughter of Theodosius submitted without reluctance to the desires of the conqueror.

132 Jornandes c. 31. Vesegothi regnum Ataulfo, – et forma et mente conspicuo tradunt. Nam erat quamvis non adeo proceritate staturae formatus, quantum pulchritudine corporis, vultuque decorus.

133 Dieses sagt Olympiodor ausdrücklich und ist zu wenig von vielen berücksichtigt worden: ap. Photium p. 59 ed. Bekker: Ἀδαούλφῳ σπουδῇ καὶ ὑποθήκῃ Κανδιδιασοῦ ὁ πρὸς Πλακιδίαν συντελεῖται γάμος κ.τ.λ.

134 Gibbon hat Unrecht, wenn er die Hochzeit Ataulphs mit Placidia als in Italien gefeiert angibt. Er folgt einem weniger genauen Schriftsteller, dem Jornandes c. 31. Dieser sagt: Quam (Placidiam) ob gereris nobilitatem, formaeque pulchritudinem et integritatem castitatis attendens, in Foro Livii (d. i. Forli, andere lesen: Foro Cornelii d. i. Imola) Aemiliae civitate, suo matrimonio legitime copulavit. Nach Maskou B. VIII. § 36. not. I. anzunehmen, in Italien wäre die Verlobung geschehen, und in Narbonne erst das Beilager vollzogen worden, wird wohl nicht viel Beifall finden. Da ältere Schriftsteller als Jornandes, nämlich Olympiodor l. c. und Idatius in der Chronik (ad. A. Honorii XX) ausdrücklich der Hochzeit und ihrer Feierlichkeiten zu Narbonne erwähnen, so läßt sich auch nicht die Ansicht einiger neuerer Geschichtsschreiber annehmen, als wäre dort nur die Jahresfeier der Hochzeit begangen worden.

135 Olympiodor ap. Phot. p. 59. beschreibt uns diese Hochzeitfeierlichkeiten ausführlich.

136 Prosper. Chronic. ad Consulat. Constantii et Constantis (A. 415. Das Jahr ist unrichtig, 414 war es) Attalus Gothorum consilio et praesidio tyrannidem resumit in Galliis: und Paulin. Eucharistc. v. 291 sqq.

137 Maskou B. VIII, § 36 gibt nach Gothofredus Viterbiensis (in Pantheo. T. XVI, p. 402.) und Otto Frisingensis (Chronicon L. IV, c. 21) an, daß Heraclea an der Rhone, das nachherige St. Gilles, der Wohnsitz Ataulphs gewesen, da, wie die angeführten Schriftsteller bewiesen, der Ort lange Palatium Gothorum und das nahe dabei gelegene Gehölz la Selva gothesca (Catel mémoires de l'histoire de Languedoc p. 453.) geheißen habe. Die Bestätigung dieser Behauptung durch die Inschrift, welche bei St. Gilles gefunden sein soll, widerruft Maskou, (im 2ten Bd. Anmerk. 12) nachdem ihm die gelehrte und gründliche Widerlegung von Baisette in der histoire de Languedoc not. 46. p. 643. zu Gesicht gekommen war. Die Inskription, welche Ataulph und der Placidia zu Ehren gesetzt sein sollte, lautet so:

Ataulpho Flavio
Potentissimo regi, regum rectissimo,
Victori victorum invictissimo, Vandalicæ
Barbariei depulsori, et Cæsareæ Placidiæ
Animae suæ: dominis suis clementissimis
Anatilii, Narbonenses. Arecomici
Optimis principibus in palatio
Posuerunt ob electam Heracleam in regiæ
Majestatis sedem.

Daß diese Inschrift falsch und in viel spätere Zeit gemacht worden sei, zeigt die angeführte Note in der Geschichte von Languedoc aus inneren Gründen der Sprache und der Geschichte. Was die Angabe des Gottfried von Biterbo und Otto von Freisingen, von einem Palatium Gothorum und der Name eines Waldes bei St. Gilles, Selva Gothesca, betrifft, so sagt sie mit Recht p. 645: Ces autoritez prouvent tout au plus, que quelqu'un des rois Visigots, qui regnèrent dans les Gaules, fit construire un palais à S. Gilles ou aux environs, ce que nous ne disputons pas; mais ce dût être posterieurement à la mort de l'empereur Majorien, puisque c'est seulement depuis ce temps-là, que ces peuples étendirent leur domination jusqu'au Rhône. Ferner wird sehr gut bewiesen, daß das alte Heraclea schon einige 100 Jahre vor Ataulph gar nicht mehr existiert und dieser König wohl nicht seinen Wohnsitz im Territorium seines Todfeindes Constantius, in Arles, aufgeschlagen habe.

138 Orosius L. VII, c. 43. Anno ab urbe Condita MCLXVIII, Constantius comes apud Arelatum Galliæ urbem consistens, magna gerendarum rerum industria Gothos Narbona expulit; atque abire in Hispaniam coegit, interdicto præcipue, atque intercluso omni commeatu navium, et peregrinorum usu commerciorum. Pagi in annal. ad ann. 414 hat bewiesen, daß es das Jahr 414 war: man vergleiche was Idatius in Chronic. ad ann. Honorii XXII sagt, was ganz mit Orosius übereinstimmt. Gibbon chapt. 31. stellt die Sache ganz anders dar, als die Quellen erzählen: He (Adolphus) readily accepted the proposal of turning his victorious arms against the Barbarians of Spain: the troops of Constantius intercepted his communication with the sea-ports of Gaul, and gently pressed his march towards the Pyrenees: he passed the mountains and surprised in the name of the emperor the city of Barcellona.

139 Paulin. Eucharistic. v. 311.
Namque profecturi regis præcepto Atiulfi
Nostra ex urbe Gothi, fuerant qui in pace recepti,
Non aliter nobis quam belli jure subactis,
Aspera quæque, omni urbe, irrogavere crementa etc.

140 Paulin. Eucharistic. v. 329 sqq.

141 Orosius L. VII, c. 42 gibt darüber die sicherste Nachricht. Prosperi Chronic. ad ann. 416. Honorio X et Theodosio COSS. Attalus a Gothis ad Hispanias migrantibus neglectus et præsidio carens capitur et Constantio, patricio vivus offertur. Daß Attalus, wie in der Note zu dieser Stelle bei Dom Bouquet T. I, p. 628 nach Philostorgius L. XII. behauptet wird, im Jahre 417 von den Goten den Römern ausgeliefert wurde, dürfte man sehr bezweifeln, da Drosius, der mit dem Jahre 417 seine Geschichte schließt, nichts davon erwähnt, aber ausdrücklich sagt: discedens navi, incerta moliens in mari captus est.

142 Olympiodor. ap. Phot. p. 60. Hierher gehört auch die Stelle des Idatius (Chronic. bei du Chêsne p. 186.) – prophetia Danielis putatur impleta, qui ait filiam regis austri sociandam regi Aquilonis, *nullo* tamen ejus ex ea *semine subsistente*.

143 Nach Jornand. c. 31. hieß er Wernulf.

144 Olympiodor. l. c. erzählt das Ende Ataulphs am ausführlichsten. Orosius L. VII, 43. Jornand. c. 31. Prosperi Chronicon und Idat. Chronic.

145 Chronicon Alexandrinum sive Paschale Honorio X et Theodos. Aug. VI COSS.

146 L. VII, c. 43.

147 L. c. Cumque eidem paci petendæ atque offerendæ studiosissime insisteret, apud Barcinonam, Hispaniæ urbem, *dolo suorum*, ut fertur, occisus est.

148 Er wird auch Segericus und Singerich genannt.

149 Olympiodor. l. c. Διάδοχος δὲ ὁ τοῦ Σάρου ἀδελφὸς Σιγγέριχος, σπουδῇ μᾶλλον καὶ δυναστείᾳ ἢ ἀκολουθίᾳ καὶ νόμῳ γίνεται.

150 Nach spanischen Schriftstellern zeigte man sonst zu Barcelona Ataulphs Grabmal, mit folgender Inschrift:
Bellipotens valida natus de gente Gothorum
Hic, cum sex natis, rex Ataulphe, jaces.
Ausus es Hispanias primus descendere in oras:
Quem comitabantur millia multa virum
Gens tua tunc natos, et te, invidiosa peremit:
Quem post amplexa est Barcino magna gemina.
Daß die Inschrift erst in viel späterer Zeit gemacht worden ist, darüber sehe man Maskou. B. VIII, § 39.

151 Über Siegreich besonders Olympiodor. l. c. Jornand. c. 31. Segericus rex constituitur. Sed et ipse suorum fraude peremptus ocius vitam cum regno reliquit.
152 L. VII, c. 43. – Segericus, rex a Gothis creatus, cum itidem judicio Dei ad pacem
pronus esset, nihilominus a suis interfectus est. Damit stimmt freilich auch Isidor
überein, wohl aber als Abschreiber der angeführten Stelle.
153 Olympiodor. ap. Phot. p. 61. ed Bekk. Εὐπλούτιος, ὁ μαγιστριανὸσ, πρὸς
Οὐάλιαν ὃς τῶν Γότθων ἐχρημάτιζε φύλαρχος, ἀποστέλλεται, ἐφ' ᾧ σπονδάς τε
θέσθαι εἰρμνικὰς καὶ ἀπολαβεῖν τὴν Πλακιδίας· ὁ δὲ ἑτοίμως δέχεται καὶ
ἀποσταλέντος αὐτῷ σίτου ἐν μυριάσιν ἑξήκοντα ἀπολύεται Πλακιδία παρα-
δοθεῖσα Εὐπλοτίῳ πρὸς Ὀνώριον τὸν οἰκεῖον αὐτῆς ἀδελφόν.
154 Über Wallias erste Kriegszüge und Frieden mit Honorius: außer Olympiodor. L. c.
Orosius L. VII. c. ult. Prosper. Chronic. ad ann. 416. Theodos. VII et Palladio
COSS. Idatius in Chronic. Philostorg. L. XII, c. 4. Jornand. c. 33. Isidor. Chronic.
Gothor.
155 Idat. Chronic. Fridibaldum, regem gentis Vandalorum sine ullo certamine ingenio-
se captum ad imperatorem Honorium destinat.
156 Prosper. Chronic. ad ann. 417. Philostorg. L XII, c. 5. Rutilii itinerar. v. 115–142.
157 Oros. L. VII, c. ult. – Romanæ republicæ periculum suum (Wallia) obtulit, ut
adversum cæteras gentes, quæ per Hispanias consedissent, sibi pugnaret, et Romanis vinceret: quamvis et caeteri Alanorum, Vandalorum Suevorumque reges eodem
nobiscum placito depacti forent, mandantes Imp. Honorio: Tu cum omnibus pacem habe, omniumque obsides accipe: nos nobiscum confligimus, nobis perimus,
tibi vincimus: immortalis autem quæstus erit Reipublicæ, si utrique pereamus. Diese Worte möchten doch zu bezweifeln sein.
158 Idat. Chronic. (ad ann. 418) ad A. Honor. XXIV. ist hier Hauptquelle. Cf. Sidonius Apollinaris in panegyrico in Anthem. v. 360 sqq.
159 Prosper. in Chronic. gibt dieses Jahr an: Idatius 418. Tillemont p. 1343. entscheidet sich für 419.
160 Aquitania secunda begriff sechs Städtegebiete: nämlich die von Bordeaux, Peri-
gueux, Angoulème, Agen, Saintes und Poitiers. Dazu kam noch Toulouse. Diese
sieben Landschaften bilden das Land Septimania, dessen Sidonius Apollinar. ad
Avitum L. III. epist. l. zuerst erwähnt: Gothi Septimaniam fastidiunt. Später wurde
der Name Septimania dem gotischen Gallien beigelegt, welches nach Alarichs Tod
noch den Goten blieb.
161 Hier darf man keine Verwechslung machen mit dem 418 von Honorius erneuerten
römischen Septimanien (Pagi ad ann. Bar. ad ann. 401. n. 33.), noch mit dem spä-
tern Septimanien oder Gothien, welches hauptsächlich die Provinicia Narbonnensis in sich begriff.
162 Guthrie u. Gray Th. 5. B. 2. p. 346 und Maskou teutsche Gesch. B. VIII, § 42.
meinen, daß die Goten noch ein Stück von Hispania Tarraconensis bekommen
hätten oder das Land, welches nachher von Goten und Alanen den Namen Catalo-
nia (Hieronym. Paul. in descript. urbis Barcinonensis p. 842) erhalten habe. Allein
schon die histoire de Languedoc (T. l. p. 176) hat sich gegen diese Meinung früherer Gelehrten mit Recht erklärt. Bei Idat. Chronic. heißt es ausdrücklich: Gothi –
ad Gallias revocati, sedes in Aquitania et Tolosa usque ad Oceanum acceperunt
und in Prosper. Chronic. ad ann. 419. Constantius pacem confirmat cum Vallia,
data eidem ad habitandum secunda Aquitania, et quibusdam civitatibus confinium
provinciarum: mit dem letzten ist Toulouse und das Gebiet davon gemeint.

DRITTER ABSCHNITT

1 Sidon. Appolinar. Carm. II. V. 361.
              (Ricimer) patre Süevus,
A genetrice Gethes. Simul et reminiscitur illud,
Quod Tartessiacis avus hujus Vallia terris
Vandalicas turmas, et juncti martis Alanos
Stravit, et occiduam texere cadavera Calpen.
2 Olympiodor. ap. Phot. p. 61. Er wird auch Theudo, Theodore, Theodorid, Theude-
rich genannt. Daß er ein Enkel Alarichs gewesen, wie Gibbon sagt, oder ein Sohn

Wallias, wie andere angeben, dazu findet sich nirgends in den Quellen ein Beweis: und wenn bei Sidonius Apollinaris Carm. VII, v. 505. Theodorich II. den Alarich Avus nennt, so weiß man, wie bei Dichtern das Wort zu nehmen ist.

3 Idat. Chronic. ad ann. Honorii XVIV (419). Inter Gundericum Vandalorum et Hermericum Suevorum reges certamine orto, Suevi in Nervasis monitbus (zwischen Leon und Oviedo) obsidentur a Vandalis.

4 Idat. Chr. ad ann. Honor. XXVI. Vandali, Suevorum obsidione dimissa, instante Asterio, Hispaniarum comite, et sub vicario Maurocello, aliquantis Bracaræ in exitu suo occisis, relicta Gallæcia, ad Boeticam transierunt.

5 Prosper. Chronic. ap. du Chêsne T. I. p. 199. Viginti ferme millia militum iu Hispaniis contra Vandalos pugnantium caesa.

6 Idat. Chronic. ad ann. Honor. XXVIII (422) Salvian. de gubernat. Dei L. VII, p. 167 erwähnt der Untreue der gotischen Hilfstruppen nicht: dadurch wird aber Idatius nicht widerlegt. Salvian ist kein Historiker und sagt nur das, was ihm für seinen Zweck dienlich scheint.

7 Idat. Chron. Vandali Balearicas insulas depraedautur, deinde Carthagine Spartaria et Hispali eversa et Hispaniis depraedatis, Mauritaniam invadunt.

8 Prosper. Chronic. Theodos. IX et Valentin. COSS. (A. 426.) Etwas ausführlicher, jedoch fast mit denselben Worten Isidor Hispal. Chronic. Gothor. p. 848 in T. III. der Hispan. illust. Idat. Chronic. bei du Chêsne T. I, p. 188 gibt nur kurze Andeutungen.

9 Sidonii Apollinar. panegyric. Aviti. (Carm. VII.) v. 214 sqq ibique not. Sirmond.

10 Jornandes c. 33 schreibt fälschlich diesen Zug dem Wallia zu, der um diese Zeit schon seit acht Jahren gestorben war.

11 Idat. Chronic. Gundericus rex Vandalorum capta Hispali, cum impie elatus manus in Ecclesiam civitatis ipsius extendisset, mox dei judicio daemone correptus interiit.

12 Über Genserichs Übergang nach Afrika: Procopius de bello Vandalic. L. l, c. 3–5. Er gibt 50 000 streitbare Männer an: Victor Vitensis de persecutione Vandalica L. I, c. 1. spricht von 80 000. Idat. Chronic. ad ann. IV. et V. Valentinian. – Jornand. c. 33. Augustin. epist. 220. c. 4. Daß Genserich auch Goten bei sich hatte, wie Possidius in vit. S. Augustin. c. 28 erzählt, scheint nicht glaublich.

13 Idat. et Prosper. Chronic. locc. citt.

14 Idat., Prosper., Marcellin. Chronicc. Pagius ad ann. 432. not. 18 et 20. Und ad ann. 434. not. 21.

15 Proper. Chronic. ad ann. XII et XIII. Valentinian. An der letzten Stelle heißt es: Narbona obsidione liberatur, Aëtio duce.

16 Sidonius Apollinar. in panegyr. Aviti (Carm. VII.) v. 246 sqq.
Litorius Scythicos equites tum forte, subacto
Celsus Aremorico, Gethicum rapiebat in agmen
Per terras, Arverne, tuas: qui proxima quaeque
Discursu, flammis, ferro, feritate, rapinis,
Delebant, pacis fallentes nomen inane.

17 Hauptquelle für die Belagerung von Toulouse ist Salvanius de providentia Dei L. VIII, p. 140. Prosper. Chronic. Theodos. XVII et Festo COSS. (a. 439.) Cassiodor. Chronic. ibid. Jornand. c. 34. Da die Quellschriftsteller des Aetius in dieser Schlacht nicht erwähnen, so ist es wahrscheinlich, daß er nicht zugegen war und in diese Zeit die Besiegung der 8000 Goten fällt. Idat. Chronic. ad S. XIV Valentinian. Gothorum caesa octo millia sub Aëtio duce. Die Legende von S. Orens, Bischof von Auch (Bollandist. 1. Mai. p. 61.), welche die histoire de Languedoc T. I., p. 183. vor Augen hat, wenn sie erzählt, daß Aetius wegen der ehrerbietigen Behandlung des Bischofs gerettet worden sei, kann hier nicht als Quelle gebraucht werden.

18 Sidon. Apollinar. in panegyr. Aviti v. 299 sqq. ist mit vieler Vorsicht zu gebrauchen, da er offenbar zu sehr schmeichelt.

19 Idat. Chron. Prosper. Jornand. locc. citt.

20 Dieses sagt Isidor. Hisp. Chronic. Gothor. ausdrücklich: (Rectiarius) ad Theodoricum socerum suum profectus, Caesaraugustanam regionem *cum auxilio Gothorum* rediens depraedatur, irruptaque per dolum Ilerdensi urbe, egit ibi magnam captivitatem.

21 Idat. Chronic. bei du Chêsne T. I. p. 180–190. Isidor. Chronic. Gothor.

22 Jornandes c. 36.

23 Es kann nicht im Plane der Geschichte der Westgoten liegen, Attilas und der Hunnen Geschichte ausführlich zu erzählen; nur soviel von ihr in die Westgotische eingreift, wird davon umständlich angegeben: über das weitere sehe man Desguignes histoire des Huns, Gibbons's history of the decline etc. chapt. 34 u. 35. Und Feßlers Attila.

24 Priscus in excerpt. legat. p. 27 u. 40. Und Procopius erzählen dieses am ausführlichsten: am kürzesten Marcellin. in Chronic. Honoria Valentiniani soror ab Eugenio procuratore suo stuprata, concepit, palatioque expulsa et Theodosio principi de Italia transmissa, Attilanem contra occidentalem rempublicam concitabat. Damit stimmt überein Jornand. de reb. Get. c. 42. und de successione reg. c. 97. u. Prosperi Chronic.

25 Jornand. c. 36. Attila igitur dudum bella concepta Gizerici redemptione parturiens legatos in Italiam ad Valentinianum principem misit, serens Gothorum Romanorumque discordiam, ut quos proelio non poterat concubere, odiis internis elideret, adserens se Rei – publicae ejus amicitias in nullo violare, sed contra Theodoricum Vesegotharum regem sibi esse certamen, unde eum excipi libenter optaret. Pari etiam modo ad regem Vesegoth. Theodoricum erigit scriptum, hortans ut a Romanorum sicietate discederet.

26 Sidon. Apollinar. in panegyrico Avit. (Carm. VII) v. 319 sqq. nennet diese Völker:
– – subito cum rupta tumultu
Barbaries totas in te transfuderat Arctos
Gallia, pugnacem *Rugum* comitante *Gelono,*
Gepida trux sequitur, *Scyrum Burgundio* cogit:
Chunus bellonotus, *Neurus, Basterna, Toringus,*
Bructerus, ulvosa quem vel Nìcer abluit unda,
Prorumpit *Francus.* Cecidit cito secta bipennis
Hercinia in lintres, et Rhenum texuit alno.
Et jam terrificis diffuderat Attila turmis
In campos se Belga tuos.
Man vergl. damit Jornandes c. 38.

27 Jornand. de reb. Get. c. 35. – Attila primas mundi gentes Romanos Vesegothasque subdere peroptabat. Cujus exercitus D millium esse numerus ferebatur. Die Historia Miscella bei Muratori T. I. p. 97 gibt 700 000 Mann an.

28 Historia Miscella l. c.

29 Die historia miscella bei Muratori T. I. l. c. nennt außer den Westgoten folgende Völker, die sich mit den Römern gegen Attila verbanden: Fuere interea Romanis auxilio Burgundiones, Alani cum Sangibano suo rege. Franci, Saxones, Ripariolo (zwischen Rhein, Maaß und Mosel.) Bariones (Jornandes: Ibriones östlich vom Bodensee), Sarmathae, Armoricani, Luteciani (Jornand. Liciani im Hennegau), ac paene totius populi Occidentis, quos omnes Aëtius, ne impar Attilae occurreret, ad belli adsciverat societatem.

30 Sidon. Apollinar. l. c. v. 336 sqq.

31 Jornand. c. 37. Sangibanus rex Alanorum – Attilae se tradere pollicetur et Aurelianam civitatem Galliae, ubi tunc consistebat, in ejus jura transducere.

32 Jornand. l. c.

33 Sidonius Apollinaris, der den Plan gefaßt hatte, Attilas Geschichte zu schreiben, denselben aber leider wieder aufgab, schreibt Lib. VIII. epist. 15. Exegeras mihi, ut promitterem tibi, Attilae bellum stylo me posteris intimaturum: quo videlicet Aurelianensis urbis obsidio, oppugnatio, irruptio nec direptio et illa vulgata exauditi caelitus sacerdotis vaticinatio continetur.

34 Jornand. c. 36. Convenitur itaque in campos Catalaunicos qui et Mauritii (*Mauriaci*) vocantur. So auch Gregor. Turon. L. II. c. 5. – Idatius in Chronic. ad a. XXVIII Valentinian. (J. 451). In campis Catalaunicis, haud longe de civtate quam effregerant Mettis Aëtio duci et regi Theodori – aperto Marte confligens divino (gens Hunnorum) caesa superatur auxilio.

35 Jornand. c. 38. beschreibt so die Schlachtordnung.

36 Attilas Rede bei Jornandes c. 39.

37 Nach Idat. Chronic. wären 300 000 auf beiden Seiten umgekommen: so auch Isidor. Hispal. Chronic. Gothor. – Jornandes, der c. 40. die Schlacht beschreibt, gibt

c. 41. die Zahl etwas geringer an: In hoc enim famosissimo et fortissimarum gentium bello ab utrisque partibus CLXII millia caesa referuntur, exceptis XV (andere
lesen XC) millibus Francorum et Gepidarum, qui ante congressionem publicam
noctu sibi occurentes, mutuis concidere vulneribus, Francis pro Romanorum, Ge-
pidis pro Hunnorum parte pugnantibus. Die historia miscella (Muratori T. I. p. 97)
gibt die Zahl der Gefallenen auf 180 000 an: und sagt, wie Jornandes l. c., daß ein
sonst kleiner Bach durch das viele Blut der Ermordeten zu einem großen Strom
angeschwollen sei, und die Körper der Erschlagenen fortgeführt habe. Rodericus
von Toledo, in seiner spanischen Geschichte, hat an der blutigen Schlacht noch
nicht genug, nach ihm (L. II. c. 3.) haben sogar die durch den Tod noch nicht
versöhnten feindlichen Geister noch drei Tage auf dem Schlachtfelde mit der größten Erbitterung miteinander gestritten.

38 Nach Prosper. Chronic. hätte in der Schlacht kein Teil gesiegt.
39 Jornandes c. 40. Historia Miscella l. c.
40 Nach Jornand. c. 36. hatte Theodorich sechs Söhne, wovon er Thorismund und
    Theodorich mit sich in den Krieg genommen, die übrigen Friedrich, Eurich, Rote-
    mer und Himmerit zu Hause gelassen hatte. Von seinen zwei Töchtern war die
    eine an den Suevenkönig Rechiarius verheiratet, und die andere hatte Hunnerich,
    Genserichs Sohn, zum Gemahl gehabt.
41 Jornandes c. 41. Videres Gothorum globos dissonis vocibus confragosos, adhuc
    inter bella furentia funeri reddidisse culturam. Fundebantur lacrymae, sed quae
    viris fortibus impendi solent: nostra mors erat, sed Hunno teste gloriosa, unde
    hostium putaretur inclinata fore superbia, quando tanti regis efferre cadaver cum
    suis insignibus inspiciebant. At Gothi Theodorico adhuc justa solventes, armis
    insonantibus regiam deserunt majestatem, fortissimusque Thorismund, bene glo-
    riosus ad manes carissimi patris, ut decebat filium, exequias est prosecutus.
42 Jornand. c. 41. Gregor. Turon. L. II. c. 7.
43 Jornand. c. 42.
44 Jornandes l. c. erzählt nach dem Geschichtschreiber Priscus den Einfall Attilas in
    Italien sehr ausführlich. Ferner ist darüber nachzusehen Procop. hist. Vandal. L. I.
    c. 4. Prosper. In Chronic. ad a. 452. bei du Chêsne T. I. in den früheren Ausgaben
    fehlt die Stelle. Die Historia miscella bei Muratori T. I. p. 97. – Suidas in voce
    Κορύκος u. Μεδιολάνον. – Idat. In Chronic. Cassiodor. Variar. L. I. p. 4. erwäh-
    nen des Papstes Leo nicht: letzer berichtet nur von einer Gesandtschaft von Rö-
    mern, die Attila zum Rückzug bewogen.
45 Idat. Chronicon.
46 Jornand. c. 43. Über Attilas Tod c. 49. nach Priscus. Chronic. Alexandrin. et Mar-
    cellin. in Chronic.
47 Gregor. Turon. L. II. c. 7. Thorismundus – Alanos bello edomuit, ipse deinceps,
    post multas lites et bella, a fratribus oppressus ac jugulatus interiit.
48 Sidon. Apollinar. L. VII. ep. 12. ibiq. Sirmond.
49 Fredegar. Scholost. Chronic. c. 73. Man ist sehr geneigt zu glauben, daß der soge-
    nannte Salomonstich, das Kostbarste, welches die Mauren bei dem Sturz des west-
    gotischen Reiches in Spanien erbeuteten, eben dieses goldene Gefäß gewesen ist,
    welches vielleicht später mit Füßen versehen worden war. Die Beschreibung dieses
    Kleinods, wodurch Tarik, der Eroberer Spaniens, die Bosheit seines Oberfeldherrn
    Musa dartat, sehe man bei Murphy history of the mahometan empire in Spain p. 66
    et 67. und Conde historia de la dominacion de los Arabes en España Tom. I. c. 13.
    p. 45.
50 Idat. Chronic. T. I. p. 191. bei du Chêsne Thorismo Rex Gothorum spirans hostilia
    a Theodorico et Frederico fratribus jugulatur. Daß Thorismund mit den Römern
    habe den Krieg erneuern wollen, und deswegen von seinen Brüdern umgebracht
    worden sei, wie Maskou in der 11ten Anmerkung Nro. 6. meint, ist nach Prosperi
    Chronic.: cum rex (Thorismodus) ea moliretur, quae et Romanae paci et Gothicae
    adversaretur quieti, a germanis suis, quia noxiis dispositionibus irrevocabiliter in-
    staret, occisus est. Eher könnte man annehmen daß Thorismund durch Stolz und
    Despotie sich verhaßt machte, wie Isidor. Hisp. in Chronic. Gothor. andeutet: qui
    postquam de Hunnis triumphavit, dum multa ageret insolentius, a fratribus inter-
    fectus est.
51 Jornandes c. 43. Thorismund vero repulsis ab Alanis Hunnorum catervis, sine ali-

qua suorum laesione Tholosam migravit, suorumque quieta pace composita (also ganz gegen Idatius), tertio anno regni sui aegrotans, dum sanguinem tolllit de vena, ab Ascalervo cliente inimicos nuntiante, armis subtractis, peremptus est etc. – Nach dieser Stelle, wie nach Prospers Chronik, fällt sein Tod ins Jahr 453, welches wie Sirmond. (not. in Sidon. Apollinar. L. I. c. 2.) und die histoire de Languedoc (T. I. Not. LII. Nr. 3.) behaupten, das richtige ist. Isidor. Hispalensis (in Chronic. Goth.) gibt ihm nur ein Regierungsjahr und Idatius setzt seinen Tod ins zweite Jahr der Thronbesteigung des Kaisers Marcian.

52 Idat. Chronic. bei du Chêsne T. I. p. 191. Per Fridericum, Theodorici regis fratrem, Bacaudae Tarraconnenses caeduntur, ex auctoritate Romana.

53 Sidon. Apollinar. carm. VII. v. 495.
– – Mihi Romula dudum
Per te jura placent: parvumque ediscere jussit
Ad tua verba pater, docili quo prisca Maronis
Carmine molliret Scythicos mihi pagina mores.

54 Sidonius Apollinar. in panegyr. Avit. (Carm. VII.) von 359. 484. v. 432. heißt es vom Einzug in Toulouse:
Rex atque magister (sc. militum, i.e. Avitus)
Propter constiterant. Hic vultu erectus, at ille
Laetitia erubuit, veniamque rubore poposcit.
Post hinc germano regis, hinc rege retento,
Palladiam implicitis manibus subiere Tolosam.

55 Gregor. Turon. L. II. c. 11. Avitus enim unus ex senatoribus et ut valde manifestum est, civis Arvernus, cum Romanum *ambisset* imperium, luxuriose agere volens a senatoribus ejectus, apud Placentiam urbem episcopus ordinatur.

56 Sidonius in panegyric. in Avit. v. 501 sqq. läßt Theodorich folgendes zu Avitus sagen:
Testor, Roma, tuum nobis venerabile numen
Et socium de Marte genus, vel quidquid ab aevo,
(Nil te mundus habet melius, nil ipso senatu)
Me pacem servare tibi. Vel velle obolere
Quae noster peccavit avus: quem fuscat id unum,
Quod te, Roma, capit. Sed dii, si vota secundant,
Excidii veteris crimen purgare valebit
Ultio praesentis: si tu, dux inclyte, solum
Augusti subeas nomen. Quid lumina flectis?
Invitum plus esse decet. Non cogimus istud,
Sed contestamur. Romae sum te duce amicus,
Principe miles. Dann heißt es v. 518.
– dixit, pariterque in verba petita
Dat sanctam cum fratre (Friderico) fidem.

57 Idat. in Chronic. ad ann. IV. Marciani: Ipso anno in Gallis Avitus, Gallus civis, ab exercitu Gallicano et ab honoratis primum Tolosae, Dehinc apud Arelatum Augustus appelatus, Romam pergit et suscipitur. – Isidor. Hisp. Chronic. Gothor. in Hisp. illustr. T. III. p. 848.

58 Jornandes c. 44. Theodoricus compacatus cum caetaris gentibus arma movit in Suevos, Burgundionum quoque Gundiacum et Hilpericum reges auxiliares habens, sibique devotos.

59 Idat. Chronicon gibt davon, vermutlich als Augenzeuge, eine lebhafte Beschreibung. Sanctorum basilicae effractae, altaria sublata, atque confracta, virgines dei exin quidem abductae, sed iutegritate servata: clerus usque ad nuditatem pudoris exutus, promiscui sexus cum parvulis de locis refugii sanctis, populus omnis abstractus, jumentorum, pecorum, camelorumque horrore locus sacer impletur, scripta super Hierusalem ex parte coelestis irae revocavit exempla.

60 Isidor. Hispal. Chronic. Theudoricus autem de Gallicia in Lusitaniam victor succedens, dum Emeritensem urbem depraedari molitur, beatissimae Eulaliae Martyris terretur ostentis. Ebenso auch Idatius, von dem es Isidor abgeschrieben.

61 Idat. Chronic. ad I. Majoriani: die Stelle zeigt, daß sich auch schon damals in den Gebirgen Guerillas bildeten, die unbesiegbar waren. Theudoricus, adversis sibi nunciis territus (nämlich die Absetzung des Avitus) mox post dies Paschae, quod

fuit quinto (besser pridie nach der Note LIII in T. I. der histoire de Languedoc)
Kal. Aprilis de Emerita egreditur, et Gallias repetens, partem ex ea quam habebat
multitudine variae nationis cum ducibus suis ad campos Gallaeciae dirigit, qui dolis
et perjuriis instructi, sicut eis fuerat imperatum, Asturicam, quam jam praedones
ipsius sub specie Romanae ordinationis intraverant, mentientes ad Suevos, qui re-
manserant, jussam sibi expeditionem, ingrediuntur pace facta solita arte perfidiae.
Dann werden die Verheerungen und Plünderungen beschrieben und wird erzählt,
daß zwei Bischöfe mit der ganzen Geistlichkeit von den Goten gefangen weggeführt wurden.

62 Jornandes c. 44. Theodericus vero victor existens subactis pepercit, nec ultra
certamina saevire permisit, praeponens Suevis, quos subjecerat, clientem Achiulp-
hum. Qui in brevi animun ad praevaricationem ex Suevorum suasionibus commu-
tans, neglexit imperata complere, potius tyrannica elatione superbiens, credensque,
se a virtute provinciam obtinere, quae dudum cum domino suo eam subegisset.

63 Idat. Chronicon: Suevi in partes divisi pacem ambiunt Gallaeciarum: e quibus pars
Fratanem, pars Maldram regem appellat. Solito more perfidiae Lusitaniam praeda-
tur pars Suevorum Maldram sequens. Acta illic Romanorum caede, praedisque con-
tractis, civitas Ulyxipona, sub specie pacis intratur. Isodor. Hispal. in der historia
Suevorum stimmt damit überein und fährt so fort: Masdras autem peracto tertio
anno regni sui jugulatur. Quo extincto inter Frumarium, et Remismundum, Mas-
drae filium, oritur de regni protestate dissensio.

64 Über den Zug Theodorichs nach Spanien, der vor der Absetzung des Avitus unternommen wurde (s. Note LIII. Zum T. I. der histoire de Languedoc) und über das
Schicksal der suevischen Nation haben wir drei Gewährsmänner, wovon Idatius in
seiner Chronik (Sirmond. oper. T. II. p. 367. oder bei du Chêsne T. I, p. 191) als
ein Zeitgenosse der vorzüglichste ist. Isidor. Hispalensis in Chronic. Gothorum
hat ihn fast wörtlich abgeschrieben. Jornandes aber c. 44. gibt uns über Vieles
näheren Aufschluß, und ist besonders in der Geschichte Achiulphs Hauptquelle,
da Idatius ad ann. V. Marciani ganz kurz angibt: Ajulfus, deserens Gothos in Galla-
ecia residet und ad ann. I. Majoriani: Ajulfus, dum regnum Suevorum spirat, Portucale moritur mensc Junio.

65 Idat. Chronic. Gothicus exercitus duce suo Cyrila, a Theudorico rege ad Hispanias
missus mense Julio succedit ad Boeticam.

66 Idat. Chronic. ad ann. III. Majorian. Theudoricus, cum duce suo Sunierico, exercitus sui aliquantum ad Boeticam dirigit manum. – ad ann. IV. Maj. Suniericus Scala-
bim (jetzt Santaren in Portugal), cui adversabatur, obtinet civitatem

67 Idat. Chronic. ad ann. III. Major. Legati a Nepotiano, magistro militiae et a Sunierico comite missi veniunt ad Gallaecos, nunciantes Majorianum Augustum et
Theudoricum regem, firmissima inter se pacis jura senxisse, *Gothis in quodam
certamine superatis*. Man vergl. Prisc. legatt. Hist. Byz. T. I, p. 42.

68 Paulin, de vita S. Martin. L. VI. Nach Sidon. Apollinar. Carm. V. v. 552 war er Ende
des Jahres 458 im Gefolge Majorians in Gallien v. 561. heißt es:
Qui dictat modo jura Getis sub judice vestro
Pellitus raucum praeconem suscipit hostis.
Sirmond glaubt, daß Sidonius hier den Statthalter von Gallien, den Magnus Felix,
meint.

69 Idat. Chronic. ad ann. IV. Major.

70 Idat. in Chronic.ad ann. I. et III. Marjoriani.

71 Prisc. legat. l. c.

72 Idat. ad ann. II. Severi: Agrippinus Gallus, et comes, et civis, Aegidio viro insigni
inimicus, ut Gothorum mereretur auxilia, Narbonam tradidit Theudorico. Sidoni-
us, der bald darauf Narbonne auf einer Reise besuchte, erhebt bei dieser Gelgenheit
(Carm. XXIII. v. 68.) den Theodorich sehr.
Hinc te Martius ille rector atque
Magno Patre prior, decus Getarum,
Romanae columen salusque gentis,
Theudericus amat, sibique fidum
Adversos probat arte per tumultus.

73 Epist. Hilarii papae ad Leontium T. IV. Concil. (Labb.) p. 1041.

74 Gregor. Turon. de gloria c. 22:

75 Idat. l. c. Adversus Aegidium comitem utriusque militiae, virum, ut fama commendat, deo bonis operibus complacentem, in Armoricana provincia Fredericus frater Theudorici regis insurgens, eum his, cum quibus fuerat, superatis occiditur. – Marii Aventic. Chronic. ad ann. 463. Pugna facta est inter Aegidium et Gothos inter Ligere et Ligericino juxta Aurelianis ibique interfectus est Fridericus rex Gothorum.

76 Isidor. Hispal. historia Suevorum. u. Idat. Chronic.

77 Isidor. Hispal. hist. Suevor. – Frumario mortuo, Remismundus omnes Suevos in suam ditionem revocat, pacem cum Gallicis reformat, legatos foederis ad Theodoricum regem Gothorum: a quo etiam per legatos et arma et conjugem, quam haberet, accepit. Dies ist nach Idat. Chron. ad ann. III. Severi.

78 Idat. Chronic. Per Theudericum Sella legatus mittitur ad Remismundum, regem Suevorum, qui reversus ad Gallias eum a fratre suo Eurico reperit interfectum. Über seinen Tod geben übereinstimmende nachrichten Jornand. c. 44. Isidor. Hispal. Chronic. Anno VIII Leonis.

79 Marii Aventic. Chronic. ad ann. 467. (die histoire de languedoc T. I, p. 211 hat dargetan, daß es 466 vor August geschah.) Eo anno interfectus est Theodoricus rex Gothorum, a fratre suo Eutharico, Tholosa.

80 L. I. epist. 2 ad Agricolam.

81 Circumsistit sellam pellitorum turba satellitum, ne absit, admittitur, ne obstrepat, eliminatur: sicque pro foribus immurmurat exclusa velis, inclusa cancellis.

82 Quibus horis viro tabula cordi est, tesseras colligit rapide, inspicit sollicite, volvit argute, mittit instanter, joculanter compellat, patienter exspectat.

83 Jornand. c. 45. Euricus ergo Vesegotharum rex crebram mutationem Romanorum principum cernens, Gallias *suo jure* nisus est occupare.

84 Idat. Chronic. ad a. I. Anthemii.

85 Idat. l. c.

86 Sidon. Apollinar. (L. II, ep. 1. L. V., ep. 13. L. VII, ep. 7.) nennt außer Arvandus noch den Seronatus als Verräter.

87 Sidon. Apoll. L. I, ep. 7. Haec ad regem Gothorum charta videbatur emitti, pacem cum Graeco imperatore dissuadens, Britannos supra Ligerim sitos impugnari oportere demonstrans, cum Burgundionibus jure gentium Gallias dividi debere confirmans, et in hunc ferme modum plurima insana, quae iram regi feroci, placido verecundiam inferrent.

88 Idat. in Chronic. und nach ihm Isidor. Hisp. Chr. Goth. erzählen, daß mitten in Toulouse eine Quelle, welche Blut strömte, hervorgebrochen: zwei Sonnen erschienen am Himmel: und das Eisen an den Waffen der gotischen Krieger veränderte die Farbe, so daß es bei dem einen grün, bei dem andern rot, gelb und schwarz war.

89 Jornand.c. 47. Gezericus Vandalorum rex suis eum (Euricum) muneribus ad ista committenda illexit, quatenus ipse Leonis vel Zenonis insidias, quas contra eum direxerant, praecaveret; egitque, ut orientale imperium Ostrogothae, Hesperium Vesegothae vastarent, ut in utraque republica hostibus decertantibus, ipse in Africa quietus regnaret.

90 Idat. Chronic. ad ann. III. Anthemii: Post Legatorum Suevorum reditum aliquanta Gothorum manus insequens Emeritam petit. Ulixippona a Suevis occupatur, cive suo, qui illi praeerat, tradente Lusidio. Hac re cognita Gothi, qui venerant, invadunt et Suevos depraedantur pariter et Romanus ipsis in Lusitaniae regionibus servientes.

91 Daß Eurich um diese Zeit mit den Franken ein Bündnis geschlossen und ihrem Fürsten Sigismer seine Tochter zur Gemahlin gegeben habe, wie Valesius (rer. Franc. L. 5. p. 219) aus Sidonius (L. IV, ep. 20.) schließen wollte, hat die histoire de Languedoc T. I, p. 215.und not. 58 gut widerlegt. Sie sagt mit Recht: L'épouse de Sigismer étoit plutôt fille d'un roi de Bourguignon, que d'Euric roi des Visigots, lequel avoit à peine alors des enfans, qui fussent en état d'être mariez.

92 Jornand. c. 45. Daß damals Eurich schon Auvergne besetzte, wie der gotische Geschichtsschreiber hier erzählt, ist falsch. Denn die Besetzung geschah nicht vor 475. – Gregor. Turon. L. II, c. 18. gibt ebenfalls von der Niederlage der Britten Nachricht.

93 Sidon. Apollinar. L. II. ep. 1. gibt von diesem unglücklichen Zustande des Reiches eine gute Schilderung.

94 Sidon. Apollinar. L. III, ep. 3. u. 4. L. V. ep. 16. Sidonius war zu dieser Zeit Bischof im Lande Auvergne.
95 Über die Wichtigkeit des Landes Auvergne für die Goten. Sidon. Apoll. L. VII, ep. I. Rumor est, Gothos in Romanum solum castra movisse. Huic semper irruptioni nos miseri Arverni janua sumus. Namque odiis inimicorum hinc pecularia fomenta subministramus, quia quod necdum terminos suos ab Oceano in Rhodanum Ligeris alveo limitaverunt, solam sub ope Christi moram de nostro tantum obicem patiuntur. Circumjectarum vero spatia, tractumque regionum jam pridem regni minacis importuna devoravit impresio.
96 Sidon. Apollinar. L. V. ep. 16.
97 Sidon. Apollinar. L. VII. ep. 6.
98 Über diese Gesandtschaft gibt uns Ennodius in vita S. Epiphanii ed. Sirmond. p. 381 ausführliche Nachrichten, obwohl diese im Betreff der Mühseligkeiten der Reise des Bischofs, wie auch anderer Umstände zu ausgeschmückt zu sein scheinen.
99 Guthrie und Gray Thl. 5.Bd. 2. p. 360. setzen diesen Zug zehn Jahr zu früh 467.
100 Jornand. c.56.
101 Da des Idatius Chronik, die uns so schätzbare Nachrichten aufbewahrt hat, mit dem Jahre 469 endigt, so sind wir nun im Betreff von Hispalis, den heil. Isidor (in Chronik. Gothor.) beschränkt; bei ihm heißt es: Qui (Euricus) prius capta Pampilona, Caesaraugustam invadit, totamque Hispaniam superiorem obtinuit. Tarraconnenensis etiam nobilitatem, quae ei repugnaverat, exercitus irruptione peremit.
102 Sidon. Apollinar. L.VIII, ep. 6.u. 9.
103 Nach Isidor. Hispal. sollte man dieses annehmen: In Gallias autem regressus Arelatum et Massilium urbes bellando obtinuit suoque regno utramque adjecit.
104 Dieses behauptet die histoire de Languedoc T. I, p. 230. und not. 59. Die Angabe, daß Eurich schon 470 über die Rhone gegangen, wie im Appendix zu der Chronik des Victor Tunnunensis gesagt wird, ist mit Recht zu verwerfen, da die Zusetzungen bei dieser Chronik oft zu den unrechten Jahren gemacht sind.
105 Über keinen Punkt in Eurichs Geschichte ist man weniger einig, als über die Zeit, wo die Eroberung von Arles und Marseille gemacht wurde. Zu dieser Verwirrung hat Jornandes, der in Hinsicht der chronologischen Folge der Begebenheiten sehr genau ist, am meisten beigetragen. Denn er sagt: Euricus rex Vesegotharum Romani regni vacillationem cernens, Arelatum et Massilium propriae subdidit ditioni; und erzählt dann den im J. 469 oder 470 durch Genserich erregten Krieg Eurichs mit den Römern. Daher kommte es denn auch, daß man eine zweimalige Eroberung dieser Städte (die erste um 470) annimmt, und angibt, daß Eurich bei Erlangung von Auvergne sie wieder herausgegeben hätte (nach Pagius ad A. 474. N. XI.) wovon jedoch kein alter Schriftsteller etwas erwähnt. Daher hätte sowohl Moskou (B. X,§26.), als Guthrie und Gray I. c. S. 361. diese ungegründete Annahme nicht aufnehmen sollen; da die Eroberung der Provence offenbar nach dem spanischen, in Begleitung mit dem Ostgoten Widimer gemachten Feldzuge geschah, und dieser nach dem Obigen nicht vor 474, oder nicht vor dem Sturze des römischen Reiches fallen kann, weil nach allen Nachrichten Eurich von 474–476 Gallien nicht verließ und hier die Eroberungen bis an die Loire und die Rhone machte. Daß aber Arles und Marseille unmittelbar vor der Erlangung von Auvergne (Ende 474 oder Anfang 475) noch in den Händen der Römer war, zeigt die römische Gesandtschaft der Bischöfe dieser Städte an Eurich, welche eben nach Sidonius Apollinaris angegeben ist, und wobei noch bemerkt ist, daß der gotische König sich alles Landes, das innerhalb der natürlichen Grenzen zwischen der Rhone und Loire liege, bemächtigen wollte.
106 Dieses sagt Procop. hist. Goth. L. I. c. 12. ξύμπασαν Γαλλίαν Οὐϊδίγοτθοι ἔσχον, μέχρις Ἄλπεων, αἳ τὰ Γάλλων τε ὅρια καὶ Λιγούρων διωρίζουσι. Über die Zeit der Ausbreitung der gotischen Macht.
107 Sidon. Apoll. L. VIII, ep. 3. Sagt: cum Barbaris ad Vachalim trementibus foedus innodat. Und ep. 9.
　　Hic tonso occipiti, senex Sicamber
　　Postqaum victus es, elicis retrorsum
　　Cervicem ad veteren novos capillos.

108 Jornand. c. 47. Euricus – totas Hispanias Galliasque sibi jam jure proprio tenens, simul quoque et Burgundiones subgit.
109 Dieses ist zu schließen aus Sidon. Apoll. L. VIII, ep. 9.
    Hic Burgundio septipes frequenter
    Flexo poplite supplicat quietem.
110 L. VIII, ep. 9.
111 Wie später die Normänner, so waren damals die Sachsen Seeräuber. Von Britannien aus beunruhigten sie sehr die Küstenländer von Gallien. Vermutlich besiegte sie Eurich, da das trotzige Volk sonst nicht gewöhnt war, Gesandte zu schicken.
112 Außer dem Sidonius Apollinaris L. VIII, ep. 3. u. 9, und L. IV, c. 20, welche letztere Stelle noch zweifelhaft ist, ob sie auf die Franken und den Gotenkönig zu beziehen ist (wie Valesius will), sagt kein anderer Schriftsteller etwas davon, weder daß Eurich sie besiegt, noch irgend in eine Verbindung mit ihnen getreten sei. Nur Cassiodor (Variar. L. III. ep. 3.) erwähnt, daß Eurich die Heruler, Warner und Thüringer, germanische Völker jenseits des Rheins gegen die Franken, ihre mächtigen Nachbaren, in Schutz genommen habe.
113 Wahrscheinlich meint Sidonius den Odoacer, der wegen der Grenze und eines guten Vernehmens oft Gesandte an Eurich geschickt zu haben scheint. Ob zwischen beiden ein Friede oder Vertrag geschlossen worden, ist ungewiß. Kein alter Schriftsteller spricht davon: nur Procop. Histor. Goth. L I, c. 12. deutet es an. Vielleicht könnten auch hier die in der vorigen Note vom Cassiodor genannten Heruler, als Schutzbittende gegen die Franken, gemeint sein: oder Heruler, die wie die Sachsen in Spanien Seeräubereien verübt hatten. Idat. Chronik. ad A. I. Major.
114 Anthemius kaufte die Hilfe der Burgunder durch die Abtretung der Stadt Lyon und der umliegenden Gegend, dann von Vienne und Vivarais. Zum obersten Befehlshaber in Gallien machte dieser Kaiser den damaligen König Chilperich. Die Burgunder, treu dem römischen Reich und dankbar für das abgetretene Land, machten die letzten Anstrengungen, Eurichs Angriffe auf die römischen Provinzen abzuwehren. Als die Goten nach der Auflösung des römischen Reiches über die Rhone gegangen und Nachbaren der Burgunder geworden, entstand, wie oben angegeben, zwischen beiden Völkern Krieg.
115 Von den Verbindungen und Verhältnissen der Westgoten mit den Sueven, Vandalen und Ostgoten ist früher das Nötige bemerkt worden. Mit den Römern sind hier entweder die Trümmer der römischen Herrschaft in Gallien unter Syagrius, oder Griechen gemeint, die jetzt diesen Namen ausschließlich führen. Auffallend ist es, daß auch persische Gesandte angeführt werden. Des Sidonius Worte lauten so:
    Ipse hic Parthicus Arsaces precatur,
    Aulae Susidis ut tenere culmen
    Possit foedere sub stipendiali.
    Nam quod partibus arma Bosphoranis
    Grandi hinc surgere sentit apparatu,
    Moestam Persida jam sonum ad duelli
    Ripa Euphratide vix putat tuendam,
    Qui cognata licet sibi astra fingens,
    Phoebea tumeat propinquitate,
    Mortalem hic tamen implet obsecrando.
116 Isidor Hisp. Chr. Goth. p. 849. T. III. Hisp. illustr. p. 849. Sub hoc rege Gothi legum instituta scriptis habere coeperunt: nam antea tantum moribus et consuetudine tenebantur. Daß schon Theodorich II. oder gar Theodorich I. den Goten einzelne geschriebene Gestze gegeben haben, wie Maskou B. X, § 28. not 1. aus Sidon. Apollinar. L. II, ep. 1. schließen will, ist gewiß falsch, da dort der Dichter, der an Wortspielen so vielen Gefallen hat, unstreitig die leges Theodoricianas den leges Theodosianas gegenüberstellt, um im ganzen Satz sein Spiel durchzuführen: die Stelle geht auf den Verräter Seranatus, der mit Eurich Einverständnisse unterhielt, und lautet so: *Exultans* Gothis, *insultansque* Romanis, *illudens* praefectis, *colludens* numerariis: *leges Theodosianas* calcans, *Theodoricianas* proponens, veteres culpas, nova tributa perquirit.
117 Sirmond. not. 42 in Sidon. Apollinar.
118 Sidon. Apollinar. gedenkt des Leo oft und jedesmal mit den größten Lobeserhe-

206

bungen; ob nicht manchmal auch Schmeicheleien unterlaufen sind, daran will ich nicht zweifeln. Besonders gehören hierher L. IV, ep. 22. – L. VIII, ep. 3.– L. IX, ep. 13 u. 16.– Carm XXIII, v. 446 sq. Carm. IX, v. 315. Auch bei Ennodius in vit. S. Epiphanii wird des Leo erwähnt p. 1665. ed. Sirmond. Erat Praeterea ea tempestate consiliorum principis et arbiter, Leo nomine, quem per eloquentiae meritum non una jam declamationum palma susceperat.

119 L. IV, ep. 22. dort heißt es unter anderem: Quotidie – per potentissimi consilia regis, totius sollicitus orbis, pariter ejus negotia et jura, foedera et bella, loca, spatia, merita cognocis.

120 Sidon. Apoll. L. VII, ep. 7. und Gregor. Tur. L. II, c. 20.

121 Sidon. Apoll. L, VIII, ep. 3. Avit. epist. 45.

122 Sidon. Apoll. L. VII, ep. 6. p. 124. ed. Sirmond., wo er die Verfolgungen der Katholiken, besonders ihrer Geistlichen, angibt. Dort heißt es auch: – Tantum pectori suo catholici mentio nominis acet, ut ambigeas, ampliusne suae gentis, an suae sectae principatum. Gregor. Turon. L. II, c. 25 gibt noch eine stärkere Schilderung als Sidonius: Hujus tempore et Evaricus rex Gothorum, excedens Hispanum limitem. Gravem in Galliis super Christianos intulit persecutionem. Truncabat passim perversitati suae non consentientes, clericos carceribus subigebat; sacerdotes vero alios dabat exilio, alios gladio truncabat. Nam et ipsos sacrorum templorum aditus spinis jusserat obserari, scilicet, ut raritas ingrediendi oblivionem faceret fidei

123 Sidon. Apoll. L. VII, ep. 6. nennt Erocus, den Bischof von Nimes, und den Simplicius als Verbannte.

124 Pagi ad ann. 485. N. 24. gibt das Jahr 485 an. Die histoire de Languedoc hat aber not. LIX. n. 3. bewiesen, daß man Eurichs Tod ins Jahr 484 setzen muß.

125 Jornand. c. 47. Arelatique degens decimo nono anno regni sui vita privatus est.

126 Sidon. Apoll. L. IV, c. 8. Gedenkt dieser Königin Ragnahild, welcher Euodius ein großes silbernes Becken hatte machen lassen, worauf zum Epigramm Sidonius folgende Verse sprechen ließ:

Pistrigero quae concha vehit Tritone Cithaeren,
Hac sibi collata cedere non dubitet.
Poscimus incliana paulisper culmen herile:
Et munus parvum, magna patrona, cape,
Euodiumque libens non aspernare clientem,
Quem faciens magnum tu quoque major eris.
Sic *tibi*, cui Rex est genitor, socer atque maritus,
Gnatus rex quoque sit cum patre, postque patrem.
Felices lymphae, clausaquae luce metalli,
Ora tamen dominae lucidiora fovent.
Nam cum dignatur regina hic tingere vultus,
Candor in argentum mittitur in facie.

127 Procop. de bell. Goth. I, 12.

128 Gregor. Turon. L: II, c. 27. Syagrius elisum cernens exercitum terga vertit et ad Alaricum regem Tolosam cursu veloci perlabitur. Clodoveus vero ad Alaricum mittit, ut eum redderet: alioquin noverit, sibi bellum ob ejus detentionem inferri. At ille metuens, ne propter eum iram Francorum incurreret (ut Gothorum pavere mos est) vinctum legatis tradidit.

129 Anonym. Vales. ad calcem Amm. Marcellin. p.307 ed. Bipont. Fausto et Longino. His consulibus Odoachar exiit de Cremona et ambulavit Mediolanum. Tunc venerunt Wisigothae iu adjutorium Theodorici, et facta est pugna super fluvium Adduam, et ceciderunt populi ab utraque parte.

130 Der Name wird Theodigotha, Theudicoda, Theudichusa geschrieben. Jornand. c. 58. Procop. de bell. Goth. I, c. 12. p. 342. τῷ μὲν οὖν τηνικαῦτα τῶν Οὐϊσιγότϑων ἡγουμέϭῳ Ἀλαρίχῳ τῷ νεωτέρῳ Θευδιχοῦσαν τὴν αὐτοῦ ϑυγατέρα παρϑένον ἠγγύηϭε.

131 So wurde um diese Zeit das ganze tolosanische Reich genannt Lex Burgundionum in Additam. II, n. 3. Quicunque ingenuus de *Gothia* captivus a Francis in regionem nostram venerit, et ibidem habitare voluerit, ei licentia non negetur.

132 Appendix Victor. Tun.

133 Cassoidor. Var. L. III,ep. 1. Am Ende des Briefes heißt es: Non vos parentum fusus sanguinis inflammat: non graviter nrit occupata provincia: adhuc de verbis

parva est contentio: facillime transigitis, si non per arma vestros animos irritetis. Objiciamus, quamvis cognato, cum nostris conjuratis eximias gentes. Justitia, quae Reges efficit fortiores, cito convertit animos, qui contra se tales sentit armatos.

134 Cassiodor. Var. L. III. ep. 2.

135 Cassiodor. Var. L. III. ep. 3. Darin ist die Stelle besonders wichtig, wo ihnen Theodorich Eurichs Dienstleistungen zurückruft: quantis juvit semper muneribus, quoties a vobis proximarum gentium imminentia bella suspendit.

136 Cassiodor. Var. L. III. ep. 4. Über die Zeit, wann diese Briefe geschrieben worden, hat man keine Nachricht. Allein, allen Umständen nach, wurden sie vor dem burgundischen Krieg, und nach der Besiegung des Alemannen, also im Jahr 497 oder 498 geschrieben, in welchem letzteren Jahre auch die Zusammenkunft Alarichs und Klodwigs stattfand.

137 Gregor. Turon. L. II. c. 35. – conjunctique in insula Ligeris, quae erat juxta vicum Ambaciensem territorii urbis Turonicae, simul locuti, comedentes pariter ac bibentes promissa sibi amicitia pacifici discessere. Über die Zeit dieser Zusammenkunft, die von vielen unrichtig angegeben wird, handelt die Not. LX. Zum T. I. der histoire de Languedoc.

138 Gregor. Turon. L. II. c. 33. Denique Franci qui apud Godegiselum erant, in unam se turrim congregant. Gondobaldus autem jussit, ne uni quidem ex ipsis aliquit noceretur, sed adprehensos eos Tholosae in exilium ad Alaricum regem transmisit. Fredegar. epit. c. 23 sqq.

139 Daß Theodorich, als Verbündeter Klodwigs, Teil am burgundischen Krieg genommen habe, wie Procopius (de bello Gothico L. I. c. 12) angibt, möchte sehr zu bezweifeln sein, da die anderen Schriftsteller nichts davon erwähnen, und eine solche Verbindung mit den Friedensgrundsätzen Theodorichs sehr in Widerspruch stünde. Auch ist die Vermutung, daß die Ostgoten Avignon, oder wie andere meinen, Marseille und die Umgehend erhalten hätten, ganz falsch, da erstere Stadt noch im Jahre 507 nach den Actis Agathens. Concilii die Westgoten befaßten, und die andere erst nach dem Tode Alarichs in Theodorichs Besitz kam.

140 Man sehe Beilage I.

141 Er war vom vandalischen König Hunnerich vertrieben worden, und fand bei Alarich in Alby gute Aufnahme. Histoire de Languedoc T. I. p. 239.

142 Zu Agde in Gallien wurde ein Concilium im Jahr 506 gehalten: das zu Toledo auf 507 festgesetzte kam wegen des ausgebrochenen Krieges nicht zustande. Der eingang des conciliums zu Agne (Sirmondi Concil. Gall. T. I. p. 160) scheint vom Könige vorgeschrieben zu sein, oder man müßte Gregors Schilderung von der abgeneigten Stimmung der katholischen Geistlichkeit gegen Alarich für unwahr halten. Der Eingang lautet so: Cum in nomine domini ex permissu domini nostri, gloriosissimi magnificentissimi, piissimique regis, in Civitate Agathensi, sancta synodus convenisset, ibique flexis in terram genibus pro regno ejus, pro longaevitate, pro populo Dominum deprecaremur, ut qui nobis congregationis permiserat potestatem, regnum ejus felicitate extenderet, justitia gubernaret, virtute protegeret.

143 Gregor. Turon. II. 36. Multi jam tum in Gallis habere Francos dominos summo desiderio cupiebant.

144 Gregor. Turon. 1. c. et L. X. 31.

145 Gregor. Turon. II. 36.

146 Er kam im Jahr 505 zurück. Auch bei der späteren Belagerung von Arles durch die Burgunder und Franken kam er in den Verdacht der Verräterei. Cypriani vita Caearii T. I. und Act. S. S. Bened. P. 662.

147 Der Abbé Dubos in der histoire critique de l'établissement de la Monarchie francaise dans les Gaules, (II. p. 658) stellt die seltsame Behauptung auf: da die Goten Usurpatoren, die Abtretungen des Nepos und Odoacer aber ungültig waren, so konnten die Bischöfe als die angesehensten Beamten machen, was sie wollten.

148 Appendix Victor. Tun.

149 Aviti Vien. ep. 78. Nec quidem talis electi, quale nuper, ut egomet hausi, in sancto ac sincerissimo impollutae manus nitore sordebat, cui corruptam potius quam confectam, auri nondum fornace decocti crediderint inesse mixturam: vel illam certe, quam nuperrime Rex Getarum, securae praesagam ruinae, monetis publicis adulterinum firmantem mandaverat.

150 Gregor. Tur. L. II. c. 37. Igitur Chlodovaeus Rex ait suis: valde moleste fero, quod

hi Ariani partem teneant Galliarum. Eamus cum die adjutorio et superatis adigamus terram in ditionem nostram.

151 Gregor. Tur. II. c. 37. Procop. de bell. Goth. I. 12. Isidor. Chronik, und Fredegar. epit. c. 25. Sind über Klodwigs Krieg gegen Alarich Hauptquellen.

152 Gregor. Turon. L. II. c. 37.

153 Viele Geschichtsschreiber stellen Alarich als feig dar, weil Isidor. Hisp. sagt: Alaricum a pueritia vitam in otio, et convivio peregisse; sein Benehmen in der Schlacht zeigt aber das Gegenteil.

154 Gregor. Turon. L. II. c. 37. – Procop. (de bell. Gothic. L. I. c. 12. p. 383) gibt hier wieder einen Beweis seiner Ungenauigkeit und Unzuverläßlichkeit. Nach ihm fiel die Schlacht in der Nähe von Carcassonne vor, er sagt nämlich: Ἐν τούτῳ δὲ Ὀὐϊσγότθοι, ἐπεὶ Γερμανοὺς (i. e. Francos) ἐπὶ πόλιν Καρκασίανὴν στρατοπεδεύειν ἐπύθοντο, ὑπήντιαζόν τε καὶ στρατόπεδον ποιησάμενοι ἔμενον.

155 Gregors von Tours (l. e.) ist offenbar parteiisch: er spricht den Westgoten alle Tapferkeit ab: Cumque secundum consuetudinem Gothi terga vertissent, ipse rex Clodoveus victoriam domino adjuvente obtinuit.

156 Daß Klodwig den Alarich selbst getötet habe, kann bestritten werden, allein der Zusammenhang bei Gregor von Tours spricht mehr dafür als dagegen: Porro rex cum, fugatis Gothis, Alaricum regem interfecisset, duo ex adverso subitio advenientes, cum contis utraque latera ei feriunt.

157 Gregor. Turon. 1. c. Maximus ibi tunc Arvernorum populus, qui cum Apollinare venerat, et plurimi, qui erant ex Senatorius, conruerunt. Rorico, (bei du Chêsne T. I.) ein Schriftsteller aus dem 11ten Jahrhundert, gibt außer vielen anderen falschen Nachrichten von dieser Schlacht auch die, daß Aplloinaris darin umgekommen sei. Allein Gregor von Tours (L. III. c. 2.) widerspricht ihm durch die bestimmte Angabe, daß derselbe im Jahr 515 in Auvergne zum Bischof gewählt worden.

158 Gregor. Turon. L. II. c. 37.

159 Isidor. Chronik. Geselicus (Alarici) ex concubina filius Narbonae princeps efficitur. Procop. l. c. Ὀὐϊσιγότθων τε οἱ περιόντες Γισέλιχον, νόθον Ἀλαρίχου υἱόν, ἄρχοντα σφίσιν ενςεῖπον, Αμαλαρίχου τῆς τοῦ Ἀλαρίχου θυγατρὸς παιδὸς ἔτι κομιδῆ ὄντος. Statt des letzten Ἀλαρίχου ist zu lesen Θευδερίχου.

160 Procop. I. c. Καρκασιανὴν δὲ πολλῆ σπουδῆ ἐπολιόρκουν, ἐπεὶ τὸν βασελικὸν πλοῦτον ἐνταῦθα, ἐπύθοντο ειναι, ὃν δὴ ἐν τοῖς ἄνω χρόνοις Ἀλάριχος ὁ πρεσβύτατος, Ῥώμην ἑλών, ἐληῖσατο.

161 Gregor. Turon. L. II. c. 37. Choldovaeus vero apud Burdegalensem urbem hyemem agens, cunctos thesauros Alarici a Tholosa auferens Engolismam venit. Cui dominus tantam gratiam tribuit, ut in ejus contemplatione muri sponte corruerunt. Tune exclusis Gothis, urbem suo dominio subjugavit.

162 Fredegar. epit. c. 25. Aimon. L. I. c. 22.

163 Isidor. Hisp. Chr. Sicut (Gesalicus) genere vilissimus, ita infelicitate et ignavia summus. Denique dum eadem civitas (Narbona) a Gundebaldo Burgundionum rege direpta fuisset, iste cum multo sui dedecore et cum magna suorum clade apud Barcenonam se contulit.

164 Bei Cassiodor. Var. L. V. ep. 43. sagt Theodorich von Gesalich: Qui nostris inimicis, dum a nobis foveretur, adjunctus est. Auch zeigt die Folge, daß er es mit den Franken hielt.

165 Cassiodor. Var. L. VIII. ep. 10. gibt ausführliche Nachricht hierüber.

166 Die Umlaufschreiben an die Goten gibt Cassiodor. Var. I. 24. Schlosser (Weltgesch. II. 1. S. 15.) folgert aus Cassiodor V. 10–11, daß Theodorich bloß Gepidische Hilfsvölker nach Gallien schickte: Manso in der Geschichte der Ostgoten S. 64 bestreitet dieses, und meint, daß diese erst später nach der Eroberung des Landes hingeschickt worden, Daß aber auch früher Gepiden nach Gallien kamen, zeigt schon der Titel des Ibbas, der bei Isidor Comes Gepidarum genannt wird.

167 Procop. de bell. Goth. L. I. c. 12. läßt Theodorich selbst aufbrechen. Pagi ad ann. 508. § 5. hat dieses schon gut widerlegt.

168 Der Name wird verschieden angegeben: Jornandes: Hibbas und Hiobas, im Appendix zu Victors Chronik: Helbas, Isidor: Ebbas

169 Cyprian. In der vita S. Caesarii (bei du Chêsne T. I. p. 231) Francis et Burgundionibus urbem Arelatenesm obsidentibus, Theudericus, missis ducibus suis, in eam provinciam ingressus erat.

170 Der gewiß verdorbene Name wird auch als Tulum und Tolonik angegeben. Bei Cassiodor. Var. III. ep. 10 wird die Tapferkeit und der Eifer desselben sehr gerühmt.

171 Jornand. c. 58. (Theodoricus) Tropaeum de Francis per Hibbam suum comitem in Gallies acquisivit, plus XXX millibus Francorum in proelio caesis. Eben so in der historia miscella L. XV. Man vergleiche über die Vorfälle bei Arles noch Isidor. Hisp. Chr. Cassiodor. L. VIII, 10 L. IV. ep. 16. Und die oben angegebene Vita Caesarii.

172 Cassiodor. Var. L. IV. ep. 17.

173 Procop. de bell. Goth. I. c. Δείσαντες Γερμανοί, τὴν πολιορκίαν διέλυσαν.

174 Cassiodor. in Chronik. Venantio Jun. et Celere COSS. (a. 508) contra Francos a Domino Nostro destinatur exercitus, qui Gallias Francorum depraedationibus confusas, victis hostibus ac fugatis, suo acquisivit imperio.

175 Appendix Chronik. Victor. Tun. in der Hispania illustr. T. IV. p. 136.

176 Appendix Chronik. Victor. Tun. l. c. – Isidor. Chronik. – Cassiodor. L. V. ep. 43.

177 Mar. Avent. Chronik. ad an. 509.

178 Cyprian. In Vita S. Caesarii l. c.

179 Cassiodor. L. III. ep. 34. 38 et 42.

180 Cassiodor. L. III. ep. 32 et 40.

181 Victor. Tun. Chronik. in append. Gesalecus de Afrika rediens ob metum Helbanis Aquitaniam petiit ibique latuit annum unum. Manso, in der Gesch. des ostgotischen Reiches sagt, daß er sich zum zweitenmale Narbonnes bemächtigt habe: jedoch dieses kein Quellenschriftsteller.

182 Isidor. Chr. gibt über Gesalichs Ende die vollständigsten Nachrichten: (Geselicus) profectus ad Africam Vandalorum suffragium poscit, quo in regnum posset restitui. Qui dum non impetrasset auxilium, mox de Afrika rediens, ob metum Theoderici Regis Aquitaniam petiit. Ibi anno uno delitescens Hispaniam reversus ab Ebbane Theoderici Regis duce, duodecimo a Barcinona urbe miliario commisso proelio superatus in fugam vertitur, captusque trans fluvium Druenticum Galliarum occiditur. Die Angabe der Append. Chr. Victor. Tun. als habe Gesalich 6 Jahre regiert, und als sei er im Jahr 613 umgekommen, ist falsch und steht mit allen anderen Nachrichten im Widerspruch.

183 Die Franken behielten die Eroberungen nördlich und südwestlich von der Garonne, also das Land Guyenne und Gascogne. Bei Fredegar. epit. c. 35. heißt es nicht ganz richtig, daß Clodwig alles Land von Loire bis an den Ocean, die Pyrenäen und das Mittelmeer besetzt hätte.

184 Dieses behauptet die histoire de Languedoc T. I. Not. LXVIII (nach Gregor. Turon. L. III. c. 21. Gothi vero cum post Clodovechi mortem multa de his, quae ille adquisierat, pervaissent etc.) Mais nous ne saurois marquer precisément jusqu' où ce roi d'Italie étendit ses conquêtes dans les Gaules; nous sommes seulement assûrez qu'il reprit la ville de Rodés et le Roüvergne, ce qui nous fait croire, qu'il reprit aussi le Gevaudan, et le Velai et peut-être l'Albigeois.

185 c. 58. Et nunquam Gothus Francis cessit, dum viveret Theodoricus.

186 Cassiodor. Var. VIII. ep. 10. Ad castella supra Druentiam constituta de Massiliensium horreis constat esse portandum.

187 Theodorich erneuerte den Titel Praefectus Praetorio Galliarum: und gab denselben nebst dem Patriciat dem Marcellinus Liberius Avit. ep. 32. Cassiodor. Var. L. II. ep. 6. L. XI. ep. l. III. ep. 17. Vicarius des Praefectus Praetorio Galliarum wird Gemellus von Cassiodor genannt. Var. III. ep. 16 et 32.

188 Procop. l. c. Χρήματά τε λαβὼν ξύμπαντα, ὅσα ἐν πόλει Καρχασιανῇ ἔκειτο, ἐς Ῥάβενναν κατὰ τάχος ἀπήλαυνεν.

189 Procop. l. c. Φόρου τε ἀπαγωγὴν ἔταξεν οἱ αὐτῷ ἀποφέρειν τοὺς ταύτῃ ἄρχοςτας· δεχόμενός τε ἀτὴν ἐς ἕκαστον ἔτος, τοῦ μὴ δοκεῖν φιλοχρημάτως ἔχειν, τῷ Γότθων τε καὶ Οὐϊσιγότθων στρατῷ δῶρον ἐπέτειον ἔπεμπε. Man vergl. Cassiodor. Var. L. III. 18. IV. 19 et 29. V. 39.

190 Jornandes c. 58. Thiodem suum Armigerum post mortem Alarici generi, tutorem in Hispaniae regno Amalrici nepotis constituit.

191 Procop. de bell. Goth. L. I. c. 13. p. 344.

192 Jornand. c. 58. Nec fuit in parte occidua gens, quae Theoderico, dum viveret, aut amicitia aut subjectione non deserviret.

193 Die Regierungsjahre Theodorichs über das wetgotische Reich werden von dem Todesjahre Gesalichs, von 511 an gezählt, Isidor. Chronik. Rursus expulso rege Wisigothorum Geselico, (Theodericus) regnavit in Hispania annis XV. Sicque prius Italo regno potitus, postea Hispaniam rexit, quam superstes ejusdem Amalarico nepoti reliquit. – Append. Chronik. Vict. Tun. Hisp. illustr. T. IV. p. 136.

194 Procop. de bell. Goth. L. l. c. 13.

195 Procop. l. c. *Τὰ μὲν ἐντὸς τοῦ Ῥοδανοῦ ποταμοῦ Γότϑοι ἔλαχον, τὰ δὲ τούτου ἐκτὸς ἐς τὸ Οὐϊσιγότϑων περιέστη κράτος.*

196 Procop. de bell. Goth. L. I. c. 12.

197 Procop. de bell. Goth. L. I. c. 13 p. 345.

198 Die Katholiken hielten in Toledo das zweite Concilium (631): in den Actis dieser Kirchenversammlung (T. IV. Labb) heißt es: Gratias agimus omnipotenti Deo, deinde domino nostro glorioso Amalarico regi, divinam clementiam postulantes, ut innumeris annis regni ejus ea, quae ad cultum fidei pertinebunt, peragendi nobis licentiam praestet.

199 Gregor. Turon. L. III. c. 1. u. besonders im c. 10. gibt darüber ausführliche Nachricht. Procop. l. c. stimmt mit ihm überein.

200 Procopius nennt ihn irrigerweise Θευδίβερτος. Er verwechselt offenbar den späteren Krieg des Theudebert und Theudes mit dem des Childebert.

201 Ger. Tur. l. c. Videns autem se non posse evadere, ad Ecclesiam Christianorum confugere coepit. Sed priusquam limina sancta contingeret, unus emissa manu lancea eum mortaliter sauciavit, ibique decedens, reddidit spiritum.

202 L. II. c. 8.

203 Procop. I. c. sagt, daß eine heftige Schlacht geliefert worden: *τέλος δὲ ἡσσηϑεὶς Ἀμαλάριχος, τῶν τε οἰκείων πολλοὺς ἀποβάλλει καὶ αὐτὸς ϑνήσκει.*

204 epit. c. 30 u. 42.

205 Isidor. Chr. Amalricus – quinque annis regnavit. Qui cum ab Hilberto Francorum rege Narbonae proelio superatus fuisset, Barcinonam fugiens venit, omniumque contra se odio excitato, (apud Narbonam besser apud Barcinonam) in foro ab exercitu (sc. suo, nicht Francorum) jugulatus interiit. – Jornand. c. 58. gibt nur kurze und unbestimmte Nachricht: Qui Amalricus in ipsa adolescentia Francorum fraudibus irretitus regnum cum vita amisit. Über Amalrichs Todesjahr und die darüber verschiedenen Nachrichten handelt gut die histoire de Languedoc. T. I. Not. LXVII.

206 Gregor. Tur. L. III. c. 10. Childebertus vero inter reliquos thesauros ministeria Ecclesiarum pretiosissima detulit. Nam LX calices, XV paternas, XX evangeliorum capsas detulit, omnia ex auro puro ac gemmis pretiosis ornata. Wachter meint, daß der sogenannte Codex Argenteus der Alphilanischen Evagelienübersetzung sich unter diesen eroberten Schätzen befunden habe.

207 Procop. l. c.

VIERTER ABSCHNITT · ERSTES KAPITEL

1 Procop. de bello Gothico L. II. c. ult. nennt ihn den Bruder der Mutter des ostgotischen Königs Ildebald.

2 Isidors Ausdruck deutet die Wahl an: Theudis in Hispana creatur in regnum. Procop. de bell. Goth. L. I. c. 13. p. 345. widerspricht diesem: *Οὐϊσιγότϑοι παρὰ Θεύϑην ἐς Ἰσπανίαν ἤδη ἐκ τοῦ ἐμφανοῦς τυραννοῦντα ἐχώρησαν.*

3 Ob er schon seinen Sitz in Toledo gehabt, ist nicht genau auszumitteln. Nach Mariana Lib. V. c. 1. hätte erst Leovigild Toledo zur Residenz der westgotischen Könige erhoben, vorher wäre Hispalis (Sevilla) es gewesen. Allein schon unter Athanagild war Toledo Königssitz. Isidor. Chronik. Visigoth.

4 Isidori Chronik. Es ist nicht bekannt, daß während der Regierung des Theudes zu Toledo eine Kirchenversammlung gehalten worden ist, wohl aber sind Concilien im Jahre 546 zu Valentia und Lerida zur Verbesserung der Kirchenzucht gehalten worden. Pagi ad an. 546. n. 10. 11. Aguirre Concil. Hisp. T. II. Doch ist nicht zu verschweigen, daß die Überschrift dieser beiden Kirchenversammlungen nicht den Namen Theudes, sondern Theudoreds oder Theodorichs angeben; daß sie unter Theodorich dem Großen gehalten wurden, erleidet viele Widersprüche: man muß

daher annehmen, daß Theudes später den Namen Theudored oder Theudorich geführt habe.

5 Gregor. Turon. Lib. III. c. 21. Gothi vero cum post Chlodovei mortem multa de his, quae ille acquisierat, pervasissent, Theodericus Theobertum, Chlotarius vero Guntharium seniorem filium suum ad haec requirenda transmittunt. Sed Ghuntarius usque Rutenos accedens nescio qua faciente causa regressus est. Dann werden die Eroberungen Theuberts erzählt.

6 Procop. I, c. 13. Der Grieche, ohne genaue Kenntnisse des Abendlandes, verwechselt Childeberts Zug gegen Almarich mit diesen Eroberungen Theuberts. Er sagt daher ebenso unrichtig, daß die Franken ihre Herrschaft bis an die Pyrenäen ausgedehnt hätten.

7 Daher sagt Isidor. Chronik. und Append. Chronik. Victor.Tunnun. Francorum reges quinique: die Prinzen wurden von den alten Schriftstellern oft Könige genannt.

8 Append. Chron. Victor. Tun. Isidor. Chronik. Jornand. c. 58. – Gregor. Turon. L. III. c. 29. erzählt, die Einwohner von Saragossa hätten im Bewußtsein, daß menschliche Hilfe sie nicht retten könnte, nichts anderes getan, als gebetet, gefasstet, und in andächtiger Prozession den Kopf des heiligen Vincentius herumgetragen. Durch dieses außerordentliche Schauspiel wären die Franken bewogen worden, sogleich die Belagerung aufzuheben.

9 Gregor. Turon. L. III. c. 30. scheint der Erzählung Isidors zu widersprechen, da er gar nichts von einer Niederlage meldet, sondern im Gegenteil schreibt: tamen acquisita maxima Hispaniae parte, cum magnis spoliis in Gallias redierunt. Allein dieses kann wohl sein, da wahrscheinlich das Heer den einen Tag und die eine Nacht gut benutzte und viele Beute mit über die Pyrenäen brachte. Mit Gregor. Turon. stimmen überein, oder haben ihn vielmehr ausgeschrieben: Fredegar. histor. epitom. c. 42. und der Auctor de gestis Francorum. Daß die fränkischen Könige wirklich durch die Waffen zum Rückzug genötigt worden, sagt Isidor ausdrücklich: Iste (Theudes) Francorum reges quinque – – misso duce Theudisclo *fortiter debellavit* atque a regno suo non pace, sed *armis* exire coëgit.

10 Procop. de bello Vandal. L. I. c. 24.

11 Isidor. Chronik. Goth. p. 722. ed. Grot. In der Hispania illustrata fehlt die Stelle. – Procop. de bello Gothor. L. II. c. 30 in fin.

12 Isidor. Chronik. Gothor. Vulneratur a quodam in Palatio (wahrscheinlich in Hispalis), qui jam diu dementis speciem, ut regem deciperet, simulaverat. Finxit enim arte insaniam, ut quasi furore repletus perfodit principem, quo vulnere prostatus occubavit, et vi gladii indignatem animam exhalavit. Fertur autem inter effusionem sanguinis conjurasse homines suos, ne quis interficeret percussorem suum, dicens recepisse se dignam vicissitudinem, quod et ipse privatim ducem suum sollicitatum occidisset. Durch diese Worte scheint Theudes anzudeuten, daß er am Tode Amalrichs Schuld gewesen.

13 Der Name wird verschieden geschrieben. Isidor: Theudisclus; Gregor. Turon.: Theodigilus; Jornandes: Theodigisglossa.

14 Chronologia et Series regnum Gothor. bei du Chêsne T. I. p. 818. Theudisclus regnavit annum unum. Qui dum thoros multorum macularet, et ob id multis necem excogitaret, mox inter epulas gladio Hispali jugulatur. Jornand. c. 58. Post quem Theodigisglossa regnum adeptus, non regnans defecit occisus a suis. Gregor. Turon. L. III. c. 30. Fredegar. hist. epit. c 42. Juliani Chronicon Gothor. das gewöhnlich unter dem Namen Vulsa angeführt wird. Append. Chronik. Victor. Tunn.

15 Gregor. Turon. 1. c. Sumpserant Gothi hauc detestabilem consuetudinem, ut si quis iis de regibus non placuisset, gladio eum adpeterent, et qui libuisset animo, hunc sibi staturent regem.

16 Isidor. Chronik. (Era DLXXX) Regnavit anno uno, mensibus VII.

17 Isidor. Chronik. Agila rex creatur, regnans annis quinque.

18 Gregor. Turon. IV. c. 8. sagt: cum populum gravissimo dominationis suae jugo adterreret etc.

19 Chronolog. et series, reg. Gothor. bei Dom Bouquet T. II. p. 705. Iste (Agila) dum ad Cordubam urbem pugnaret, in contemptum Christi sepulcrum sancti Martyris Ariscli quoddam horrore pollueret: filium ibi cum multa copia interfectum, et om-

Name	
Straße	
Ort	
Telefon	

PHAIDON VERLAG
Redaktionsbüro/Pressestelle
Postfach 185528

45205 Essen

Lieber Leser,

Sie haben diese Karte in einem Buch aus unserem Verlagsprogramm gefunden. Sollten Sie an weiteren Informationen unserer umfangreichen Veröffentlichungen interessiert sein, so schicken Sie uns diese Karte unter Angabe Ihrer Interessengebiete einfach zu. Wir dürfen Sie dann laufend und kostenlos über unsere Neuheiten informieren.

Vielen Dank für Ihre Mühe, die sich lohnt.

Ihr
PHAIDON VERLAG
Postfach 185528, 45205 Essen

Ihre Interessen:

- ☐ Bibliothek der Weltliteratur
- ☐ Klassikerbibliothek
- ☐ Bibliothek der Weltgeschichte
- ☐ Geschichtsschreiber der Antike
- ☐ Historiker des deutschen Altertums
- ☐ Erzählungen des Mittelalters
- ☐ Bibliothek der Philosophie

Weitere Interessensgebiete

_____
_____
_____
_____

nem thesaurum regium amisit. Isidor. Chr. Cujus (Agilanis) tertio anno Athanagildus tyrannidem regnandi cupiditate arripuit.

20 Jornand. c. 58. Hactenus Agila continuat regnum. Contra quem Athanagildus insurgens Romani regni concitat vires. Ubi et Liberius patricius cum exercitu destinatur.

21 Isidori Chronik. Videntes Gothi proprio se everti excidio et magis metuentes, ne Spaniam milites auxilii occasione invaderent, Agilanem Emeritae interficiunt et Athanagildi se regimini tradiderunt.

22 Greg. Turon. IV. 8. Qui (Atahanagildus) multa bella contra ipsum exercitum (i. e. der Griechen) postea egit, et eos plerumque devicit, civitatesque, quas male pervaserant, *ex parte* auferens de potestate eorum.

23 Isidor. Chr. Mititum auxilia a Justiniano poposcreat, quos postea submovere a finibus regni molitus, non potuit. Adversus quos huc usque confligitur. Isidor endigt seine Chronik im J. 631.

24 Gregor. Turon. IV. 27.

25 Gregor. Turon. IV. 28. Bei ihm ist auch das Nähere über die schändliche Behandlung der Galsuintha und ihren Tod nachzulesen, da Chilperich seiner früheren Geliebten Fredegundis wieder seine ganze Liebe zuwandte. Über die Verbindung der fränkischen Könige mit den westgotischen Prinzessinnen sehe man noch Fredegar. c. 58. u, Venantius Fortunat. in den Carmin. hist. Lib. VI. bei du Chêsne T. I. p. 486 sqq.

26 Gregor. Turon. de Miraculis S. Martini L. I. c. 11. erzählt ausführlich die Bekehrungsgeschichte dieses Carrarich, daß dessen kranker Sohn durch die Wunder des heiligen Martin in Tours genesen sei, worauf der bisher dem katholischen Glauben geneigte König der Sueven demselben sich ganz zugewandt habe. Nach den Isidor (Chronicon Suevor. Hisopan. illustr. T. II. p. 852.) den Theodemir als den ersten katholischen König der Sueven zu betrachten, wie einige taten, möchte zu verwerfen sein.

27 Ferreras in der span. Gesch. Bd. 2. hat gut die Gründe dagegen aufgestellt.

28 Cf. Acta primi Concilii Bracarensis bei Aguirre. und Colet.

29 Chronol. et Series reg. Goth. Athanagildus regnavit ann. XIV. Isidor. Chr. (Era DXCIII) sagt: regnum, quod invaserat, tenuit annis XVI. Es ist wohl ein Schreibfehler für XIV, oder er rechnet die beiden Jahre, die Athanagild mit Agila gemeinschaftlich regierte, dazu. – Isidors Worte: Decessit autem Athanagildus Toleto propria morte, können zum Beweise dienen, daß nicht Leovigild zuerst in Toledo residiert habe. sondern Athanagild.

30 Gregor. Tur. IV. 32. Wahrscheinlich hatte diese Stelle vor Augen Mariana de rebb. Hispp. L. V. c. 9. T. II. p. 540. Hisp. illustr.: auctorem habeo, qui Athanagildum affirmat ex arcano Catholicam religionem tenuisse, tametsi serviens, Arianam sectam palam profiteretur, metu vidilicet gentis animos alienandi.

31 Isidor. Chronik.

32 Nach Mariannas Versicherung (L. V. c. 11.) schreiben die alten Münzen Liuva Gregor. Turon. schreibt Leuva. Es ist das deutsche Löwe, und Leovigild ist Löwenheld.

33 Man findet auch diesen Namen geschrieben: Leuvieldus, Leuveheldus, Leuvigildus, Leuvichildus (so Gregor), Leonegildus (so Johannes v. Biclar), Leubegildus und Liuvigildus (Isidor), Lewigildus (Paul Warnefried)

34 Isidor. Chronik. Liuva Narbonae regno praeficitus regnavitque annes III. Qui secundo anno postquam adeptus est principatum, Leuvigildum fratrem suum socium regni constituit Hispaniaeque administrationi praefecit.

35 Hier ist dem Isidor, der dem Liuva nur drei Regierungsjahre gibt, nicht zu folgen, sondern dem besser unterrichteten Johann von Biclar, der in seiner Chronik at ann. II. Justini Junioris (567) des Athanagild Tod setzt; ihm folgte nach einem Zwischenraume von fünf Monaten Liuva; Ende 568 oder Anfang 569 wurde Leovigild Mitregent, und beim Jahre 572 (at ann. VII. Justini Imp.) sagt er: His diebus Rex Luiba vitae finem accepit et Hispania omnis in regno et potestate Leonegildi, Galliaque Narbonensis concurrit.

36 Hauptquelle für die Regierungszeit Leovigilds ist die Chronik des Johannes vom Kloster Biclar, der ein Zeitgenosse dieses Königs war. Das Chronicon Joannis Biclarensis, episcopi Gerundensis, steht in der Hispan. illustr. T. IV. p. 154. sqq. Nicht weniger wichtig ist Gregor. von Tuors in der fränk. Gesch. an verschiedenen Stel-

len im 4., 5., 6., 8. Buche. Auch Isidors Chronik gibt über manches, ungeachtet seiner Kürze, Aufschluß.

37 Gregor. Turon. IV. 32. et Chronic. Joann. Biclar. Justini imperii ann. III. (Anf. 569.) Leovigildus Germanus Luibani regis, superstite fratre in regnum citerioris Hispaniae constituitur. Gosuintham relictam Athanagildi in conjugium accipit et Provinciam Gothorum, quae jam pro rebellione diversorum fuerat diminuta, mirabiliter revocat ad pristinos terminos. Unter Provincia Gothorum ist hier Spanien oder das ganze westgotische Reich zu verstehen. Vaisette in der histoire de Languedoc T. I. p. 283. versteht es anders: Leuvigilde retablit dans se anciennes bornes, la province des Gots (provincia Gothorum) cést–a–dire sans doute la Septimanie, dans laquelle nous conjecturons, qu'il reprit Lodeve sur Sigebert, Roi d'Autrasie. Da Liuva um diese Zeit noch lebte und in Septimania herrschte, so ist diese Ansicht Vaissettes ganz falsch.

38 Joann. Chronic. Biclar. ann. IV. Justin. Imp. Leonegildus rex loca Bastaniae et Malcitanae urbis, repulsis militibus (i. e. Romanis) vastat et victor solio rediit.

39 Joan. Bicl. Ch. ann. V. Just. Imp. Leonegildus rex Asinodam, fortissimam civitatem, proditione cujusdam Framidanei nocte occupat et militibus interfectis memoratam urbem ad Gothorum jura revocat.

40 Joann. Biclar. Chronic. ist die einzige Quelle. Isidor spricht nur kurz und im Allgemeinen davon: Cesserant armis illius (Leuvigildi) omnes rebelles Hispaniae urbes, fudit quoque diverso proelio militem et quaedam castra ab eis occupata dimicando recepit.

41 Joann. Biclar. Chronic. ist in diesem, wie im Folgendem, Hauptquelle. Isidor spricht davon nur mit einigen Worten: Subegit Aregenses, cepit Sabariam. Wo Sabaria lag, ist ungewiß. Man vermutet, es wäre Sarabris, so hieß vor Alters der Bezirk um der Stadt Toro: vielleicht wäre auch Sanabria im Bisthum Astorga damit gemeint. Ferreras ad an. 572. will Salaria lesen, welches Namens zwei Städte, die eine in Bötika die andere in Valentia gegeben habe. Dieser Meinung ist nicht beizustimmen: da Isidor auch Sabaria hat wie Joh. v. Biclar, und offenbar hier nicht von einer Stadt im Süden Spaniens die Rede ist. Florez in der España sagrada hat hierüber, wie über die folgenden schwierigen Namen eigene Abhandlungen.

42 Joan. Biclar. Chr. an. VIII. Just. Imp. Leonegildus rex Cantabriam ingressus, provinciae pervasores interficit, Amajam occupat opes eorum pervadit, et provinciam in suam revocat ditionem. Wo die Stadt Amaja gelegen habe, ist auch nicht ausgemittelt. Nach einigen lag sie zwischen Burgos und Leon, nach anderen in Biscana bei Elgeta, welche Stadt früher Maya hieß. Vielleicht ist es die Stadt, welche Conde in der historia de la dominacion de los Arabes en España p. 45. in der Nähe von Almeida angibt.

43 Die Stelle bei Joann. Biclar. Chronic. ist verdorben; Mariana L. V. c. 11 hat sie gut verbessert. Anno IX. Justini Imp. Leonegildus Rex Aregenses montibus (montes) ingreditur, Aspidium loci seniores (Mariana: seniorem) cum uxore et filiis captivos ducit, opesque ejus et loca in suam redegit potestatem. Die Meinung Marianas, daß die montes Aregenses in Gallien bei der Stadt Agen gelegen, ist gewiss falsch, da nirgends gesagt wird, daß Leovigild über die Pyrenäen gegangen. Den meisten Beifall fand Aregenses in Aragenses zu ändern, da die arragonischen Gebirge damit gemeint wären. Nahe dabei lag die Stadt Aspa, wovon wohl Aspidius den Namen gehabt. – Ferreras ad ann. 574. ist geneigt die montes Aregenses zwischen Burgos und Leon zu setzen, wo eine Stadt Namens Aregia lag. Ich bin sehr dafür, wie die Handschriften geben, Aregenses zu lesen, und glaube, daß diese Berge gegen Gallizien hin gelegen haben, da als Folge des Aufstandes der Aregenser Uneinigkeit zwischen dem suevischen und westgothischen Könige ausbrachen, weil Mir den Aufrührern Hilfe zugeschickt hatte. Für diese Meinung spricht Isidor: historia Suevorum in Hisp. illustr. T. III. p. 852. Remismundus vicina sibi pariter Arigensium loca et Lucensis conventus maritima populatur.

44 Unter dem Berge Orospeda verstand man die Sierras des Berges Cayo, Molina und Cuença bis an das Königreich Murcia. Mariana L. I. c. 3. handelt davon.

45 Chronic. Joan. Bicl. anno I. Tiberii Imp. Leonigildus rex Orospedam ingreditur et civitates atque castella ejusdem provinciae occupat, et suam provinciam facit, et non multo post inibi rustici rebellantes a Gothis opprimuntur et post haec integra a Gothis possidetur Orospeda. Isidor. sagt ganz kurz: Orospida ab eo devicta est.

46 Isidor. Chronic. Leuvigildus vi cupiditatis et livoris quosque potentes vidit, aut capite damnavit, aut opibus sublatis proscripsit. Eigen drückt sich darüber Gregor. Turon. IV. 32. aus: (Leuvieldus) interficiens omnes illos, qui Reges interimere consueverant, non relinquens ex eis mingentem ad parietem. Chronol. et series reg. Goth. bei du Chesne T. I. p. 818. Potentes per cupiditatem damnavit.

47 Chronic. Joann. Biclar. Leonegildus extinctis undique tyrannis et pervasoribus Hispaniae superatis sortitus requiem propriam cum plebe resedit et civitatem in Celtiberia ex nomine filii condidit, quae Recopolis nuncupatur, quam miro opere et moenibus et suburbanis adornans, et privilegia populo novae urbis instituit. Isidor. Hisp. Chr. Condidit civitatem in Celtiberia, quam ex nomine filii sui, Recopolim nominavit. Über die Lage der Stadt Recopolis weiß man nichts gewisses, da sie durch die Saracenen ganz zerstört worden ist. Nach dem arabischen Geschichtsschreiber Rasis will man Almonacid de Zurita am Tajo, wo er die Quadiela aufnimmt, als den Ort, wo Recopolis stand, betrachten. Allein Rasis sagt nur, daß Racopel (so nennt er die Stadt) an Santa Vera und Zurita, nahe an dem Orte, wo Almenacid liegt, mit seinem Gebiete grenze. Man vergl. darüber Mariana und Ferreras ad ann. 577.

48 Isidor. Chronic. In legibus quoque ea, quae ab Eurico incondite constituta vedebantur, correxit, plurimas leges praetermissas adjicieus, plerasque superfluas auferens. – Chronol. et Series reg. Gothor. bei du Chêsne T. I,p. 818. Leges Gothorum correxit.

49 Isidor Chronic. Primus inter suos regali veste opertus, solio resedit. Nam ante eum et habitus et consessus communis ut genti ita regibus erat.

50 Isidor. Chronic. Aerarium quoque ac fiscum primus iste auxit.

51 Joann. Biclar. Anno VII. Justini Imp. Leonegildus – – duos filios suos ex amissa conjuge, Ermenegildum et Recaredum consortes regni facit. Des Gregor. Turon. (IV, 32.) Worte: Ille quoque inter eos (filios) regnum aequaliter divisit, veranlaßte gewiß Marianas unten stehende irrige Behauptung der dreifachen Teilung des Reiches. Daß Leovigild den Söhnen gleich Provinzen zu beherrschen angewiesen habe, ist nicht wahrscheinlich. Dieses geschah nicht vor 578. Marianas Bemerkung L.V., c. 11. ist hier zu vergleichen Leuvigildus ad reipublicae statum converso animo atque studio jus suffragii antiquandi, quo Gothorum proceres eatenus reges creare soliti crant, et ad stabiliendam in familia regni successionem, magnopere referre cogitabat, Ermenegildum et Reccaredum filios regni consortes declaravit, ditione tripartita.

52 Gregor. Turon. IV, 52. V, 39. Joan. Bicl. ann. III. Tiberii Imp.

53 Gregor. Tur. IX, 24.

54 Joan. Bicl. Chr. Ann. Tiber. III. Leonegildus rex Hermenegildo filio suo filiam Sisberti regis Francorum in matrimonium tradit et provinciae partem ad regnandum tribuit. Leonegildo ergo quiete pace regnante, adversariorum securitatem domestica rixa conturbat. Nam eodem anno, filius ejus Hermenegildus, factione Gosvinthae reginae tyrannidem assumens, in Hilpali civitate rebellione facta, recludit et alias civitates atque castella secum contra patrem rebellare fecit.

55 Über Hermenegilds Heirat mit der Ingundis und seinen Übertritt zur katholischen Lehre spricht ausführlich Gregor. Turon. L. V, c. 39. – Gregor. Magn. Praef. In Job. et L. III. dial. c. 21. – Paul. Warnefried hist. Langob. L. III, c. 21.

56 Isidor. Chr. (Hisp. illust. T. III, p. 850.) Iniquae perfidiae furore repletus, in Catholicos persecutione commota, plurimos Episcoporum exilio relegavit, et eccesiarum reditus et privilegia tulit. Multos quoque terroribus suis in Arianam haeresin et pestilentiam impulit: plerosque sine persecutione illectos auro rebusque decepit.

57 Isidor. Chr. Ausus quin etiam inter caetera haeresis suae contagia rebaptizare Catholicos et non solum ex plebe set etiam es sacerdotalis ordinis dignitate, sicut Vincentium Caesaraugustanum de Episcopo apostatum factum et tanquam a *coelo in inferna projectum.*

58 Die Stelle des Johannes v. Biclar Chronic. ann. IV. Tiberii. ist gewiß nach dem Text in der Hisp. illustr. verdorben: Leonegildus rex in urbem Toletanam synodum Episcoporum sectae Arianae eongregat et antiquam haeresin novello errore emendat, dicens: de Romana religione ad nostram catholicam fidem venientes non debere baptizari, sed tantum modo per manus impositionem et communionis perceptione pollui (abluí oder perlui) et gloriam patri *per filium* in spiritu sancto dare.

59 Über die Verfolgung der Katholiken durch Leovigild und das Concilium zu Toledo

215

sehe man Gregor. Turon. V, 39. Und VI, 18. Paul. Emerit. c. 10. Isidor. Chronic. u. Chronic. Joann. Biclar. ann. IV. Tiberii Imp.

60 Gregor. Tur. VI, 18. His diebus Leuvichildus rex in exercitu contra Hermenechildum filium suum residebat: cui et Emeritam civitatem abstulit. Nam hic qualiter cum ducibus Imperatoris Tiberii fuerit conjunctus etc.

61 Joan. Biclar. Chr. ann. V. Tiber. Imper. Risko in der Fortsetzung von Florez España Sagrada T. XXXII, p. 313 sqq.

62 Gregor. Tur. L. VI, c. 34.

63 Gregor. Tur. L. VI. c. 43. Patrata victoria (Leuvichildus) cognovit Mironem regem contra se cum exercitu residere. Quo circumdato, sacramenta exigit, sibi in posterum fore fidelem. Et sic datis sibi invicem muneribus unusquisque ad propria est regressus. Sed Miro postquam in patriam rediit, non multos post dies conversus ad lectum obiit. Infirmatus enim ab aquis Hispaniae fuerat malis, aëribusque incommodis. Die Regierung Theodemirs II. oder Mirs gehört zu den dunkelsten und widersprechendsten in der spanischen Geschichte. Schon in den ersten Jahren der Regierung Leovigilds kam er mit diesem in Streitigkeiten, weil er die Aufrührer unterstützte. Dann führte er gegen die Aragones oder, wie Isidor sie nennt, gegen die Roccones Krieg. Die Gesandten, die er dem Guntram schickte, um mit ihm ein Bündnis gegen Leovigild zu schließen, wurden von dem Könige Chilperich in Paris ein Jahr gefangen gehalten (Gregor. Tur. VI, 43.). Ganz widersprechend aber sind die Nachrichten der alten Schriftsteller über sein Verhältnis im Krieg zwischen Leovigild und seinem Sohne: nach der Chronik des Johannes von Biclar ann. I. Mauritii Imp. u. Isidor. (histor. Suevorum T. III, p. 852. in der Hispania illustr.) wäre Mir dem Leovigild zu Hilfe gezogen, und bei der Belagerung von Sevilla gestorben. Allein Gregor. Turon. VI, 43. erzählt ausführlicher als die angegebenen Quellen, und zwar gerade das Gegenteil. Seine Nachrichten sind den Verhältnissen angemessener. Mariana L. V., c. 12. folgt Isidor und Johannes von Biclar: Miro Suevus tametsi placitis de religione discrepabat, cum suorum manu Leuvigildo junctus, tantum nefas morte luisse creditus est. Ferreras ad ann. 582. stellt die gar nicht verwerfliche Meinung auf, daß Mir dem Hermenegild zu Hilfe gezogen, von Leovigild aber besiegt und gezwungen worden, wider Hermenegild zu streiten.

64 Joan Biclar. Chr. Interea supradictam civitatem nunc fame, nunc ferro, nunc Boetis conclusione omnino conturbat. – Muros Italicae, antiquae civitatis, restaurat, quae res maximum impedimentum Hispalensi populo exhibuit.

65 Gregor. Turon. L. V, c. 39. At ille (Leovichildus) datis Praefecto Imperatoris triginta millibus solidorum, ut se ab ejus solatio revocaret, commoto exercitu contra cum venit.

66 Joan. Bicl. Chr. ann. II. Mauritii Imp. – Rex – Hispalim pugnando ingreditur, civitates et castella, quas filius occupaverat, cepit, et non multo post memoratum filium in Cordubensi urbe comprehendit et regno privatum in exilium Valentiam mittit. Mariana sagt nach Hispalis: allein kein alter Schriftsteller bestätigt diese Angabe. Gregor. Turon. L. V. 39, nennt nicht den Ort seiner Verbannung: Regressus ad urbem Toletanam, ablatis pueris ejus, misit eum in exilium cum uno tantum puero: dieses wird L. VI, 43 wiederholt.

67 Die Geschichte von Hermenegilds Aufstand gehört zu den schwierigsten in der westgotischen Geschichte: ich weiß wohl, daß die im Text gegebene Erzählung in manchen Stücken von der gewöhnlichen Ansicht abweicht; allein da ich mich streng an die Quellen hielt, so glaubte ich, so und nicht anders erzählen zu dürfen. Als die treueste, jedoch nicht die ausführlichste Erzählung ist die anzusehen, welche Johannes von Biclar, ein Augenzeuge, von ann. III. Tiberii Imp. bis ann. III. Mauritii Imp. erzählt. Isidor stimmt meistenteils mit ihm überein. Allein Gregor von Tours, der in mehreren Kapiteln mit verschiedenen Büchern seines Werkes (V,39. VI, 18. VI, 43.) ziemlich breit, selbst Nebenumstände mitteilt, weicht von den spanischen Geschichtsschreibern häufig ab, oder widerspricht ihnen sogar. Was am meisten Irrtum veranlaßt hat, ist die wiederholte Erzählung derselben Begebenheit, welche Gregor V. 39. und VI, 43. gibt. Obwohl er gegen Ende der letzteren Stelle ausdrücklich sagt: sicut jam superius memoratum est, so hat seine wiederholte Erzählung bei mehreren, Ferreras, Gibbon (T. VI, chapt. 27.) u. a. den Irrtum erzeugt, als habe Hermenegild erst bei seinem Vater nach der Empörung Gnade gefunden, hätte sich aber bald zum zweiten Male empört und dann erst

wäre er mit der verdienten Strenge behandelt worden. Diese Meinung läßt sich aus keinem alten Schriftsteller bestätigen, selbst nicht aus Gregor von Tours.

68 Über die Rigunthis spricht an mehreren Stellen Gregor. Tur. IV, c. 44. VI, c. 34. VI, c. 45. An der letzten Stelle heißt es: Convocatis melioribus Francis, reliquisque fidelibus nuptias celebravit filiae suae, traditaque legatis Gothorum, magnos ei thesauros dedit.

69 So nennt ihn Gregor von Tours, Isidor: Eburicus, Johann von Biclar: Eburicius, Eborius und Eburicus.

70 Die Handschriften der Chronik von Joh. v. Biclar variieren zwischen Andeca und Audeca: Gregor hat Auduca, Isidor Andeca und Andica.

71 Über das Ende des suevischen Reiches in Spanien sprechen Joan. Biclar. Chron. anno II u. III. Maurit. Imp. Isidor. Chronic. Visigoth. et historia Suevor. sub fine. Gregor. Turon. VI, 43. Append. ad Marii Chronic. bei Dom Bouquet T. II. p. 19.

72 Über die Rigunthis: Gregor. Turon. L. VI, 33, 34, 45. L. VII, c. 9.

73 Gibbons Erzählung ist ganz falsch: Chap. XXXVII. His (Hermenegilds) repeated and unsuccessful treasons at length provoked the indignation of the Gothic kind; and the sentence of death, which he pronounced with apparent reluctance, was privately executed in the tower of Seville.

74 Andre geben das Jahr 586 an; die Note LXXV im ersten T. der histoire de Languedoc p. 678, hat aber die Richtigkeit des J. 585 bewiesen.

75 Die Hinrichtung Hermenegilds erzählt Joan. Biclar. anno III. Mauritii Imp. ganz kurz. Hermenegildus in urbe Tarraconensi a Sisberto interficitur. Ausführlicher Gregor. Turon. VIII, 28 und Paul. Warnefrid. Hist. Longobard. L. III, c. 21 Hermenegildus praedicatione Leandri Episcopi Hispalensis atque adhortatione suae conjugis, ab Ariana haeresi, qua pater suus languebat, ad catholicam fidem converus fuerat, quem pater impius, in ipso sacrato Paschali die, securi percussum interemerat. Die alten Geschichtsschreiber, selbst der so eifrige Katholik Gregor von Tours billigen Hermenegilds Aufstand gegen seinen Vater keineswegs; er sagt: (L. VI, 43.) (Hermenegildus) consilium iniit, qualiter venientem (patrem) aut repelleret. aut necaret. Nesciens miser judicium sibi imminere divinum, qui contra genitorem quemlibet haereticum talia cogitaret.

76 Childebert, der Bruder der Ingundis, hatte vom Kaiser in Konstantinopel große Geldsummen erhalten, die Longobarden in Italien zu bekriegen. So lange der fränkische König seine Verbindlichkeit nicht erfüllte, gab Mauritius die Schwester nicht heraus, so sehr auch Brunnehild ihn darum ersuchte.

77 Nach Gregor von Tours L. VIII, 28.

78 Nach Paus Warnefried L. III, c. 21.

79 Quellen über den Krieg der Goten mit den Franken: Gregor. Turon. VIII, c. 30 u. 35: aus der letzteren Stelle ersieht man, daß die Niederlage der Franken in Gallicien sehr groß gewesen sein muß: er sagt nämlich: anno praeterito cum exercitus Septimaniam debellasset, naves, quae de Galliis, in Galliciam abierant, ex jussu Leuvichildi regis vastatae sunt, res ablatae, homines caesi atque interfecti, nonnulli captivi abducti sunt. Ex quibus pauci quodammodo scaphis erepti, patriae, quae acta fuerant, nunciaverunt. Chronic. Joann. Biclar. anno III. Maurit. Imp. gibt darüber folgende Nachrichten: Franci Galliam Narbonensem occupare cupientes, cum exercitu ingressi, in quorum congressionem Leonegildus Reccaredum filium obviam mittens et Francorum est ab eo exercitus repulsus et provincia Gallia (vielleicht besser Gallicia) ab eorum infestatione liberatur. Castra vero duo cum nimia hominum multitudine unum pace, alterum bello occupat. Castrum vero, quod Hodierno (Ugerno) vocatur, tutissimum valde in ripa Rhodani fluminis ponitur, quod Reccaredus rex fortissima pugna aggressus obtinuit et victor ad patrem patriamque redit.

80 Gregor. Turon. VIII, c. 38. Legati iterum de Hispaniis venerunt, pacem petentes, sed nihil certi obtinentes, regressi. Richaredus autem filius Leuvieldi usque Narbonam venit et intra terminum Galliarum praedas egit, et clam regressus est.

81 Über das Todesjahr: Histoire de Languedoc T. I. not. LXXV, p. 677.

82 L. VIII, c. 46. Post haec Leuvieldus Rex Hispanorum aegrotare coepit. Sed ut quidam adserunt, poenitentiam pro errore haeretico agens et obtestans, ne huic haeresi quisquam reperiretur consentaneus, in legem Catholicam transiit. Ac per septem dies in fletu perdurans, pro his, quae contra Deum inique molitus est, spiritum exhalavit.

83 Chrysostom. epist. 14.
84 Sozomen. hist. eccl. L. VII, c. 25.
85 Hieronym. epist. 57. Ad Laetam.
86 Theodoret. hist. eccl. L. VII, c. 40.
87 Dieses sagt Angelo Majo in dem specimen Ulphilae partium ineditarum pag. XIII.
   – Pauli locus; in eoque ille titulus *Deus* Christo additur – Sie igitur in ambrosiano
   codice Ulphilas: Thizeei attans jah us thaimei Christus bi leika saei ist afak allaim
   guth thiuthiths in aivam (quorum patres et ex quibus Christus secundum carnem,
   qui est super omnia *Deus* benedictus in saecula).
88 Tillemont. mem. eccles. T. VI, p. 477.
89 Chronic. Alexandrin. ad A. XI. Zenonis. Der Name bedeutet wahrscheinlich soviel
   als *Ἐξουκονῖται* d. i. die, welche glauben, der Vater habe den Sohn erschaffen *ἐξ*
   οὐκ ὄντων: obwohl dieser Name auf jede andere arianische Sekte mehr paßt als auf
   die Goten.
90 Theophanes Chronograph.
91 Da Chrysostomus von der Richtigkeit der ulphilanischen Übersetzung überzeugt
   war, so empfahl er den Goten, eifrig in ihrer Bibel zu lesen und hoffte, sie so dem
   katholischen Glauben wieder zu gewinnen. Dieses sagt er selbst in der Rede, welche den Titel führt: *Ὁμιλία λεχθεῖσα ἐν τῇ ἐκκλησίᾳ τῇ ἐπὶ Παῦλον, Γότθων*
   ἀναγνόντων καὶ πρεςβυτέρου Γόρθου προςομιλήσαντος. Theodoret. hist. eccles.
   L. V, c. 30. spricht von diesen Bemühungen des Chrysostomus noch bestimmter,
   wie er den Goten durch Priester, welche das Gotische verstanden, predigen und
   aus ihrer Bibel vorlesen ließ, und dadurch viele für den katholischen Glauben gewann: ja er selbst predigte oft: *αὐτός τε γὰρ τὰ πλεῖστα ἐκεῖσε φοιτῶν διελέγετο,*
   ἑρμηνευτῇ χρώμενος τῷ ἑκατέραν γλῶσσαν ἐπισταμένῳ τινί· καὶ τοῦς λέγειν
   ἐπισταμένους τοῦτο παρεσκεύαζε δᾶν.
92 Hieronymus war von zwei gotischen Priestern Sunnia und Fretela gebeten worden,
   Aufschluß über eine Stelle im alten Testament nach dem hebräischen Text zu geben, da der lateinische und griechische nicht übereinstimmten. Er schreibt ihnen
   darauf zurück (epist. Ad Sunniam et Fretelam L. II, p. 626 ed. Paris. 1706) Quis
   hoc crederet, ut barbara Getarum lingua Hebraicam quaereret veritatem: et dor-
   mitantibus, imo contendentibus Graecis, ipsa Germania spiritus sancti eloquia
   scrutaretur.
93 Nach Sozomen. (Hist. ecclest. L. IX, c, 9.) hatte den Attalus der gotische Bischof
   Sigesarius getauft; wahrscheinlich ist dieses derselbe, dessen Olympiodor. ap.
   Phot. p. 61. ed. Bekker. erwähnt.
94 Jac. Valdesius de dignitate regum regnorumque Hispaniae cap. 9.N. 30. und Fran-
   cisc. Diago in der historia de los Condes de Barcelona c. 13.
95 De Providentia Dei L. VII.
96 Sidonius Apollinaris L. VII, ep. 6. erwähnt ein solches, das sein Freund, der Bischof Basilius von Aix, mit einem Goten hielt: Probe memini, quo polleas igne
   sensuum, fonte verborum, qui viderim Modabarium, civem Gothum, haereseos
   arianae jacula vibrantem, quo tu spiritualium testimoniorum mucrone confode-
   ris.

VIERTER ABSCHNITT · ZWEITES KAPITEL

1 *Recared* findet man auch geschrieben. Bei Gregor von Tours wird er Richaredus
   (Richard) genannt.
2 Gregor. Turon. L. IX, c. 1.
3 Joan. Biclar. Chr. – Sisbertus, interfector Hermenegildi, morte turpissima peri-
   mitur.
4 Joann. Biclar. Chr. ad ann. V. Maurit. Gregor. Turon. L. IX, c. 15. Isidor. Chronic.
   Gothor. Æra DCXXV.
5 Gregor. Tur. IX, 16 et 25. Letztere Stelle hat Paul Warnefried. in der hist. Longobard. L. III, c. 29. fast wörtlich ausgeschrieben.
6. Gregor. Turon. IX. 16. Acceptis et datis muneribus addiderunt legati: Jussit etiam
   dominus noster ponere verbum in auribus vestris de filia sive sorore vestra Chlo-
   dosintha, ut ei tradatur in matrimonium, quo facilius pax, quae inter nos promitti-

tur, confirmetur. Childebert antwortet: er müßte darüber erst seinen Oheim um Rat fragen.

7 Gregor. Turon. IX, 16.

8 Zu verwundern ist, daß in der Weltgesch. von Guthrie und Gray Tl. V. Bd. 2. S. 385 der deutschen Bearbeitung, gesagt wird: „Die Einführung der katholischen Religion habe keine Unruhen im Reiche veranlaßt, als die, welche von des Königs Stiefmutter und einem Bischofe angestiftet worden; und man sollte daher Leovigilds Verfolgungssucht nicht so groß anschlagen, als man gewöhnlich tue, besonders da er sich bei der Rebellion seines Sohnes so glimpflich aufgeführt habe.„ Ist das glimpflich, wenn man hinrichten läßt!? Daß Reccared mit vielen Unruhestiftern zu kämpfen hatte, sagen die Zeitgenossen Johann von Biclar und Isidor von Sevilla: der letztere: Multi quoque adversus eum tyrannidem assumere cupientes, detecti sunt, suaeque machinationis consilium implere non potuerunt.

9 Fredegar. Scholast. c. 8. Chronic. bei Dom Bouquet. T. II, p. 418. Omnes libros Arianos praecepit (Richaridus), ut sibi praesententur: quos in una domo collocatos incendio concremare jussit; et ad Christianam legem baptizare omnes Gotthos fecit.

10 Gregor. Turon. Lib. IX, c. 15. Joan. Biclar. Chr. Paul. Emeritens. c. 19. Granista et Wildigern, cum Ariano Episcopo, nomine Athaloco, vel alii plures compares errorum suorum, graviorem in eandem regionem fecerunt turbationem. Nam resultantes adversus fidem Catholicam, infinitam multitudinem Francorum in Galliis introduxerunt, quatenus vi pravitatem Arianae partis vindicarent; et, si fieri potuisset, regnum viro Catholico Reccaredo praeriperent.

11 Gregor. Tur. VIII, 45 u. IX, 7. Gothi vero propter superioris anni devastationem, quam in Septimaniam regis Guntchramni exercitus fecit, in Arelatensem Provinciam proruperunt, egerunt praedas et captivos abduxerunt usque ad decimum ab urbe milliarium. Unum etiam castrum Ugernum nomine cum rebus atque habitatoribus desolantes, nullo resistente, regressi sunt. Chronic. Joan. Biclar.

12 Darüber handelt ausführlich die Histoire de Languedoc. T. I, p. 311. u. not. LXXVI, Gregor. Tur. Lib IX, c. 16 u. 20.

13 Paul. Emerit. c. 17 u. 18. – Joan. Biclar. Chronic. ad ann. VI. Mauritii: quidam ex Arianis Sunna Episcopus, et Segga cum quibusdam tyrannidem assumere cupientes, deteguntur; convicti Sunna exsilio traditur et Segga manibus amputatis in Galletiam exsulans mittitur.

14 Joann. Biclar. Chr. Uldila Episcopus cum Gosuintha regina insidiantes Recaredo manifestantur et fidei Catholicae communionem, quam sub specie Christiana quasi sumentes projiciunt, publicantur. Quod malum in cognitionem hominum deductum, Uldila exilio condemnatur. Gosuintha vero Catholicis semper infesta, vitae tunc terminum dedit.

15 Gegen das Ende seiner Chronik ann. VII. Maurit. Imp. – Die Chronolog. et series regum Gothor. gibt weniger an: Francorum hostes IX. Mil. in Hispania bello prostravit. Fredegar. Scholast. cap. 10: Negligentia Bosonis, qui caput exercitus fuit, *graviter* a Gothis exercitus ille trucidatur.

16 Isidor. Chronic. p. 727. ed Grot.

17 Lib. IX, c. 31.

18 Ferreras ad ann. 591 glaubt, daß sich Reccared nach dem Tod der Badda (591.) mit der fränkischen Prinzessin Klodosuintha verheiratet habe, allein die Verhandlungen deswegen waren viel früher. Die Histoire de Languedoc. T. 1, p. 320. Und not. LXXXVI, p. 678 hat gezeigt, wie Reccared, ungeachtet er schon die Badda als Gemahlin hatte, dieselbe wieder verstoßen und eine neue Ehe schließen konnte.

19 Acta concil. Tolet. III, ap. Aguirre T. II. p. 338 ap. Colet. T. VI, p. 693. – Joan Biclar. Chronic. ann. VII. Maurit. Imper. Isidor. Chronic. Chronolog. et series regum Gothor.

20 Joan. Biclar. am Ende seiner Chronik. Sie schließt mit der Erzählung dieser Verschwörung. Da auch Gregor von Tours (595) uns verläßt, so sind wir nun auf sehr sparsame Quellen bis auf Wambas Regierung beschränkt, und müssen, wo Isidor von Hispalis, die Concilienbeschlüsse und Fredegar nicht Aufschluß geben, unsere Zuflucht zu den später lebenden Spaniern Lucas von Tuy und Roderich von Toledo nehmen, da diese doch die verlorenen Chroniken dieser Zeit in ihre Werke aufgenommen haben

21 Isidor. Chronic. Saepe etiam lacertos contra Romanas insolentias – – movit.
22 Der Bischof Leander hatte Gregor in Konstantinopel kennengelernt, der als Responsalis vom Papste Pelagius sich daselbst aufhielt.(Gregor. M. in praef. expositione in Job.) Bald darauf wurde Gregor selbst Papst: und Leander, der nach Spanien zurückgekehrt war und viel zur Verbreitung des Katholizismus in diesem Lande beigetragen hatte, unterrichtete nun seinen Freund von dem Fortgange seiner Bemühungen. Der Papst, sehr erfreut über diese Nachricht, lobte Leanders und Reccareds Eifer. Der westgotische König schickte dem Papste darauf mehrere Briefe, Gesandte und reiche Geschenke, und ließ ihn zugleich ersuchen, ihm von Konstantinopel den Traktat zu verschaffen, den Athanagild mit dem Kaiser Justinian geschlossen. Gregor der Große schrieb ihm zurück, schickte ihm mehrere Reliquien; in Betreff des Traktates aber gab er ihm die Versicherung, daß es nicht mehr aufzufinden sei, da das Archiv Justinians verbrannt sei. Reccaredi Regis epistol. In Tom. V. Oper. divers. Stephani Baluzii. Gregor. Magn. epist. L. IX, ep. 121–126.
23 Isidor. Chronic. Saepe etiam et lacertos contra Romanas insolentias et irruptiones Vasconum movit. – Vasaei Chronic. in Hisp. illustrat. T. I.
24 Als Ehrentitel der spanischen Könige ist der Name – der Katholische – erst viel später aufgekommen.
25 Isidor. Chronic. Goth. Recaredus regno est coronatus.
26 Gewiß mit Unrecht gibt man die Könige Chindasuinth und Reccesuinth als die ersten an, welche die Heiraten zwischen Goten und Römern erlaubten; die von ihnen in dieser Hinsicht gegebenen Gesetze sind nur Erneuerung der von Reccared ausgesprochenen Verfügung. Darüber unten das Ausführlichere.
27 Isidorus von Sevilla scheint der erste gewesen zu sein, der bei den Goten sich dieser Zeitrechnung bediente. Johannes von Biclar gebraucht sie noch nicht. Hernach war sie unter den Goten wie unter den Spaniern einzige Zeitrechnung, die erst von Johann I. König von Castilien abgeschafft wurde. Von ihrem Ursprung spricht am besten Isidor. Hisp. Origin. L. V, c. 34: Aera singulorum annorum constituta est a Caesare Augusto, quando primum censum exegit ac Romanum Orbem descripsit: dicta autem Aera ex eo, quod omnis orbis Aes reddere professus est reipublicae. Über die verschiedenen Ansichten in Betreff dieser Ära vergl. man Resendii epist. de Aera Hisp. in der Hispan. illustr. T. II, p. 828. und Guthrie und Gray allgm. Weltgesch. Tl. V. Bd. 2. Note 7.
28 Chr. Gothor. p. 727. ed. Grot.
29 Davon spricht auch Joann. Biclar. Chr. Recaredus rex aliena a praedecessoribus direpta et fisco sociata, placabiliter restituit.
30 Mariana Lib. VI, c. sagt: die Goten hätten gern ihre Ehrentitel nach römischen Vorbild gebraucht: eadem imitatione uti quidam non inepte suspicantur, Flavii praenomen, quo primus Reccaredus usus est, ad Gothorum reges transiit, frequens consequentibus annis.
31 Julian. Chronic. regum Wisigothorum in der Hisp. illustr. T. III, p. 853. Reccaredus regnavit. annos XV, menses VI, dies X.
32 Isidor. Chronic. Fidem rectae gloriae quam primum percepit, novissime publica confessione poenitentiae cumulavit. Joan. Biclar. Chr. Ecclesiarum et monasteriorum conditor et ditator efficitur.
33 Isidor. Chr. ignobili matre progenitus.
34 Isidor. Chr. virtutum indole insignitus.
35 Julian. Chronic. Liuva regnavit annum unum, menses sex.
36 Paul. Emerit. c. 17.
37 Isidor. Chronic. Chronolog. et Series Gothor. bei Du Chêsne T. I, p. 819.
38 Lucas Tud. In Chronic. Mundi.
39 Fredegar. c. 30. Eadem factione aviae suae Brunechildae virilem coitum non cognovit. Instigantibus verbis Brunechildae aviae et Theudilanae germanae efficitur odiosa. Post anni circulum Theudericus Ermenbergam exspoliatam a thesauris in Spaniam retransmisit.
40 Fredegarius c. 30 u. 31. ist Quelle, obwohl eine nicht ganz sichere. Bei ihm heißt es: Unanimiter quatuor reges cum exercitu undique super Theudericum inruerunt, ut regnum ejus auferrent et eum morte damnarent, eo quod tantam de ipso reverentiam ducebant. Legatus vero Gothorum evectu navali de Italia per

mare in Spaniam revertitur. Sed hoc consilium divino nutu non sortitur effectum. Alimoin und der Auctor der Gesta Francorum, die über diese Geschichte noch Näheres angeben, sind noch Verdächtigere Zeugen. Mascou (Geschichte der Teutschen 146 Buch, § 34.) hält auch die Geschichte für nicht sehr glaubwürdig.

41 Isidori Chronic. Adversus Romanos nihil satis gloriae gessit, praeter quod milites quosdam Sagontia per Duces obtinuit. Mariana nimmt die Duces für Griechen (daß nämlich Witterich die Stadt durch Verrat griechischer Befehlshaber genommen habe), Ferreras für Goten: ich folgte der letzteren Ansicht. Segontia ist hier nicht Siguenca in Altcastilien (wie manche annehmen, auch Ritter in der Note zu Guthrie und Gray Th. 5, Bd. 2, S. 388.), denn bis dahin waren die Griechen nicht gekommen, sondern das heutige Gisgonza, nahe an der Meerenge von Gibraltar, wie Ferreras wahrscheinlich gemacht hat.

42 Isidor. Chr. Hic in vita plura illicita fecit, in morte, quae gladio operatus fuerat, gladio periit.

43 Isidor. Chronic. Chronol. et Series reg. Goth. l. c. Bei Isidor ist eine Variante: es heißt: Corpus vero ejus viliter est exportatum et ejectum. In der Ausgabe von Grotius steht für das letzte Worte: sepultum.

44 Mariana L. VI, c. 2. Argumento vectigalis annui, quod Francis a Gondemaro solvi consuevisse satis constat ex Bulgarani Comitis Galliam Gothicam pro Rege ea aetate gubernantis literis: quae ad hunc diem Compluti et Oveti inter veteres schedas librosque servantur.

45 Die Histoire de Languedoc T. I, p. 323. hat Marianas Erzählung schon widerlegt. Daniel in der Geschichte von Frankreich wurde wahrscheinlich durch diesen spanischen Geschichtsschreiber verleitet zu sagen: Theodorich und Theodebert hätten sich die Goten unter Gundemars Regierung zinsbar gemacht.

46 Acta Concilii Tolet. bei Aguirre. T. II. p. 435.

47 Isidor. Chronic.

48 Isidor. in der Chronik erzählt dieses mit zwei Worten: militem (Romanum) obsedit. Ferreras ad ann. 611. erklärt diesen Ausdruck so, als hätte Gundemar den Griechen die Wege verlegt und ihnen die Gelegenheit benommen, ferner Streifereien in die Staaten der Goten zu machen. Die Erklärung ist gezwungen: die im Text gegebene ist die natürlichste.

49 Isidor. Chronic.

50 Dieses bedeutet Fredegar. Schol. Chronic. c. 33 an, obwohl er sehr irrt, wenn er sagt, daß die Franken früher Cantabrien besessen hätten. Die Stelle heißt: Provinciam Cantabriam Gothorum regno subegit, quam, aliquando Franci possederant. Man sehe darüber Risco in Florez España sagrada T. XXXII, p. 322.

51 Isidor. Chr. ad Aer. DCLI. Fredegar. l. c. Sisebodus dicebat pietate plenus. Heu me miserum, cujus tempore tanta sanguinis effusio fit! Cuicunque poterat occurrere, de morte liberabat. Über Sisebuts Menschlichkeit spricht Roderich. Tolet. de reb. Hisp. L. II, c. XVII, nach alten Nachrichten.

52 Caesarii u. Sisebuti epistolae nach einer Handschrift in der Bibliothek der Kirche zu Toledo u. Ferreras ad ann. 615.

53 Über den Krieg Sisebuts mit den Griechen, außer den in der vorigen Note bemerkten Briefen: Fredegar. Schol. Chronic. c. 33. Plures civitates ab Imperio Romano Sisebodus in litore maris abstulit et usque fundamentum destruxit und am Ende: Confirmatum est regnum Gothorum in Spania per maris litora usque Pyrenaeos montes. Appendix ad Marii Chronic. bei du Chêsne T. I, p. 216. Heraclius quinto imperii sui dum frangitur anno, Sisebotus Gothorum rex in Spania plurimas Romanae militiae urbes, quarto regni sui sibi bellando, subjicit, Roderich. Tol. de reb. Hispan. L. II, c. 17. in der Hisp. illustr. T. II. p. 49.

54 Basnage, histoire de Juifs, Tom. VII, c. 9. p. 240–256.

55 Aimoin. L. VI, c. 22. In Chronic. Moissiacens. (bei Dom Bouquet. T. II, p. 652.) heißt es bloß: Anno V. Heraclii, et viri religiosissimi Gothorum Principis Siseboti, in Spania Judaei baptizantur.

56 Dieses ist aus den Worten zu schließen, die in der append. ad Marii Avic. Chronic. bei Du Chesn. T. I, p. 216 stehen: Judaeos – praeter eos, qui fuga lapsi sunt ad Francos, ad Christi fidem convertit. Doch mag auch in Frankreich keine Freistätte für sie gewesen sein, da hier die Juden von Dagobert verfolgt wurden.

57 Leges Visigothorum L. XII, tit. 2. lex 13 u. 14. und Lib. XII, tit. 3. l. 3. An beiden Stellen sind Gesetze begeben, die christlichen Sklaven betreffend, welche die Juden hatten, und an Christen verkauft werden sollten.

58 Legg. Visigoth. in Corpus jur. Germanic. antiq. ed. Walter. T. I, p. 638. Audacia tamen transgressoris – in aeternum peccatorum mole detineatur in quantum transgressus fuerit legis hujus salubre decretum. Futuri etiam examinis terribile cum patuerit tempus et metuendus adventus domini fuerit reseratus discretus a Christiano grege perspicuo ad laevam cum Hebraeis exuratur flammis atrocibus, comitante sibi diabolo, ut ultrix flamma in transgressoribus aeterna poena desaeviat, et locuples remuneration Christianis faventibus hinc in aeternum copiosa detur.

59 Isidor. Chronic. Initio regni sui (Pagi (in crit. ann. 614. n. 40. 41) zu der angeführten Stelle in der Append. ad Marii Chronic. zeigt, daß die Hauptverfolgung der Juden ins Jahr 615 fällt,) Judaeos ad fidem Christanam permovens, aemulationem quidem Dei habuit, sed non secundum scientiam. *Postestate enim compulit, quos provocare fidei ratione oportuit.*

60 Alphons von Carthagena, in seiner kurzen Geschichte von Spanien, Anacephalaeosis benannt, und Roderich Sanchez, Bischof von Valentia, in der spanischen Geschichte (beide Werke in der Hispan. illustr. T. I. Nro. 4 u. 5).

61 Fredegar. c. 33. Sisebodus – vir sapiens et in tota Spania laudabilis valde, pietate plenissimus. Chronolog. et series reg. Gothor. Suis per omnia benevolus fuit.

62 Isidor. Chronic. Fuit autem lingua nitidus, litterarum studiis ex parte imbutus. Er schrieb selbst Mehreres. Briefe von ihm an verschieden Personen, unter anderen an Adawald, König der Longobarden und dessen Mutter Theudelinda befinden sich in Handschriften in den Kirchen zu Oviedo und zu Toledo, wie Ferreras ad ann. 621. anführt.

63 Chronologia et series reg. Gothor. Ecclesiam sanctae Leocadiae Toleto *miro opere* fundavit.

64 Sisebuti epistola bei Ferreras l. c.

65 Isidor. Chronic. Merkwürdig sind Ferreras Worte bei dem Tode Sisebuts: „Die Absetzung des Bischofs gebührte dem Könige nicht und Gott zeigte an ihm, daß er die Monarchen aufs Totenbette legen kann, wenn sie sich in Kirchensachen mischen wollen."

66 Vielleicht hatte ihn Sisebut schon früher zu seinem Mitregenten erklärt, was fast aus den Worten des Lucas von Tuy zu schließen ist: Hic (Reccaredus) cum patre duobus annis regnavit.

67 Isidor. Chronic. gibt drei Monate, Lucas von Tuy einige Tage, Julian (in Chronic. reg. Wisigoth.) drei Jahre an: wahrscheinlich hat der letztere geirrt: die Chronologia et series reg. Goth. übergeht ihn ganz mit Stillschweigen.

68 Roderic. Tolet. und Luc. Tudens. Chronic.

69 Isidor. Chronic. Ferreras setzt die Vertreibung der Griechen ins Jahr 623 und 624, und die der Basken ins Jahr 622. Chronologia et series reg. Goth. Suintula regnavit ann. X. Victoria et consilio magnus fuit. Wascones devicit. Duos Patricios Romanos cepit. *Omnem* hispaniam et Galliam (Septimaniam) strenue rexit.

70 Mariana VI. 4. Eam urbem quidam Olitum fuisse in Navarrae finibus putant. Basaus hält Oligitum für Valladolid. Doch dagegen spricht die Lage. Man vergl., was darüber Risko in der España sagrada T. XXXIII. sagt.

71 Isidor. Chronic. sub fine u. Coleti Concil. T. VI. p. 1471 sqq.

72 Acta IV. Concil. Tolet.

73 Fredegar. c. 73. Vielleicht war es derselbe Schatz, den Procop. de bell. Goth. L. I. c. 12. p. 343. beschreibt, als er davon spricht, daß Klodwig Carcassonne belagerte: ἐν τοῖς ἦν καὶ τὰ Σολόμωνος τοῦ Ἑβραίων βασιλέως κειμήλια, ἀξιοθέατα ἐξάγαν ὄγτα· πρασία γὰρ λίθος αὐτῶν τὰ πολλὰ ἐκαλλώπιζεν, ἅπερ ἐξ Ἱεροσολύμων Ῥωμαῖοι τὸ παλαῖον εἷλον.

74 Da uns nach dem Schluß der Chronik des Isidor die spanischen Quellen fehlen (denn die Chronik des Ildephons, des Fortsetzers des Isidor, ist verloren), so ist über die Thronbesteigung Sisenands Fredegar. Schol. Chronic. c. 73. einzige Quelle. Hier heißt es: Cum in Spania devulgatum fuisset, exercitum Francorum auxiliandum Sisenando adgredere, omnis Gothorum exercitus se ditioni Sisenandi subegit. Habundantius et Venerandus cum exercitu Tholosano tantum usque Caesarau-

gustam civitatem cum Sisenando accesserunt. Ibique omnes Gothi de regno Spaniae Sisenandum sublimant in regnum.

75 Fredear. l. c.

76 Isidorus Pacensis, der eine Chronik vom Anfange der Regierung des Heraclius bis zum Jahre 754 schrieb, sagt nur, das Sisenand sich des Thrones auf tyrannische Weise bemächtigt habe. Die Chronik von Albayda (geschrieben im 9ten Jahrhundert, endigt mit dem Jahr 883), Roderich von Toledo und Lucas von Tuy erwähnen der Sache nicht. Das Chronicum S. Benigni: Sentilla, rex Hispaniae, quem Sisenandus oppresserat, moritur.

77 Coleti Concil. Tom. VI. p. 1471. hier werden Geila und die Seinigen von allen Ehrenämtern ausgeschlossen, weil er nicht fidem gloriosissimo domino suo promissam servavit.

78 Mariana L. VI. 5. In eo conventu novus rex genibus nixus coram Patribus humillimoque totius corporis habitu, inter singultus et lacrymas, quae ex oculis copiosae manabant, preces pro se devini numinis propitiandi causa fundi petiit etc. Ildephonsus in seiner Chronik, die Lukas von Tuy in seinem Chronicon Mundi L. III. am Anfange aufgenommen hat, sagt kurz, aber bezeichnend von ihm: Sisenandus regnavit annis tribvus. (Juliani Chronic. richtiger ann. V.) Iste synoda episcoporum egit, *patiens* fuit, regulis Catholicis orthodoxis exstitit.

79 Acta Concil. IV. Tolet. bei Colet. T. VI. p. 1472.

80 Da uns andere Quellen fehlen, so sind über ihn hauptsächlich die Acta des 5ten und 6ten tolet. Concilium bei Colet T. VI. zu vergleichen. Was die Chronologia et series reg. Gothor. von Chintila sagt: – Synodos plurimos Toleto cum Episcopis egit, et subditum regnum fide firmavit – ist nach den Worten der Chronik des heil. Ildephonsus, wie sie auch bei Lucas von Tuy gelesen werden.

81 Concil. VI. Tolet. can. 3. Postquam ad gubernacula accesserit regnis (rex), si ipse temerator exstiterit hujus promissi, sit anathema, maranatha in conspectu sempiterni Dei, et pabulum efficiatur ignis aeterni.

82 Ildephonsus bei Lucas von Tuy gibt seine Regierungszeit auf 5 Jahre 4 Monate an, Julian in der Chronik auf 3 Jahre 9 Monate; des letzteren größere Genauigkeit in der Chronologie verdient auch hier den Vorzug.

83 Fredegar. c. 82. Sentila, rex Spaniae, qui Sisenando in regno successerat, defunctus est. Hujus filius, nomine Tolga, sub tenera aetate Spaniae petitione patris sublimatur in regno.

84 Fredegar. I. c. Tandem unus ex primatibus nomine Chintasindus, collectis plurimis Senatoribus Gothorum, ceteroque populo in regno Spaniae sublimatur: Tolganam degradatum ad honorem Clericati fecit. – Continuatio Chronici Joann. Biclar. incerti auctoris bei Florez in der España sagrada T. VI. p. 422. Aera DCLXXXVII. In occidente praefecitur Gothis Chindasinthus.

85 Der Zeitgenosse Fredegar. Schol. in seiner Chronik l. c. ist hier Hauptquelle; die spanischen Schriftsteller, die viel später als Fredegar lebten, benutzten freilich die Chronik des Ildephons, können uns aber hier nicht bessere Führer sein, als der fränkische Chronikschreiber. Ganz abweichend von ihm heißt es bei Lucas Tudensis Chronic. Mundi Era DCLXXX anno imperii Heraclii XXVI. Post Chintilanum regem Tulga regnat annis tribus. Iste blandus et catholicus per omnia fuit. Regna sibi subdita in pace dilatavit, in judicio rectus et largitate ac lenitate claruit. Synoda a suis decessoribus facta firmavit. Toleti decessit. Mariana L. VI. 8. sagt: verum ab optimis initiis ad summa nitentem, mors importuna praecepsque Toleti ex morbo oppressit ejus saeculi anno XLI (nach anderen XL) cum rempublicam gubernasset annis duobus, mensibus quatuor. Die spanischen Geschichtsschreiber beschuldigten den Sigebertus Gemblacensis, der das im Text Erzählte berichtet, daß er diese Nachrichten aus Haß gegen die gotische Nation ausgestreut habe. Da er dieselben aus der Chronik des damals lebenden Fredegar entlehnt hat, so ist diese Beschuldigung ganz ungerecht.

86 Fredegar. Schol. c. 82. sagt daher mit Recht: Gothorum gens impatiens est, quando super se forte jugum non habuerit.

87 Fredegar. Schol. Chronic. l. c. schließt die Erzählung von Chindasuinths Strenge gegen die Aufrührer mit der Bemerkung: Gothi vero a Chintasindo perdomiti, nihil adversus eundem ausi sunt, ut de regibus consuerant, inire consilium.

88 Coleti Concilia T. VI. p. 1593. Quis enim nesciat quanta sint hactenus per tyran-

223

nos et refugas transferendi se in exteras partes illicite perpetrata et quam nefanda eorum superbia jugiter frequentata, quae et patriae deminutionem afferrent, et exercituum Gothorum indesinenter laborem imponerent.

89 Fredegar. l. c. Chintasindus poenitentiam agens, elemosynam multam de rebus suis faciens, plenus senectute fertur nonoagenarius mortuus.

90 Roderichus Tolet. L II. c. 8. wohl nach der Chronik des heil. Ildephons: Hujus (Chindasuinthi) tempore ab omni perturbatione Hispania conquievit, adeo ut nullus in ea infidelis reperiretur, vel qui arma sumeret rebellandi.

91 Eugenius machte auf Riciberga, die, wie Ferreras ad ann. 649 gut beweist, nicht Chindasuinths, sondern Reccesuinths Gemahlin war, eine herrliche Grabschrift. Sie wurde zuerst in einer gotischen Handschrift gefunden, steht bei Garcias Loaisa in Colets Conciliensammlung, und bei Baronius ad ann. 649. N. CXVI. Sie lautet so:

Si dare pro morte gemmas licuisset et aurum,
Nulla mihi poterant regum dissolvere vitam:
Sed quia sors una cuncta mortalia quassat,
Nec pretium redimit reges, nec fletus egentes;
Hinc ego te conjux, quia vincere fata nequivi;
Funere perfunctam sanctis commendo tuendam;
Ut cum flamma vorax veniet comburere terras
Coetibus ipsorum merito sociata resurgas.
Et nunc cara mihi jam Reciverga valeto
Quodque paro feretrum rex Reccesuinthus amato.

Diesem Eugenius schreibt man auch ein Epitaphium zu, das er für sich selbst bestimmte: welches die in der gotischen Zeit gewöhnlichen Acrostichen und Teleostichiden hat. (Hispan. illustr. T. IV. p. 346)

*E*xipe Christi potens discretam corpore mente *M*,
*U*t possim picei poenam vitare barathr *I*.
*G*randis inest culpa, sed tu pietate redunda *S*:
E lue probra pater, et vitae crimina toll *E*.
*N*on sim pro meritis sanctorum coetibus exu *L*:
*J*udice te prosit sanctum videre tribunal *L*.
*V*is, lector, uno, qui sim, dignoscere vers *V*,
*S*igna priora lege: mox ultima nosse valebi *S*.

92 Fredegar. l. c. Chintasindus cum esset plenus dierum filium suum nomine Richisindum in omne regnum Spaniae regem stabilivit.

93 Juliani Chronic. Chindaswindus solus regnavit annos VI, menses XIII, dies XX. Item cum filio suo Recessuindo rege regnavit annos III, menses VIII, dies XII. obiit pridie Kal. Octobris, Area DCXCI.

94 Isidor, Pacensis Chronic, Incursationem Vasconum non cum modico exercitus damno prospectat. Roderic. Tolet. dagegen sagt: Incursationem Vasconum non cum modico exercitu repulit sine damno. Risko in Florez España sagrada Tom. XXXII. p. 336. entscheidet sich für Roderichs Angabe.

95 Acta Concilii Tolet. VIII. bei Colet. T. VII. p. 409.

96 Legg. Wisigoth. Lib. III. tit. 1. l. 1. Ob hoc meliori praepositi salubriter consentientes priscae legis remota sententia hac in perpetuum valitura lege sancimus: ut tam Gothus Romanam conjugem, quam etiam Romanus Gotham habere voluerit praemissa petitione dignissima facultas ei nubendi subjaceat, liberumque sit libero liberam quam voluerit honesta conjunctione consulta perquirendo prosapiae solenniter consensu, comite permittente, percipere conjugem.

97 Ich kann nicht umhin, hier eine Bemerkung des englischen Geschichtsschreibers Gibbon, die er über die Armut an Begebenheiten zur Zeit des Antoninus Pius macht, mitzuteilen, da sie ganz auf Reccesuinths Zeit paßt: history of the decl. and fall of the R. Emp. T. I. chapt. 3. Antoninus diffused order and tranquillity over the greatest part of the earth. His reign is marked by the rare advantage of furnishing very few materials for history; which is, indeed, little more than the register of the crimes, follies, and misfortunes of mankind.

98 Lucae Chronic. Cunctos mire dilexit, et ab omnibus valde dilectus fuit. Erat enim adeo mitis et humilis, ut inter subditos quasi unus ex illis videretur.

99 Lucas Tudens. in Chr. Mundi. Juliani Chronic. Obiit Kal. Sept. D. IV feria, hora III. Aera DCCX anno incarnationis D. N. Jesu Christi DCCLXXII.

1 Gregor. Turon. hist. Franc. L. III. c. 30. Sumserant Gothi hanc detestabilem consuetudinem, ut si quis iis de regibus non placuisset, gladio eum adpeterent et qui
libuisset animo hunc sibi statuerent regem.
2 Isidor. Hispal. Chronic. Wisigoth.
3 So sieht sie schon Ataulph an, wenn er bei Orosius L. VII. c. 39. sagt: neque
Gothos ullo modo parere legibus posse propter effrenatam barbariem.
4 Das Concil. Tolet. V. can. 3. beschloß, ut si quistalia (den Thron zu besteigen)
meditatus fuerit, neque electio omnium praeficit, neque Gothorum gentis nobilitas
ad hune apicem trahit, sit consortio catholicorum privatus et divino anathemate
condemnatus.
5 Daher die vielen und strengen Verordnungen im zweiten Buche der westgotischen
Gesetze über die Heiligkeit der Person des Königs und ihre Unverletzlichkeit:
Ordinanda igitur sunt primo negotia principum, tutanda salus, defendenda vita.
6 Concil. Tolet. VI. can. 17. Rege defuncto nullus tyrannica praesumtione regnum
assumat: nullus sub religionis habitu detonsus, aut turpiter decalvatus, aut servilem
originem trahens, aut extraneae gentis homo, nisi genere cognitus et moribus dig-
nus promoveatur ad apicem regni.
7 Concil. Tolet. VIII. can. 10. Ab hinc ergo deinceps ita erunt in regni gloriam
praeficiendi rectores, ut, aut in urbe regia, aut in loco, ubi princeps decesserit, cum
pontificum majorumque palatii omni modo eligantur assensu, non forinsecus,
coetu aut conspiratione paucorum, aut rusticarum plebium seditioso tumultu.
8 Concil. Tolet. VIII. can. 10. Non prius apicem regni quisquam persipiat, quam si
illa per omnia suppleturum jurisjurandi taxatione definiat.
9 Concil. Tolet. VIII. can. 10. und Concil. VI. can. 3.
10 Concil. Tolet. VIII. ed. Colet. T. VII. p. 428.
11 Canciani ad legg. Wisigoth. Lib. II. tit. 1. I. 1. not. 1. Morales Cronica general de
España L. XI. p. 98. Vaisette in der Histoire de Languedoc T. I. Not. XLVI. p. 643.
macht die richtige Bemerkung, daß Theodorich der Große, König der Ostgoten,
der erste germanische Fürst war, welcher den Namen *Flavius* wie die Kaiser in
Konstantinopel führte, und daß seinem Beispiel die Longobarden und die Westgoten nachahmten.
12 Dieses zeigt besonders das 4. Consilium zu Toledo can 75. Te quoque praesentem
regem (Sisenandum), futurosque sequentium aetatum principes, humilitate, qua
debemus, deposcimus, ut moderati, et mites erga subjectos existentes, cum justitia
et pietate populos a Deo vobis creditos regatis bonamque vicissitudinem, qui vos
constituit, largitori Christo, respondeatis: regnantes cum humilitate cordis, cum
studio bonae actionis. Nec quisquam vestrum solus in caussis capitum aut rerum
sententiam ferat: sed consensu publico cum rectoribus et judicio manifesto, delin-
quentium culpa patescat.
13 Petrus Pantinus de dignitatibus atque officiis regni ac Domus regiae Gothor, in der
Hispan. illustr. T. II. p. 195. Garcias Loaisa in den Noten zum achten Concilium
bei Colet. Collect. Consilior. Tom. VII. p. 437 sqq.
14 Dieses ersieht man aus Cassiodor. Variar. libb. an verschiedenen Stellen, die Garcias Loaisa a. a. O. zusammengestellt hat.
15 Gewiß *irrt* v. Savigny, wenn er glaubt, daß Herzog und Graf (dux et comes) bei den
Westgoten gleichen Rang bezeichne, und der erstere Name nur auf den Krieg, der
andere auf die Geschäfte im Frieden sich beziehe. Überall, wo von Herzögen und
Grafen gesprochen wird, gehen jene diesen im Range voran.
16 Wenn man etwa die beiden Stellen ausnimmt: Concil. Tolet. V. can. 6. (ut regum
fideles a successoribus regni, a rerum jure non fraudentur, pro servitutis mercede)
und Concil. Tolet. VI. can. 14. (Praemio fraudare *fideles*, non solum inhumanun
sed etiam existit injustum), so findet man keine Spuren, daß Lehen bei den Westgoten in Spanien existierten. Die angeführten Stellen selbst beweisen nichts, da das
Gesetzbuch selbst nichts von Lehen und Lehensdiensten sagt. – Man sehe noch
Bieners Versuch über das Staats-, Kriegs- und Lehnrecht des westgotischen Reiches in Spanien bei Zepernik in der Sammlung auserlesener Abhandlungen in dem
Lehenrechte Th. IV. S. 203 flgg.
17 Durch das Breviarium Alaricianum läßt sich der Gelehrte v. Savigny (Gesch. d.

röm. Rechts im Mittelalter Tl. I. S. 234) verleiten zu der Behauptung, daß bei den Westgoten der Comes die höchste Lokalobrigkeit für Goten und Römer zugleich gewesen sei. Daß aber der Graf dem Herzoge untergeordnet war, zeigen deutlich viele Stellen in den legg. Wisigothor.

18 Garcias Loaisa: Hunc (comitem scantiarum) nonnulli poculis, alii universis epulis regis praefectum fuisse contendunt. Hodie vulgari Hispanorum lingua, *scantiar*, est bibere.

19 Garcias Loaisa: Comes notariorum erat is, qui notariis, id est, a principis secretis tabulis praeficiebatur.

20 Legg. Wisigoth. Lib. IX. tit. II. l. 6.

21 Garcias Loaisa: Is etiam vocatur *rector rerum publicarum*: ut in Concilio Hispalensi II. dicitur de Sisisclo rectore rerum publicarum.

22 Im Altgotischen heißt *Gards* das Haus mit Hof und Gütern (m. vergl. Uephilas Bibelübersetzung Matth. 8, 6. Luc. 19, 46. Joh. 12, 3.) oder auch Garten und Land (Joh. 18, 1. Luc. 2, 1.) *Gardinge* bedeutet daher einen Gutsbesitzer: thiudangardi heißt das Reich (Math. 6, 13.) und die königliche Residenz oder das Schloß (Luc. 7, 25.) Daher können auch Gardinge soviel als *Hofleute* bedeuten.

23 Garcias Loaisa sieht die *Proceres* und *Gardingi* als unterschieden an, aber gewiß nicht mit Recht. Von den ersteren sagt er p. 442: Proceres etiam Magnates vacantur Concil. Tolet. XI. cap. 5. et primates palatii, et generosae personae. Erat autem sola dignitas sine administratione jurisdictionis. Daß aber *Gardingus* wirklich den Procer bezeichne, ersieht man aus vielen Stellen des Gesetzbuches, z. B. Legg. Wisigoth. lib. IX. tit. 2. l. ult.: Si majoris loci persona fuerit, id est, dux, comes, sive etiam Gardingus. Da Loaisa nicht weiß, was eigentlich der Gardinge war, so sagt er: Illud tantum conjectura consequi licet, cum majoris loci persona dictaur, unum ex praestantioribus palatinorum habuisse officiis.

24 Eine große Verwirrung in der Angabe der niederen Ämter bei den Westgoten hat die Verwechslung der Namen veranlaßt, da man nicht bedacht hat, daß oft ein Amt zwei Namen, einen römischen und einen gotischen, hatte; daher machte man aus manchen Ämtern doppelte, die doch nur einfach existierten: so kommen Tiufathen bald unter der gotischen Benennung, bald unter dem lateinischen Namen millenarii und vicarii Comitis, und die Hauptleute als centenarii und villici vor. Die Vergleichung verschiedener Stellen in den westgotischen Gesetzen, Lib. II. tit. 1. l. 26. Lib. IX. tit. 2.l.1.3–5. kann die Überzeugung geben, daß tinfathi und millenarii dieselben Personen sind. Was den gotischen Namen betrifft, so ist die Ableitung, welche Garcias Loaisa gibt, offenbar falsch: – Tiuphadum Germanorum lingua, quae Gothicae multum vicina est, altum significat: Tief enim rem altam dici contendunt. Wenn man nicht annehmen will, daß das Wort durch eine Verkürzung der Aussprache aus Taihunhundafath oder Thusundifath (Anführer von Tausend) entstanden ist, wie es auch bei Joh. 18, 12. in des Ulphilas Übersetzung vorkommt, so bezeichnet es überhaupt einen Volksführer (thiudafath von Thiuda Leute und fath Führer).

25 Bei den Westgoten hatten richterliche Entscheidungen nach den Legg. Wisigothor. Lib. II. tit. 1. l. 26. Dux, Comes, Vicarius, pacis assertor, tyuphadus, millenarius, quigentenarius, centenarius, decanus, defensor, numerarius *judicis nomine* censeantur ex lege. Daß hier für dasselbe Amt einige Male verschiedene Namen gebraucht werden, ist offensichtlich: der Vicarius, tyuphadus und millenarius ist dieselbe Person: Pacis assertor war gewiß in der Regel auch ein Tiufathe. Von ihm sagt Garcias Loaisa p. 444 nach dem westgotischen Gesetzbuche Lib. II. tit. 1 l. 16. Pacis assertor apud Gothos erat, qui ad faciendam pacem regali destinabatur auctoritate. Differebat autem assertor a judice, quod illi omnium negotiorum actionumque causa terminabant, vi vero non alias, nisi quas illis regia commiserat ordinandi potestas. – Der Quingentenarius scheint der Stellvertreter des Tiufathen gewesen zu sein. Legg Wisigoth. L. IX tit. 2. l. 1. u. 4. L. II. tit. 1. l. 15. Das Amt des Defenso war nicht gotisch, sondern römisch (Garcias Loaisa a. a. O. u. v. Savigny Th. I. S. 260.) Er hatte wie der Centenarius nur über geringe Verbrechen zu richten: numerarius konnte er auch heißen, da er wie Isidor. Origin. IX. c. 4. sagt, pecuniam regiam ex tributis et portoriis et vectigalibus partam in aeraria inferebat.

26 Legg. Wisigoth. Lib. II. tit. I. l. 15. Cum in ceteris negotiis criminalium causarum

tiuphadis judicandi licentia concessa fuit, criminosos a legum sententiis judicare non audant, sed debitam in eis, ut competit, censuram exerceant.

27 Sie werden daher auch häufig Vicarii Comitis genannt; Legg. Wisigoth. L. IX. tit. 2. l. 8. Sacerdotibus, Clericis, Ducibus, Comitibus, Tiuphadis vel Vicariis etc. L. II. tit. 1. l. 23. L. V. tit. 1. l. 6. L. IX. tit. 2. l. 8.

28 Selbst der Name boni homines, unter welcher Benennung die Schöffen früher vorkommen, findet sich im westgotischen Gesetzbuche lib. IX. tit. 1. l. 21. coram judice vel bonis hominibus etc.

29 Muratori antiq. Ital. Tom. I. p. 522 und v. Savigny in der Gesch. d. röm. R. im M. A. Tbl. I. S. 242. Es ist überhaupt sehr interessant und überraschend, die Einteilung des Volkes nach der Zehnzahl auch bei den meisten übrigen germanischen Völkern zu finden: am ähnlichsten ist der westgotischen die Einteilung des angelsächsischen freien Volkes nach der Zehnzahl; so daß man fast glauben sollte, daß ihnen die gotische Verfassung vorgeschwebt habe: Legg Cnuti (J. 1017–35) 2. Sammlung C. 19. 28. bei Canciani Vol. IV. p. 305. Volumus etiam, ut quilibet homo liber (freoman) in Centuriam (hundrede) et Decemviratum (teodunge) conferatur. Damit ist zu vergl. Legg. Edovardi (J. 1042–66) C. 20. (Canciani Vol. p. 338) und Legg. Eduard. 32. 33. Zehn Männer machten bei den Angelsachsen eine kleine Gemeinde aus, die *Friborg* hieß; der erste von den Zehnen hieß *Friborges Heofod* und führte den Vorsitz: zehn Friborgi oder 100 Mann standen unter einem *Tienheofod* (Decanus oder Zehnhaupt); 100 Friborgi (1000 Mann) machten ein Hundredum oder Wapentachium, das unter dem Centurio stand, der dem gotischen Tiufathen entspricht. – Der Decanus hatte die Gerichtsbarkeit in den niederen Sachen, der Centenarius in allen, auch den höheren. So auch bei den Westgoten, wo die Tiufathen als *Vicarii Comitis* gleiche Jurisdiction haben. Man vergl. v. Savigny a. a. O. S. 189 und S. 235.

30 Diese Ämter waren nach legg. Wisigoth. L. II. tit. 4. l. 4. Stabulariorum, gillonariorum, argentariorum, coquorum quoque praepositi. Gillonarii erklärt Garcias Loaisa durch puerorum praefecti.

31 Legg. Wisigoth. L. V. tit. 7. l. 20. Sonst durften Sklaven und Freigelassene keine Ämter bekleiden, was jedoch nicht immer streng beobachtet wurde; daher wurde auf dem 13. tolet. Concilium can. 6. beschlossen: ut exceptis servis vel libertis fiscalibus nullus servorum atque etiam libertorum quorumlibet, deinceps ad Palatinum quandoque transire permittatur officium.

32 Mit Unrecht vergleicht damit Canciani (Vol. IV. p. 219) den fränkischen Sætarius, der die Aufsicht über die königlichen Forsten führte.

33 Legg. Wisigoth. Lib. IX. tit. 2. l. 6.

34 Canciani Vol. IV. p. 47 seqq. *Biener.* progr. hist. Legg. Wisigoth. spec. I. und Comm. de origine et progressu legum juriumque German. P. I. 36 seqq. *Rühs* über die Gesetze der Westgoten und v. Savigny Gesch. des röm. Rechts im Mittelalter Tl. 2. S. 65 flgg. Mémoires de l'Institut, sciences morales et politiques. T. III. Paris an IX. p. 382–466. Am ausführlichsten ist über die westgoth. Gesetzgebung gehandelt in den Memorias da Litteratura Portugueza, publicadas pela Academia real das sciencias de Lisboa. Tom. VI. Lisboa. 1796. In diesem Bande gibt die Memoria III. para a historia da Legislacao, e Costumes de Portugal por Antonio Caetano do Amaral v. S. 127 bis zu Ende viele wichtige Aufschlüsse.

35 Die Goten selbst besaßen zwei Drittel des Landes; ihr Anteil hieß sors Gothica, der römische sors Romana. Man sehe Beilage I. not. 2 u. 3. Bei den Ostgoten war es umgekehrt; sie überließen den Römern zwei Drittel, sie selbst besaßen nur ein Drittel. Mansos Geschichte der Ostgoten S. 79.

36 Biener (im Spec. I. Hist. legg. Wisigothor. p. 7. u. 8. und in den Commentariis de origine legg. German. Pars I, p. 105.) stellt die ganz unrichtige Behauptung auf, daß Theodorich schon den Goten Gesetze gegeben habe. Zu dieser irrigen Ansicht wurde er durch eine Stelle bei dem Dichter Sidonius veranlaßt, wo derselbe (Epistol. II. 1.) von dem römischen Präfekten Seronatus sagt: exultans Gothis insultansque Romanis, illudens praefectis colludensque numerariis, *leges Theodosianas* calcans *Theodoricianasque* proponens veteres, culpas, nova tributa perquirit. Schon Sirmond zu dieser Stelle, dann Rühs (über die Gesch. der Westgoten S. 18.) und von Savigny (in der Gesch. d. R. R. i. M. A. Tl. II. S. 66.) haben die richtige Erklärung gegeben, daß Leges Theodoricianae überhaupt gotisches Recht heißt,

was den Römern an der Stelle des Ihrigen aufgedrungen werden soll. Der Name bezieht sich nicht auf einen bestimmten König, noch weniger auf ein bestimmtes Gesetzbuch, sondern auf die gotischen Könige jener Zeit überhaupt, von welchen zwei den Namen *Theoderich* geführt hatten, und es sollte also an dieser Stelle nur die spielende Antithese von leges Theodosianae sein. Mit Recht erklärt sich auch von Savigny gegen die falsche Meinung von Cansiani (Vol. IV, p. 47.) es sei ein früheres römisches Breviarium (vor dem des Alarich II.) unter den Leges Theodoricianae zu verstehen; dieses habe man damals ungerechterweise den Römern anstatt ihres Theodosianischen Rechts aufdringen wollen.

37 Isidor. Hispal. Chronic. Wisigoth. Sub hoc rege (Eurico) Gothi legum instituta scriptis habere coeperunt, nam antea tantum moribus et consuetudine tenebantur.
38 Man sehe Beilage I.
39 Isidor. Hispal. Chronic. Aera DCVIII (570 n. Chr.) In legibus quoque ea, quae ab Eurico incondite constituta videbantur, correxit, plurimas leges praetermissas adjiciens, plerasque superfluas auferens. Chronologia et series reg. Goth. bei du Chêsne T. I. p. 818. Gothorum leges ante correxit.
40 Lucae Tudensis Chronicon Mundi (in der Hispan. illustr. T. IV. 50.) Anno regni sui sexto (Reccaredus) Gothicas leges compendiose fecit abbreviari. – Antiquos Hispanos et Romanos sibi subditos una cum Gothis ejusdem conditionis esse instituit.
41 Legg. Wisigoth. Lib. II. Tit. 1. l. 9.
42 Daher auch des Lucas Worte zu erklären sind: Gothicas leges compendiose fecit abbreviari.
43 Memorias da Letteratura Portug. l. c. p. 149. note 54.
44 Biener (in Specim. hist. legg. Wisigoth. S. 9.) behauptet, daß unter Antiqua die leges Theodoricianae verborgen wären. Diese Meinung aber ist irrig und schon durch die ganze Darstellung widerlegt. Besser erklärt es v. Savigny: „Antiqua heißt in dem Gesetzbuch jede Stelle, die nicht einem einzelnen König, als Gesetz desselben, zugeschrieben werden konnte: also alles, was man aus alten gotischen Rechtsgewohnheiten, aus römischem Recht, und vielleicht auch aus dem Recht anderer germanischen Stämme aufzunehmen für gut fand." Jedoch ist dabei zu bemerken, daß kein Gesetz nach Reccared die Aufschrift Antiqua erhalten hat: was Savigny aber anzunehmen scheint. Th. II. S. 75.
45 Legg. Wisigoth. Lib. IV, tit. 1. l. 19.
46 Legg. Wisigoth. L. XII, tit. II. l. 13. u. 14.
47 Biener (Commentar. de origine et progressu legg. German. p. 107.) schließt aus der Aufschrift der spanischen Übersetzung des Gesetzbuches, daß unter Sisenand eine neue Bearbeitung der Gesetzsammlung vorgenommen worden sei: allein dieses möchte sehr zu bezweifeln sein, da von ihm selbst keine Gesetze vorkommen. Wahrscheinlich hat er das von Reccared gegebene Gesetzbuch nur bestätigt. Die Aufschrift jener Übersetzung aber lautet so: Este libro fue fecho de sesenta é seys obispos en o quarto Conceyo de Toledo ante la presencia del Rey Don Sisnando en o tercero año que el regno en a era de segsciontos é ochenta é un año Rey Sisnando. Allein schon die Angabe des Jahres zeigt, daß hier ein Irrtum ist, und anstatt des 4. Conciliums das achte, und anstatt Sisenand der König Chindasuinth zu nennen ist, der um die in der Aufschrift angegebene Zeit regierte.
48 Legg. Wisigoth. L. V. tit. V. l. 6. u. 7. L. IX. tit. II. l. 8. L. XII. tit. 2. l. ult.
49 Legg. Wisigoth. L. II. tit. IV. l. 7. Lib. IX. tit. I. l. 8. 9. Lib. XII. tit. II l.
50 Legg. Wisigoth. Lib. II, tit. I. l. 34. tit. II. l. 10. tit. V. l. 4. 18. 19. Lib. III. tit. V. l. 4. Lib. V. tit. I. l. 5 tit. VII. l. 19 – 21. Lib. VI. tit. I. l. 3 u. 4. tit. V. l. 13. L. IX. tit. I. l. 21. tit. II. l. 9. Lib. X. tit. III. l. 7. L. XII. tit II. l. 18.
51 Biener a. a. O. glaubte, daß die jetzige Gestalt des Gesetzbuches von Egiza herrühre: dieses will er aus einem Beschlusse des 16. toletan. Conciliums schließen, welcher aber dafür nicht beweisend spricht. Er lautet: illis procul dubio legum sententiis reservatis, quae ex tempore divae memoriae praedecessoris nostri, domini Chindasuindi regis usque in tempus domini Wambani principis ex ratione depromptae ad sinceram justitiam vel negotiorum sufficientiam pertinere noscuntur.
52 Legg. Wisigoth. L. II. tit. 1. l. 1. 5. 9. 10. 12. 13. Lib. V. tit. 4. l. 22.
53 Legg. Wisigoth. Lib. II. tit. 3. l. 4. – Lib. VI. tit. 2 l. 5. Beide Stellen sind von Chindasuinth.

54 Lib. I. De instrumentis legalibus. Lib. II. De negotiis caussarum. Lib. III. De origine conjugali. Lib. IV. De origine naturali. Lib. V. De transactionibus. Lib. VI. De sceleribus et tormentis. Lib. VII. De furtis et fallaciis. Lib. VIII. De inlatis violentiis et damnis. Lib. IX. De fugitivis et refugientibus. Lib. X. De divisionibus et temporibus et limitibus. Lib. XI. De aegrotis, medicis et mortius et transmarinis negotiatoribus. Lib. XII. De removendis pressuris et omnium haereticorum sectis extinctis.

55 Legg. Wisigoth. Lib. II. tit. I. l. 1. et l. 5.

56 Diese existiert nicht mehr: aber dafür hat man noch eine sehr alte spanische Übersetzung: Forus antiquus Gothorum regum Hispaniae, olim liber judicum, hodie Fuero Juzgo nuncupatus. Alfonso a Villadiego Madriti 1600. f. Die neueste Ausgabe im Spanischen ist folgende: Fuero Juzgo en latin y Castellano cotejado con las mas antiguos y preciosos codices por la real academia española. Madrid. 1815. fol. Über den Fuero juzgo vergl. man Biener de orig. legg. Germ. Pars. I. § 38. J. D. Ritter. progr. de foro antiquo Gothor. reg. Hispan. hodie Fuero Juzgo. Witt. 1770. Und über seinen jetzigen Gebrauch geben Auskunft die Memorias da Letteratura Portugueza l. c.

57 Rühs über die Gesetze der Westgoten S. 25. findet diese Strafe nicht nur ungerecht, sondern sie scheint ihm auch unverhältnismäßig und gibt ihm einen Beweis, wie sehr die gotischen Gesetze auf individuelle Vorstellungen von Billigkeit gerichtet seien.

58 Legg. Wisigoth. Lib. V. tit. 4. l. 22. Canciani ad h. l. XII. Solidi exaequabant apud Wisigothos sextam partem librae Romanae auri, sed impuri.

59 L. Wisigoth. Lib. II. tit. 1. l. 9.

60 Legg. Wisigoth. Lib. XI. tit. 3. l. 2. (Antiqua) Cum transmarini negotiatores (wahrscheinlich Leute aus Afrika, Griechenland und Italien) inter se causam habuerint, nullus de sedibus nostris eos audire praesumat, nisi tantummodo suis legibus audiantur apud telonarios suos.

61 Montesquieus Urteil (Esprit des lois XXVIII. 1.: les lois des Wisigoths, celles de Recessuinde, de Chindasuinde et d'Egiga, sont pueriles, gauches, idiotes; elles n'atteignent point le but; pleines de rhetorique et vuides de sens, frivoles dans le fond et gigantesques dans le style) ist zu streng, und es ist zu verwundern, daß Savigny (Th. 2. S. 69.) es treffend findet, da er selbst kurz vorher von dem Gesetzbuch gesagt hat: „Hier allein ist Anspruch auf Bildung, Beredsamkeit, selbst auf Philosophie sichtbar." Gibbon (Chapt. 38. not. 125.) tadelt Montesquieu dieses Urteils wegen mit Recht: The code of the Visigoths has been treated by Montesquieu with excessive severity. I dislike the style: I detest the superstition; but I shall presume to think, that the civil jurisprudence displays a more civilized and enlightened state of society, than that of Burgundians or even of the Lombards.

62 Legg. Wisigoth. L. II. tit. 2. l. 12.

63 Hierher gehört der dritte Teil des zwölften Buches der westgotischen Gesetze, welcher eine Menge Gesetze enthält, die vom König Erwig sind, und die Aufschrift hat: Titulus de novellis legibus Judaeorum, quo et vetera confirmantur et nova adjecta sunt. Im dem Fuero Juzgo, steht dieser Titel nicht.

64 Biener de Origin. jur. Germ. P. I. 40. – von Savigny Tl. II. S. 70–72. Jedoch möchte diese Ansicht von ihm nicht die richtigste sein, daß das justinianische Gesetzbuch in Spanien bei den Westgoten wahrscheinlich gar nicht bekannt gewesen wäre: denn die Griechen besaßen bis ins Jahr 625 mehrere Städte in diesem Lande und hatten gewiß daselbst auch ihr vaterländisches Recht. S. 73 und 74. gibt v. Savigny die Stellen an, welche römisches Recht enthalten: *wörtlichliche* Stücke des römischen Rechts: Legg. Wisig. L. IV.tit. 1. über die Verwandtschaft, Lib. VIII. tit. 1. l. 2. über die Selbsthilfe, und L. V. tit. 5. l. 8. 9. über die Zinsen, welche Gesetze wörtlich aus Paulus L. 4. tit. 11., aus Int. L. 3. C. Th. unde vi (4. 22.) und aus Int. L. 2. u. Int. L. 1. C. Th. de usuris (2. 33.) entnommen sind. Aus römischem Rechte leitet v. Savigny her: einige Gesetze über die Ehe L. Wisig. L. III. tit. 1. l. 1. = L. un. C. Th. brev. de nuptiis gentilium (3. 14.) und L. Wisig. L. III. tit. 2. l. 1. = L. 1. C. Th. brev. de secundis nupt. (3. 8.) Das Gesetz, wo die Mutter die Vormundschaft erhält, wenn sie sich nicht mehr verheiratet. L. Wisigoth. L. IV, tit. 3. l. 3. = L. 4. C. Th. brev. de tutoribus (3. 17.) Über die Mündigkeit mit dem 25. Jahre (L. Wisig. L. IV. tit. 3. l. 1.) und über die Testamentsfähigkeit mit dem 14. Jahr (L.

Wisig. Lib. II. tit. 5. l. 11.), über die Freilassung der Sklaven in der Kirche L. Wisig. L. V. tit. 7. l. 2.=L. un. C. Th. de manum. in eccl. (4. 7.), über die Erbfolge der Ehegatten in Ermangelung von Verwandten L. Wisig. L. IV. tit. 2. l. 11. = L. 9. C. Th. brev. de legit. hered. (5. 1.), über den Verlust der Freiheit, wenn ein Freier sich aus Gewinnsucht als Sklave verkauft (L. Wisig. L. IV. tit. 4. l. 10.) Im römischen Recht kommt dieses Gesetz häufig vor.

65 Savigny Tl. 11. S. 69 u. 89.
66 Legg. Bajuvariorum tit. 14. c. 1 = L. Wisig. V. tit. 5. l. 1.–L. Bajuv. tit. 14 c. 2–4 = L. Wisig. L. V. tit. 5. l. 3. – L. Bajuv. tit. 15. c. 7. = L. Wisig. Lib. V. tit. 4. l. 16. – L. Bajuv. tit. 15. c. 9 = L. Wisig. L. V. tit. 4. l. 7.
67 L. Bajuv. tit. 14. c. 5 = L. Wisig. V. tit. 4. l. 9. – L. Bajuv. tit. 15. c. 4 = L. Wisig. Lib. V. tit. 4. l. 8. – L. Bajuv. tit. 15. c. 8 = L. Wisig. Lib. V. tit. 4. l. 1.
68 Fredegar. Scholast. Chronic. cap. 79.
69 Legg. Wisig. L. II. tit 1. l. 9. nolumus sive Romanis legibus sive aliens institutioni- bus amodo amplius convexari.
70 Auch noch lange in Languedoc: dieses bezeugt ein Placitum zu Narbonne v. J. 862, worin das westgotische Gesetzbuch nach Buch und Titel zitiert wird. Vaisette hi- stoire de Languedoc, preuve LXXXVIII. p. 115.
71 Canciani (Vol. IV. p. 48.), Biener (de orig. jur. German. P. 1. Lib. I. § 39.) Peter de Marca in App. Marcae Hispan.

VIERTER ABSCHNITT · VIERTES KAPITEL

1 Über Wambas erstes Regierungsjahr und seinen Zug nach Gallien besitzen wir ein eigenes Werkchen von dem damals lebenden Erzbischofe Julianus Toletanus, wel- ches den Titel führt: historia Wambae regis de expeditione etc. Du Chêsne T. I. p. 821 seqq. und Dom Bouquet T. II. p. 707 sqq. haben es in ihre Sammlungen aufge- nommen. Lucas Tudensis hat diese historia Wambae in einemAuszug in sein Chro- nicon Mundi (Hispan. illustr. T. IV. p. 58 sqq.) einverleibt: jedoch hat er auch einiges hinzugefügt, was Julianus nicht hat; dieses wird jedesmal in den Noten bemerkt werden.
2 Lucas Tudensis (Hisp. illustr. T. IV. p. 59.) (Bamba) exercitum per manum Pauli ducis, qui erat de Graecorum nobili natione, in Gallias destinavit.
3 Dieser Herausforderungsbrief steht bei Du Chêsne T. I. p. 830.
4 Es soll, wie die Basilica daselbst und die Wasserleitung, pont du Gard genannt, von Kaiser Hadrian erbaut worden sein. Die Histoire de Languedoc T. L. ad pag. 101. gibt eine Abbildung dieses Amphitheaters. Es diente, da es mit hohen und starken Mauern umgeben war, später zu einer Zitadelle p. 357. Carl Martell zerstörte meh- reres daran: Annal. Anian. Carolus – Nemauso arenam illius civitatis atque portas cremari jussit.
5 Luc. Tud. L. III. p. 55. im T. IV. der Hisp. illustr. Ei (Paulo) oculos evellere praecepit.
6 Chronolog. et series reg. Gothor. bei Dom Bouquet. T. II. p. 706. Cunctis civitati- bus Gothiae et Galliae captis, ipsum postremo Paulum in Nemausensi urbe victum celebri triumpho sibi subjecit.
7 Legg. Wisigothor. Lib. IX. tit. 2. l. 8.
8 Luc. Tudens. Chr. Mundi l. c. discordantes pontifices, eo quod alii aliorum par- ochias invadebant, ad concordiam studuit revocare.
9 Ob es auf dem 11. Tolet. Concilium geschah, wo auch die Kirchenzucht geschärft wurde, oder ob eine besondere Kirchenversammlung gehalten wurde, darüber streitet man. Ich bin für die letztere Meinung, oder stimme dem gelehrten Ferreras bei (2. Bd. ad an. 676). Dieser schließt aus dem gänzlichen Schweigen der Schrift- steller von einer andern Tolet. Kirchenversammlung als der 11., worauf von der Einteilung keine Erwähnung geschieht, daß Wamba diese neue Anordnung aus eigener Machtvollkommenheit unternommen. Guthrie und Gray (Bd. V. Tl. 2. S. 405 der deutschen Bearbeitung) meinen, die Akten der 11. toletanischen Kirchen- versammlung, worauf die neue Einteilung der Bistümer gemacht, seien vernichtet worden. Denn das im Jahr 675 zu Toledo gehaltene Concilium sei kein allgemeines gewesen, sondern bloß ein besonderes für die toletanische Provinz, wie man aus

den Akten deutlich ersehen könne. – Die Einsicht der Akten dieser Versammlung zeigt aber das Gegenteil. Des Conciliums selbst erwähnt Wamba in dem Gesetze Lib. V. tit. 1. l. 6. de Coërcitione Pontificum, qui pro rebus, quas a suis ecclesiis auferunt, tricennium intercessisse, caussantur. Das Gesetz ist im Jahr 676 gegeben, also bald nach der Kirchenversammlung.

10 Lucas Tudensis in Chr. Mundi Hisp. illustr. T. IV. p. 56 sqq. gibt die Namen der Bischofssitze und den Umfang ihrer Gebiete an. Daß bei so vielen, zum Teil ganz aus dem Gebrauch gekommenen Namen, durch die Abschreiber viele Entstellungen und Unrichtigkeiten hineingebracht worden, läßt sich denken.

11 Über den kirchlichen Zustand im westgotischen Reiche geben die Consilienbeschlüsse in Spanien während des 6. und 7. Jahrhunderts (bei Colet. Collectio Conciliorum Tom. VI, VII und VIII) den besten Aufschluß, dann Padilla in der Segunda Parte de la historia ecclesiastica de España. Von den neueren Werken ist Planks Gesch. der christl. Gesellschaftsverf. 2. Tl. zu vergl.

12 Concil. Tolet. IV. can. 19. wo auch die Punkte angegeben sind, die zur Erlangung der Bischofswürde unfähig machten.

13 Concil. Tolet. III. can. 2. Der König durfte weder einen Bischof für sich ein– noch absetzen: doch geschah es manchmal: Concil. Tolet. XII. can. 4. Concil. XIII, can. 2.

14 Concil. Tolet. XII. can. 6.

15 Concil. Tolet. III. can. 18. Concil. Tolet. VII. can. 6. Concil XI. can. 15. Concil XII. can. 12. Man sehe Beilage II.

16 Concil. Caesaraugust. can. 5.

17 Concil. Tolet. XVII. can. I.

18 Concil. Tolet. XI. can. 1.

19 Concil. Tolet. III. can. 3. 4. Concil. Tolet. VI. can. 15. Über die Leibeigenen und die Freigelassenen der Kirche, besonders Concil. Tolet. III. can. 6. Concil. Tolet. IV. am Ende. Concil. Tolet. VI. 9.10. und an mehreren anderen Orten.

20 Legg. Wisigoth. lib. V. tit. 1. l. 5. Concil. Tolet. XV. can. 5. und in mehreren anderen Concilienbeschlüssen.

21 Legg. Wisig. lib. IX. tit. 2. l. 8.

22 Concil. Tolet. III. can. 13.

23 Concil. Tolet. IV. can. 32. Legg. Wisigoth. lib. II. tit. 1. l. 30. Lib. XII. tit. 1. l. 2.

24 Concil. Tolet. IV. can. 57.

25 Legg. Wisigoth. L. VI. tit. 5. l. 16.

26 Concil. Tolet. IV. can. 47.

27 Concil. Ilerd. can. 1. Concil. Tolet. IV. can. 19.

28 Legg. Wisigoth. Lib. IX. tit. 2. l. 8.

29 Fast in allen Concilien, sowohl allgemeinen als provinzialen, wurde das Gesetz wiederholt.

30 Concil. Tolet. IV. can. 36.

31 Concil. Tolet. VIII. can. 8.

32 Concil. Tolet. X. can. 6.

33 Concil. Tolet. IV. can. 41. Dabei ist noch bemerkt, daß es nicht so sein dürfte, wie in Gallicien, wo die Geistlichen sich eine kleine Krone oben auf dem Kopfe scheren ließen und hinterwärts lange Haare trugen.

34 Concil. Barcin. II. can. 3. Es wurde im Jahr 599 gehalten. Concil. Tolet. X. can. 4. und 5.

35 Man sehe darüber Ferreras in der spanischen Geschichte unter den angeführten Jahren.

36 Legg. Wisigoth. Lib. VI. tit. II. l. 1. u. l. 5. Concil. Ilerd II. Concil. III. c. 22–23. Concil. Tolet. XIII. 7 und XVII, 5. An welcher letzteren Stelle den Priestern unter Strafe der Absetzung verboten wurde, für Lebende Totenmessen zu halten, denn man hatte den Aberglauben, daß das Leben einer Person dadurch könnte abgekürzt werden.

37 Daß in Spanien noch im 6. und 7. Jahrhundert Heiden lebten, ersieht man aus dem Concil. Ilerd. II. can. 4. Concil. Tol. IV. can. 29.

38 Man sehe Beilage IV.

39 Concil. Brag. III. can. 1. Concil. Tolet. XV. can. 6.

40 Unbegreiflich ist es, wie Rühs (über die Gesetze der Westgoten S. 11.) sagen konn-

te: „Es ist bekannt, daß in Spanien seit dem fünften Jahrhundert die wissenschaftliche Bildung des Klerus weit mehr vernachlässigt war, als in allen übrigen Ländern des westlichen Europa."

41 Die gotische Schrift, aber nicht die des Ulphilas, sondern eine aus dem Altgotischen der lateinischen angenäherten, hat sich bis ins 11. Jahrhundert in Spanien erhalten, und wurde erst auf dem Concilium zu Leon abgeschafft. Roderic. Toletan. L. XXVII. c. 30. Lucae Tudens. Chron. Mund. p. 101. in der Hisp. illustr. T. IV.

42 Don Alphons. Magn. Chronic. Nach ihm Lucas Tudens. in Chr. mundi l. c. p. 68. CCLXX naves sarracenorum Hispaniae littus aggressae, occurrentibus ejus (Bambanis) exercitibus omnes ibi deletae sunt et ignibus concrematae. Vasaus setzt diese Begebenheit ins Jahr 675, Ferrares aber 2 Jahre später, weil Wamba früher mit inneren Angelegenheiten zu tun hatte: als ob die Feinde darauf gewartet, ihn zur gelegenen Zeit anzugreifen.

43 Von dem Gebrauche, bei schweren Krankheiten die Mönchskutte anzulegen, handelt Mabillon in der Vorrede zu Part. 2. Sec. IV. Benedict. Über die öffentlichen Bußen und das dabei übliche Haarabschneiden haben mehrere Concilien Beschlüsse abgefaßt. Concil. Barc. (im J. 540) can. 6–9. Concil. Tolet. III. can. 12. Concil. Tolet. IV. can. 55. Concil. Tolet. VI. can. 7.

44 Juliani Chronic. Wamba accepit quoque panitentiam die dominico exeunte hora noctis prima, quod fuit pridie Idus Octobris, luna XV, Era DCCXVIII.

45 Juliani Chronic. Suscepit autem succedente die secunda feria gloriosus dominus noster Ervigius regni sceptra, quod fuit ld. Octbr. Era DCCXVIII, dilata unctionis sollemnitate usque in supervenientem diem dominicum.

46 Chronolog. et series reg. Goth. (Wamba) ab Ervigio regno privatur.

47 Julian. in Chronic. – Isidor. Pacensis Chr. und Alphons. Magnus, so wie nach ihnen Rodericus Tolet. und Lucas Tudensis geben einstimmig an, daß Wamba noch mehrere Jahre, wie die meisten sagen, bis 688, ja nach Lucas sogar noch bis 693 gelebt habe, und nach den beiden letzteren wäre Cixilona, des Erwigs Tochter, auf Wambas Anraten von ihrem Gemahle, dem König Egiza, 688 verstoßen worden. Schlosser in der allgem. Weltgesch. 2r Bd. 1r Th. S. 313 in der Note zeigt, daß der Ausdruck in den Akten der 13. Kirchenversammlung zu Toledo, (wo Erwig sagt: retroactis divae memoriae praedecessoris nostri Wambæ regis temporibus nach Papenbroch. act. Sctor. mensis Mart. Vol. III. p. 635.) beweisen könnte, daß Wamba schon um diese Zeit nicht mehr gelebt hätte, wenn nicht auch anderswo (v. Mabillon de re diplomatica p. 536) Beispiele vorkämen, daß bei noch Lebenden der Ausdruck piæ memoriæ oder divæ memoriæ auch bonæ memoriæ gebraucht wird.

48 Die XIV. (684) ist in politischer Hinsicht wichtig; sie bestätigte nur die 6. allgemeine Kirchenversammlung zu Konstantinopel, wodurch der Monotheliten Lehre verworfen wurde.

49 Darüber sind die beiden ersten Satzungen des 13. Consiliums und die siebente des 12. nachzusehen.

50 Concil. Tolet. XIII. can. 3

51 Concil. Tolet. XII. can. 6. Daß die Bischöfe sich nach Rom an den Papst gewendet und verlangt hätten, unmittelbar unter dem Papst, und nicht unter dem Primas zu stehen, und der Papst ihnen dasselbe bewilligt habe, wie Baronius ann. 681 und 686 behauptet, wird von Ferreras bestritten.

52 Ferreras Bd. 2 S. 443, irrt offenbar, wenn er die vierte Satzung der 13. Tolet. Kirchenversammlung, worin der Gemahlin Erwigs, der Luibigotona und seinen Kindern der Schutz der Kirche zugestanden wird wegen der Sorgfalt, die Erwig angewendet, seine Untertanen gegen die Feinde zu schützen – so versteht, als ob unter diesen Feinden die Mahomedaner gemeint seien, die um diese Zeit Spanien nicht beunruhigten – sondern es sind darunter gerade die im Text erwähnten Aufstände der Anhänger Wambas zu verstehen.

53 Lucae Tudensis Chronicon mundi – Chronolog. et ser. reg. Goth. Filiam suam conjugem dedit Egicani.

54 Don Alphons. Magn. Chron. Isidori. Pacensis Chr. Des letzteren Jahresangabe (688) ist falsch.

55 Acta Concil. Tolet. XV.

56 Chronol. et series reg. Goth. Filiam Ervigii cum juratione (besser conjuratione)

Wambae subjecit. Luc. Tud. Chronic. Mund. p. 69. Avunculus ejus rex Wamba ei praecepit, ut conjugem dimitteret, eo quod pater ejus Ervigius cum callide expulisset a regno.

57 Concil. Tolet. XVI. can. 8

58 Er betrat nämlich die Kanzel, worauf die h. Jungfrau Maria gestanden haben soll, als sie, wie man erzählt, dem h. Ildesonsus erschien und ihm ein vom Himmel gebrachtes Gewand gab. Sisebert spottete in einer Predigt über diese Geschichte, indem er das Gewand selbst anhatte.

59 Auf einer im Jahre 691 gehaltenen Kirchenversammlung wurde die Satzung gegeben, daß eine königliche Witwe sich ins Kloster begeben mußte, wie auch schon in der 13. Tolet. Kirchenversammlung bestimmt war, daß der königlichen Witwe nicht erlaubt sein sollte, sich wieder zu verheiraten.

60 Concil. Tolet. XVI. can. 9 & 12.

61 Concil. Tolet. XVII. can. 8.

62 Allein Isidorus Pacensis in Chronico aera 730 erwähnt dieses Vorfalles.

63 Allein Alphons. Magnus in Chronico erzählt von diesem Krieg. Lucas Tudensis folgt dieser Angabe: cum Francis ter bellum gessit: sed nullum triumphum habuit, nec quidem victus fuit.

64 Chronolog. et series reg. Goth. Filium suum Wittizanem Principem secum regno præfecit. Continuatio Chronici Joan. Biclar. Egica in consortio regni Witizanem filium sibi hæredem regni facit. Isidor Pacens. Chronic.

65 Die histoire de Languedoc T. I. p. 375. führt auch ihre gemeinschaftliche Regierung über Septimanien an und stützt sich dabei auf eine Münze, die um diese Zeit zu Narbonne geschlagen wurde. Cette médaille, heißt es dort, représente d'un côté les têtes de ces deux rois separées par une croix avec ces mots tout autour:

I. DI. NM. EGICA. RE.

On lit au milieu du revers le mot Narbo marqué par cinq lettres Romaines rangées de la manière suivante en forme de croix

N
B A O
R

avec cette inscription autour:

WITIZAN. R.

66 Isidor. Pacens. ist hier Hauptquelle. Der Erzbischof Roderich von Toledo hat ihn fast wörtlich in seine spanische Geschichte aufgenommen, nur hat er die schlechte Sprache verbessert. Auch Lucas Tudensis folgt ihm.

67 Das Chronicon Moissiacense ad ann. 715 in den Monumentis Germanicæ hist. T. I. p. 290: His temporibus in Spania super Gothos regnabat Witicha, qui regnavit annis VII et menses III. Iste deditus feminis, exemplo suo sacerdotes ac populum luxuriose vivere docuit, irritans furorem Domini.

68 Lucas Tudensis nennt ihn einen Sohn Wittizas: Instrusit filium suum Oppam, ut esset Archiepiscopus Hispalensis simul et Toletanus contra sacrorum canonum instituta.

69 Isidorus Pacensis, der Bischof Roderich von Toledo (de reb. Hisp. Lib. III, c. 15–18.) Lucaus von Tuy (am Ende von Lib. III, p. 69.), denen Mariana und Ferreras gefolgt sind, stehen miteinander und mit den anderen Schriftstellern in offenbarem Widerspruch. Die Nachricht, die der Bischof Roderich gibt, daß Wittiza geblendet und als abgesetzter König von Cordova noch zwei Jahre gelebt habe, hat schon Mariana (de reb. Hisp. VI. c. 19) widerlegt. Er behauptet: Numero et diligentia potiores historici Witizam ex morbo Toleti obisse confirmant. Nur hat Mariana die böse Gewohnheit, sich auf gewichtige Schriftsteller als Gewährsmänner für seine Behauptungen zu berufen, die er nie namentlich nennt, und von denen man keine weiß, daß entweder solche nicht existieren, oder daß sie etwas anderes sagen. Das Chronicon Alphonsi M. sagt bloß: Witizane defuncto, Rudericus a Gothis eligitur in regem. Das Chronicon Moissianceuse l. c. erwähnt nichts vom Schicksale Wittizas, sondern sagt nur: Gothi super se Rudericum regem constituunt.

70 Continuatio Chronic. Joann. Biclar. incert. auctor. bei Florenz in der España sagrada T. VI, p. 429. Era DCCXL Witiza decente Patre, nimia quietudine ejus in solio sedit, *omnipopulo redamante*. Roderic. Tolet. de reb. hisp. L. III, c. 15.

71 Der Vater dieses Pelagius war Fasila, welchen Egiza nach Gallizien verbannt und Wittiza daselbst umgebracht haben soll: Lucae Tudens. Chronic. Roderic. Tolet. de reb. hisp. L. III, c. 18. Fafilam Vitiza occasione uxoris fuste in capite vulneravit: ex quo vulnere mortuus fuit juxta Urbicum.

72 Roderic. Tolet. L. III, c. 17. p. 62 in T. II. Hisp. illustr. Igitur Rodericus, filius Theodofredi, quem Vitiza ut patrem privare oculis visus fuit, favore Romani senatus, qui eum ob Recisuindi gratiam diligebat, contra Vitizam publice decrevit rebellare, qui viribus praeeminens cepit eum, et quod patri suo fecerat, fecit ei. Guthrie und Gray l. c. p. 430 meinen unter senatus Romanus müßten Römer in Italien oder Griechen verstanden sein, und tadeln des Bischofs Unwissenheit. Allein hier sind Guthrie und Gray im Irrtum; die Verschmelzung der Goten und Spanier war zwar versucht, aber nicht vollendet worden, daher bedeuten Romani immer Spanier.

73 Continuat. Chr. Joann. Biclar. incert. auctor. bei Florez in der España, Sagrada T. VI, p. 430 Era DCCXLIX. Rudericus *furtim* magis quam virtute Gothorum invadit regnum annum unum. Der älteste Schriftsteller dieser Zeit Isidor. Pacensis in Chronic. sagt dasselbe: Rodericus *tumultuose* regnum, hortante senatu (Romano i. e. Große von römischer Abkunft) invadit. Auch wo von Roderichs Niederlage die Rede ist, wird seiner Usurpation gedacht: Eoque praelio, fugato omni Gothorum exercitu, qui cum eo aemulanter fraudulenterque ob ambitionem regni advenerant, (Rodericus) cecidit. Sicque regnum simulque cum Patria male cum aemulorum internecione amisit.

VIERTER ABSCHNITT · FÜNFTES KAPITEL

1 Über die Eroberung Nordafrikas durch die Araber handelt ausführlich Cardonne histoire de l' Afrique ect. T. I. p. 8–55 nach dem Araber Noveiri. Conde in der historia de la dominacin de los Arabes en España gibt in den ersten Kapiteln manches Neue, jedoch hat er die Griechen nicht benutzt. Kitab Aedschuman in den Notices et extraits T. II verdient mit beiden verglichen zu werden. Gibbons history of the decline etc. chapt. 51. T. IX p. 401 sqq. richtet sich fast ganz nach Cardonne.

2 Theophan. Chronograph. p. 285. ed. Paris. – Anastas histor. eccles. p. 111 gibt die Anzahl der gefangenen Griechen an: Moverunt Saraceni exercitum in Africam et captiva duxerunt ut ferunt octoginta millia.

3 Über die Gründung Kairwans findet man ausführlich Nachricht im Kitab Aldschuman (Notices et extraits T. II. p. 157) und bei Conde T. I. c. 5. p. 16.

4 Cardonne T. I. p. 435 nennt ihn Elias.

5 Kitab Aldschuman l. c. Akba poussa ses conquêtes, jusqu'à Tanger, devant laquelle il mit le siège. Albelian qui regnoit dans cette ville se soumit à Akba et lui fit de riches présens.

6 Kitab Aldschuman l. c. und Otter in der histoire de l'Acad. des Inscript. T. XXI p. 119. nach Noveiri. Conde p. 16 läßt ihn nach seinem Araber so sprechen: „Oh, Señor Alá! si estas profundas aguas no me detuvieran, yo seguieria para llevar mas adelante el conocimiento de tu ley y santo nombre!

7 Conde p. 17. Kitab Aldschuman l. c. ist kürzer: Après cette expedition, Akba revint sur ses pas sans trouver aucune resistance; lorsqu'il fut près du mont Awras dans l'Afrique Kussilé ben Avam al awrissi le tua en un lieu nommé Tehouda la LXIII année de l'hégire.

8 Nicephori Constantinopolit. Breviar. p. 28. Theophan. Chronogr. p. 309. Daß Johann auch durch gotische Hilfsvölker unterstützt wurde, wie Gibbon durch Leo Africanus verleitet, angibt, ist gewiß falsch: und die Bemerkung (p. 413 not. 158) hätte er nicht als Historiker machen sollen: I know not from what Arabic writer the African derived his Goths; but the fact, though new, is so interesting and so probable, that I will accept it on the slightest authority.

9 Dieses erzählt Conde, der sie wie Gibbon l. c. p. 416 Cahina nennt. Cardonne, nach Noveiri, berichtet vor ihr viele Wundertaten. Assemann (Italicae historiae scriptores ex bibl. Vatican. etc. T. II. p. 495) geht unstreitig zu weit, wenn er die Person der Damiah leugnet: Quod vero id Noveirius de heroina illa scribit, quae Hasano fortiter cum Africanis restitisse perhibetur, ipsumque Hasanum compulis-

se, ut post captam primo anno Carthaginem, inde recederet, perque annos quinque in Barcam sese reciperet; haud dubie ist intelligit Joannem Patricium, qui cum Eunuchus esset, a Sarracenis femina appellatus est.

10 Conde c. 7 p. 23. Evió Muza á su hijo Meruân à tierra de Tanja para mantener alli frontera, y puso un fuerte presidio en ella de diez mil hombres, todos Arabes y Egipcios, mandados por el caudillo Tarik ben Zeyad el Nefeci.

11 Nach Conde p. 27. reiste er nicht selbst nach Damaskus. Persuadido Muza, y resu-elto con la esperanza de tan rica y gloriosa conquista, escribió al Califa y le propuso la importancia de esta empresa.

12 Conde c. 8. p. 26.

13 Murphy (history of the mahometan empire in Spain. London 1816 p. 55) erzählt nach seinen arabischen Manuscripten: Musa laid siege also to Ceuta: here, howe-ver, owing to the good management of ist wise and brave governor, Julian the Christian, he failed in his design: and when he sought to subdue it by famine, for which purpose he formed the blockade of the place, Kind Ghitisha (Witiza), then on the throne of Spain, supplied it so well with necessaries as to frustrate his attempt. Daß schon unter Wittizas Regierung die Mohamedaner in Spanien einge-fallen seien, sagt das Chronicon Moissiancense l. c. Sarraceni tunc (als Wittiza regierte) in Spania ingrediuntur. Gothi super se Rudericum regem constituunt. Allein hier kann noch nicht von einem wirklichen Einfall die Rede sein, sondern nur von Feindseligkeiten gegen Ceuta.

14 Der Inhalt dieser Erzählung, die Mariana ohne Bedenken als wahr angenommen hat, ist kurz dieser: die Kinder der Großen wurden am Hofe erzogen: die Kna-ben dienten dem König und die Mädchen der Königin zur Aufwartung. Als einst der König, auf dem Balkon seines Schlosses stehend, dem Spiele der Hoffräu-leins zusah, fiel Julians Tochter, Cava, ein Mädchen von außerordentlicher Schönheit, ausgleitend nieder. Der König, von heftiger Leidenschaft zu ihr ent-brannt, suchte sie durch Schmeicheleien und Geschenke zu verführen. Da seine Bemühungen vergebens waren, so entehrte er sie gewaltsam. Der Vater, davon benachrichtigt, schwur dem König ewige Rache und ließ sich, um diese auszu-führen, mit Musa in Einverständnisse ein. – Mit Recht haben schon mehrere spa-nische Gelehrte diese Erzählung für eine Fabel gehalten, weil die Chroniken von Isidorus Pacensis, von Don Alfonso dem Großen, und von Albayda, die drei äl-testen Denkmale über die Begebenheiten dieser Zeit, der Cava gar nicht erwäh-nen. Ferreras aber nimmt die Wahrheit der Geschichte sehr in Schutz und führt freilich einen guten Grund des Schweigens der alten Chroniken an, weil sie so außerordentlich kurz und mager geschrieben sind: daß er aber dem später leben-den Mönch von Silos, der den arabischen Schriftstellern folgte und die Geschich-te zuerst aufnahm, so viel Glauben schenkt, daß er meint, Julian hätte sonst kei-ne Ursache zum Aufstand und zur Verräterei gehabt, möchte sehr zu tadeln sein. Die Geschichte der Cava hat ihren Ursprung in den Romanzen, die von den Arabern ausgingen, und Conde c. 8 p. 25 hat gewiß Recht, wenn er sagt: Les nombres de la Caba, de su doncella Alifa, y toda la série de este cuento descubre que fue ficcion morisca, fundada en eas habillas y canciones vulgares que corrian entre Moros y Christianos.

15 Alphonsi M. Chronicon: Filii vero Wittizani invidia ducti eo, quod Rudericus reg-num patris eorum acceperat, callide cogitantes, nuntios ad Africam mittunt, Sarra-cenos in auxilium petunt, eosque navibus advectos, Hispaniam intromittunt.

16 Roderic. Tolet. L. III. c. 19 nach Isidor. Pacensis: Musa continuo illud verbum (Juliani) Ulit Amiramomim Arabum nunciavit, qui inhibuit, ne cisfretaret (time-bat enim, posse in periculum redundare), sed paucos mitteret, per quos posset promissa comitis experiri.

17 Tarik, nicht Tarif, hat diese, wie die andere darauf folgende Unternehmung gelei-tet. Asseman (Italicae hist. script. T. III. p. 77) hat schon den Grund zu dieser Verwechslung aufgefunden: Amanuensium error est, qui quum orientales sint, Af-ricanum characterem plerumque non intelligunt. Quo enim literam quam orienta-les uno superposito puncto diacritico Phe legunt, cum duobus Kaf; Africani secus faciunt, nimirum sine puncto Phe, cum uno puncto Kaf. Atque hinc factum est, ut idem nomen ab Africanis cum uno puncto exaratum ipsi Tarif legerint, quum dice-re debuissent Tarik. Dessen ungeachtet nimmt Murphy p. 58 Tarif als verschieden

von Tarik an, indem er sagt: Tarik is undoubtedly a different person from the commander of the first expedition.

18 Damit ist eigentlich die südliche Spitze Spaniens verstanden; aus dem Namen entstand durch verdorbene Aussprache Algesiras: Murphy p. 57 bemerkt mit Recht: The Arabs call a peninsula (such as they have regarded this point) as well as an island, Jazirat.

19 Conde c. 9. p. 27. Tarik pasó con quinientos caballeros Arabes en cuatro barcos grandes de Tanja á Sebta, (d. i. Ceuta) y de esta á Andalucia y el paso fue muy venturoso.

20 Den Namen Andalusien leitet man gewöhnlich von den Vandalen, die sich hier niedergelassen hatten, also hätte es eigentlich Vandalusia geheißen. Da der Name aber nicht vor dem mohamedanischen Einfall vorkommt, so ist es wahrscheinlicher, daß er von dem arabischen Worte Andalus, welches Abend oder Westen bedeutet, herkommt, besonders da die Araber darunter ganz Spanien verstehen. Geogr. Nub. p. 151. D'Herbelot Bibliothec. orient. p. 114.

21 Murphy p. 50 setzt die Überfahrt auf den 29. April.

22 Conde gibt keine Zahl an, Murphy aber 12 000 nach Ibn Bashkuval. Auch Ibn Khaldun, ein anderer Geschichtsschreiber, sagt, daß Tarik mit 10 000 Brebern und 300 Arabern übergesetzt wäre, welche Macht er so teilte, daß die eine Hälfte von ihm an dem jetzigen Gibraltar landete, und die andere unter Tarif Meliks Sohn an der Stelle, wo jetzt die nach diesem Anführer genannte Stadt Tarifa liegt.

23 Murphy p. 59. When Roderic received intelligence of his invasion, and learned that Julian had instigated it, he was in the territory of Pamplona, carrying on a war against the Bascons.

24 Conde c. 10. p. 39 und Murphy p. 60. Jedoch gibt Ibn Khaldun bei dem letzteren nur 40000 gotische Streiter an.

25 Murphy p. 60. Musa, therefore, who had been engaged in preparing ships for the purpose of conveying troops, since Tariks departure, – dispatched by them five thousand Moslems. Nach Cordonne waren es 7000.

26 Conde p. 31. Acometiéronse con igual ánimo y saña, aunque muy desiguales en número, pues habia cuatro Christianos para cada Muslim.

27 Murphy p. 61. According to the historian Arrazi, the contest between the two armies began on Sunday the last day but two of the month Ramazan, and continued till Sunday the fifth of Shavwal (about the 25th of July A. C. 711). Ferreras setzt die Schlacht in den November des Jahres 712. Allein dieses Jahr ist gewiß falsch; und der Grund, den er angibt, daß die Araber zu ihren Eroberungen wenigstens ein Jahr Zeit gehabt haben müßten, ist nichtig, da sie sehr schnell gemacht worden. Auch setzt der älteste Schriftsteller, den wir über die Schlacht haben, der Zeitgenosse Isidor. Pacensis, dieselbe in die 93. Hegira oder ins Jahr 711. Mit ihm stimmen überein die Annales Compostell. und alle arabischen Berichte. Die Chronik von Albayda, und die Annales Complutenses und Toletani und andere Chroniken nehmen das J. 714 an, welcher falschen Annahme Mariana folgt.

28 Roderic. Tolet L. III. c. 20 gibt den Verlust Tariks zu hoch an: Et per octo dies continuos a Domenica in Domenicam dimicarunt, ita ut de Tarik exercitu fere decem et sex millia ceciderunt.

29 Conde cap. 10. p. 31.

30 Murphy p. 60 und 62.

31 Über die Schlacht geben Nachricht: Isidor. Pacensis, Alphons. Magn. Chronic., Roderic. Toletan. L. III. c. 20 und Lucae Tudensis Chronic. mundi. Die arabischen Berichte bei Cardonne, Murphy und Conde sind damit zu vergleichen.

32 Chronic. Alphonsi magni: De Ruderico vero rege nulli cognita manet causa interitus ejus. Dies sagt auch Roderic. Toletan. L. III. c. 20. quid de rege Roderico acciderit, ignoratur; c. 22 aber widerspricht er sich: Rodericus a Juliano, ut creditur, interfectus est.

33 So erzählt Conde nach einem Araber, p. 32. (Tarik) conociendo al Rey Ruderic por sus insignias y caballo le acometió y le pasó de una lanzada, y el triste Ruderic cayó muerto.

34 Murphy p. 62. Roderic. Tolet. Lib. II. c. 20.

35 Dahin gehört auch sein Aufzug in der Schlacht, den die Araber und nach ihnen Roderich von Toledo Lib. III. c. 20. beschreiben. Bei Murphy p. 61 heißt es: brin-

ging at the same time his treasures on waggons, whilst he himself rode on a throne, borne between two beasts of burthen, having a canopy over him sit with pearls, rubies and emeralds. Nach Condes Bericht war es ein Kriegswagen (carro bélico), den Rodrigo bestiegen hatte. Zwei weiße Maultiere zogen ihn. Der König hatte ein Perlendiadem auf dem Haupte und war mit einem goldbordierten Purpurmantel umgetan. – Durch die Romanzen ist viel Abenteuerliches in Roderichs Geschichte gekommen: dahin gehört auch die Erzählung von der Eröffnung des alten Turmes in Toledo, worin man eine Pergamentrolle fand, deren Inhalt den Untergang des Reiches durch die Araber voraussagte.

36 Man sehe Ferreras in der spanischen Geschichte. Das Chronicno Alphonsi Magni hat zuerst dieses Grabmal erwähnt; ihm folgten Roderic. Toletan., Lucas Tudensis.

37 Murphy p. 62.

38 Hier glaubte ich Cardonne folgen zu müssen, und nicht Murphy, der die Einnahme von Sevilla auf die von Sidonia folgen läßt. Erst Musa bemächtigte sich durch den Verrat des Erzbischofs Oppas dieser großen Stadt.

39 Murphy p. 63.

40 Conde cap. 11. p. 35.

41 Roderic. Tolet. l. c.

42 Murphy p. 64. Conde p. 36.

43 Murphy p. 65.

44 Murphy l. c.

45 Condes Erzählung p. 40. von den 25 Kronen, die sehr verdächtig als Machwerk eines arabischen Schriftstellers erscheint, will ich hierher setzen: En una estanza del Alcazar real (zu Toledo) encontró veiute y cinco coronas de oro guarnecidas de jacintos y otras piedras pretiosas, pues era costumbre que despues de la muerte de cada Rey, que regnaba en España se colocoba alli su corona, y escribian en ella el nombre de su dueño, su edad, y los años que habia regnado.

46 Bei Conde c. 13. p. 45 wird davon gesagt: Ocupó una pequeña ciudad que estaba tras el monte; y como en ella se hallase una preciosa mesa guarnecida de verdes esmeraldas y jacintòs, se llamó Medina Almeida, ciudad de la mesa, que decian la mesa des Suleiman. Dieses kostbare Stück, welches Thorismund von Aetius zum Geschenk erhalten, beschreiben Cardonne und Murphy ausführlich. Es bestand aus einem großen Smaragd, war mit drei Reihen Perlen eingefaßt, mit Gemmen reich verziert und mit 365 Füßen von massivem Golde unterstützt. Elmacin. histor. Saracen. p. 72. sagt von ihm: ex auro factum atque argento et tres habentem limbos ex margaritis. Man sehe darüber noch Cotbeddin, histoire de la Mecque (notices et extraits T. IV. p. 566), wo gesagt wird, wozu das Geld verwendet wurde.

47 Conde c. 11 ab init. et c. 13 p. 40.

48 Conde c. 13.

49 Murphy p. 69.

50 Murphy p. 70. Conde c. 14 et 15.

51 Murphy p. 71. Conde cap. 16. p. 53 et 54.

52 Conde p. 55. Nach Murphy p. 71. wäre Tarik sogar bis an die Rhone gekommen, was gewiß falsch ist: Tarik made himself master of the two cities of Barcellona and Narbonne, besides the rock of Anibun and the fortress of Ludun on the river Rhone. Was für Städte hier zuletzt gemeint sind, ist ungewiß.

53 Conde p. 55. Luego se tornó (Muza) á España y caminó al Guf ó norte de ella hàcia Galicia por Asturica, y entro en Lugidania (Lusitania) y en todas partes sacó muchas riquezas.

54 Conde cap. p. 48–52 handelt davon ausführlich.

BEILAGEN

1 Hauptschriftsteller darüber: J. Gothofred. proleg. Cod. Theodos. c. 5–7. Biener. progr. histor. Wisigoth. Spec. 1. Lips. 1783. Cap. 4 et 5. Vaisette histoire de Languedoc T. I. p. 240–242 und besonders Savigny Geschichte des römischen Rechts im Mittelalter Tl. I. S. 257 flg. und Tl. II. S. 36–64, wo auch die bisherigen Ausgaben des Breviariums angegeben sind.

2 Paulini Petrocorii Eucharistic. v. 498:
Natis abeuntibus a me
Non quidem paribus studiis, nec tempore eodem
Succensis pariter, sed libertatis amore,
Quam sibi majorem contingere posse putabant,
Burdigalae, *Gothico quanquam consorte colono.* So sagt auch Sidon. Apollinar. Lib.
VII. ep. 6. Populos Galliarum, quos limes *Gothicae sortis* incluserit, teneamus ex
fide.

3 Chindasuinth gab darüber ein eigenes Gesetz: Legg. Wisigoth. Lib. X. tit. 1. l. 8.
Divisione inter Gothum et Romanum facta de portione terrarum sive silvarum,
nulla ratione turbetur, si tamen probatur celebrata divisio. Nec de *duabus partibus*
Gothi aliquid sibi Romanus praesumat aut vindicet: aut *detertia* Romani Gothus
sibi aliquid audeat usurpare aut vindicare. Von dieser Landesverteilung sprechen
noch folgende Stellen in den westgotischen Gesetzen Lib. X. tit. 1. l. 14. 16. und
tit. 2. l. 1.

4 Paulin. Eucharist. v. 375.
Emtorem ignotum mihi si de gente
Gothorum Excires, nostri quondam qui juris agellum
Mercari cupiens, pretium transmitteret ultro. Haud equidem justum, verumtamen
accipienti
Votivum, fateor.

5 Tl. II. S. 43.

6 Man sehe darüber v. Savigny Tl. II. S. 45–50.

7 Gothofred. proleg. Cod. Theod. cap. 6. Daß diese Interpretation von denselben
Männern, die das Rechtsbuch zusammengetragen, verfaßt und nicht erst später
hinzugekommen ist, behauptet mit Recht v. Savigny S. 53. und ebenso richtig sagt
derselbe S. 54: In neurer Zeit ist diese Interpretation viel zu schnöde behandelt
worden, indem man bei jeder Abweichung vom Text sogleich bereit ist, von Barbarei und Unwissenheit zu sprechen: „aber gewiß ist es in den allermeisten Fällen
dieser Art wirklich verändertes Recht, denn so wenig man den Verfassern Gelehrsamkeit zuschreiben darf, so erscheint doch die ganze Arbeit durchaus nicht ge-
dankenlos."

8 Vorzüglich v. Savigny Tl. II. S. 54. Biener (progr. hist. leg. Wisigoth. p. 19) geht
vielleicht zu weit, wenn er behauptet, durch die Interpretation habe man Einführung gotischer Rechtssätze beabsichtigt.

9 Man sehe Savigny Tl. I. S. 260–266. Die Interpretation zu Cod. Theod. II. 1. 12.
gibt eine Einrichtung an, welche an die der germanischen Schöffen erinnert.

10 Bei v. Savigny Tl. II. und in der histoire de Languedoc T. 1.

11 Davon handelt v. Savigny Tl. II. S. 57–61.

11 Man sehe die Conciliensammlung von Aguirre und Colet, und Padilla historia ecclesiastica de España Parte II.

12 Isidor. Pacensis Chronic.

13 Concilior. Collet. ed. Colet. T. VI. p. 1450.

14 Außer den Akten der Concilien und den Chroniken ist hierüber die Fortsetzung
des Isidorischen Büchleins (de viris illustribus) von Ildephonsus nebst den Appen-
dices von Julianus und Felix Hauptquelle Hispan. illustrat. T. II. p. 7–14. Da alle
Nachrichten, die wir von den Erzbischöfen von Toledo haben, größtenteils von
ihnen selbst herrühren, so kann man sie nicht für ganz unparteiisch halten.

15 Der Kardinal Ximenes ließ es zuerst in Toledo im Jahre 1500 drucken. Missale
mixtum secundum regulam B. Isidori, dictum Mozarabis (per Alph. Ortiz. Toleti
1500 f.)

16 Es ist ebenfalls zuerst in Toledo zwei Jahre später 1502 gedruckt.

17 Mozarabicum heißt es, weil die Christen in Spanien, die unter den Saracenen lebten, Mozarabes genannt wurden; Toletanum, weil es in Toledo am längsten in
Gebrauch geblieben.

18 Isidor. Hispal. de viris illustrib. sanctæ eccles, in der Hisp. illustr. T. II. p. 6. (Leander) in ecclesiasticis officiis non parvo laboravit studio.

19 Mariana Lib. IX. c. 5. in der Hisp. illust. II. p. 463

20 Mariana l. c.

21 Rodericus Toletan. de reb. Hisp. L. VI. c. 24. (1065) Rex (Ferdinandus I.) cum

clericis interfuit matutinis concinens – et observabatur ibi tunc temporis officium Toletanum. Luc. Tud. Chronic. p. 77.

22 Der Erzbischof Roderich von Toledo beschreibt diese Feuerprobe umständlich de reb. Hisp. L. VI. c. 26. Igne consumitur liber officii Gallicani (i. e. Romani) et prosiluit super omnes flammas incendii, cunctis videntibus et Dominum laudantibus, liber officii Toletani illæsus omnino, a combustione incendii alienus. Mariana L. IX. c. 18 sagt nach Roderich eigentlich dasselbe: Rogo in platea accenso, liber uterque Romanus et Gothicus, in ignem projecti, et Romanus quidem continuo ex igne prosiluit. Id populus victoriam interpretabatur; nam liber alter sub igne et flammis diu permanens illæsus inventus est. Auffallend ist es, daß Lucas Tudensis nichts von dem Vorfall erwähnt.

23 Roderic. Tolet. Lib. VI. c. 30. Mariana Lib. IX. c. 18. Lucas Tudensis in Chronic. Mundi (Hisp. illustr. Tom. IV. p. 101) scheint das Gegenteil zu behaupten: Statuerunt, ut secundum regulam S. Isidori, Hispalensis Archiepiscopi, ecclesiastica officia in Hispania regerentur.

24 Roderich, Lucas und Mariana irren, wenn sie angeben, daß die gotische Schrift des Ulphilas abgeschafft worden; diese war schon lange nicht mehr im Gebrauch; es war aus ihr eine eigne lateinische Schriftform, wie z. B. die langobardische, entstanden, und diese wurde damals abgeschafft.

25 Mariana L. IX. c. 18. In templo maximo (Toletano) sacellum extat, ubi ex Gothica precandi ratione, Francisci Ximenii, Cardinalis, impensis, (ne tantæ rei memoriam vetustas obrueret) sacerdotes constituti sacris dant operam. Ausführlich handelt darüber Alvarus *Gomez* des rebus gestis Cardinal. Francisci Ximenis (Hispan. illustr. T. l.) und überhaupt über das Officium Gothicum: *Bona* rer. Liturgic. Lib. I. Aguirre Concil. Hispan. Tom. III. p. 258. Robles Compendio de la vida del Card. Franc. Ximenez y del officio y Missa Mozarabe. Toledo 1604.

26 Geddes miscellaneous tracts. London 1730. Vol. III. p. 32. behauptet, daß der Kardinal, der, wie wir bestimmt wissen, einige Veränderungen damit vornahm, wahrscheinlich das Ganze so geändert habe, daß wir jetzt nicht mehr seine ursprüngliche Form kennen. Um diese Behauptung zu begründen, sagt er: "And the thing that makes this more probable, ist, the Copy which he had of the Mozarabic Liturgy being destroyed, and with it all the rest, if there were any more at that time: there not being, that I can hear of, after much Enquiry, a Manuscript Copy of the Mozarabic Liturgy any where to be met with.

27 Über die gotischen Münzen überhaupt: Wedelii progr. de numis Gothicis, Jenæ 1698. Ezechiel. Spanhem. Diss. de usu et praestantia numism. p. 112. Eckhel. doctrina numorum veter. IV. p. 173. Über die westgotischen insbesondere haben am ausführlichsten gehandelt: Juan de Lastañosa (Museo de las Medallas desconocidas Huesca 1645. 4.), Luis Josef Velazquez (Conjecturas sobre las Medallas de los Reyes Godos y Suevos de España. Malaga 1759. 4.), Antonio Augostini (dialogos de Medallas, inscripciones y otros antiguedades. Tarragon 1587. 4. Italienisch von Sada. Rom 1736. fol. Lateinisch von Andreas Schott. Antwerp. 1617. fol.), Fr. Henr. Florez (Medallas de las Colonias, Municipios y Pueblos antiguos de España. Madrid 1758. 2. Vol. 4.), Mahudel (dissertat. historiq. sur les Monnayes antiques d'Espagne. In Charentons franz. Übersetzung von Mariana Tom. V.) Über die westgotischen Münzen in Septimanien: Le Blanc (traité historiq. des Monnayes de France Paris 1690. 4.) Spanhem. Pr. I. p. 586. – Hauptsächlich nach Anton. Augustinus (Dialog. VI. VIII.), Velazquez und Florez haben Gusseme (in dem diccionario numismatico general para la perfecta inteligencia de las medallas antiquas. Madrid. 1773–77 4. 6 Voll.) und Rasche (im lexicon univers. rei numariae veter. Lips. 1785, 8.) die Münzen der westgotischen Könige aufgenommen.

28 Peringskiold in not. ad Cochlæi vit. Theoderici p. 263.

29 Spanhem Pr. II. p. 7.

30 Rasche Lexicon rei numariae T. V. P. II. p. 732.

31 Epistol. 78.

32 In den gewöhnlichen Ausgaben der westgotischen Gesetze kommt die Stelle über die Angabe der Namen der Münzen und ihres Wertes nicht vor: zwei alte Handschriften jedoch enthalten dieselbe, und daraus hat sie auch Walter im Corpus juris Germanici hinter den westgotischen Gesetzen T. I. p. 669 abdrucken lassen. Die Stelle ist ohne Zweifel am Ende sehr verdorben: Auri libra I. LXXII Solidos auri.

unica una VI. solidos: Statera auri l tres solidos: Dragma I. XII argenteos: tremisse I quinque argenteos: seliqua I argentium et tertia pars Argencii. Baldres faciunt Argencontabili (der andere Kodex: Argenzotabili). Von dem Solidus (Dukaten) durften jährlich nicht mehr als drei Siliquen (24 machten eine Solidus) Zinsen genommen werden. Legg. Wisigothor. L. V. tit. 6. l. 8. L. IX. tit. 1. l. 7 werden die Siliquae auch erwähnt.

33 Legg. Wisigoth. L. VI. tit. 1. l. 4 und 6. Lib. VII. tit. 6. l. 2.
34 Gusseme diccionar. I. p. 295. Rasche T. I. p. 1215.
35 Mariana de reb. hispan. L. V. c. 11.
36 Gusseme IV. p. 285. Rasche T. II. P. II. p. 1606.
37 Gusseme III. p. 160. Rasche T. II. p. 752.
38 Gusseme VI. p. 23. 24. Rasche T. IV. p. 781.
39 Gusseme VI. p. 618, Rasche T. VI, p. 958.
40 Gusseme T. III, p. 401. Rasche T. II. p. 1557.
41 Gusseme VI. p. 221. Rasche T. IV. P. II. p. 1150.
42 Gusseme VI. p. 254, 255 gibt 12. Rasche T. V. P. 1. p. 198.
43 Gusseme VI. p. 221. Rasche T. IV. P. II. p. 1151.
44 Gusseme II. p. 158. Rasche T. II. p. 512.
45 Gusseme VI. p. 460. Rasche T. V. P. II. p. 456.
46 Gusseme II. p. 157. Rasche T. II. p. 511.
47 Gusseme VI. p. 25, 26. Rasche T. IV. p. 782.
48 Gusseme VI. p. 617. Rasche T. VI. P. 1. p. 957.
49 Gusseme III. p. 160, 161. Rasche T. II. p. 756.
50 Gusseme III. p. 110. Rasche T. II. p. 532.
51 Gusseme III. p. 111. VI. 618. Rasche T. II. 533 und VI. p. 960.
52 Gusseme VI. 392. 619. Rasche T. VI. p. 961.
53 Gusseme VI. p. 50. Rasche T. IV. p. 1065.